日本政治学会 編

政治理論と実証研究の対話

年報政治学2015−I

木鐸社

はじめに
―政治理論と実証研究の対話―

　　　　すべてが新しい世界には新たな政治学が必要である（トクヴィル 2005：16）

　トクヴィルの『アメリカのデモクラシー』や丸山眞男の「超国家主義の論理と心理」（丸山 2015）はいわゆる思想史の一部なのだろうか。そうではなく，それらの作品は，当時の現実政治のメカニズムの解明とともに，政治の本質への洞察を兼ね備えていたゆえに，衝撃を与えたのではないだろうか。当時の方法の折衷性や非厳密性は，現在の社会科学では乗り越えられている。しかし，それととともに何かが失われたのだろうか。

　2014年に97歳で世を去ったD・イーストンが1960年代末アメリカ政治学会会長に就任するとともに脱行動論を唱えたことはよく知られる。イーストンは実質がテクニックより前になければならず，どちらかを犠牲にするのならばツールの洗練よりも社会的意義が重要であると述べた。だが彼はテクニカルな妥当性なしには知識の発展は無意味になるということも否定しなかった（Easton 1969）。

　その後の政治学において，イーストンのいうように行動論から脱行動論への「革命」が起こったわけではなかった。『オクスフォード政治学ハンドブック』のグッディンは，政治学における覇権的な"big thing"の興亡が続いていることを多少のアイロニーを込めて論じている（Goodin 2009）。その中でキング，コヘイン，ヴァーバによるKKVといわれるテキストなどを通じ，政治学の分野を越えた方法論的反省が改めて盛んとなった（King, Keohane and Verba 1994）。こうした実証的研究の分野では，定量的研究において重視される科学の特に因果的推論を，定性的研究も共有することが要請されるようになった。一方，ディケンズの『二都物語』になぞらえたゴーツ＝マホニーの『二文化物語』のように，定性的・定量的研究各々の比較優位と相互補完も再強調されるようになっている（建林・曽我・待鳥 2008；久米 2013；加藤・境家・山本 2014；Goertz and Mahoney 2012）。

こうした定量的研究と定性的研究の対話においては，規範的もしくは解釈学的とされる政治学は対象外とされている。これに対し，いわゆる政治理論の分野からは，自らの研究の意義と方法の再確認を求める動きとともに，それと連動して「科学的」政治学との対話への呼びかけもみられる。昨年刊行された井上彰・田村哲樹編『政治理論とは何か』（井上・田村 2014）は日本におけるそのような試みであり，河野勝はその呼びかけに答えて，忌憚のない論議で受けて立っている（河野 2014）。

以上のような政治学論の展開に学びつつ，年報2015－Ⅰ号編集委員会では，規範理論，思想史，計量，制度論，比較政治，歴史研究，国際関係などの多様な専門をもつ政治学者が実際に対話し，相互に有益な認識や反省がもたらされることを期待した。その中間作業として，委員の一人である塩川伸明による整理が得られた。これはあくまで討議資料であり編集委員会としてのカノンではないが，そこでは思想・理論・実証の各研究は次のように関係づけられる（塩川 2014）。

「思想（史）」：特定の思想が研究対象（その正確な理解が目的となる）。
「理論」：何らかの主題を分析するための道具
　　　　・明示的に「あるべき論」と重なるもの
　　　　　　　　　　　　　　　　　　・・・・・・規範理論　T1
　　　　・少なくとも明示的には「あるべき論」と直結しないもの
　　　　　　　　　　　　　　　　　　・・・・・・分析的理論　T2
「実証」：・理論との関係が明示的で特定の断面を切り取ることを重視するもの（法則的志向）　　　　　　　・・・・・・　P1
　　　　・対象の多彩性・豊富性をできるだけ包括的に掬い取ろうとするもの（歴史志向ないし記述重視）　　・・・・・・　P2
「理論と実証の対話」：T2とP1は洗練された技法と均質的で信頼できるデータを特徴とする（それらが必ず得られるとは限らない）。他方，T1は「こういう重要な論点が落ちているのではないか」，P2は「こういう多彩な現実が視野から落ちているのではないか」という疑問を提示することで貢献しうる。もっとも，T2とP1の間では対話が相対的に容易だが，T1やP2まで視野に入れると一段と困難さが増す。

このように，政治理論と実証研究の定義と境界は画定されず問われ続けるものであるが，両者の対話から何が生まれるであろうか。それはゴーツ＝マホニーのいうように特性を生かした補完であるかもしれないし，河野が促すように他分野からの批判・挑戦を受けて方法を内省・進化させることかもしれない。それとともに，「歴史から理論を創造する」（保城 2015）新しい試みもありうる。民主化，代表制，市民社会，福祉国家，信頼，リスクといった新旧の重要問題についても，思想・規範の検討と経験的制度分析・実証が組み合わされることによって，豊かな政治学的認識がもたらされてきたことを想起すべきであろう。政治の「何を」「どのように」示すのか，という両面の課題に取り組むとき，全ての政治学が真に深く活性化する手がかりが得られよう（川崎・杉田 2012）。

この特集研究の成果は，共同研究者の対話と各々の「自己内対話」を経て生み出されたものであり，今後幅広く日本政治学会会員を巻き込む「対話」の素材となることを期待するものである。本号の構成は以下の通りである。

稗田健志論文は，実証分析において概念をどのように構築していけばよいのか，という問題を提起している。そこから先進民主主義国の社会政策に関する自身の研究を振り返り，理論モデルと経験的分析とを緊密に結びつける方策として，①因果モデルの概念を抽象度の高い「基礎レベル」（民主主義，福祉国家，国家の自律性など），「二次レベル」（競争的選挙，集権的な政党組織など），「操作化レベル」の三つに再構成すること，②ケース選択のアポリアに対処するために「可能性原理」を取り入れること，③複雑な交互作用をもつ因果モデルについては「ファジーセット」の考え方を導入すること，を提唱する。

田村哲樹論文では，すでに長くディシプリン間の対話を試みてきた著者によって，新たな問いかけがなされている。それは，政治学における分野の境界線は経験的政治学と規範的政治理論の間ではなく，別のところにあるのではないか，というものである。この論文は，規範理論と経験的研究の間に新たに二つの類似性の軸と協働のチャンスを見出している。その一つは，「観察可能なもの」を軸とした協働である。もう一つは，「観察不可能なもの」を軸とした協働であり，そこでは「政治／政治的なるものの政治理論」を実証的に活かす「ロジック」と「アブダクション」のアプロー

チが紹介される。こうして田村は，既存の区別を見直し，従来とは異なる研究方針および評価基準があり得ることを示そうとする。

河野勝・三村憲弘論文は，人々の態度や意見を聴取する世論調査（サーベイ）の中に実験を組み込む新しい手法を用いることによって，規範と経験とが交差するリサーチクエスチョンに新しい展望を与える。同論文は，同情と憐れみというアーレントの二つの規範的概念を出発点とし，世論調査において「日本 vs. アフリカ」，「多数 vs. 一人」という操作化した4つの実験刺激を与え，回答に違いがもたらされるかどうかを検証した。その結果，「道徳的直観のメカニズム」を解き明かす経験的知見が得られたとともに，外国への支援感情がパターナリズムや差別意識につながる憐れみと関連し，自国の被災者支援への消極性が同情と関連するとすればそれをどう考えるか，という規範的知見も得られたのである。

粕谷祐子論文は，「一票の格差」問題を取り上げる。この問題では個別の論点は出尽くしているが，粕谷は規範理論と実証分析の両面をあわせて検討する包括的なアプローチの相乗効果を示した。まず規範理論の観点からは，一票の格差が政治的平等の問題であるのみならずいかなる代表であるか（委任か独立か，地域か集団か）の問題でもあることが指摘され，実証分析の観点からは，司法判断などで用いられる一票の格差を測定する諸指標に長所・短所があることが指摘された。そして格差解消の先にも，ゲリマンダリングや投票率の低下などの危険性があるとする，より深い制度改革的インプリケーションが引き出されるのである。

井上弘貴論文は，政策アドボカシーを取り上げる。政策アドボカシーとは政策形成・実施の過程に影響を及ぼし，さまざまな権利を達成しようとするプロセスであり，価値や立場への強いコミットメントを前提とした「問題志向的」実践でもある。その一例が米国の都市交通政策であり，そこではエビデンスにもとづく社会工学のみならず，「空間的正義」や「コミュニティの感覚」といったナラティブも動員される。政策アドボカシーは，規範理論そのものとも実証分析そのものとも異なるが，その両者を巻き込みつつ展開している「政治」だといえよう。

芝崎厚士論文は，国際関係研究について問題提起する。国際関係にはさまざまな理論・パラダイムが存在すると言われるが，実際には主権国家間関係が中心であり続け，それ以外の領域は「継ぎ足しと建て増し」にすぎ

ない。これに対するグローバル関係論への転換は，名称の衣替えですむほど容易ではない。そこで芝崎は，（その対立的存在である国際政治学者ウォルツもそうであったように）科学論的な認識に立ち戻り，国家ではなく人類全体の生き残りという視点から領域を再設定する以外に学問としての国際関係研究のアポリアを解消することは不可能であると結論づける。

また，木山幸輔論文「社会実験とリバタリアン・パターナリズムは世界の貧困を救う？──援助の新潮流に関する政治理論的一考察──」は，査読を経て特集に編入された公募論文である。このほか，独立公募論文から5本の論文が採択され，本号に収録されている。このように最先端の研究者による活発な寄稿がなされることは，学術雑誌としてかけがえのないことであり，投稿また査読を行われる会員諸氏に感謝を表したい。

* この特集の共同研究は，科学研究費補助金（基盤研究（B））「民主主義活性化のための政治理論と実証研究の共生成的政治学の研究」（研究課題番号26285035））による助成を受けている。

参考文献
Easton, D. (1969) "The New Revolution in Political Science," *American Political Science Review* 63: 1051-1061.
Goertz, G. and J. Mahoney (2012) *A Tale of Two Cultures: Qualitative and Quantitative Research in the Social Sciences*, Princeton University Press.
Goodin, R. E. "The State of Discipline, the Discipline of the State," in R. Goodin ed., *The Oxford Handbook of Political Science*, Oxford University Press.
King, G., R. O. Keohane, and S. Verba (1994) *Designing Social Inquiry: Scientific Inference in Qualitative Research*, Princeton University Press, 1994 ［真渕勝監訳『社会科学のリサーチ・デザイン──定性的研究における科学的推論──』勁草書房，2004］.
井上彰・田村哲樹編（2014）『政治理論とは何か』風行社.
川崎修・杉田敦編（2012）『現代政治理論〔新版〕』有斐閣.
加藤淳子・境家史郎・山本健太郎編（2014）『政治学の方法』有斐閣アルマ.
久米郁男（2013）『原因を推論する──政治分析方法論のすゝめ──』有斐閣.
河野勝（2014）「『政治理論』と政治学──規範分析の方法論のために──」井上・田村（2014）所収.
塩川伸明（2014）「理論・思想・実証の相互関係」日本政治学会年報編集委員会研究会討議資料（2014年7月26日）.

建林正彦，曽我謙悟，待鳥聡史（2008）『比較政治制度論』有斐閣．
トクヴィル（2005）（松本礼二訳）『アメリカのデモクラシー』第一巻（上）岩波書店．
保城広至（2015）『歴史から理論を創造する方法——社会科学と歴史学を統合する——』勁草書房．
丸山眞男（2015）（古矢旬編）『超国家主義の論理と心理他八篇』岩波書店．

2015年度Ⅰ号年報編集委員長
小川有美

日本政治学会年報　2015-Ⅰ

目次

はじめに　　　　　　　　　　　　　　　　　　　　　小川有美（3）

〔特集〕 政治理論と実証研究の対話

政治理論と実証研究をつなぐ環
　　―経験的分析における概念分析の役割―　　　　稗田健志（13）

観察可能なものと観察不可能なもの
　　―規範・経験の区別の再検討―　　　　　　　　田村哲樹（37）

他者への支援を動機づける同情と憐れみ
　　―サーベイ実験による道徳的直観の検証―　　　河野勝・三村憲弘（61）

「一票の格差」をめぐる規範理論と実証分析
　　―日本での議論は何が問題なのか？―　　　　　粕谷祐子（90）

政策アドボカシーにおける政治理論と実証分析の競合と協働
　　―都市とモビリティをめぐる諸問題を事例として―　井上弘貴（118）

国際関係研究の将来
　　―国際関係の研究からグローバル関係の研究へ―　芝崎厚士（138）

社会実験とリバタリアン・パターナリズムは世界の貧困を救う？
　　―援助の新潮流に関する政治理論的一考察―　　木山幸輔（170）

〔公募論文〕

それゆえコモンウェルスへ身体を捧げた
　　―アルフレッド・ジマーン『ギリシャの共和国』と帝国共和主義―
　　　　　　　　　　　　　　　　　　　　　　　　馬路智仁（191）

1980年代以降の医療供給制度改革の展開
　　―政策学習論の視座から―　　　　　　　　　　　竜　聖人（213）

2013年ドイツ連邦議会選挙の分析と連邦政治への含意
　　　　　　　　　　　　　　　　　　　　　　　　中川洋一（235）

中央地方関係における政党ルートの役割
　　―財政移転改革の日本カナダ比較―　　　　　　城戸英樹（259）

地方議会選挙の得票分析
　　―議員行動と選挙とのつながり―　　　　　　　築山宏樹（283）

〔書評〕

2014年度　書評　　　　　　　　　日本政治学会書評委員会（306）

〔学会規約・その他〕

日本政治学会規約　　　　　　　　　　　　　　　　　　　（341）

日本政治学会理事・監事選出規程　　　　　　　　　　　　（343）

日本政治学会理事長選出規程　　　　　　　　　　　　　　（344）

日本政治学会次期理事会運営規程　　　　　　　　　　　　（345）

日本政治学会倫理綱領　　　　　　　　　　　　　　　　　（346）

『年報政治学』論文投稿規程　　　　　　　　　　　　　　（347）

査読委員会規程　　　　　　　　　　　　　　　　　　　　（351）

Summary of Articles　　　　　　　　　　　　　　　　　　（354）

政治理論と実証研究の対話

政治理論と実証研究をつなぐ環
―― 経験的分析における概念分析の役割 ――

稗田健志*

1 はじめに

　本特集号の趣旨は政治理論研究と経験的政治分析との間の対話を試みることにある。では,「政治理論」とは何であろうか。猪口によれば, 政治理論は主に次の三種類にまとめることができる (Inoguchi, 2011: 183)。第一は古典哲学 (classical philosophy) である。アリストテレス, マキャベリ, ホッブス, カントといった古典から, そうした政治哲学のテクスト・クリティークを通して現代への含意をくみ取る研究までを含めることができよう。第二は経験的政治理論 (empirical political theory) であり, 仮説を経験的に検証し, それが適えば仮説の一般化を図る。第三はフォーマルセオリー (formal political theory) である。この種の政治理論は, 一連の仮定あるいは前提から公理を導き出す。ダウンズの空間理論における中位投票者定理 (median voter theorem) がその典型である。

　このように政治理論を整理するとき,「～すべし」と当為を問題にする規範的政治理論と,「～である」と存在を問題にする経験的政治理論とに政治理論を二分することは難しい。経験的政治分析が政治現象における因果関係を問うのは当然だが, 古典哲学もフォーマルセオリーも因果分析と密接な関係をもっているからである。例えば, 古典哲学に分類されるカントは『永遠平和のために』において, 共和政体では戦争は生じないという因果関係の主張を下敷きに, 平和を実現する国際関係を構想した (カント, 1985)。この因果関係の主張は後の経験的政治分析を刺激し,「民主的平和論」として膨大な実証分析を生み出している (e.g., Russett, 1993)。また, ダウンズ

　＊　大阪市立大学大学院法学研究科准教授　福祉国家論専攻

やシェプスルのフォーマルモデルも，当然のことながら，投票行動論における近接性モデルや議会研究における委員会制度の実証分析に応用されている (Downs, 1957; Shepsle, 1979)。

経験的政治理論のみならず古典哲学やフォーマルモデルも何らかの因果関係の主張を行っているのだとすれば，問題となるのは，抽象度の高い政治理論をいかに現実の世界において検証可能な形に落とし込むのかということとなる。例えば，カントの議論における「共和制」とは何を指すのであろうか。それを構成する要素は何であろうか。その要素間の関係はいかなるものか。政治理論と経験的分析との間のつながりを堅固としたものとするには，厳密な概念分析と概念構築が欠かせない。曖昧な概念によりモデルを構築し，現実のデータに向かえば，そもそも念頭にある理論の検証とはならないので，その理論モデルの妥当性の判断ができない。つまり，実証分析そのものが砂上の楼閣となってしまうのである。

政治学における「概念の重要性」とは，改めて問われるまでもない当たり前のことに思われるかもしれない。だが，政治研究における概念分析の問題点を指摘する先行研究が示すように，実証分析において概念をどのように構築していけばよいのかというのは必ずしも自明なものではない (cf. Sartori, 1970; Collier and Mahon, 1993; Goertz, 2005; Collier and Gerring, 2009)。本稿は，政治学的研究における概念構築の重要性を明らかにするGoertz (2005) を導きの糸とし，筆者自身の研究 (Hieda, 2012a, b) を批判的に振り返りながら，理論モデルと経験的分析とを緊密に結びつける方策について考察していく。

2 概念の三階層

ここで，筆者が Hieda (2012a, b) にてどのような議論を展開したのか要約しておこう。まず，筆者は「先進民主主義諸国において高齢者向け公的介護政策の寛大さ (generosity) にクロスナショナルな違いが生じているのは何故か」という問いを設定した。そして，「国家の相対的自律性 (relative autonomy of the state) が高いほど，公的介護サービスの寛大さが高くなる」と主張した。その論理は次のようなものである。寛大な公的介護サービスは市民のニーズに応じて普遍主義的に提供されるため，市民の誰もが受益者となる可能性を持ち，国民全体でそのコストを負担することとなる。そ

れゆえ，こうした普遍主義的社会サービスは「集合行為問題」に直面しやすい。地域・宗教・民族といった社会的亀裂によって区分された社会集団や，さらに細分化された個別利益集団や選挙区ごとの有権者集団は，自らの受益となる政策を求めつつ，可能であれば負担を国民全体に回そうとするからである。普遍主義的福祉サービスは「便益は自らに集中させ，負担は全体に」という個々の集団が追求する政策目的には適さないので，政策担当者が個々の集団への利益誘導を志向するとき，発展することができない。逆に言うと，国家が断片化した社会的利益（societal interests）から超越し，かつそうした個々の利益を内包して負担と給付を調整できる相対的自律性を確保しているとき，普遍主義的な性格をもつ寛大な公的介護サービスは発達しやすいと考えることができる。

さらに Hieda (2012a, b) は「国家の相対的自律性」を規定する要因として，1）政党内組織のあり方，2）政党間競争のあり方，の二つを挙げた。まず，「政党内組織のあり方」だが，選挙制度が同じ政党内の候補者間での競争を促すとき，各候補者は所属政党ラベルへの「政党投票」ではなく，候補者個人への「個人投票」を個別利益誘導型政策により確保しようとするため，政党の集権性が下がり，政党綱領を中心とした政策プログラム主体の競争がむずかしくなる。その結果，公共政策の形成・執行は個別利益誘導を志向する政治家を通して社会的利益の網の目に埋め込まれ，国家の相対的自律性が低くなる。つまり，国家が相対的自律性を確保するには，政党規律・集権性の高い政党が政権に就いている必要があり，そのためには選挙制度が「政党投票」を促す制度となっていなければならない。次に，「政党間競争のあり方」だが，仮に政党組織の集権性が高く一枚岩のようであったとしても，政党システムが言語・民族・宗教・地域といった社会的亀裂に沿って編成されており，統治連合（ruling coalition）が断片化している場合，個々の連立与党を支持する特定の社会集団や利益団体に公共政策の便益が向けられるので，国家が公共政策の負担と便益を国民全体に平等に配分する能力が低くなる。つまり，政党単位の競争となっていても，統治連合の凝集性が高くなければ国家が相対的自律性を確保できない。

このような理論構成から Hieda (2012a, b) は次の二つの仮説を導出した。1）個人投票志向の選挙制度は，政党投票志向の選挙制度に比べ，高齢者介護サービス向け公共支出に対して負の効果をもつ。2）連立与党が断片

化するほど，高齢者介護サービス向け公共支出は少なくなる。これら二つの仮説を，Hieda (2012a) は経済開発協力機構（OECD）加盟15カ国の1980年から2001年までの時系列国家間比較データの多変量解析により検証し，Hieda (2012b) は計量分析に加えてスウェーデン，日本，米国のケーススタディを通した比較歴史分析（comparative historical analysis）によって検証した。

さて，ここに要約した通り，Hieda (2012a, b) は理論モデル自体が複雑であり，仮説導出，計量分析，ケーススタディのいずれの側面でも多数の論点が存在する。例えば，尾野（2014）は拙著の書評において理論モデルと計量分析モデルとの間の齟齬を指摘しているが，それは自然言語に依拠して展開した理論を私自身がうまく簡略化して明瞭なモデルに落とし込めなかったことに起因しているともいえる。そこで，社会科学における因果関係を三つの階層から構成される概念によって提示することを提唱するGoertz (2005) に従って，Hieda (2012a, b) の理論モデルを再考してみたい。

Goertz (2005: 6-7) は因果モデルの要素となる概念を次の三つのレベルによって構成すべきと主張している。第一のレベルは，理論モデルや命題に用いられる，抽象度の高い「基礎レベル」の概念である。比較政治学の文脈でいえば，コーポラティズム，民主主義，福祉国家といった概念が基礎レベルのそれにあたる。Hieda (2012a, b) では，「寛大な公的介護サービス」と「国家の相対的自律性」が基礎レベルに位置する。

次のレベルは，往々にして多面的（multidimensional）な基礎レベルの概念の構成次元を示す「二次レベル」の概念である。例えば，民主主義は幅広い参政権（普通選挙権），競争的選挙，言論・報道の自由から構成されると述べるとき，これらの概念は民主主義の二次レベルの概念ということになる。Hieda (2012a, b) では，「集権的な政党組織」および「凝集的な統治連合」が基礎レベルに位置する「国家の相対的自律性」を形作る二次レベルの概念ということになろう。

ここで注意すべきなのは，基礎レベルの概念と二次レベルの概念との間の関係である。例えば，「民主主義」という基礎レベルの概念を考えるとき，普通選挙権や競争的選挙，および市民的自由は，それらが「民主主義」の原因となるというよりは，その一つ一つが「民主主義」を構成する要素である。このような基礎レベルの概念と二次レベルの概念との関係を，Goertz (2005: 27-30) は「存在論的（ontological）」と呼んでいる。これは二次レベルの概念が基礎レベルの概念の構成要素となっているという程度の意味である。他方，Hieda (2012a, b) における「国家の相対的自律性」とは，国家が個別の社会集団や利益団体の影響からどの程度超越して政策形成できるのかという意味であるから，二次レベルに位置する「集権的な政党組織」および「凝集的な統治連合」は基礎レベルの概念と「因果的（causal）」結びつきを持っている。

　また，二次レベルの概念同士の間の関係も，概念構築においては考察しておく必要がある。先の「民主主義」の例でいえば，普通選挙権，競争的選挙，市民的自由のいずれかを欠くとき，その政治体制は「民主主義」を実現しているとは言い難い。すなわち，二次レベルの概念のそれぞれの要素が基礎レベルの概念の必要条件となっているのである。これに対して，二次レベルの概念が基礎レベルの概念を構成するうえで代替関係になっている場合もあり得る。例えば，Hicks (1999) は，1930年代頃の福祉国家を考えるうえで，1）労災保険，2）健康保険，3）老齢年金，4）失業給付，のうちいずれか三つ以上を提供していた国家を「福祉国家」とした。このとき，これら四つのプログラムはいずれもが福祉国家の必要条件であるというのでなく，ある程度代替関係にあるという概念構成となっている。Hieda (2012a, b) では，「集権的な政党組織」かつ「凝集的な統治連合」が「相対的に自律した国家」に必要であると論じているので，この二つの二次レベルの概念は代替的ではなく必要条件である。

　第三のレベルは「操作化レベル」の概念である。このレベルでは，二次レベルの概念を操作化し，実際に経験的なデータ（人，行動，事象，国，等々）に値を割り振れるぐらいまでに具体化した指標にする（Goertz, 2005: 6）。Hieda (2012a, b) の理論モデルにおける抽象的な二次レベルの概念と，実際の経験的分析にもちいる指標との間の関係については，第四節で詳述したい。

　さて，理論モデルを構成する三つのレベルを Goertz (2005) に従って整理したところで，Hieda (2012a, b) の因果モデルの基礎レベルと二次レベルの概念構成を示したのが図1である。図1のように，自然言語で展開した理論をシンプルにモデル化すると，拙著・拙稿のいくつかの問題点が見えてくる。

図1　高齢者向け公的介護サービスの規定要因の概念図

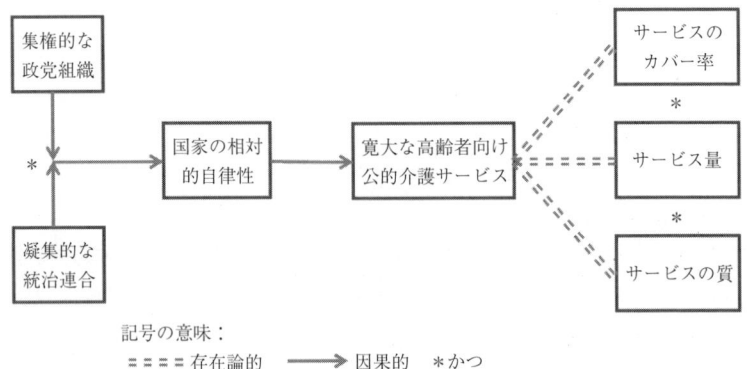

記号の意味：
＝＝＝＝存在論的　　→因果的　＊かつ

　一つは，尾野（2014）が指摘するように，理論モデルは「集権的な政党組織」と「凝集的な統治連合」の両者を求める交差項モデルであるにもかかわらず，仮説は「選挙制度が個人投票を促す度合」と「連立政権の断片化度」という二つの変数がそれぞれ独自に従属変数に影響するという加算モデルとなっている点である。図1における「＊」の印は集合論でいう「かつ（AND）」を意味しており，理論モデルは「集権的な政党組織」の集合と，「凝集的な統治連合」の集合の共通部分は「寛大な高齢者向け公的介護サービス」の集合に含まれるとしている。そのため，「選挙制度が個人投票を促す度合」と「連立政権の断片化度」のそれぞれの独自の効果については語っていないので，それぞれの変数の効果を加算するモデルでは理論モデルを検証できないのである。

　いま一つは，従属変数となる「高齢者向け公的介護サービスの寛大さ」という基礎レベルの概念の内実を十分には彫琢できていなかったという点である。Hieda (2012a, b) は「公的介護サービスの寛大さ」の指標として，OECD (2004) が整理した「高齢者向け現物給付支出の対GDP比」を用いた。福祉国家がどの程度財政支出を公的・私的介護費に向けるかというのは，政府の政策努力を示す総合的指標として適当と考えたからである。もちろん，「財政支出の対GDP比」という指標のもつ限界に無自覚であったわけではない（Hieda, 2012b: 29）。日常生活動作（Activities of Daily Living: ADL）の遂行になんらかの支障をきたしている高齢者は公共支出そのもの

を必要としているわけではなく、その支出がどのようにケアを必要とする人々の間で分配され、サービスに変換されているのかが「公的サービスの寛大さ」を考えるうえでは重要だと認識していた。しかし、「公的介護サービスの寛大さ」という抽象的な概念を「高齢者向け現物給付支出の対GDP比」という指標に直接結びつけたことには問題があったであろう。Goertz (2005) のいう基礎レベルと二次レベルの概念という枠組みを念頭に置いておけば、「寛大さ」という抽象的な概念が、介護サービスを必要とする人のうちどの程度の人々にサービスがいきわたっているのか (coverage)、そのサービスを利用者一人一人がどれだけ利用できているのか (volume)、そのサービスの質はどの程度であるのか (quality)、といった要素から構成されていることを示すことができたであろう。実際にこれら三つの二次レベルの概念を測定するデータが入手できたかどうかは別として、このように概念化しておくことにより、「高齢者向け公的介護サービスの寛大さ」をもう少し多面的に評価できたかもしれないうえ、政治的要因と公的介護政策との連関の仕方にいま一歩踏み込んで分析できたかもしれない。

3　可能性原理とケース選択

　100カ国以上を対象とするような多国間比較計量分析ではそれほど問題とならないかもしれないが、実際上、数カ国しか深く探究することができない比較歴史分析では、どの国を選んで、どの国を除外するのか、ケース選択が理論の検証に際して極めて重要な作業となる。では、理論モデルを構成する概念の構築の仕方はケース選択にどのように影響するのであろうか。

　これまでの質的方法論の教科書では、説明したい事象・帰結が実際に生じたケースだけを取り出して比較することを戒めることが多かった。例えば、King et al. (1994) は、被説明変数に基づいてケース選択すると、説明変数の効果を過小評価してしまうとして避けるべきリサーチデザインの一つに挙げている。しかし、説明したい事象・帰結が実際に生じたケースを「正のケース」とすれば、その比較対象とするべき「負のケース」をどのように構成すべきかという問題もまた重要である。特に、実際に比較できるケースの数が限られる比較歴史分析では、「正のケース」の対照としたケースが理論検証になんら情報的に寄与しない「無関係のケース」だったとす

れば，提示した理論モデルの妥当性の論拠の一部は崩されることになるだろう。つまり，いかにして比較の母集団を設定し，「関係のあるケース」と「無関係のケース」を区別するのかという問題である。

この問題に対して，GoertzとMahoneyは「可能性原理 (possibility principle)」というアプローチを提案している（Goertz and Mahoney, 2012）。可能性原理とは，研究者が関心をもつ帰結が実際に生じえた（が生じなかった）ケースは「負のケース」とし，その帰結がそもそも生じ得なかったケースは「無関係のケース」に振り分けるという原理である（Goertz, 2005: 178-179）。さらに，この原理は次の二つのルールから成る。第一のルールは，仮説的に設定した説明変数のうち，少なくとも一つの値が関心をもつ帰結の存在を示唆するならば，たとえ他の説明変数は帰結の不在を予測したとしても，「関係のあるケース」として扱うべき，とする（包摂ルール）。第二のルールは，「それがなければ絶対に生じ得ない」というような説明変数が関心のある帰結の不在を予測するならば，そのケースは「無関係のケース」として扱うべき，とする（排除ルール）。尚，排除ルールは包摂ルールに常に優越するので，「それがなければ絶対に帰結が生じ得ない」という説明変数が被説明変数の不在を示していれば，仮説的に設定した説明変数の一つが関心のある帰結が生じると予測しても，「無関係のケース」として扱うことになる。そのため，排除ルールにおいて「それがなければ絶対に帰結が生じ得ない」変数とした説明変数の効果を検証することはできない。この変数は，そもそもの前提や背景となる変数なのである（Goertz, 2005: 186-188）。

さて，ここで可能性原理を念頭に置きながら，Hieda (2012a, b) のケース選択を検討してみたい。まず，拙著・拙稿では明示的に述べなかったが，これらの研究は対象国が自由民主主義体制であることを前提としていた。可能性原理でいえば，政府が民主的な選挙により選出され，政権が国民に対してアカウンタビリティを負っているかどうかが，「それがなければ絶対に帰結が生じ得ない」変数だったのである。なぜならば，そもそも政権の成立・存続が選挙を通じた有権者の負託によらないのであれば，公共政策を通じて国家が，一部であれ，全体であれ，国民に便益を分配するインセンティブを持つとは想定できない。ここで問題としているのは，政権が国民の政策要求に応答的であることを前提に，福祉国家がどの政策手段を

使って，どの層の国民に利益を分配するのか，そのあり方である。それゆえ，例えば，北朝鮮の支配政党である朝鮮労働党が集権的な政党組織を持ち，一党独裁という最も凝集的な統治連合の形態を有していたとしても，それは「無関係のケース」なのである。

拙著の比較の母集団が自由民主主義体制の国々であり，計量分析の対象が旧来の先進工業民主主義国となることは，書き手と読み手との間で暗黙の前提として受け入れられていたように思える。他方，ケーススタディの対象国の選択については多くの批判を受けた。例えば，尾野 (2014) は拙著が取り上げたスウェーデン，日本，アメリカ合衆国という三カ国の選択基準が選挙制度の違いだけであり，理論とケーススタディとの結びつきが弱いことを指摘している。Tsuji (2013) は日本の事例が拙著の理論モデルからみれば逸脱事例となっており，理論の検証という観点からみてなぜ日本の事例を取り上げたのか十分に弁証されていないと論じている。いずれも尤もな指摘である。

図 2 は Hieda (2012a, b) の理論モデルと選択した事例との関係を示したベン図である。拙著・拙稿の理論モデルは，政権与党が「集権的な政党組織」を持ち，かつ，「凝集的な統治連合」によって構成されているとき，寛大な高齢者向け公的介護サービスが発展するとした。図 2 のベン図であらわせば，「集権的政党組織」の集合と，「凝集的統治連合」の集合が重なり合う部分である。この共通部分に位置し，拙著のケーススタディではいわば

図 2　集合関係とケース選択

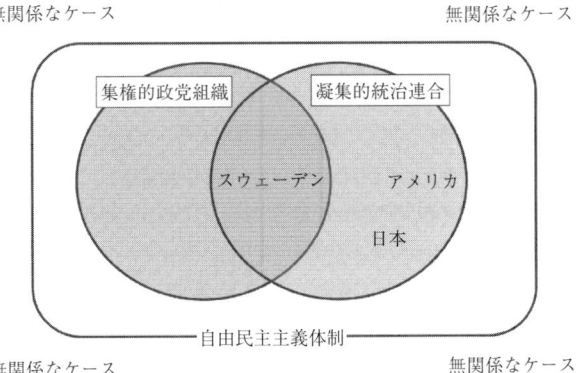

「正のケース」として扱われているのがスウェーデンの事例である。また，連立政権ではないという意味で「凝集的統治連合」の集合に含まれるものの，政党規律の弱い分権的な組織を持つ政党が統治を担い，かつ，それを必要とする誰もが質の高いサービスにアクセスできる寛大な公的介護政策は発展しなかったアメリカ合衆国の事例は「負のケース」である。このケースによって政党組織のあり方が被説明変数に与える影響を検証することができる。

　Tsuji (2013) が指摘するように，ここで問題となるのが日本の事例である。日本は20世紀後半の大部分を自由民主党の単独政権が統治していたという意味で「凝集的統治連合」の集合に含まれる。一方，優位政党である自由民主党は，大選挙区単記非委譲式投票制（いわゆる中選挙区制）という特異な選挙制度が促す同一政党内での選挙競争の結果，個々の所属議員が個別利益誘導型の政策を志向するインセンティブが強く，政党執行部の規律力の弱い分権的な政党組織を有していた。図2でいえば，日本は右の円の二つの円の共通部分に含まれない部分に位置している。しかし，日本は2000年に公的介護保険制度を導入し，介護サービスの利用を普遍化した。拙著の第5章は，その理論モデルが正しいことを前提に，理論モデルの予測しない帰結が生じたことをパズルに設定し，詳細な過程追跡からその原因を探るという構成となっている。それゆえ，拙著の理論モデルの検証には役立っていないと言わざるを得ない。

　これを論理式にして考えれば，拙著全体としては次の式を検証している。

　　集権的政党組織＊凝集的統治連合→国家の相対的自律性→寛大な公的介護サービス1

にもかかわらず，日本の事例を扱った章が行っているのは，

　　集権的政党組織＊凝集的統治連合＋X→国家の相対的自律性→寛大な公的介護サービス

という式のXを探る作業である。議論の順番としては上の式の妥当性を検証するのが先であり，日本という逸脱事例の検証は拙著の議論全体を分か

りにくいものにしてしまったかもしれない。むしろ，可能性原理の包摂ルールから考えれば，政権与党が集権的政党組織を持ちつつ断片化した連立政権の事例，つまり，図2でいえば左の円の二つの円の共通部分に含まれないケースを選択すべきであったろう。例えば，オランダやベルギー，あるいはフィンランドの公的介護政策をめぐる政治過程を分析できれば，選挙制度と対になる政党システムの影響を探ることになり，最も節倹的に理論モデルの検証ができたといえるだろう[2]。

4　概念と指標

　Goertz (2005: Chap. 4) は，理論モデルと経験的分析とをより緊密に結びつけるには，概念と指標との間の一貫性（concept-measurement consistency）を高めることが重要だと主張している。ここでいう「概念と指標との間の一貫性」とは，数値等で表される指標が概念の基本構造をうまく反映している状態を指している（*ibid*.: 95）。第二節で説明したように，理論モデルの構造を概念の三層構造で理解するとき，三層目に位置する操作化レベルの指標（indicators）は，まず，二次レベルの概念を忠実に反映していなければならないし，次に，そうした操作化レベルの指標をまとめ上げる仕方が二次レベルの概念と基礎レベルの概念との間の構造を反映していなければならない。この節では，ファジーセット（Ragin, 2000, 2008; 鎮目, 2013）の考え方を紹介し，概念と指標との間の緊密な連携を図る方策について考察していく。

　自然言語で理論モデルを展開する際，われわれはしばしば集合関係を前提に「0」か「1」のカテゴリーの間の関係としてモデルを想定する。例えば，前節で示した図2は，「自由民主主義体制＝1」となる国々を比較の母集団とし，「集権的政党組織＝1」かつ「凝集的統治連合＝1」となる集合は，「寛大な公的介護サービス＝1」となる集合に含まれるとモデル化している。こうした「0」か「1」のカテゴリーで考える傾向は，定性的な比較研究においてより強いということができる（cf. Goertz and Mahoney, 2012: Chap. 4)[3]。

　ここまで Hieda (2012a, b) を例に示してきたように，複雑な理論モデルを想定するとき，「0」か「1」のカテゴリーを置き，そのカテゴリー間の集合関係を考えるやり方は，われわれの自然な思考様式に近いため有効な方

法である。しかし，実際には想定する変数を必ずしも「0」か「1」に分類することはできない。当然，多くの場合，その間にグレーゾーンが存在する。そこで，集合論によって考察できるという利点を残しつつ，間隔尺度（interval scale）となる指標に対応するために Ragin (2000, 2008) により提起されたのが「ファジーセット」という考え方である。

ファジーセットとは，「0」か「1」の二値変数ではなく，0.0～1.0のいずれかの値を取る変数として，あるケースがどの程度その事象に当てはまるのかを捉える分析方法である（鎮目，2013：183）。連続変数であるため，一見，通常の間隔尺度（interval scale）と変わらないようにみえる。しかし，ファジーセットでは，キャリブレーション（calibration）と呼ばれる作業により手元のデータを変換しなければならない。そこでは，対象のデータについて，完全帰属（full membership）の閾値，クロスオーバーポイント，完全非帰属（full non-membership）の閾値を設定し，研究者が直接0.0～1.0の値を割り振ったり，完全帰属の閾値付近では1.0近傍に，完全非帰属の閾値付近では0.0近傍になるように対数オッズを用いて算出したりする。

ここで重要なのは，完全帰属の閾値や，クロスオーバーポイントの閾値はデータそのものから導くことはできず，研究者の理論的・実際的知識を基に外挿されるということである（Ragin, 2008: 86）。例えば，「豊かな国」という概念をファジーセットで表現するために「一人当たり国民所得25,000ドル」という閾値を完全帰属のそれとして設定したとすれば，この値以上の一人当たり国民所得を持つ国は「豊かな国＝1.0」であり，それが40,000ドルであっても，50,000ドルであってもその差には分析上の意味がないということである。また，この閾値は手持ちのデータには左右されない。比較的一人当たり国民所得の高い国のデータが手元に多く，平均値が上がったからといって，「豊かな国」の基準が急に上がるわけではない。「一人当たり国民所得が1,000ドル上がると，体制転換する確率が〇〇下がる」といった相関分析を目指すのではなく，「『豊かな国』かつ『多数代表制』は△△の十分条件である」というような集合関係を扱うファジーセット分析では，集合の基準は外的に規定される必要がある。そして，理論モデルが集合関係を想定しているのならば，その集合に入るか・入らないかの基準は，研究者コミュニティの集合知に依拠して，研究者が決断しなけ

ればならない。

　さて，ここでHieda (2012a, b) の被説明変数であった「高齢者向け公的介護サービスの寛大さ」の指標をファジーセットを用いて構築してみたい。図1に示したように，「公的介護サービスの寛大さ」という基礎的概念は，いくつかの二次レベルの概念から構成される多面的な概念である。そして，図1の通り，これらの二次レベルの概念は範囲・量・質から構成されるものと考えられる。

　公的介護サービスの「範囲」とは，慢性疾患や障害のため日常生活に支障を来し，介護サービスを必要とする高齢者のうち，どれほどの割合の人が実際に介護サービスを利用できているのかを示す概念である。この二次レベルの概念を実際に測定する操作化レベルの指標はいくつか考えられる。最も望ましい指標は，日常生活動作（ADL）や手段的日常生活動作（IADL）に実際に支障を来している従属高齢者人口を分母とし，介護サービスを利用できている高齢者を分子とする指標であろう。この指標を用いれば，介護サービスを必要としている人々のニーズをどの程度カバーしているのかをある程度測定することができる。

　確かに，そのような指標もいくつか公表されているのだが（cf. Rodrigues et al., 2012: 85），分母となる「従属高齢者人口」の定義が国ごとに大きく異なる可能性が高いうえ，データを利用できる国が限られるという問題がある。そこで，ここでは65歳以上高齢者のうちADLやIADLに困難が生じる確率は各国でほぼ等しいと仮定し，65歳以上高齢者のうち施設介護か在宅介護サービスを利用している人口の比率を「公的介護サービスのカバー率」の指標として用いたい。

　一つ注意したいのは，在宅介護サービスを利用している人口には，現物サービスではなく，現金で「介護給付」を受ける高齢者も含まれる点である。実際，要介護高齢者へは現金給付が主体となる制度をもつオーストリアやイタリアでは，公的サービス受給者の過半は現金給付受給者であるし，公的介護保険制度のもと現金給付と現物サービスを選べるドイツでも半数近くは現金給付を選択している（Rodrigues et al., 2012: 84）。他にも，オーストラリア，スイス，イギリスなど要介護高齢者への現金給付を導入している国は多い（OECD, 2005: 22-24）。そうした現金給付は，実際に介護サービスに変換されているとは限らない。もし，要介護高齢者に対して名目

26

的な少額の現金給付をおこなうだけの国があれば，いくらカバー率が高くとも，それは寛大な公的介護サービスとはいえないだろう。

表1の「65歳以上高齢者カバー率（％）」の列は，施設介護を受けている65歳以上高齢者の比率と，在宅介護サービスを利用している比率，およびその合計を示している。施設および在宅介護を利用している比率から，完全帰属の閾値を20％，クロスオーバーポイントの閾値を10％，完全非帰属

表1　先進工業民主主義諸国における高齢者向け公的介護サービスのメンバーシップ得点

	65歳以上高齢者カバー率（％）			範囲…A	公的介護支出の対GDP比（％）			量…B	公的介護サービスの寛大さ
	施設介護	在宅介護	計	メンバーシップ得点	身体介助	生活介助	計	メンバーシップ得点	最小値 (A, B)
オーストラリア	7.2	7.3	14.5	0.79	..	..	..	..	..
オーストリア	3.3	14.4	17.7	0.91	1.2	..	1.2	0.18	0.18
ベルギー	6.6	7.4	14.0	0.77	2.0	..	2.0	0.48	0.48
カナダ	3.4	..	3.4	0.02	1.3	..	1.3	0.20	0.02
デンマーク	4.3	12.4	16.7	0.88	2.4	..	2.4	0.74	0.74
フィンランド	4.9	7.4	12.3	0.67	0.7	1.4	2.1	0.56	0.56
フランス	4.3	6.9	11.2	0.59	1.2	0.5	1.8	0.39	0.39
ドイツ	3.9	7.8	11.7	0.62	1.0	..	1.0	0.11	0.11
アイルランド	3.9	6.5	10.4	0.53	..	..	..	..	..
イタリア	3.0	4.9	7.9	0.22	..	..	1.7	0.35	0.22
日本	3.0	9.8	12.8	0.70	0.7	1.0	1.8	0.38	0.38
オランダ	6.4	12.7	19.1	0.94	2.7	1.0	3.7	0.99	0.94
ニュージーランド	5.2	12.4	17.6	0.91	1.4	0.0	1.4	0.23	0.23
ノルウェー	5.2	12.2	17.4	0.90	2.4	..	2.4	0.75	0.75
スウェーデン	4.9	11.4	16.3	0.87	0.7	2.9	3.6	0.99	0.87
スイス	6.2	14.1	20.3	0.96	1.5	..	1.5	0.25	0.25
イギリス	4.2	6.9	11.1	0.58	..	..	1.2	0.17	0.17
アメリカ	3.7	2.7	6.4	0.10	0.6	..	0.6	0.06	0.06

出典）
1. 介護サービスカバー率：オーストリア，ベルギー，アイルランド，イタリア，イギリスについてはEuropean Commission (2012: 71-73)；その他の国はOECD (2013: 179) を参照。
2. 公的介護支出の対GDP比：イタリアおよびイギリスについてはRodrigues et al. (2012: 98)；その他の国はOECD (2013: 187) 参照。

注）
1. OECD (2013) のデータに関しては2011年近傍，European Commission (2012) およびRodrigues et al. (2012) については2000年代半ばから後半のデータを示している。
2. 公的介護支出における「身体介助」とはADLへの介助・支援を指し，「生活介助」とはIADLへの介助・支援を指す。身体介助と生活介助への仕分け方は国ごとに異なる可能性がある（OECD, 2013: 186)。
3. 介護サービスカバー率のメンバーシップ得点については，完全帰属の閾値を20％，クロスオーバーポイントの閾値を10％，完全非帰属の閾値を5％に設定している。
4. 公的介護支出の対GDP比のメンバーシップ得点については，完全帰属の閾値を3％，クロスオーバーポイントの閾値を2％，完全非帰属の閾値を0.5％に設定している。

の閾値を5％に設定し，直接法によりメンバーシップ得点を算出した[4]。現金給付を含めたカバー率という点では，高齢者向け介護サービスが整っていると評価される北欧諸国よりも，オーストリア，オランダ，ニュージーランド，スイスのメンバーシップ得点のほうが高くなっている点が興味深い。

「高齢者向け公的介護サービスの寛大さ」を構成する二次レベルの概念である公的介護サービスの「量」も指標化してみたい。先に述べたように，日常生活に支障をきたす要介護高齢者に広くサービスが行き渡っていることも重要だが，そうしたサービスが個々の高齢者のニーズを満たすのに十分であることは「寛大なサービス」であるためには必要であろう。最も望ましい指標は，要介護度別に一月当たりどれだけの時間・人数の介護サービスを受けられるか，延べ人数を示す指標であろう。しかし，そのような指標ではそもそも現金給付主体の制度と現物サービス給付主体の制度をどのように比較するのかという理論的問題が生じるうえ，実際的には国際比較可能なほど整った形のデータは入手が難しい。

そこで，再び代替的指標として，介護を必要とする高齢者向け公的介護支出の対GDP比を「介護サービス量」の操作化レベルの指標として用いたい。ここでの前提は，公的に支出された介護費用は国や自治体が直接供給する介護サービスや，民間企業や非営利組織が供給する施設・在宅サービスに変換されるうえ，要介護高齢者や家族介護者に提供される現金給付も十分な額であれば私的サービスの購入に費やされるだろうということである[5]。

表1の「公的介護支出の対GDP比（％）」の列は，身体介助および生活介助に向けられた公的介護支出の対GDP比を示している。この合計値から，完全帰属の閾値を3％，クロスオーバーポイントの閾値を2％，完全非帰属の閾値を0.5％に設定し，直接法によりメンバーシップ得点を算出した[6]。公的介護サービスのカバー率という点では得点の高かったオーストリア，ニュージーランド，スイスがこの指標では得点を下げていることが興味深い。

最後に，介護を必要とする高齢者が利用できるサービスの質の操作化レベルの指標についても考えておきたい。当然，「質」も「公的介護サービスの寛大さ」という基礎レベルの概念の重要な構成要素である。だが，この

「サービスの質」という概念は非常に多面的であり，国際比較に耐えうる指標を見つけるのが極めて難しい。一人一人の介護者が行うケアがどの程度介護を受ける高齢者のQOLの改善に貢献しているのか直接観察するのは難しいうえ，施設介護や在宅介護など，さまざまな場面で介護の質は異なり得るので平均化できない。介護職の平均給与を「サービスの質」の一つの指標として用いることもできるかもしれないが，国際比較に利用できるものは限られている。Mor et al. (2014) など国際比較の試みは現われてきているが，この点は高齢者介護政策研究の今後の課題である。

さて，ここまで，「公的介護サービスの寛大さ」を構成する「範囲」と「量」という二次レベルの概念の操作化レベルの指標として「65歳以上高齢者カバー率（%）」と「公的介護支出の対GDP比」という二つの指標を用い，ファジーセットを使って「サービス適用範囲」と「サービス量」のメンバーシップ得点を算出した。ここからさらに，基礎的レベルの概念と二次レベルの概念との関係を反映させる形で「公的介護サービスの寛大さ」の指標を構築する必要がある。

図1に示したとおり，サービスカバー率・サービス量・サービスの質のそれぞれが「寛大な公的介護サービス」の必要条件となっているため，それぞれの国の「サービス適用範囲」と「サービス量」のメンバーシップ得点の最小値を「公的介護サービスの寛大さ」のメンバーシップ得点として用いることとする。なぜなら，介護サービスの給付対象が広くとも少額の現金給付など要介護高齢者のQOLの改善に結びつかない形であれば寛大とはいえないし，逆にサービス供給量が多くとも一部の重度な要介護者だけに集中していても寛大な制度とはいえないからである[7]。それぞれの要素が必要条件となっている場合，最も弱いリンクに従うというのが集合関係に依拠したファジーセットの基本的考え方となる。

表1の一番右端の列に上に述べたやり方で算出した「公的介護サービスの寛大さ」のメンバーシップ得点を示した。デンマーク，オランダ，ノルウェー，スウェーデンで得点が0.7を超えており，先行研究から得られる知見にある程度沿っているといえよう。

5　ファジーセット分析

本節では，ファジーセットで指標化した変数を用いて，Hieda (2012a, b)

の理論モデルの妥当性を検証する。そのため，まず，説明変数となる「政党の集権性」と「統治連合の凝集性」をファジーセットを用いて指標化する。紙幅の関係から変数の詳しい説明は省略するが，「政党の集権性」の指標としては Estévez-Abe (2008: 67) の各国の選挙制度がどの程度政党主体の競争（その逆は個人主体の競争）を促しているかをランキングした「政党投票の強さの程度」を用いる。政党主体の選挙競争となっていれば政党規律および集権性が高くなり，個人主体の選挙競争となっていれば政党規律が弱く，分権的な政党組織となると想定している（cf. Carey and Shugart, 1995）[8]。

また，「統治連合の凝集性」の指標としては，「連立与党の断片化度」を用いる。この指標は次の式によって算出されるものである。

$$連立与党の断片化度 = 1 - \sum_{i=1}^{n} T_i^2$$

ここで，T_i は連立与党 i が与党の下院議席全体に占める比率である。単独政権では $T_i = 1$ となるから，この指標は 0 の値を取る。逆に，連立与党の数が増え，それぞれの与党の議席比率が小さくなればなるほど，この指標は 1 に近づいていく[9]。1960年から2000年までの各国についてこの指標を算出し，それぞれの国について平均したものを各国の「連立与党の断片化度」として用いている。

「政党投票の強さの程度」と「連立与党の断片化度」をそれぞれ表2に示した。また，この二つの指標を用いて，「政党組織の集権性」と「統治連合の凝集性」のそれぞれのメンバーシップ得点を算出した。「政党投票の強さの程度」は1から6までの値を取るランキングであるため，そのまま0～1の値に変換したものを「政党組織の集権性」のメンバーシップ得点とした[10]。「統治連合の凝集性」については，完全帰属の閾値を0.1，クロスオーバーポイントの閾値を0.3，完全非帰属の閾値を0.6に設定し，直接法を用いてメンバーシップ得点を算出している。これらの値も表2に示した通りである。

さらに，図1で示した通り，Hieda (2012a, b) の理論モデルは「政党組織の集権性」と「統治連合の凝集性」の両方が因果的に結びついて「国家の相対的自律性」の程度を規定すると想定しているため，この両者を必要条

表2 説明変数のメンバーシップ得点

	政党組織の集権性		統治連合の凝集性		政党の集権性＊統治連合の凝集性
	政党投票の強さの程度	メンバーシップ得点…C	連立政権の断片化度	メンバーシップ得点…D	最小値（C, D）
オーストラリア	4.00	0.60	0.19	0.84	0.60
オーストリア	5.00	0.80	0.30	0.50	0.50
ベルギー	5.00	0.08	0.65	0.03	0.03
カナダ	6.00	1.00	0.00	0.99	0.99
デンマーク	5.00	0.80	0.37	0.33	0.33
フィンランド	4.00	0.60	0.59	0.05	0.05
フランス	5.00	0.80	0.48	0.14	0.14
ドイツ	5.00	0.80	0.38	0.31	0.31
アイルランド	…	…	0.21	0.79	…
イタリア	3.00	0.40	0.46	0.17	0.17
日本	1.00	0.00	0.05	0.98	0.00
オランダ	5.00	0.80	0.59	0.05	0.05
ニュージーランド	…	…	0.16	0.89	…
ノルウェー	6.00	1.00	0.02	0.99	0.99
スウェーデン	6.00	1.00	0.13	0.93	0.93
スイス	5.00	0.80	0.72	0.01	0.01
イギリス	6.00	1.00	0.00	0.99	0.99
アメリカ	1.00	0.00	0.00	0.99	0.00

出典)「政党投票の強さの程度」：Estévez-Abe (2008: 67) のランキング指標；「連立政権の断片化度」：Cusack (2003) および *European Journal of Political Research* 誌の「政治データ年鑑（各年版）」。
注)「統治連合の凝集性」のメンバーシップ得点については，完全帰属の閾値を0.1，クロスオーバーポイントの閾値を0.3，完全非帰属の閾値を0.6に設定している。

件としてメンバーシップ得点を計算した。具体的には，「政党組織の集権性」と「統治連合の凝集性」のどちらか小さい方の値を「国家の相対的自律性の程度」として扱うということである。これも表2の一番右端の列に示している。

さて，「政党組織の集権性」＊「統治連合の凝集性」を説明変数として横軸にとり，前節で算出した「公的介護サービスの寛大さ」のメンバーシップ得点を被説明変数として縦軸にとった散布図が図3である。ファジーセットの考え方を用いて指標化した集合間の関係を考える場合，説明変数が被説明変数の必要ではないが十分条件となっている場合は散布図の45度線より上にケースが集まり，必要だが十分条件ではない場合は45度線上の下にケースが集まるこことなる（cf. Schneider and Wagemann, 2010: Chap. 3）。また，測定誤差を考えると，メンバーシップ得点における0.5のクロスオーバーポイントを軸として，第1・2・3象限にケースが収まるとき，説明

図 3　散布図

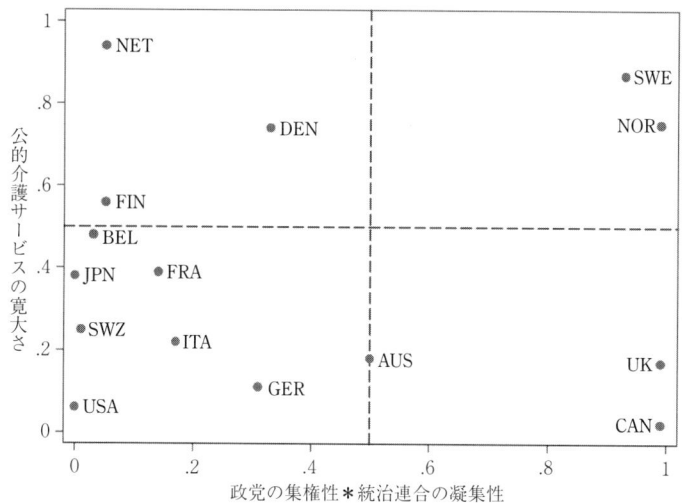

注） AUS＝オーストリア，BEL＝ベルギー，CAN＝カナダ，DEN＝デンマーク，FIN＝フィンランド，FRA＝フランス，GER＝ドイツ，ITA＝イタリア，JPN＝日本，NET＝オランダ，NZL＝ニュージーランド，NOR＝ノルウェー，SWE＝スウェーデン，SWZ＝スイス，UK＝イギリス，USA＝アメリカ合衆国．

変数が被説明変数の必要ではないが十分条件となっているともいえる。逆に，ケースが第 1・3・4 象限に収まると，必要だが十分条件ではないといえる。

このことを念頭に図 3 を見ると，Hieda (2012a, b) の理論モデルはノルウェーとスウェーデンのケースはうまく説明していることが分かる。しかし，非常に断片化した連立政権が常態であるオランダで寛大な高齢者介護政策が発達していることは，「集権的な政党組織」かつ「凝集的な統治連合」以外にも寛大な高齢者向け介護サービスに至る経路がある可能性を示唆している。その意味で，これら二つの条件は必要条件ではないかもしれない。

では，「集権的な政党組織」かつ「凝集的な統治連合」は寛大な高齢者向け介護サービスの十分条件となっているかどうかというと，図 3 は他の条件を考慮する必要性を示唆している。というのも，図 3 の第 4 象限をみるとわかるように，イギリスやカナダといった英語圏では政党が集権的に組織されており，単独政権が常態であるにもかかわらず，ノルウェーやスウ

ェーデンに比べて高齢者介護政策が寛大ではない。そもそも英連邦諸国（オーストラリア，カナダ，ニュージーランド，イギリス）は人口構成が若いという点や，小選挙区制という選挙制度の特徴を反映してか（cf. Iversen and Soskice, 2006）あるいは左派の権力資源動員などの他の歴史的条件を反映してか（cf. Esping-Andersen, 1990）福祉国家の規模が小さい点など，北欧諸国と英連邦諸国とを分岐させた要因について考察する必要があろう。

まとめると，Hieda (2012a, b) の理論モデルは確かに一部の国にはあてはまるが，理論が予測しない国で寛大な介護サービスが整備されていたり，理論の予測する国で実際には寛大なサービスが発達していないケースがあるなど，いまだ改善の余地がある。そして，こうした課題が明らかとなったのは，理論モデルを構成する概念と経験的分析で実際に用いる指標との間のより密接な結合を目指すファジーセット分析の一つの成果といえよう。

6 まとめ

本稿は，政治現象における因果関係を抽象化して表現する政治理論研究と，実際に具体的なデータで理論モデルの妥当性を検証する経験的分析とをより緊密に結びつける方策について，Goertz (2005) に依拠しながら，筆者自身の研究を題材に考察してきた。政治学の研究において，理論モデルはしばしば自然言語で表現され，しかも，特に質的なケーススタディや歴史分析において，複雑な因果関係を想定する。その結果，理論展開の後に来る実証分析で，想定した理論モデルの妥当性が実際に検証されているのかどうか判断に困ることも多い。

Goertz (2005) の示唆するところでは，理論モデルの概念分析を行い，基礎レベルの概念と二次レベルの概念との関係を簡略化して，例えば図示することが，理論モデルと経験分析を結びつけるのに役立つ。「福祉国家」や「民主主義」といった基礎レベルの概念が二次レベルの概念とどのように結びついているのか考察しておくことは，実際のデータで基礎レベルの概念を再構成するとき，理論モデルが想定するものと実際に測定しているものとの間に齟齬が生じることを防いでくれるだろう。実際，筆者自身の研究でいえば，「国家の相対的自律性」という基礎レベルの概念を構成する「集権的政党組織」と「凝集的統治連合」という二次レベルの概念が必要条件となっていることを強く意識していれば，実際の実証研究のやり方は異

なったものとなったであろうことは第2節で示した通りである。

　また，概念間の集合関係を分析することは質的な分析におけるケース選択の助けともなる。GoertzやMahoneyの提起する「可能性原理」を用いることで，理論モデルの検証に役立たないケースを持ち出すことを防止できるだろう。

　さらに，本稿は白か黒かというカテゴリー間の集合関係で考えがちなわれわれの自然な思考様式と自然言語で展開される複雑なモデルを，実際には白と黒の間にグレーのグラデーションが広がる現実のデータに合わせて分析する方法としてファジーセット分析の考え方を紹介してきた。もし，理論モデルから導出する仮説が「説明変数が一単位増加すると，従属変数が〇〇増加する（あるいは減少する）」というような相関関係では表せない，より複雑な交互作用をもつ因果モデルを想定している場合，ファジーセットは理論モデルと現実のデータとを結びつけるのに有効な手段となるであろう[11]。

　本稿がここまで示してきたのは，政治理論と経験的分析のつながりを緊密にする一つの方策に過ぎない。理論モデルを構成する概念を適切に構築し，その概念および概念間の関係について緻密に分析する方法。そして，慎重に構築された理論モデルにふさわしい検証方法の選び方。こうした点について，これからさらに議論が深められていくであろうし，さまざまな提案がなされていくであろう。そうした議論の展開に今後とも注目していきたい。

　　（1）　論理式では，「＊」は「かつ」を意味し，「＋」は「または」を意味している。また，「→」は左辺側が右辺側の十分条件になっていることを示し，「←」は左辺側が右辺側の必要条件となっていることを意味する。
　　（2）　ただし，比較歴史分析を行うには対象国の言語を読解する能力と文脈知識が重要であり，オランダ，ベルギー，フィンランドのいずれの国を選んだにしても，分析には大きな困難が伴ったであろうことは容易に想像できる。逆に，自分が日本人研究者である以上，日本語運用能力と文脈知識には海外研究者に比べて優位性があり，理論モデルからは必ずしも理想的なケースではないことには自覚的であったが，比較歴史分析の選択肢から日本を除くということは考えられなかった。比較歴史分析における対象事例の選択は，理論モデルが指し示す事例を自由に選べるわけではなく，言

語的・資料的・時間的制約のなかで行わなければならない。そこが比較歴史分析の難しさでもあり，誰もがある手続きに従えば同じ結果の出る科学というよりも，研究者ごとに個性が異なる職人芸的趣きを与えているといえよう。
(3) 定量的な分析では，たとえ自然言語で展開したモデルが「0」か「1」のカテゴリー変数で表現されていたとしても，実際の分析では，結果は「説明変数が一単位増えるにつれて，被説明変数は○○増加する（あるいは減少する）」と表現されるからである。これを数式で表せば。線形回帰分析に典型をみる定量的研究では，

被説明変数＝ α ＋β_1説明変数＋β_2コントロール変数＋ε，

のβ_1を推定することを目指す。これに対して，定性的な研究では

（AかつBかつC）または（AかつD）→（Y＝1）

が正しいかどうかを検証するという形をとることが多い。ここで，それぞれの変数は「Aか非A」，「Bか非B」，「Cか非C」のような形が想定されているので，カテゴリーで思考することとなる。
(4) 直接法（direct method）とは，研究者の設定する完全帰属，クロスオーバーポイント，完全非帰属の閾値から間隔尺度の変数を対数オッズに変換し，そこからさらに0から1を取るメンバーシップの程度に変換する手法である。詳しくは，Ragin (2008: 89-94) を参照。
(5) 実際，近年の欧州では家庭内での高齢者介護に果たす移民ケアワーカーの役割が大きなものとなってきている（cf. Rodrigues et al., 2012: 75-82）。そして，現金給付の介護手当の仕組みは家庭内で移民ケアワーカーを雇入れるのを後押しする役割を果たしていると考えられる（稗田，2010）。
(6) 注4参照。
(7) ファジーセットの考え方では各要素が「かつ（AND）」で結ばれていればその最小値に従い，各要素が「または（OR）」で結ばれていればその最大値に従う。
(8) 変数の詳しい算出の仕方とその論拠は Hieda (2012a: 265-267) および Hieda (2012b: 30-33) を参照。
(9) 「連立政権の断片化度」のデータは Cusack (2003) および *European Journal of Political Research* 誌の「政治データ年鑑（各年版）」を利用した。
(10) 政党組織の集権性のメンバーシップ得点＝$\dfrac{政党投票の強さの程度－1}{6－1}$
(11) ファジーセットを用いた質的比較分析（Qualitative Comparative Analysis: QCA）についてはいくつも優れた教科書が出版されているので参考にされたい（Ragin, 2008; Rihoux and Ragin, 2009; Schneider and Wagemann, 2010）。

参考文献

Carey, J. M. and Shugart, M. S. (1995) 'Incentives to Cultivate a Personal Vote: A Rank Ordering of Electoral Formulas', *Electoral Studies* 14 (4): 417-439.

Collier, D. and Gerring, J. (eds.) (2009) *Concepts and Method in Social Science: The Tradition of Giovanni Sartori*. Abingdon, Oxon: Routledge.

Collier, D. and Mahon, J. E. J. (1993) 'Conceptual "Stretching" Revisited: Adapting Categories in Comparative Analysis', *American Political Science Review* 87 (4): 845-855.

Cusack, T. R. (2003) *Parties, Governments and Legislatures Data Set*. Wissenshaftszentrum Berlin für Sozialforshung. Retrieved from (http://www.wzb.eu/alt/ism/people/misc/cusack/d_sets.en.htm#data).

Downs, A. (1957) *An Economic Theory of Democracy*. New York, N.Y.: Harper.

Esping-Andersen, G. (1990) *The Three Worlds of Welfare Capitalism*. Princeton, N.J.: Princeton University Press.

Estévez-Abe, M. (2008) *Welfare and Capitalism in Postwar Japan*. New York, N.Y.: Cambridge University Press.

European Commission (2012) *Long-Term Care for the Elderly: Provisions and Providers in 33 European Countries*. Luxembourg: Publications Office of the European Union.

Goertz, G. (2005) *Social Science Concepts: A User's Guide*. Princeton, N.J.: Princeton University Press.

Goertz, G. and Mahoney, J. (2012) *A Tale of Two Cultures: Qualitative and Quantitative Research in the Social Sciences*. Princeton, N.J.: Princeton University Press.

Hicks, A. (1999) *Social Democracy and Welfare Capitalism: A Century of Income Security Politics*. Ithaca, N.Y.: Cornell University Press.

Hieda, T. (2012a) 'Comparative Political Economy of Long-Term Care for Elderly People: Political Logic of Universalistic Social Care Policy Development', *Social Policy & Administration* 46 (3): 258-279.

Hieda, T. (2012b) *Political Institutions and Elderly Care Policy: Comparative Politics of Long-Term Care in Advanced Democracies*. Basingstoke, Hampshire, UK: Palgrave Macmillan.

Inoguchi, T. (2011) 'Political Theory', in B. Badie, D. Berg-Schlosser and L. Morlino (eds.) *International Encyclopedia of Political Science*. Los Angeles: SAGE.

Iversen, T. and Soskice, D. (2006) 'Electoral Institutions and the Politics of Coalitions: Why Some Democracies Redistribute More Than Others', *American Political Science Review* 100 (2): 165-181.

King, G., Keohane, R. O. and Verba, S. (1994) *Designing Social Inquiry: Scientific Inference in Qualitative Research*. Princeton, N.J.: Princeton University Press.

Mor, V., Leone, T. and Maresso, A. (eds.) (2014) *Regulating Long-Term Care Quality: An International Comparison*. Cambridge: Cambridge UP.

OECD (2004) *Social Expenditure Database (SOCX): 1980-2001*. OECD. Retrieved from (www.oecd.org/els/social/expenditure).

OECD (2005) *Long-Term Care for Older People*. Paris: OECD Publishing.

OECD (2013) *Health at a Glance 2013: OECD Indicators*. Paris: OECD Publishing.

Ragin, C. (2000) *Fuzzy-Set Social Science*. Chicago: University of Chicago Press.

Ragin, C. (2008) *Redesigning Social Inquiry: Fuzzy Sets and Beyond*, Chicago: University of Chicago Press.

Rihoux, B. and Ragin, C. (eds.) (2009) *Configurational Comparative Methods: Qualitative Comparative Analysis (QCA) and Related Techniques*. London: Sage.

Rodrigues, R., Huber, M. and Lamura, G. (2012) Facts and Figures on Long-Term Care: Europe and North America. Vienna: European Centre for Social Welfare Policy and Research.

Russett, B. (1993) *Grasping the Democratic Peace: Principles for a Post-Cold War World*. Princeton, N.J.: Princeton University Press.

Sartori, G. (1970) 'Concept Misformation in Comparative Politics', *American Political Science Review* 64 (4): 1033-1053.

Schneider, C. Q. and Wagemann, C. (2010) 'Standards of Good Practice in Qualitative Comparative Analysis (QCA) and Fuzzy-Sets', *Comparative Sociology* 9 (3): 397-418.

Shepsle, K. A. (1979) 'Institutional Arrangements and Equilibrium in Multidimensional Voting Models', *American Journal of Political Science* 23 (1): 27-59.

Tsuji, Y. (2013) 'Book Review: "Political Institutions and Elderly Care Policy: Comparative Politics of Long-Term Care in Advanced Democracies"', *Social Science Japan Journal* 16 (2): 314-317.

尾野嘉邦(2014)「高齢者福祉と政治制度」『レヴァイアサン』54号, pp.136－140。

カント, イマニュエル(1985)『永遠平和のために』(宇都宮芳明訳), 岩波文庫。

鎮目真人 (2013)「ファジィ・セット分析」『比較福祉国家：理論・計量・各国事例』(鎮目真人・近藤正基編), ミネルヴァ書房, pp.183－201。

稗田健志 (2010)「越境するハウスホールド：大陸ヨーロッパにおける移民家庭内ケアワーカーから考える」『政治を問い直す1：国民国家の境界』(加藤哲郎・小野一・田中ひかる・堀江孝司編), 日本経済評論社, pp.133－149。

観察可能なものと観察不可能なもの
―― 規範・経験の区別の再検討 ――

田村哲樹＊

序論

　政治学において，経験的研究（としての政治科学（political science））と，価値や規範を扱う政治思想・哲学・理論研究とが分離したと言われて久しい。一方の政治理論・思想研究者は，しばしば現実政治を論じることで「印象論」「政治評論」と言われることを恐れている。他方の経験的研究者が，価値や思想を論じることで「印象論」と言われることを恐れているのかどうかは定かではない。しかし，少なくとも今日の経験的研究では，価値や規範について言及することを慎重に避けようとしているように思われる。もちろん，このような状況を克服しようとする試みも存在しないわけではない，日本の研究に限っても，政治理論・思想研究では，岡崎晴輝（2014）による議事録分析を通じた政治家の言説の批判的分析という提案や，宇野重規（2015）による政治家へのインタビューによる研究などがある。経験的研究では，河野勝（2014）による方法論の提案を通じた「規範分析」と「経験分析」の異同についての研究や，日下渉（2013）による政治理論における「公共圏」や「ヘゲモニー」などの概念を分析枠組みとして用いたフィリピン政治分析などがある。とはいえ，依然としてこうした研究の数が多いとは言えない。

　このような状況を再考するために，私自身は以前に，熟議民主主義研究を事例として，「規範理論と経験的研究との対話可能性」について論じたことがある（田村 2008：第6章）。本稿の関心は，私自身のこの研究の延長線上にある。ただし，本稿では特に「観察可能なもの（the observable）」

＊ 名古屋大学大学院法学研究科教授　政治学・政治理論

と「観察不可能なもの（the unobservable）」を鍵概念として，政治学の諸研究の再類型化を試みる。この作業を通じて本稿は，規範理論と経験的研究という分類に疑問を呈する。むしろ，本稿は，政治学における諸研究を，次の二つのタイプに再分類可能ではないかと主張する。第一のタイプは，「観察可能なもの」を扱う政治学である。これには，「実証主義的」な経験的分析と規範的政治哲学とが当てはまる。第二のタイプは，「観察不可能なもの」を扱う政治学，あるいは，事実の観察を（検証／反証の）根拠としないような政治学である。これには，実証主義的ではない経験的分析と「政治／政治的なるものの政治理論」（田村 2014a）とが当てはまる[1]。

このような区別を導入した場合，第二のタイプの非実証主義的な経験的分析として，解釈学的な研究が想起されがちである。ただし，本稿は，このタイプには解釈学とは区別されたある種の「実在論（realism）」も当てはまり得ると考える。この場合の「実在論」とは，「すべての観察は理論によって媒介される」と想定する立場のことである（Furlong and Marsh 2010: 194）。ポール・ファーロングとデヴィッド・マーシュは，実在論者にとっては，直接観察可能な社会現象とそうではない社会現象とを区別することが可能になるのは，「理論」の決定的役割のためであると述べている（Furlong and Marsh 2010: 194）。彼らによれば，このような意味での実在論者も解釈学者も，経験的問題と規範的問題との峻別という実証主義者の命題を退けるものである。この点において，実在論と解釈学との間には，共通点が存在するとされる

このような再類型化を試みることを通じて，本稿が提案したいのは，政治学における分野の境界線は，経験的政治学と規範的政治理論の間にではなく，別のところにあるかもしれないということである。すなわち，経験的分析と規範理論との間の距離よりも，①経験的分析との関係では「規範理論」として一括されがちな，規範的政治哲学と「政治／政治的なるものの政治理論」との間の距離の方が大きいかもしれないし，②通常は「経験的分析」として括られがちな，実証主義的政治分析と非実証主義的政治分析との間の距離の方が大きいかもしれないのである[2]。

以下では，次の順序で議論する。第1節では，規範理論と経験的分析の間に「類似性」を指摘できることを述べる。しかし，単に類似性が存在するだけでは，両者が結びついていると言うことはできない。そこで，第2

節以下では，規範理論と経験的分析との間にどのような「協働性」を見出すことができるのかについて検討する。ここでは，少なくとも二つのパターンでの「協働性」が可能であることを主張する。すなわち，第2節では，「実証主義」の認識論的立場を前提とするならば，規範理論の中の狭義の規範理論と実証主義的な経験分析との間に協働性が発生し得ることを論じる。第3節では，「観察不可能なもの」への関心を重視することを通じて，規範理論の中の「政治／政治的なるものの政治理論」と非実証主義的な経験的分析との間に協働性が発生し得ることを論じる。

第1節　規範理論と経験的分析の類似性

本節では，規範理論と経験的分析とが共通する特徴を有していることを指摘する。この共通する特徴を，本節では河野勝（2014）に示唆を得て「類似性」と呼ぶ。「類似性」とは，規範理論と経験的分析との間に，同様の方法を用いる点で「共有する方法的基盤」（河野2014）を見出し得ることを意味する。ただし，類似性の指摘が，直ちに規範理論と経験的分析とを結びつけた研究が存在することを意味するわけではない。類似性はどこまでも類似性なのであって，そこから本稿で言う「協働性」までは距離がある。とは言え，「類似性」が認識されなければ「協働性」に進む可能性も存在しないであろう。したがって，本節ではまず，類似性の指摘に取り組むことにする。

規範理論と経験的分析との間には，少なくとも次の二点において類似性を認めることができる。一つは「推論」であり，もう一つは，存在論における基礎づけ主義／反基礎づけ主義（foundationalism/anti-foundationalism）という基準である。

（1）推論

経験的分析の方法論においては，推論の重要性が指摘される。たとえば，ゲイリー・キング／ロバート・コヘイン／シドニー・ヴァーバは，社会科学・政治学研究の目的は推論であると述べている。彼らの考える「科学」においては，「直接的なデータを超えて，直接には観察されない，より広範囲の何かを推論しようとする」ことが重要なのである（King *et al*. 1994: 7-8: 7）[3]。しばしばその差異が強調される質的研究と量的研究も，「推論の

論理」においては共通していると見ることができる（King *et al.* 1994: 4=2004: 3）。

他方，規範理論の中にも，その分析方法の特徴として推論を挙げることで，科学との共通性を指摘するものがある。たとえば，ダニエル・マクダーモットは，価値や規範を扱う「分析的政治哲学」は，「大きく分けて科学と同類の知識への取り組みである」と述べている（McDermott 2008: 11=2011: 15）。彼がこのように述べる重要な論拠の一つとなっているのは，政治哲学も科学も「自分たちが知っていると思う事柄から出発し，それを知らないことに関する洞察を得るための基礎として用いる」という点で共通している，ということである（McDermott 2008: 14=2011: 18）。すなわち，規範理論は，推論という方法に依拠する点で経験的分析と共通している。両者の違いとは，研究のタイプの違いではなく，扱う対象の違いに過ぎない[4]。

（2）存在論

次に，基礎づけ主義／反基礎づけ主義という区別について取り上げる。この区別から見ることで，二分法そのものは維持されるとしても，「規範か，経験か」という意味でのそれを相対化することができる。すなわち，一方の規範理論にも基礎づけ主義的なものと反基礎づけ主義的なものがあり，他方の経験的分析にも基礎づけ主義的なものと反基礎づけ主義的なものがある，という形での区別を導入することができる。

第一に，経験的研究における基礎づけ主義と反基礎づけ主義の区別について見てみよう。ファーロングとマーシュは，政治学研究者にとって，自らがどのような存在論的立場と認識論的立場に依拠しているのかを理解することが重要であると述べている（Furlong and Marsh 2010: 185, 189-191）。基礎づけ主義／反基礎づけ主義の区別は，存在論の次元に関わっている。存在論とは，「存在」の性質に焦点を当てる議論，すなわち，存在についての理論のことである。その問いは，「実在の形態と性質とは何か」という形を取る。存在論に関してどのような立場を取るかは，世界とはどのようなものかについての研究者の視点を反映する。存在論においては，二つの立場がある。その違いは，私たちの知識から独立した現実の世界が存在すると見なすかどうかについての違いである。「基礎づけ主義」は，現実の世界

をそれについての研究者・観察者の知識から独立して存在するものと見なす立場である。これに対して，私たちの知識から独立した世界の実在を措定しないのが，「反基礎づけ主義」である。反基礎づけ主義の立場では，政治学の研究対象である世界は，研究者・観察者によって「発見」されるものではなく，それ自体，社会的に構築されたものである[5]。

第二に，規範理論においても，基礎づけ主義と反基礎づけ主義の区別は，当該「理論」の立場を区別する際の基準としてしばしば参照される。ここで「基礎づけ主義」とは，「『疑いえない確実な真理』というものがあって，それを究極的な根拠や出発点とすることによって理論を構成していくことができるはず，という方法上の態度」（盛山 2006：145）のことを指す。規範理論においては，「疑いえない正しい価値や基準」の存在を措定し，それに基づいて「普遍的に妥当な規範的原理を導きだすことができる」とする立場を意味する（盛山 2006：307）。「反基礎づけ主義」とは，上記のような意味で普遍的に正しい価値や基準の存在を前提とすることはできないとする立場を指す[6]。

今日の規範理論の状況を基礎づけ主義から反基礎づけ主義への変化として特徴づける見解は，しばしば見られる。盛山和夫は，ジョン・ロールズ以降の現代リベラリズムの基礎づけ主義的な「正義」の正当化の試みは成功しないと主張する。「現代リベラリズムは根本的なところで基礎づけ主義のプロジェクトなのである。しかし，これが成功することはきわめて疑わしい」（盛山 2006：307）[7]。リチャード・ローティ（1988）が，ロールズについて「民主政治を一番目に置き，哲学を二番目に置く」として「哲学に対する民主主義の優先」を説く時，彼は基礎づけ主義的な規範理論ではなく，反基礎づけ主義的なそれを支持する立場を打ち出している。ファーロングとマーシュは，ポスト構造主義の影響を受けて，規範理論においても，善あるいは正義の絶対的な観念を確立しようとする基礎づけ主義的な試みから，反基礎づけ主義的な立場への，あるいは少なくとも「何らかの普遍的な基盤についての非常に限定的な構想」への変化が生じていると述べている（Furlong and Marsh 2010: 203-204）。社会における「基盤の不在」を唱えつつ，それにもかかわらず社会を形成していくための基礎を提供するものとしての「政治的なるもの」の重要性を主張するタイプの政治理論[8]も，規範理論における反基礎づけ主義的動向の一つと言える。この

ように，規範理論においても基礎づけ主義／反基礎づけ主義という区別は，重要な問題となっている。

以上のように，規範理論と経験的研究は，少なくとも推論および基礎づけ主義／反基礎づけ主義の区別という二点において類似性を持つ。しかし，同じような方法や思考様式を用いるからといって，規範理論と経験的分析とが政治学研究において協働的に用いられるとは限らない。そこで次章以下では，両者がどのように協働し得るのかについて検討する。

第2節　実証主義の下での規範理論と経験的分析の協働性

本節では，現象あるいは研究対象が「観察可能」である限り，経験的分析と規範理論は協働し得る，ということを述べる。すなわち，実証主義という最も経験主義的な立場をとる経験的分析と規範理論は両立し得るのであり，両者を組み合わせた研究は可能なのである。

「実証主義（positivism）」とは，認識論における一つの立場である。ここで認識論とは，世界について研究者は何を知ることができるのかという問題についての考え方を指す（Furlong and Marsh 2010: 185; Hay 2002: 63）。認識論的立場としては，しばしば実証主義，実在論，解釈学の三つが挙げられる（Furlong and Marsh 2010: 186）。認識論における立場の違いは，次の二つの問題にどのように答えるかによって生まれる。第一に，観察者は複数の社会現象の間に「実在する」あるいは「客観的な」関係を確認できるのか，また，できるとすればどのようにしてか，という問題である。第二に，複数の社会現象の間に「実在する」関係を見出すことができるとして，それを直接的な観察を通じて行うことができるとするのか，それとも，「『存在』するが直接には観察できないような何らかの関係が存在する」と考えるのか，という問題である（Furlong and Marsh 2010: 185-186）。実証主義は，第一の問いには，実在または客観的な関係を確認できると答え，第二の問いには，そのような実在は直接的な観察によって確認することができると答える認識論的立場である。すなわち，実証主義は，仮説形成のために理論を用い，そのようにして形成された仮説は，直接的な観察によって検証され得ると考える（Furlong and Marsh 2010: 194）[9]。

問題は，このような実証主義の認識論的立場に基づく経験的研究と規範理論とが，どのように協働できるのかである。一つの考え方は，次のよう

なものである。すなわち、規範理論は価値という観察不可能なものに関する学問的営みであり、それが提示する諸命題は経験的に検証することができない。それゆえ、実証主義的な経験的研究との協働は不可能である。むしろ、実証主義的な経験的研究が行うべきことは、事実の観察を通じて検証可能な仮説を構築し、その検証のためのデータを集めることである、と。事実と価値との二分法に依拠するならば、このような考え方があり得ること自体は理解可能である。しかし、その結果は、経験的研究と規範理論とは協働できないというものであろう。

これに対して、本節ではもう一つの可能性を提示する。すなわち、もしも「仮説形成」が価値概念に関わるものであり、かつ、その価値概念に関わる（と推定される）データを観察可能な形で集めることができるならば、実証主義の下で規範理論と経験的分析との協働性が実現するのではないだろうか。この点に関する指摘は以前に行ったことがあるが（田村 2008:159-160）、ここではマーヤ・セテレとカイザ・ヘルネの議論を参照しておこう。彼女たちは、規範理論は経験的研究との関係で次の二つの役割を持つとする（Setälä and Herne 2014: 59）。一つは、「どのような問題が問うに値する問題かを提起し、経験的な知見を評価するために必要な基準を提供する」ことである。もう一つは、「経験的に検証可能な因果的命題」を提供できるということである。たとえば、規範的な参加民主主義論における、参加が参加能力や政治的有効性感覚を高めるといった命題は、経験的研究による検証のための仮説を提示していると考えることができる。このような発想から出発すれば、規範理論が提示する価値的諸命題を経験的研究によって検証するという形で、両者の協働が可能になる[10]。

たとえば、ヨーロッパ諸国の議会審議の熟議度合いを測定するユルグ・シュタイナーらの研究（Steiner *et al.* 2004）は、このような意味での規範理論と経験的研究との協働に基づく研究であった。そこでは、独自に作成された熟議の規範的な特徴を経験的に測定するための指標に基づいて、各国議会における審議記録を分析するという作業が行われている。シュタイナーは、近年では、コロンビア、ボスニア・ヘルツェゴビナ、ベルギー、EU、フィンランドといった国家・地域において、熟議の程度を検証するための実験も行っている（Steiner 2012）。これらのうち、とりわけコロンビア、ボスニア・ヘルツェゴビナ、ベルギーは、国内において深刻な分断を

抱えている。それらの国々では，熟議の実現が最も困難であると予想される。しかし，同時に熟議が最も必要とされているのも，そのような国々なのである。シュタイナーは，熟議が最も困難と想定される地域においてどのように熟議が可能であるのかを探るために，これらの国々において実験を行うのである。

また，セテレとヘルネ（Setälä and Herne 2014）は，市民たちが熟議を行うフォーラムであるミニ・パブリックスを規範理論としての熟議民主主義理論の諸命題を検証する実験として用いる／理解する研究は多く存在するとした上で，そのようなタイプの研究において生じるいくつかの問題を検討している[11]。たとえば，社会科学における実験に対しては，しばしばそれは現実の状況とは異なるという疑義が提起される。この疑義について，セテレ／ヘルネは，規範理論の諸命題が実験を通じて研究される場合には深刻な問題ではないと述べる。なぜならば，規範理論の諸命題は「現実世界」の単なる模倣ではなく，「理論的に定義された反実仮想の状態」を記述したものであり得るからである。ミニ・パブリックスにおける実験もまた，「仮説的な社会」における実験であり，それゆえ，「現実世界」の文脈における（熟議ではない）政治論議についての検証の場として見なされるべきではない。それはむしろ，熟議の理想に最も近接した条件の下で何が起こるかについての検証として理解されるべきなのである（Setälä and Herne 2014: 64-65）。

最後の事例として，松元雅和（2011）による，規範理論における分析的平等論を教育問題に応用する試みを見てみたい。松元は「教育の自由化」問題について，分析的平等論の知見に基づけば，教育における「レベル下げ」（成績上位者の状況を悪化させる形で，成績下位者の状況を改善すること）の政策が正当化され得るということ，ただし，だからといって直ちに「レベル下げ」が実施されればよいというわけではなく，その是非は，教育が「位置財」（フレッド・ハーシュ）としての性質をどこまで有しているかに依存するということを論じている。その上で松元は，教育がどの程度位置財としての性格を持ち得るか（あるいは，非位置財としての性格を持ち得るか）は，「教育が当該社会においてどのような意味をもっているかという経験的事実に左右される」（松元 2011：89）と述べる。そこで彼は，社会学の経験的階層研究の知見を参照して，日本の教育について「位置財

としての性質をより強く持っている」ことを確認している。もっとも、松元の研究は、みずからデータや実験によって規範的な平等論の諸命題に関する経験的な検証を行ったものではない。また、他の研究者による実証的知見の参照も、必ずしも論文の中で中心的な位置を占めているわけではない。とはいえ、彼の研究も、規範理論の知見を経験的研究によって検証することを端緒的に試みたものであると言える。

　もちろん、規範理論と経験的研究との間に緊張関係が発生することはあり得る。とりわけ、実証主義的な認識論的立場に依拠する場合には、その緊張関係は、規範理論の提起する命題と「観察可能なもの」との間に発生し得る。たとえば、規範理論が提示する価値命題が「観察可能」ではない場合は経験的に検証できないため、経験的研究から見ると、規範理論によって提示される命題は検討の対象にならない、ということになるだろう。あるいは、観察可能なデータによる検証の結果、規範理論が提示する価値命題が反証された場合には、そのことをどのように解釈するかが分水嶺になる。経験的研究者が実証主義の立場に基づいて、「観察可能なデータによって検証されない仮説は妥当ではない」との立場を維持するならば、規範理論研究者には、そのような立場は受け入れられない場合も出てくるであろう。

　この点に関して、再びセテレ／ヘルネの議論を参照しておきたい。彼女たちによれば、規範理論としての熟議民主主義理論の諸命題が、ミニ・パブリックスを通じた実験による検証の結果当てはまらないという結果が出た場合、その結果をどのように解釈するかが問題になる。たとえば、規範理論の想定する「熟議」が実験の結果否定されたという結果をどのように解釈するべきなのだろうか。セテレ／ヘルネは、二つの解釈の仕方があると指摘する（Setälä and Herne 2014: 69）。一つは、まさに、規範理論としての熟議民主主義理論の何らかの命題が否定されたと解釈する方法である。ただし、この場合でも、規範理論としての熟議民主主義理論が総体として否定されると考える必要はない。むしろ、実験結果は、たとえばコミュニケーション様式の拡大などの形で、熟議の再定義を求めていると解するべきなのである。もう一つは、実験自体が適切であったかを再検討する方法である。すなわち、実験を行った当該の、あるいはより一般的なミニ・パブリックスという制度自体が、規範理論の想定にできるだけ近似的な条件

を提供するように設計されていたのかどうかを点検することである。彼女たちによれば，ミニ・パブリックスのどのような手続や設計が熟議のための望ましい条件であるのかについては，理論的にも実験面でもなお十分に研究は進展していない。

　セテレ／ヘルネの議論は，規範理論研究者と経験的研究者のそれぞれに，次のことを教える。一方の規範理論研究者には，規範的命題が経験的に検証されなかった場合でも，当該規範的命題そのものが否定されたと受け止めるのではなく，経験的な検証を踏まえて，その「再定義」の作業に取り組むことこそが求められる，ということである。他方の経験的研究者には，規範的命題が検証されなかった場合に，その理由を当該命題の問題性としてのみ捉えるのではなく，リサーチ・デザインや検証方法について不備があったためではないかと考えてみることが求められる，ということである。もしも，規範理論研究者と経験的研究者が，ともにこのような形での反省を遂行することができるならば，規範的命題が反証された場合に両者が袂を分かつことは回避されるだろう。

第3節　「観察不可能なもの」に基づく政治理論と経験的分析の協働性

　本節では，前節とは異なり，認識論的に非実証主義的立場を取った場合にも，経験的分析と「規範的」政治理論との間に協働性が生まれることを論じる。その際に鍵となるのは，「観察不可能なもの」への関心である。

（1）経験的研究における「観察不可能なもの」

　そもそも，「観察不可能なもの」を対象とした経験的研究はあり得るだろうか。実証主義の立場から見れば，「観察不可能なもの」は経験的研究の対象にならないか，理論や仮説が検証・反証不可能ということであることを意味する。いずれにしても，「観察不可能なもの」を対象とした研究は考えにくい。そのような研究があり得るとすれば，価値や道徳を対象とする規範理論によって行われるものである。しかし，実証主義とは異なる認識論的立場を取るならば，「観察不可能なもの」を対象とした研究もあり得る。以下では，そのような認識論的立場として，実在論と解釈学を概観する。

　「観察不可能なもの」の肯定によって最も直接的に実証主義に対抗する

のは，実在論である。ここで「実在論」とは，実証主義と解釈学の両方から区別される認識論を指す。実在論の存在論的立場は，実証主義と同じく基礎づけ主義である。しかし，直接的な観察を特権化しない点で後者と異なる。つまり，実在論は，社会諸現象の間の多くの重要な関係は観察できないと考える。「社会諸現象の間には，直接的には観察され得ないが行動の説明にとって決定的であるような深い構造的関係が存在する」（Furlong and Marsh 2010: 192）。たとえば，構造としての「家父長制」は直接には観察できないが，それがもたらす帰結の多くを見ることはできる（Furlong and Marsh 2010: 192-193）。このような「観察不可能な構造の因果的作用」こそが重要である。観察可能なものだけに着目することは，そうした現象や構造に関する「誤った像」を提供するかもしれないのである（Furlong and Marsh 2010: 204-205）。

観察不可能な現象・構造の因果的作用を実在論的に説明する際に用いられるのが，「アブダクション（abduction）」または「リトロダクション（retroduction）」という推論の形式である[12]。アブダクションは，演繹とも帰納とも異なる（Howarth and Griggs 2012; 丸山 2006；米盛 2007）。その推論形式は，「驚くべき事実Cが発見される」→「しかしもしHが真であれば，Cは当然の事柄であろう」→「よって，Hが真であると考えるべき理由がある」というものである（米盛 2007：54）。アブダクションは，論理的には妥当な推論の形式ではない。しかし，それは，①「われわれが直接観察したものとは違う種類の何ものか」を推論し，かつ，②「われわれにとってしばしば直接には観察不可能な何ものかを仮定する」ことができる（米盛 2007:87）[13]。このようなアブダクションの特徴が，個々の現象を前提としつつ，その背後にある観察不可能な構造やメカニズムとその因果的作用を推測するのに貢献するのである（丸山 2006：117－118）[14]。

次に，解釈学についてである[15]。それは，存在論的には反基礎づけ主義の立場を取る。つまり，世界は社会的に構築されており，社会現象は，私たちによるその解釈から独立しては理解されないと考える（Furlong and Marsh 2010: 199）。したがって，解釈学が注目するのは人々の行動の「意味」であり，それが提供するのは「説明」ではなく「理解」である。

解釈学が実証主義と異なることは，しばしば指摘されている（King *et al.* 1994=2004; 内山 2002）。しかしながら，それがどのような意味で「観察不

可能なもの」と関係しているのかは，実はそれほど明確ではない。たとえば，解釈学は実証主義では観察不可能な権力や支配の作用の解明に有用である，と示唆されることがある[16]。しかし，そのような権力や支配の作用は，多くの場合，解釈学が注目する意味的なものではなく，物理的ではあるが必ずしも可視的ではないようなものとして把握されているように思われる[17]。そうだとすれば，このような権力や支配の作用は，解釈学ではなく先に述べた実在論によって把握されるべきものということになるだろう。この場合，解釈学と「観察不可能なもの」とは関係がない，ということになり得る。

　本稿では，解釈学は次の三つの意味で「観察不可能なもの」に関わっていると考える。第一に，解釈学は，実証主義的な意味では「観察不可能」な「意味」を研究対象とする，という意味においてである。意味は，個々の観察可能な出来事の背後にあってこれを支えると想定されるものである(cf. 盛山 2011：23−25)。したがって，そのような意味の地平は，実証主義的な意味では観察することができない。社会科学の研究対象は，このような意味によって構築された世界である[18]。第二に，解釈学は，理論の妥当性の検証を必ずしも観察可能な事実に依拠しない。解釈学においては，客観的な分析は不可能とされる。なぜなら，研究対象は研究者から独立して存在するとは考えられないからである (Furlong and Marsh 2010: 199)[19]。解釈学においては，いかなる「事実」の認識も，それに先立って存在する概念を伴うと考えられる。そのため，それは，観察可能な事実による検証／反証に依拠することはできない (Bevir and Rhodes 2010: 36-37)[20]。第三に，特にポスト構造主義に影響を受けた解釈学の場合には，観察不可能性との関係が問題になり得る。ポスト構造主義的な解釈学においては，当該社会において多くの人々に出来事を自明視させるほどに「沈殿」した主流の言説に対して，一時的に忘却されている代替的な言説を発見する作業――そのことによって変化への筋道を展望する作業――が行われる。しかし，その際に問題になっているのは，「沈殿」した主流の言説とそれ以外の代替的な諸言説との間の関係である。この場合，実証主義との関係で問題となったような意味での観察可能性／観察不可能性という区別は，論点とはならないようにも思われる。なぜなら，実証主義との関係での観察可能性／観察不可能性は，（観察可能であろうとなかろうと）客観的な事実の存

在を前提とした上でのものであるのに対して、ポスト構造主義的な解釈学では、問題となるのは複数の言説であり、これらは「客観的な事実」ではないからである。

以上のように、実在論にせよ解釈学にせよ、実証主義とは異なる認識論的立場に依拠して、「観察不可能なもの」を認める経験的研究は存在する。

（2）規範理論における「観察不可能なもの」

次に、規範理論における「観察不可能なもの」への注目について述べる。広義の規範理論における狭義の規範理論ないし応用倫理学としての政治哲学と、「政治／政治的なるもの」の政治理論との区別（井上・田村編 2014）を踏まえると、規範理論における「観察不可能なもの」について、次の二つのことが言える。第一に、応用倫理学としての政治哲学は、そもそも「観察不可能なもの」について考察する学問分野である。とりわけ実証主義の認識論的立場からすれば、規範理論が扱う価値、規範、道徳などは、まさに観察不可能な事象である。それにもかかわらず、前節では観察可能性の地平にとどまる限りでの両者の協働性を指摘した。本稿のそのような指摘が意味を持つのも、そもそも両者は異なる学問的営みと見なされているからである。

第二に、「政治／政治的なるものの政治理論」を特徴づける重要な要素の一つも、やはり「観察不可能なもの」である。「政治／政治的なるものの政治理論」においてはしばしば、「基盤の不在」、「政治」と「政治的なるもの」の区別、「政治的なるもの」と「社会的なるもの」との区別、道徳や経済に対する「政治の優位」などの命題が提示される（田村 2014a；2014b）。これらの命題は、事実によって検証／反証されるような仮説として提示されているわけではない。それは、社会や政治をどのように見るべきかという研究者の問題関心に基づいて提示されるものである[21]。とりわけ、「政治的なるもの」については、しばしば現実の「政治」によって覆い隠され、それゆえに、実証主義的には観察不可能なものとして捉えられる（森 2014：24）。シェルドン・ウォーリン（Wolin 1996）が、「民主主義」を「政治的なるものの様々なバージョンの一つ」とし、かつ、それを「つかの間の民主主義（fugitive democracy）」と呼ぶのも、「政治的なるもの」が通常は「覆い隠されている」ことの別の表現であるということもできる。

（3）経験的研究と「政治／政治的なるものの政治理論」との協働可能性

　以上を踏まえると，前章とは異なり，「観察不可能なもの」という観点から経験的分析と規範理論との間に共通性を見出すことも可能である。ただし，これだけでは「類似性」の指摘にとどまる。そこで問題は，両者の間にどのような協働性を見出すことができるのか，という点である。この問題に対する本稿の回答は，「観察不可能なもの」に焦点を当てようとする経験的分析が「政治／政治的なるものの政治理論」の発想を取り入れることによって分析枠組を構築し分析を行う場合に，両者の協働性を見出すことができる，というものである[22]。以下では，このような協働の例として，デヴィッド・ホワースとスティーヴン・グリッグスの「ポスト構造主義的政策分析」を見てみたい。

　ホワースとグリッグスは，実在は言説によって構築されるという反基礎づけ主義的な存在論的立場を取る[23]。人々の行動や諸制度が何であるかはあらかじめ確定しているわけではない。それは言説を通じて付与される意味に依存していると同時に，その意味は常に複数の政治勢力によって創出され争われている[24]。政策や制度は，「社会的敵対性の構築と政治的境界線の創出によって政治的に構築される」ものである。したがって，政策形成・変化は，言説間のヘゲモニー闘争として理解される（Howarth and Griggs 2012: 306-307）。このような考え方を採用することで，ある特定の政策が形成・受容された理由を説明するとともに，当該政策が自明視されている状況を問い直し，それが競合する複数の言説の間の政治的闘争の偶然的な結果であり，代替的な言説が存在し得ることを明らかにすることができるのである（Howarth and Griggs 2012: 309-310）。

　ホワースとグリッグスのこのような政策分析の考え方は，「政治／政治的なるものの政治理論」の知見に立脚している。「政治／政治的なるものの政治理論」の構成要素として，①別の可能性の担保，②秩序形成のメカニズムへの注目，③最終的な基盤の不在と「政治的なるもの」の承認，を挙げることができる（田村 2014a：58-67）。以下では，この三構成要素がホワースとグリッグスの議論にも見出されることを明らかにする。その際，彼らが挙げる「批判的説明の論理」の五つのステップに着目する。五つのステップとは，①問題の「問題化」，②推論方式としてのリトロダクション

の採用，③推論の説明項としての「ロジック」概念への依拠，④ロジックの「多元性」の承認と「節合」の重視，⑤実践・政策・制度の「偶然性」を可視化すること，である（Howarth and Griggs 2012: 324ff.）25。この五つのステップの中に，「政治／政治的なるものの政治理論」の三つの構成要素を見出すことができる。

　第一に，「別の可能性」に関して，「ロジック」概念を見てみよう。ロジックとは，アブダクションに基づく出来事の説明項となるものである。ロジックは，アクターによる意味づけから独立した因果法則・メカニズムでもなく，かといって，アクター自身による解釈にそのまま依拠するものでもない。それは，「有意味な実践を統制する規則」および「その規則を可能にしたり不可能にしたりする条件」である（Howarth and Griggs 2012: 329; Griggs and Howarth 2012: 174）。ロジックには，「社会的ロジック」「政治的ロジック」「幻想的（fantasmatic）ロジック」がある。ここで特に重要なのは，「幻想的ロジック」と「政治的ロジック」である。幻想的ロジックは，諸アクターがどのように特定の言説に囚われているかを明らかにし，（本来は偶然的な）特定の言説の下での実践をアクターに自明視させるようなナラティブを発見することを可能にする（Griggs and Howarth 2012: 174; Howarth and Griggs 2012: 331）。政治的ロジックは，一方の異なる社会的要求やアイデンティティを結びつけることによって政治的対立の境界線が構築される方法を解明する「等価性のロジック」と，他方のこうして構築される等価性の連鎖を破壊しようとする試みを解明する「差異化のロジック」とを含む（Howarth and Griggs 2012: 330）。ロジック概念の提案は，ホワース／グリッグスが「他の可能性」を常に念頭に置いた政策分析を行おうとしていることを示している（Griggs and Howarth 2012: 174）。

　第二に，秩序形成のメカニズムについては，まず，政策形成を言説間のヘゲモニー闘争として把握する視点の提示を挙げることができる。次に，彼らの政策分析においては，「観察不可能なもの」を把握するための方法や概念が重視されている。このことは，彼らがアブダクションの推論形式を採用していることに表れている。

　第三に，「基盤の不在」と「政治的なるもの」の承認についてである。ホワース／グリッグスが「偶然性」や「決定不可能性」をしばしば強調し，それゆえに「政治の優位」と言説をめぐるヘゲモニー闘争とを主張してい

ることは，まさに彼らが最終的な基盤の不在と「政治的なるもの」を重視していることを意味している。また，彼らが主張する「批判的」「規範的」の内容が狭義の規範理論におけるそれとは異なっていることも重要である。彼らにおいて「批判的」「規範的」は，政策実践と目標の「自明性」を「脱構築」する姿勢，換言すれば，政策を「競合する言説間の政治的闘争の偶然的な結果」として理解し，代替的な言説の存在を提示することを意味している (Howarth and Griggs 2012: 310)[26]。ホワースとグリッグスが，「規範」「基盤の不在」や「政治的なるもの」を重視する立場から「規範」や「批判」を語っていることは明らかである。

　以上の特徴を持つ分析方法に則って，ホワースとグリッグスは，イギリスにおける航空拡充問題，とりわけヒースロー空港の拡充問題（第3滑走路と第6ターミナル建設）を分析している。ここでは特に，彼らがアブダクション（リトロダクション）の推論方式とロジック概念をどのように適用しているのかを中心に見ていきたい。彼らの主たる関心は，労働党政府が，一方の環境保護団体・社会運動・地元住民などから成る拡充反対派と，他方の航空関連企業・利用者・観光産業などから成る拡充賛成派との間の激しい対立をどのように調停したのかにある。アブダクションとロジックは次のように用いられる。第一に，上記の問いの形成ないし仮説形成の段階で，アブダクションによる推論が行われる (Howarth and Griggs 2012: 328)。まず，「驚くべき事実」として，航空業の発展が地球環境変動に関わっていることがますます認識され，かつ，政府は二酸化炭素削減にコミットしているにもかかわらず，当該政府が航空業の拡充・発展を継続的に支援しているという現象が発見される。しかし，もしもこのような航空業拡充への継続的な支持を獲得しつつ，それに対する不満の管理に政府・与党が成功したということが事実だとすれば，この現象について，当然のこととして説明がつく。よって，政府・与党が航空拡充派と反対派との対立をうまく調停したという仮説が真であると考えるべき理由は存在する。第二に，政府・与党（イギリス労働党）のこのような調停の試みを解明するために，ロジック概念が用いられる。まず，ヒースロー空港拡充計画の際に労働党政府が依拠した政治的ロジックは，「管理された意見聴取 (managed consultation)」と呼ぶべきものであった。それは，市民から空港拡充に対する意見を広く募るかのように見せかけて，当該計画に疑問を呈する

機会は提供しない労働党政府の戦略を把握するための概念である。つまり，労働党政府は，論議のための場を創出すると言いつつ，結局は，特定の要求のみを受容・対応可能なものとしてフレーミングし，それ以外の要求は排除・隠蔽しようとした（Griggs and Howarth 2012: 183-184; Howarth and Griggs 2012: 330）。次に，労働党政府が「持続可能な航空」「責任ある航空」の名の下に，航空業拡充と環境保護，あるいは経済成長と二酸化炭素削減を両立可能な目標として節合したことなどは，幻想的ロジックによる問題の再フレーミングとして把握される（Griggs and Howarth 2012: 186-187)[27]。第三に，労働党政府がなぜ空港拡充に固執したのかの説明においても，ロジック，とりわけ社会的ロジックが援用されている（Griggs and Howarth 2012: 194-197)[28]。このようにして，ホワースとグリッグスは，「政治／政治的なるものの政治理論」の知見に立脚した，経験的分析を行っているのである。

結論

　本稿では，規範理論と経験的研究との間のいくつかの類似性を指摘したのちに，両者の協働性を実現する二つのパターンがあり得ることを提案した。一つは，「観察可能なもの」を軸とした協働である。この場合は，狭義の規範理論（応用倫理学としての政治哲学）と実証主義の認識論的立場をとる経験的研究（実証的研究）との間に，「観察可能なもの」を対象とする限りにおいて協働性が生じる。もう一つは，「観察不可能なもの」を軸とした協働である。この場合は，広義の規範理論の中の「政治／政治的なるものの政治理論」と，非実証主義的な（解釈学的あるいは実在論的な）認識論的立場をとる経験的研究との間に，「観察不可能なもの」への視点を踏まえた形での協働性が生じる。このようにして本稿は，「規範理論と経験的分析」という形での従来の政治学研究の分類が見直され得ることを示した。

　このような新たな協働性の可能性が提示されたからといって，従来の「規範と経験」「理論と実証」といった区別が直ちに消滅するとは思われない。また，「それは規範的問題だから，経験的研究の関心ではない」とか，「検証可能性を問われても，規範理論の関心とは異なる」といった言明は，規範と経験の区別を前提とするならば，ある意味で正しい。しかし，このような言明は，「規範的な視点を含んだ経験的研究」や「経験的知見を踏ま

えた規範的研究」といった研究方針の採用，および，そのような研究方針に基づく研究の正当な評価を困難にしているのかもしれない。本稿は，規範理論と経験的研究との既存の区別を見直すことで，従来とは異なる研究方針および評価基準もあり得ることを示そうとした。規範・経験の区別のこのような再検討が，新たな研究のためのアイデアや方針を生み出すことに貢献するならば，本稿の目的は達せられたことになる。

> [謝辞] 本稿の執筆にあたって，とりわけ解釈学の理解について有益な示唆やコメントを頂いた，加藤哲理，盛山和夫，西山真司，野村康の各氏に感謝申し上げる。

(1) 本稿で「観察不可能なもの」と言う場合，それは，実証主義の認識論的立場に基づく場合に「観察不可能」と見なされるであろうものを指している。

(2) 類似の区別は，バーナード・グロフマン（Grofman 2006）にも見られ，本稿も同論文から示唆を得ている。ただし，彼の論文においては，その区別の根拠等が詳細に論じられているわけではない。

(3) ここでキングらは，彼らの推論の提案を「観察不可能なもの」と結びつけている。しかし，彼らにおいては因果関係の説明が「因果効果」に還元され，因果関係を導く観察できないメカニズムの特定には成功していない，という批判も存在する（Johnson 2006）。

(4) 井上彰（2014：18−19）は，本稿の言う推論（彼の言う「論証の厳密性」）を方法論的特徴とするだけでは，（分析的）政治哲学と経験的政治理論との違いを十分に理解することはできないと述べている。井上の場合は，それゆえに（分析的）政治哲学の最も特徴的な方法として「概念分析」の重要性が唱えられる。ただし，本稿の関心からすれば，井上も推論という点で規範理論と経験的分析との間に類似性が見られると認識している点そのものが重要である。

(5) 反基礎づけ主義に対しては，客観的な存在をすべて否定するのかという疑義が提示される。しかし，この立場が主張するのは，「実在」の完全な否定ではなく，ある種の「実在」は，行為者・集団・社会によるその理解から独立して何らかの社会的役割ないし因果的力を持つとは考えられない，ということである（Furlong and Marsh 2010: 191）。

(6) 渡辺幹雄（1999：225−230）は「基礎づけ」と「正当化」とは異なるとしているが，本稿では，本論で述べたような基礎づけ主義／反基礎づけ主義の区別に依拠する。

（7） 別の箇所でも，「しかし，白紙の上に普遍的に妥当する正義の原理を確立するというプロジェクトは必然的に基礎づけ主義的にならざるをえず，そして基礎づけ主義は決して成功しないのである」（盛山 2006：325）と述べられている。ただし，盛山は，ロールズの『正義論』は，それ以降の他の現代リベラリズム論の「一般的傾向」とは異なっているとも指摘している（盛山 2006：102；cf. 盛山 2011：235）。また，盛山は「包括的リベラリズム」と「限定的リベラリズム」とを区別し，前者は基礎づけ主義的であるが，ロールズの『政治的リベラリズム』は後者にあたるとも述べている（盛山 2006：254−258）。

（8） 田村（2014a）では，この種の政治理論を狭義の「規範理論」ないし「政治哲学」と区別して，「政治／政治的なるものの政治理論」と呼ぶことを提案した。

（9） ファーロング／マーシュの説明は，実証主義は単なる観察主義ではなく，「仮説形成」において「理論」が一定の役割を果たすと述べているように見える。ただし，米盛裕二は，仮説設定→実験・観察可能な命題の演繹→その命題の実験・観察によるテスト→その結果として仮説の受容または修正，という形をとる「仮説演繹法」（本稿の実証主義に相当）においては，仮説や理論を思いつく「発見」の行為は「考察の対象から除外」されていると主張している。つまり，仮説演繹法とは，新しい仮説を発案する過程にはかかわらず，既に存在・提起されている仮説を「論理的に吟味」したり，「体系的なテスト」によって確かめたりする方法である（米盛 2007：111−114）。仮説や理論の形成は，仮説演繹法ではなく，「アブダクション」（チャールズ・パース）の方法によって行われるというのが，米盛の立場である。このアブダクションは，ファーロング／マーシュの区別では実在論に当てはまるであろう。実在論は，存在論的には基礎づけ主義だが，認識論的には，観察不可能な社会現象・構造が存在することを認め，観察可能なものだけを扱うことは，社会現象・構造に対する誤った理解を提供してしまうかもしれないと考える（Furlong and Marsh 2010: 204）。アブダクションは，このような観察不可能な現象・構造を把握するための方法である。

（10） もちろん，規範理論の検証が，必ず観察可能なデータによって行われなければならないというわけではない。規範的命題についての検証は，たとえば「極限的状況想定」や「思考実験」といった規範理論に固有の方法によってなされることも可能であるし，実際に規範理論研究者はこれらの方法を――意識的であろうとそうでなかろうと――用いてきた（河野 2014）。つまり，「検証する」ことは，必ずしも「経験的に検証する」ことと同一ではない。規範理論は，「非経験的な検証がふさわしいような事柄

を対象とする」のである（McDermott 2008: 17=2011: 23. 傍点は原文イタリック）。
(11) ここでは，実証主義の立場からのミニ・パブリックスの経験的研究を取り上げる。ただし，熟議民主主義の経験的研究のすべてがそのような立場からのものだというわけではない。たとえば，キャロリン・ヘンドリクスら（Hendriks *et al.* 2013）は，「熟議システム」の経験的研究においては，解釈学的アプローチが有効であると主張している。
(12) 本稿では，アブダクションとリトロダクションをほぼ同義として理解する。
(13) このうち第一点目の特徴ゆえに，アブダクションは，帰納あるいは「記述的推論」（King *et al.* 1994=2004）とは異なる。なぜなら，後者は，「われわれが事例のなかに観察したものと類似の現象の存在を推論する」ものだからである。帰納・記述的推論においては，観察されていないものも，「観察しようと思えば直接観察可能なもの」である（米盛 2007：91-92）。
(14) 前田健太郎（2013：468）は，事例研究の意義は新たに原因やメカニズムを発見すること（発見的作用）にあると述べている。この指摘は，事例研究における推論がアブダクションであることを示しているように思われる。
(15) 今日における「解釈学」の多義化の指摘とそれへの批判として，加藤（2014）を参照。
(16) たとえば，内山融（2002）が（論理）実証主義のオルタナティヴとして解釈学に注目しつつ，スティーブン・ルークスの三次元的権力概念に言及する場合などである。
(17) たとえば，盛山（2000：35）は，二次元的権力（「非決定」権力）および三次元的権力概念の提唱者たちの関心は，「『客観的』に存在する権力の存在を指摘することにあった」と述べている。
(18) 以上のことは，解釈学が「経験的なデータ」を扱わないということを意味するわけではない。そうではなく，経験的なデータを扱う場合でも，解釈学は，意味の地平に照らしてそれを見直すことを重視する，ということである。
(19) 実証主義者からすれば，それゆえに解釈学では当該「解釈」の妥当性の判断基準が存在しない（ゆえに「科学」ではない），ということになる。しかし，解釈学者からすれば，そもそも両者が依拠する存在論，認識論，そして社会科学観が異なるのである（Furlong and Marsh 2010: 200-201）。
(20) だからといって，解釈学が複数の「解釈」間の優劣を決めることができないということではない。マーク・ビーヴァーとロッド・ローズによれば，複数の解釈のどれが妥当かの評価は，「同意された事実」に照らした

それらの比較によって可能になる。この場合，ある「事実」とは，研究を評価するコミュニティ構成員のほぼ全員が「真実」として受け容れるものを指す。最終的にどの解釈が最も妥当であるかを決めるのは，「批判に応答する際の知的誠実性」である。それは，①批判を真剣に受け止めること，②証拠や推論についての確立された基準に依拠しようとすること，③（単に既存のストーリーへの批判を妨げるのではなく）刺激的な新しいストーリーを創出するような積極的で前向きな反応を行おうとすること，から成る（Bevir and Rhodes 2010: 38）。このようにして，解釈学の認識論に依拠しても，ある種の「客観性」確保は可能とされる。もっとも，このように研究プログラムとしての体系化を志向する動向がすべてというわけではない。たとえば，絵画の「印象派」とのアナロジーに依拠しつつ，解釈学は「印象論」との評価を積極的に受け止めるべきと論じる Boswell and Corbett (2015) のような研究も存在する。

(21) 森政稔も，「社会的なもの」や「市民社会」について，「実体的な存在ではなく，ある問題設定によって構成される領域であると考えておきたい」と述べている（森 2014：335. 傍点は引用者）。

(22) 狭義の規範理論においても，当該理論が反基礎づけ主義的志向性を有していれば，解釈学的ないし構築主義的な経験的研究との協働可能性が生じる。すなわち，反基礎づけ主義的な正義論や平等論としての規範理論に，当該理論が提起する規範的価値の前提となる「状況」についてのより正確な知見を提供する解釈学的な経験的研究，という形での協働である（田村 2014b：719-722）。

(23) ただし，「このアプローチにおいて，対象と事物は，確かに何らかの特定の言説から独立して『存在』する。しかし，その意味と意義——そして，どのようにそれらが社会諸アクターによって用いられるのか——は，特定の象徴的フレームワーク内部でのそれらの位置に依存する」とも述べられている（Howarth and Griggs 2012: 307）。

(24) 「最も沈殿化した実践・目標・政策形成のカテゴリーでさえ，両義的であり，根本的に偶発的な実体であって，その意味は，異なって位置づけられた社会諸アクターによってさまざまな方法で節合されうる」（Howarth and Griggs 2012: 307）。

(25) Howarth and Griggs (2012: 324ff.) では，五つ目のステップは説明・批判・規範的評価の結びつきとされている。この場合の「批判的」「規範的」の意味は，政策実践と目標の「自明性」を「脱構築」しようとする姿勢に求められている。それは同時に，政策を「競合する言説間の政治的闘争の偶然的な結果」として理解する視点を伴っている（Howarth and Griggs 2012: 310）。このような「批判的」「規範的」理解は，ホワースらが狭義の

規範理論ではなく，「政治／政治的なるものの政治理論」に依拠していることを意味している。
(26) これと対比されるのは，「アプリオリな規範や原理をあまりに早急に措定するような軽率かつ行き過ぎた規範主義」である（Howarth and Griggs 2012: 335）。
(27) ただし，最終的には労働党政府の再フレーミングの試みは失敗したとの評価が与えられている（Griggs and Howarth 2012: 192）。
(28) もっとも，明示的に「社会的」ロジックと述べられているわけではない。ただし，説明において用いられている「ポストフォード主義的蓄積体制」「シュンペーター的競争国家」などの概念は，空港拡充や航空産業への政府支持の継続を説明するために用いられており，ホワースとグリッグスの用法では，恐らく「社会的ロジック」に相当すると考えられる。

参考文献

Bevir, Mark and R. A. W. Rhodes (2010) "Interpretation and Its Others," in Mark Bevir (ed.) *Interpretive Political Science: Volume II Interpretive Methods*, Sage Publications.

Boswell, John and Jack Corbett (2015) "Embracing Impressionism: Revealing Brush Strokes of Interpretive Research," *Critical Policy Studies*, published online 3rd January.

Furlong, Paul and David Marsh (2010) "A Skin Not a Sweater: Ontology and Epistemology in Political Science," in David Marsh and Gerry Stoker (eds.) *Theory and Methods in Political Science*, Third Edition Palgrave Macmillan.

Griggs, Steven and David Howarth (2012) "Phronesis and Critical Policy Analysis: Heathrow's 'Third Runway' and the Politics of Sustainable Aviation in the United Kingdom," in Bent Flybjerg, Todd Landman, and Sanford Schram (eds.) *Real Social Science: Applied Phronesis*, Cambridge University Press.

Grofman, Bernard (2006) "Toward a Science of Politics?" *European Political Science*, 6 (2).

Hay, Colin (2002) *Political Analysis: A Critical Introduction*, Palgrave Macmillan.

Hendriks, Carolyn M., Selen A. Ercan, and John Boswell (2013) "Understanding Deliberative Systems in Practice: The Crucial Role for Interpretive Approach," Paper prepared for the American Political Science Association Conference, 29th August-1st September, 2013.

Howarth, David and Steven Griggs (2012) "Poststructuralist Policy Analysis: Discourse, Hegemony, and Critical Explanation," in Frank Fischer and Herbert Gottweis (eds.) *The Argumentative Turn Revisited*, Duke University Press.

Johnson, James (2006) "Consequences of Positivism: A Pragmatist Assessment," *Comparative Political Studies*, 39 (2).

King, Gary, Robert Keohane and Sydney Verba (1994=2004) *Designing Social Inquiry: Scientific Inference in Qualitative Research*, Princeton University Press（真渕勝監訳『社会科学のリサーチ・デザイン――定性的研究における科学的推論』勁草書房）.

McDermott, Daniel (2008=2011) "Analytical Political Philosophy," in Leopold and Stears (eds.) *Political Theory: Methods and Approaches*, Oxford University Press（「分析的政治哲学」レオポルド／スティアーズ編, 山岡龍一・松元雅和監訳『政治理論入門――方法とアプローチ』慶應義塾大学出版会）.

Setälä, Maija and Kaisa Herne (2014) "Normative Theory and Experimental Research in the Study of Deliberative Mini-Publics," in Kimmo Grönlund, André Bächtiger and Maija Setälä (eds.) *Deliberative Mini-Publics: Involving Citizens in the Democratic Process*, ECPR Press.

Steiner, Jürg (2012) *The Foundations of Deliberative Democracy*, Cambridge University Press.

Steiner, Jürg, André Bächtiger, Markus Spörndli, and Marco R. Steenbergen (2004) *Deliberative Politics in Action: Analysing Parliamentary Discourse*, Cambridge University Press.

Wolin, Sheldon (1996) "Fugitive Democracy," in Seyla Benhabib (ed.) *Democracy and Difference: Contesting the Boundaries of the Political*, Princeton University Press.

井上彰（2014）「分析的政治哲学の方法とその擁護」井上・田村編（2014）所収。

井上彰・田村哲樹編（2014）『政治理論とは何か』風行社。

内山融（2002）「市場」福田有広・谷口将紀編『デモクラシーの政治学』東京大学出版会。

宇野重規（2015）「現代的知事の誕生？――西川一誠福井県知事を事例に」宇野重規・五百旗頭薫編『ローカルからの再出発――日本と福井のガバナンス』有斐閣。

岡崎晴輝（2014）「現実政治と政治理論」井上・田村編（2014）所収。

加藤哲理（2014）『政治学と解釈学の対話――解釈学は政治学の世界に何をもたらしうるのか？』『ディルタイ研究』第25号。

日下渉（2013）『反市民の政治学――フィリピンの民主主義と道徳』法政大学出版局。

河野勝（2014）「『政治理論』と政治学——規範分析の方法論のために」井上・田村編（2014）所収。
盛山和夫（2000）『権力』東京大学出版会。
盛山和夫（2006）『リベラリズムとは何か——ロールズと正義の論理』勁草書房。
盛山和夫（2011）『社会学とは何か——意味世界への探求』ミネルヴァ書房。
田村哲樹（2008）『熟議の理由——民主主義の政治理論』勁草書房。
田村哲樹（2014a）「政治／政治的なるものの政治理論」井上・田村編（2014）所収。
田村哲樹（2014b）「構築主義は規範をどこまで語ることができるのか？——政治的構築主義・節合・民主主義」『法政論集』第255号。
前田健太郎（2013）「事例研究の発見的作用」『法学会雑誌』第54巻第1号。
松元雅和（2011）「応用政治哲学の一試論——分析的平等論と教育政策への示唆」『島根大学教育学部紀要（人文・社会科学）』第45巻。
丸山正次（2006）『環境政治理論』風行社。
森政稔（2014）『〈政治的なもの〉の遍歴と帰結——新自由主義以後の「政治理論」のために』青土社。
米盛裕二（2007）『アブダクション——仮説と発見の論理』勁草書房。
ローティ，リチャード（1988）冨田恭彦訳『連帯と自由の哲学——二元論の幻想を超えて』岩波書店。
渡辺幹雄（1999）『リチャード・ローティ——ポストモダンの魔術師』春秋社。

他者への支援を動機づける同情と憐れみ
――サーベイ実験による道徳的直観の検証――

河野　勝＊
三村憲弘†

1. はじめに

　本稿の目的は，不遇な境遇を強いられている人々に対しなんらかの支援の手が差し伸べられるべきだとする人間の道徳的直観のメカニズムを，サーベイ実験の手法を用いて明らかにすることである。われわれは，生活必需品や食糧さえもの不足に日々苦しんでいる人々，あるいは災害や事故に突然見舞われ平穏な生活との断絶を余儀なくされた人々などを前にすると，自然な心の動きを通じて，そうした人々に対する支援を行うよう動機づけられる。たとえば，東日本大震災の後，多額の義援金や寄付金が集められ，たくさんのボランティアが被災地に駆けつけたのは，多くの日本人がそうした支援を行うことが道義的に正しいことであると受け止めたからであろう。しかし，一般に，他者の不遇に向き合うわれわれの態度はけっして一様ではなく，また同じ個人であっても，動機づけられて行動する時とそうでない時がある。はたして人間は，どのような場合に苦難を被っている人々を支援すべきだと感じるのか，そして何を契機としてそうした直観を態度や行動で示そうとするのか。本稿が解明しようとするのは，こうした問いである。

　本稿は，本特集に収められた他の論稿とならんで，政治学を二分してきた「当為（べきである）」にかかわる規範的研究と「存在（である）」についての経験的研究とを架橋しようとする試みの一つとして位置付けられる。

＊　早稲田大学政治経済学術院教授　政治学，日本政治，比較政治学
†　武蔵野大学法学部政治学科講師　政治学，政治意識・政治行動，社会科学方法論

残念ながらこの二つのサブフィールドの間には,これまで一種の「棲み分け」が定着し,それぞれを専門とする研究者どうしの知的交流が進んできたとはいえない。そのことの一つの帰結は,とくに規範的研究にたずさわる側の研究者たちが,近年の社会科学全般における分析方法および方法論の著しい進展からとり残され,そうした成果を研究に取り込んでこなかったことに表れている(河野 2014)。本稿では,サーベイ実験という比較的新しい分析方法,すなわち人々の態度や意見を聴取する世論調査(サーベイ)の中に実験を組み込む手法を用いることによって,規範と経験とが交差する場で成立するリサーチクエッションの解明に方法論的な意味からも新しい展望を模索したいと考える。以下で展開していく考察や実証が,規範的研究と経験的研究との連携が可能であることを示し,日本政治学における二つのサブフィールド間の学術的対話を促進するひとつのきっかけとなれば幸いである。

2. 理論

本節では,他者への支援を動機づける道徳的直観について,理論的な検討を行う。まず,本稿の鍵概念である「道徳的直観のメカニズム」を定義する。続いて,政治学や心理学などの関連する先行研究をレヴューし,それらにおいて規範からのアプローチと経験からのアプローチとがうまく融合していないことを指摘する。最後に,H・アーレントが展開した「同情」と「憐れみ」についての議論を手掛かりにし,支援への動機づけに関する規範的考察と経験的実証とを結びつけるべく,暫定的仮説を導出する。

(1) 道徳的直観のメカニズム

現代社会では,すべての人々が平等に幸せな生を営んでいるとはいえない。世界を見渡すと,たとえばサハラ以南のアフリカの国々をはじめとして,国民の多くが最低限の食糧や医療サービスにさえ事欠く苦境に瀕している国家がまだいくつも存在する。また,先進国と呼ばれる国々においても,歴然とした経済的格差および社会的差別がさまざまな形で残存し,政府の用意する公的な保障制度の網にかからず困難な生活を強いられている人々が数多くいる。そして,現代においては,どこに住んでいようとも,誰もが自然災害や想定外の事故に突然見舞われ,一瞬にしてそれまでの平

穏な生活からの断絶を余儀なくされる可能性がある。そのような災難からの回復や復興には長い時間を要し，その間人々は心身の苦痛に耐えなければならない。仮に回復や復興に成功したとしても，被災の記憶や苦難の経験が消え去るわけではなく，かつての幸せな生をそのまま取り戻せるわけではない。

　不遇な境遇を強いられている人々を前にすると，われわれは自然な心の動きを通じて，それらの人々に対しなんらかの支援の手が差し伸べられるべきであるという道徳的直観をもつ[1]。しかし，そのような直観はいつも同じようにわれわれを動機づけるわけではなく，他者の不遇に向き合う態度はけっして一様ではない。同じ個人でさえ，似たような苦難にあえいでいる他者を目の当たりにしながらも，道徳的に動機づけられて行動する時とそうでない時がある。このことは，他者への支援をめぐる態度や行動が，直観そのものを直接的に反映するのでなく，何らかの心的な回路を通してその都度決定されていることを示唆している。ここでは，その回路を道徳的直観のメカニズムと呼ぶ。はたしてわれわれは，どのような場合に苦難を被っている人々を支援すべきだと感じ，何を契機としてそうした直観を態度や行動で示そうとするのか。これらの問いに答えるためには，このメカニズムを理解することが不可欠である。

（2）先行研究

　他者への支援に関する人々の態度や行動の解明は，これまで政治学を二分してきた規範的研究と経験的研究とが交差する場において成立するリサーチクエッションである。しかし，それは裏返せば，こうした問題の解明にあたっては，規範の側からのアプローチのみでも，また経験の側からのアプローチのみでも，不十分であることを示唆する。筆者らのみたところ，残念なことに，これまでの先行研究では，この二つの方向からの考察や分析がうまく融合してきたとはいえない。

　たとえばJ・ロールズの『正義論』（Rawls 1999）に代表される現代規範理論研究においては，不遇な人々に対する支援は正義にかなっているかどうか，かなっているとすればそれはなぜそうだといえるのかという問題が，中心的テーマとして論じられてきた。しかし，こうした研究では，他者への支援を支える理念ないし行動指針そのものを理論化する作業は行われて

いるが、それらがわれわれの実際に住む世界においてどのように（なぜ）反映されているか（いないのか）という経験的な検討が十分になされてきたとはいいがたい[2]。不遇を被っている他者を支援すべきだとする理念や行動指針がいかに精緻に理論化され、その妥当性や普遍性が確立できたとしても、それらが実際の世界において現前していないのであれば、そのこと自体、新たに探求すべき規範的問題を提起するはずである。経験的事実から乖離した純粋に抽象的な理論化のみで、規範分析が自己完結するわけではない（河野 2014）[3]。

　他方、他者への支援をテーマとする経験的研究についても、こちらは逆に規範的考察が抜け落ちているという点で、不十分だという印象をうける。一例として、政治学のジャーナルとしてもっとも評価の高い *American Political Science Review* 誌に最近掲載された Baker (2015) を取り上げよう。この研究においては、本稿でも用いるサーベイ実験の手法を使って、アメリカにおける対外援助政策への国民の支持態度が人種偏見という要因、とりわけ黒人に対するパターナリズムによって影響を受けていることが示されている。しかし、人種偏見にせよパターナリズムにせよ、それらは他者を支援すべきであるという道徳的直観を促進（ないし阻害）する要因ではありえても、直観そのもの、すなわちそもそもなぜ人々は支援することへと動機づけられるのかを説明するわけではない。また、アメリカの人々のみに対象を限定したサーベイ実験によって、黒人に対する偏見やパターナリズムの影響を特定できたとしても、そうした分析結果はアメリカに特有の歴史的文脈に大きく依存していると考えられ、その含意の一般性には疑問を付さざるを得ない。

　もちろん、経験的な研究では、分析の対象をより多くの国々に広げた国際比較も行われている。しかし、そうした研究は、さらに一段と規範的理論化の作業をおざなりにしており、単に大規模なデータセットを用いて多くの変数を投入し統計的に有意な相関関係を確認することだけに終始している感が否めない。たとえば、援助政策に対する支持の国際比較としておそらくもっとも包括的な分析を行った Paxton and Knack (2012) では、世界価値観調査などのデータに基づいて支持態度の決定要因を個人レベルと国家レベルの両方で検証し、信仰心（religiosity）や貧困の原因についての認識（beliefs about the causes of poverty）などの影響が確認できた、という

報告がなされている。しかし，人々の信仰心や貧困に関する認識が援助政策への態度を決定するという議論は，内生性の問題を克服できていないという批判をまぬがれない。ここに欠落しているのは，つきつめれば，他者への支援をめぐる態度と関係する信仰心とは何か，貧困についての認識とはどのように発生するのかについての規範的考察にほかならないのである。

他者への支援に関する態度や行動の実証という点では，政治学よりも心理学を専門とする研究者たちによる蓄積の方がはるかに大きい。その中には，人間の感情や心の動き自体を実験的手法によって検証しようとする研究も含まれ，支援を動機づけるメカニズムを理解しようとする本稿にとって，参考となる知見も数多く提出されている。しかし，心理の探求がそのまま道徳的直観の解明を意味するわけではない。後者には，規範の観点からの問題提起や理論的考察が不可欠なのであり，またそうした規範的議論をふまえないと，感情や心の動きについて提示される実証データの解釈を誤る可能性も否定できない。

この点を，やや長くなるが，具体的な例を引いて解説しておきたい。他者への支援に関する心理学研究の重要な焦点のひとつは，不特定多数の人々に対しての場合と，特定された一人もしくは少数の人々に対しての場合とで，支援をめぐる態度や行動に大きな差があるという経験的事実に向けられてきた。たとえば，Small, Loewenstein and Slovic (2007) では，被験者たちにあるダミーの実験をしてもらい5ドルの報酬をあらかじめ与えた後で，そのうちのどれだけの額を慈善団体に寄付するかを試す（本）実験が行われた。その際，半数の被験者にはアフリカにおける飢餓の悲惨な実状を描写する統計的情報が与えられ，もう半数の被験者にはロキアというアフリカに実在する7歳の少女が写真とともに紹介された。結果は，前者よりも後者の実験環境のもとでのほうが，被験者の平均寄付額が大幅に高くなるというものであった。しかし，この結果からだけでは，人々をより積極的に支援へと動機づける要因が，対象を「特定化（identification）」したことによるのか，それとも対象が一人であることによるのかを判別できない。そこで，この論文では，さらに続けて，統計的情報とロキアの紹介の両方を示した第三の条件のもとでも，同じ実験を行った。その結果，個人の紹介のみが行われた場合よりも平均寄付額が大幅に低下することが判明し，このことから著者たちは「特定化」よりも「数」の効果の方が大きい

という示唆を導いている。そして，この実験結果は，他の心理学者による先行研究（たとえば Kogut and Ritov 2005a, Kogut and Ritov 2005b）で得られている実証的知見とも整合的である[4]。

では，支援を動機づける要因として，なぜ「数」が重要なのだろうか。この問いに対する心理学者たちの説明は，けっして満足のいくものではない[5]。Small, Loewenstein and Slovic (2007) は，いわゆる「二重過程理論（"dual process theories"）」（Epstein 1994; Stanovich and West 2000）の考え方に影響され，そのもとで，一人の人間の表情を見せられた際の人々の判断や意思決定は瞬発的な「情動システム」に基づき，苦難を被っている人への同情が生まれやすいが，他方，対象者の数が多くなり統計的な情報に転化すると，人々はより冷静に「理性システム」に従うようになり，他者への同情が成立する心的基盤が崩壊する，といった説明をしている（cf：Slovic 2007）。しかし，感性（的なもの）と理性（的なもの）とを二項対立的に捉えるこうした理論枠組みは，都合のよい後付け的な解釈を可能にするだけで，反証可能なかたちで人間の態度や行動を説明したり予測したりすることはできない。たとえば，上記の第三の実験条件のもとでは，感性を刺激するとされる個人の紹介と理性を刺激するとされる統計的情報とが混在しているわけであるが，そのような場合になぜ後者が前者を凌駕して寄付額を低下させることになるのかはまったく明らかではない。百歩譲って，「二重のシステム」なるものを想定することに意味があるとしても，理性は感情や情動をむしろ補完したり合理化したりする働きをするとも考えられ，二つのシステムがいつでも相反する判断や意思決定を生むと考えるべき理由はない。

本稿の趣旨に照らしてもっとも強調すべきは，他者への支援を動機づける要因が非理性的な心の動きであるという心理学者たちの議論が，規範的には「逆立ちした」とでもいうべき含意をもつということであろう。なぜなら，そのような議論は，他者に対する支援をどのように行えば公平で妥当といえるかという評価，すなわちどうすれば他者に対する支援は正義にかなうことになるかという判断をしようとすればするほど，人間は支援をしようとする態度や行動から遠ざかることを示唆しているからである[6]。このような議論をさらに押し進め，他者への同情という心の動き（およびそれを源泉とする利他主義）が正義や道徳と対立すると主張する研究（Batson, Klein, Highberger, and Shaw 1995）もある。しかし，繰り返すが，同情（感性）と（理性に裏打ちされた）道徳正義とを二項対立的に捉えること自体，不毛である。加えて，とくにこの研究は，実験デザインのわかりにくさ，被験者の数の少なさ，刺激操作の恣意性，被験者の主観的評価への過度の依存など，実にさまざまな点で不適切である。

　たしかに，実験を使った一連の心理学研究は，他者を思いやる人間の心の動きを直接的に検証しようとしており，その意味では，支援を動機づける道徳的直観の解明に重要な知見を提供している。しかし，その一方で，心理学者たちは，あくまで心の動きを経験的に観察することを第一義的な目的とし，その観察された心の動きの規範的含意を解釈するための概念や理論の枠組みを持ち合わせているわけではない。理性的な判断ではなく瞬発的な感情や情動こそが支援を動機づけるといった解釈や，非理性的な心の動きは正義や道徳に反するといった解釈は，規範理論の言明としてはあまりに短絡的であるというほかない。そのような解釈が導かれるよう設計された実験デザインは，心理の検証に成功したとしても，規範を論じるための枠組みを提供しているとはいえないのである。

（3）アーレントの「同情」と「憐れみ」

　筆者らは，一律に情動的であるとか，一律に正義に反するなどといった極論に陥ることなく，他者への支援を動機づける道徳的直観を理論化し経験的に検証したいと考える。このために，H・アーレントによる「同情（compassion）」と「憐れみ（pity）」という二つの概念についての議論を手掛かりにしたい[7]。この議論は名著『革命について』（Arendt 1963）の一節で展開されているもので，けっして平易ではないが，まさに二つの心の動きのもつ規範性の違いを特徴づけており，ここで参照すべき価値がある。

　まず同情について，アーレントは，それが苦難を被っている他者との「共苦（"co-suffering"）」を通じて生じる感情であると定義している。つまり，それは能動的でなく受動的に惹き起こされる心の動きであり，他者の苦難が「あたかも伝染する（contagious）かのように」起こるものであるとされる。この定義をふまえて，アーレントは，同情という感情が「単一性（singularity）」もしくは「個別（the particular）」志向性とでも呼ぶべき特徴をもつことを強調する。すなわち，同情の対象としての他者は，あくま

で苦しんでいる個人にとどまる。逆にいうと，同情という感情が同時に複数の人々——たとえば階級や民族といった集合体——にまで拡張することはない。同情という感情は，アーレントによれば，「一般化する能力（capacity for generalization）」をもたない。

アーレントは，同情を「感情」（passion）」の一つとして明確に位置付けているのに対して，憐れみは「感傷（sentiment）」であると述べている。一般に，感傷とは，他者をめぐる心の動きではなく，むしろ自分自身の空想の中で満たされる欲望に関係している。そこで，極端にいえば，憐れみを感じる者にとっては，他者が被っている苦難は（自分が描くシナリオの一要素として）空想上の欲望を充足するために利用されるにすぎない。アーレントが憐れみを「徳の源泉としての苦難の賞賛（praise of suffering as the spring of virtue）」と呼んでいるのは，この意味においてである。憐れみという心の動きが，他者の苦難を除去しようとする態度や行動を動機づけることもあるが，それはあくまで自らの徳を誇示するためだ，というのである。

不遇を強いられている対象との心理的な距離あるいは位置関係という点で，アーレントの区別する同情と憐れみとは，およそ対照的だといえる。同情が「共苦」から生まれるという時，アーレントは同情を寄せる者と苦しむ他者とのあいだの距離が一挙に飛び越えられると考えている。客観的には，自らに責任のない不遇を強いられる確率は，すべての個人にとって平等なはずである。それゆえ，目を覆いたくなる悲惨な境遇を強いられている人々をみると，われわれは自分自身も同じような苦難をこうむる可能性がある（あった）かもしれないと感じる。それは，いってみれば二人の立場が代替可能であるという感覚である。この感覚が自分を苦難の当事者として想像することを可能にし，アーレントのいう同情が成立するのである。

他方，アーレントのいう憐れみのもとでは，憐れむ側と憐れみの対象との間の位置関係は，あくまで非対称的である。そして，自分は苦難の当事者でなくそれを観察している者にすぎないという心理上の距離が前提となり，憐れみは一般化された集団——「恵まれない人びと」や「貧しい者たち」——に対しても向けられることになる。このことの延長として，アーレントは，憐れみという心の動きが，苦難を被っている人々を自らの力で

は変革できない無力な者として見下すようになる可能性を指摘している。つまり，彼らは，外部からの支援がなければ自己統治ができない存在であり，いつしか外部からの介入を求める者たちと見なされるというのである。ここに，アーレントは憐れみが「権力への渇望（thirst for power）」をうちに宿しているとして，その政治的危険性を嗅ぎ取っている。

　以上要約したアーレントの議論からは，他者への支援を動機づける道徳的直観と，その直観が人々の態度や行動に表出する心的な回路について，いくつかの重要な理論的示唆が導かれる。まず，もっとも基本的な点として，他者への支援をめぐるわれわれの道徳的直観は，けっして一枚岩的に発生するのではない。すくなくとも同情と憐れみは，異なる規範的特徴をもつ心の動きであり，人間の道徳的直観の源泉として区別して考えなければならない。次に，明示的ではないもののアーレントの議論は，その当然の含意として，同情と憐れみという二つの心の動きが同時に人々を動機づけることはありえないことを示唆している。なぜなら，たとえ当初は二つが未分化なまま発生したとしても，自らの徳を誇示するための感傷（憐れみ）に浸りはじめた時点で，受動的な感情（同情）ではない——それと矛盾する——心の動きが働いていると想定されなければならないからである。

　さらに，アーレントの議論からは，同情と憐れみという二つの心の動きが実際の態度や行動に反映されるメカニズムについて，より具体的にいくつかの検証可能な仮説が導かれる。ここでは，特に次の二つの次元に注目したい。第一は，自分と不遇を強いられている対象者との代替可能性が成立しやすいかどうか，という次元である。アーレントのいう同情が人々の心に生まれるのは，そうした代替可能性が成立し，両者の環境の差異を埋める想像が働く場合である。想像に個人差があることは否めないが，一般にそれは自分の暮らしている身近な場所で起こった苦難の対象者に対して働きやすいと考えられる。これに対して，自分の慣れ親しむ生活環境と明らかに異なる場所で起こった苦難については，人々はそれが自分に降りかかったかもしれない可能性を想像することは難しいであろう。したがって，たとえば外国で起こっている苦難の対象者に対しては，憐れみによって支援が動機づけられるという仮説が導ける。第二の次元は，苦難を被っている対象者が一人か多数か，という次元である。先に紹介した通り，これは心理学研究においても重要なテーマであったが，この次元が想定される根

拠は，二重過程論の想定する「感性 vs. 理性」という二項対立ではなく，アーレントの議論では「感情 vs. 感傷」という対立構図を反映し異なる心の動きを源泉とするからだ，ということになる。そして，前者では他者を思いやる同情が支援を動機づけるが，後者では自分自身のための憐れみという心の動きが支配的になる，という仮説が導ける。

以上，アーレントの提示した同情と憐れみという概念を敷衍することで，他者への支援を動機づける道徳的直観のメカニズムについて，経験的な検証へと進める段階にまで議論を展開してきた。ただし，ここで導出した仮説は，まだ抽象的なレベルにとどまっている。次節では，いよいよそれらを実証分析のための作業仮説へと操作化し，実際にサーベイ実験から得られたデータを用いて検証をおこなっていく。

3. 実証

本節では，筆者らが行ったサーベイ実験に基づく実証分析とその結果を提示する。本格的な実験による検討に入る前に，まず，他者への支援の態度や行動が一様ではないこと，すなわち態度や行動にばらつきを生じさせる心的回路としての道徳的直観のメカニズムを想定することが適切であることを確認する。次に，サーベイ実験で検証する仮説を整理し，実際に刺激として用いた写真も提示しながら実験デザインを説明する。続いて，分析結果を報告し，その含意および解釈をまとめ，最後に方法論的な留保を付け加える。

(1) 予備的考察

すでに述べたように，筆者らは，不遇な境遇を強いられている人々に対し支援の手が差し伸べられるべきだとする道徳的直観が必ずしも一律に人々の態度や行動を動機づけるわけではない，という前提に立つ。まず，この前提を，比較的単純なデータ比較によって確認することからはじめたい。以下で紹介するサーベイ実験でも人々の対応にばらつきがあることを検証するわけであるが，それに先立ってこの予備的考察を行うのは，実験という手法に対する根本的な懐疑論，すなわち実験環境のもとではばらつきを生じさせるための刺激を周到に操作するので結果にばらつきが生じるのは当然であるといった批判に，あらかじめ応答するためである。

次に示す二つの文章は、日本に居住する20歳以上の男女約3000人を対象にして、2013年6月にウェブを通じて行った世論調査の中に組み入れられた質問文である[8]。実際に行った調査では、回答者はランダムに二つのグループに分割され、約半数には質問文【１Ａ】を、残りの約半数には【１Ｂ】を提示して回答してもらった[9]。見ての通り、二つの質問文はどちらも日本の対外援助政策について尋ねたものであり、一点をのぞいてまったく同一の文章である。その一点とは、援助の対象が「開発途上国」と一般的に述べられているか、それとも「アフリカ諸国」とより具体的に限定されているか、という点である。

【１Ａ】次に、日本の開発途上国に対する援助についてお伺いします。政府は「政府開発援助（ODA）」を、外交を推進し、国際貢献を果たす上でもっとも重要な外交手段の一つとして位置づけています。あなたは、こうした援助を今後増やしていくべきだと思いますか、減らしていくべきだと思いますか。

【１Ｂ】次に、日本のアフリカ諸国に対する援助についてお伺いします。政府は「政府開発援助（ODA）」を、外交を推進し、国際貢献を果たす上でもっとも重要な外交手段の一つとして位置づけています。あなたは、こうした援助を今後増やしていくべきだと思いますか、減らしていくべきだと思いますか。

　表１は、異なるワーディングの質問文を提示された回答者の回答をそれぞれ集計した結果である。この表を一見して明らかなのは、「増やしていくべき」もしくは「どちらかというと増やしていくべき」と回答した人々、すなわち援助に積極的である人々の割合が、質問文【１Ａ】を尋ねたグループに比べて【１Ｂ】を

表１　援助政策に関する回答分布

	【１Ａ】：開発途上国	【１Ｂ】：アフリカ諸国
増やしていくべき	4.35	11.30
どちらかというと増やしていくべき	17.48	29.45
現状を維持すべき	40.12	33.98
どちらかというと減らしていくべき	17.15	10.64
減らしていくべき	11.05	6.18
わからない	9.04	7.98
答えたくない	0.80	0.47
計（％）	100.00	100.00
N	(1493)	(1504)

尋ねたグループの方で断然高い，ということである。人々は「発展途上国」という一般的なカテゴリーを念頭におくときよりも，「アフリカ諸国」という具体的な援助対象を思い浮かべると，外国への支援により前向きな態度を取るということがわかる。

ところが，この結果は，サーベイで尋ねられた他の質問に対する回答分布と比較すると際立っている。たとえば，上記の質問のすぐ後に，回答者には「政府開発援助に関しては，さまざまな意見があります。あなたは，次のそれぞれの意見について，どう思いますか」という共通の導入文とともに，以下に提示する二組の意見が提示された。援助対象の部分を除いて同一の文章である点は同様であり，サンプル分割も上記質問を引き継ぎ，質問文【1A】を尋ねた回答者には【2A】と【3A】を，質問文【1B】を尋ねた回答者には【2B】と【3B】を，それぞれ尋ねるようにした。

【2A】貧困に苦しむ開発途上国の人々を援助することは，人道的に当然である
【2B】貧困に苦しむアフリカ諸国の人々を援助することは，人道的に当然である

【3A】開発途上国が直面する課題は，日本を含む国際社会が援助して解決しなければならない
【3B】アフリカ諸国が直面する課題は，日本を含む国際社会が援助して解決しなければならない

表2は，この二組の質問に対する回答を集計したものである。表1の結果ときわめて対照的に，この二組に関しては，支援対象を開発途上国と一般的に記述した場合もアフリカ諸国と限定した場合も分布がほとんど同じであり，ワーディングの違いによって人々の回答のパターンに（統計的に有意な）差は確認できない。

表1および表2で示されたデータは，支援を動機づける道徳的直観が必ずしも同一の態度や行動を導くわけではないことを示唆している。貧困に苦しむ国々の人々を援助することは人道的かという第二の質問，またそうした国々の課題は日本を含む国際社会が解決すべき問題かという第三の質

表2　援助理由についての回答分布

	「援助は人道的に当然か」		「日本を含む国際社会が解決すべきか」	
	【2A】:開発途上国	【2B】:アフリカ諸国	【3A】:開発途上国	【3B】:アフリカ諸国
そう思う	16.74	18.62	14.80	13.96
どちらかといえばそう思う	48.29	47.54	43.34	41.82
どちらともいえない	20.63	19.61	23.51	24.47
どちらかといえばそう思わない	4.42	4.06	7.17	6.98
そう思わない	3.15	3.19	3.35	4.12
わからない	6.23	6.58	7.37	8.24
答えたくない	0.54	0.40	0.47	0.40
計（%）	100.00	100.00	100.00	100.00
N	(1493)	(1504)	(1493)	(1504)

問は，回答者の道徳的理念ないし行動指針そのものを問うていると考えられる。これに対して，第一の質問は，そうした理念や行動指針に支えられるべき政府の支援のあり方への態度を問うているといえる。したがって，異なる対象の想定にもかかわらず第二および第三の問いに対する回答分布が安定している一方で，第一の問いで測られている政府支援への支持・不支持となると大きくばらつくという結果は，道徳的直観と態度や行動との間になんらかの心的なメカニズムが介在していることを物語っているのである。

　もっとも，そのメカニズムの内実を解明していくにあたっては，これ以上この回答分布の比較に依拠することはできない。政府の援助政策への支持・不支持は，苦難を強いられている他者への支援をめぐる態度や行動のひとつの表れ方ではあっても，けっしてその核心を捉えられない，と考えられるからである。その最大の理由は，援助政策への支持・不支持とは，あくまで回答者が観察者の立場にとどまって下した評価にすぎず，苦難を共有する当事者としての態度を反映していないという点にある（cf：河野2012, 河野2013）。たしかに，政府の対外援助は，回答者たちも納めている（であろう）税金（および彼らがいずれ負担することになる赤字財政）によって賄われている。しかし，上記質問文のワーディングは，回答者に開発途上国・アフリカ諸国の抱える苦難が自分たちにも降りかかるかもしれない問題であると認識させるものとなってはいない。さらに，政府の援助政

策について尋ねるサーベイでは，支援対象が「開発途上国」や「アフリカ諸国」と記されるだけで，そこで苦難をこうむっている個人はいかなる形でも特定されることはない。加えて，そもそも政府援助は，支援の対象が，一般の人々の身近な生活環境とかけはなれた外国に限定されている。対象が外国に限られ，しかも個人が特定されることのない集団を思い浮かべて生まれる心の動きは，アーレントの議論を思い返せば，他者への支援を動機づける道徳的直観の一部を構成するにすぎない。それだけを分析することから，そのメカニズムの全容についてバイアスのない推論を導くことはできないのである。

（2）実験デザイン

　他者への支援をめぐる道徳的直観のメカニズムを体系的に解明するためには，より特化して設計されたサーベイ実験に基づく検証が不可欠となる。そこで，筆者らは，ここで詳しく紹介するデザインに基づく実験を，2012年の6月と12月にウェブを用いたサーベイに組み込んで実施した。二回にわたって同様の実験を行ったのは，十分なサンプル数を確保するためとともに，後述するように，6月の実験で明らかになった結果をもとに，その結果の解釈をより正確に確認するための追加的な実験を12月に行うことが有益と考えたからである[10]。

　一般に，サーベイ実験とは，世論調査の回答者を被験者とし，あらかじめ刺激をあたえる実験群グループと刺激を与えない統制群グループとにランダムに割り当てて，両者の間および異なる刺激が与えられた実験群間で，回答に違いが生み出されるかどうかを検証する方法である。すでに示唆したとおり，同情と憐れみという異なる特徴をもつ心の動きは，少なくとも二つの独立した次元，すなわち苦難が起こっている場所とその苦難の対象者として想定される人々の人数の違いによって，異なるパターンで発生すると考えられる。そこで，筆者らは，苦難の場所を「日本 vs. アフリカ」として，また対象者の人数を「多数 vs. 一人」としてそれぞれ操作化し，合わせて4つの実験刺激を与えることにした。具体的には，刺激は4つの状況にそれぞれ対応する写真とその説明文を提示することで与えられた。統制群には，写真は提示されなかった。前節の仮説に従えば，4つの刺激に対応して起こる心の動きは，表3に整理される。

では，サーベイ実験の手順を具体的に紹介していこう。実験は，すべての被験者に次のリード文が共通に提示されるところから始まる。

表3 苦難の場所および対象人数と期待される刺激効果

場所＼人数	多数	一人
アフリカ	憐れみ	憐れみ＋同情
日本	同情＋憐れみ	同情

次に，干ばつや竜巻，地震などの自然災害により，恵まれない境遇に陥ってしまった人々に対して，政府がなすべき支援のあり方についてお伺いします。災害の規模が大きいと，こうした境遇の人々の最低限の生活を確保するだけでも，相当な資金が必要となります。このことについては，限られた政府の予算の中，「一人でもそうした人々の暮らし向きが改善されるのなら，価値ある支援となる」という意見もあれば，「そうした人々すべての暮らし向きが改善されないのなら，価値ある支援とならない」という意見もあります。

このリード文から次のウェブ画面へ進むと，どの実験群に割り当てられたかにより，被験者には異なる画面が提示された（統制群にはこのステップはない）。すなわち，実験群に割り当てられた被験者には，以下に示す四つの写真およびその説明文のうちのどれかひとつが提示された。なお，日本を対象とした二つの写真は2011年3月11日に起こった東日本大震災のもの，そしてアフリカを対象にした二つの写真は同時期に大規模な干ばつに見舞われていたソマリアのものを，それぞれ用いた[11]。

【刺激①：アフリカ×多数】

アフリカ東部地域では，（昨年,）過去60年で最悪の干ばつの被害により，多くの人々が難民キャンプで，食料や衣料が十分に行き渡らない不自由な生活を強いられています。

©AFP PHOTO / ABDURASHID ABIKAR

【刺激②：アフリカ×一人】

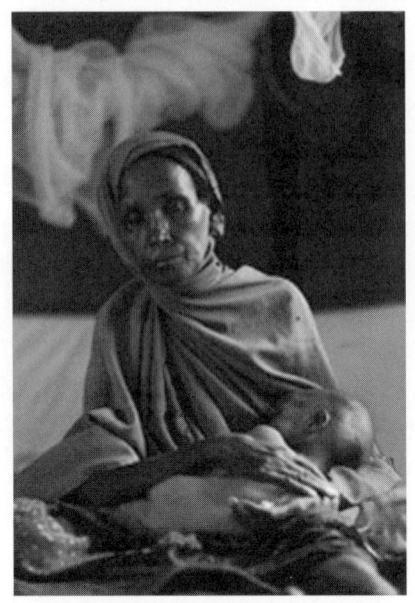

アフリカ東部地域では，(昨年，)過去60年で最悪の干ばつの被害により，多くの人々が難民キャンプで，食料や衣料が十分に行き渡らない不自由な生活を強いられています。

ⓒAFP PHOTO / ROBERTO SCHMIDT

【刺激③：日本×多数】

昨年の3月11日に起こった東日本大震災の後，被災した多くの人々は避難所で，食料や衣料が十分に行き渡らない不自由な生活を強いられました。

ⓒAFP PHOTO / TOSHIFUMI KITAMURA

【刺激④：日本×一人】

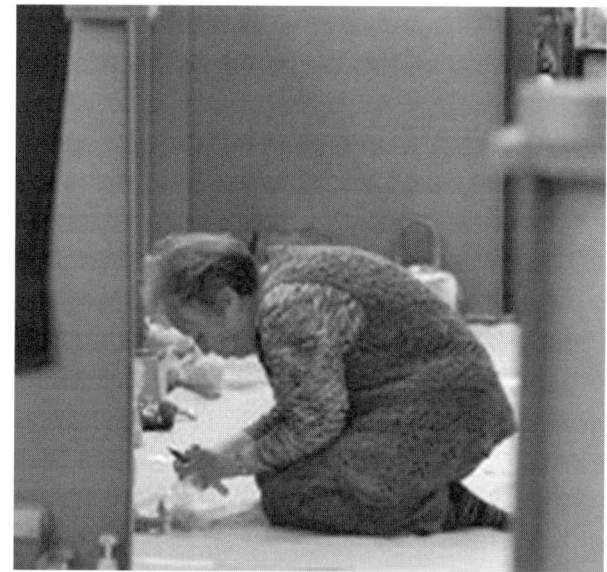

昨年の3月11日に起こった東日本大震災の後，被災した多くの人々は避難所で，食料や衣料が十分に行き渡らない不自由な生活を強いられました。

ⒸAFP PHOTO / TORU YAMANAKA

　これらの画面が提示された後，最後の画面にはふたたびすべての被験者に共通の文章が提示され，こうした不遇の状況を強いられている人々にどのぐらいの支援をする意志があるかという質問が尋ねられた。そのワーディングは，以下の通りである。

　　さて，いま仮に日本の政府は，こうした境遇に陥った人々に対する支援を拡充するために，消費税を1％程度引き上げることを検討しているとします。あなたは，その支援策でこれらの人々のうち何パーセントの人々の生活が最低限保障されるのなら，消費税の引き上げを支持することができますか。

　この最後の質問の構成および内容は，いくつかの点に留意して設計された。まず，日本には，税制や宗教の違いなどさまざまな理由により，欧米のように日常から寄付を行う習慣や文化が定着していない。したがって，被験者が行う意志のある支援を測定する上で，「あなたなら，いくら寄付し

ますか」というような直接的な尋ね方や，先行研究として紹介した心理学実験などで行われているように実際に寄付を依頼することは，適切ではない。その一方で，前述の通り，苦難に対する支援の動機づけを解明しようとするからには，自らが苦難の当事者であること，もしくはその可能性を意識させた上で，その意志を確かめなければならない。この実験を実施した当時，消費税の増税は国民のあいだで広く議論されていた政治的アジェンダのひとつであり，増税の使途についても，たとえば福祉目的に限定するなどといったように，それを特定化することが現実的な政策オプションとして話題に上っていた。消費増税はすべての人に負担を強いることになり，また上記ワーディングにある通りの1％の引き上げという数字も，被験者たちにとっては十分に現実感のある想定と考えられた。こうした理由から，消費増税に対する態度によって，支援への意志を測定するのがふさわしいと判断したのである。

　この最後の質問に対する回答は，ウェブ画面上ではプルダウンで選んでもらった。具体的には，その選択肢は0％から100％までの（1パーセントきざみの）すべての数字と，「100％でも消費税の引き上げを支持しない」（および「わからない」「答えたくない」）であった[12]。いうまでもなく，この数字が低い（高い）ほど，回答者が支援に対して積極的（消極的）であることを意味する。そこで，このサーベイ実験の焦点は，統制群と比べて，刺激を与えられた実験群の被験者のほうが支援により積極的な態度をとるかどうか，また異なる刺激を与えられた実験群間で被験者の回答パターンに顕著な違いがあらわれるか，ということであった。

（3）分析と解釈

　サーベイ実験の結果は，他者への支援を動機づける道徳的直観のメカニズムを解き明かす上で貴重な経験的データを提供するとともに，そのメカニズムの規範的含意を考える上で示唆に富むものとなった。おもなポイントを先取りしてまとめると，まず経験的知見としては，1）他者への支援の動機づけとして，苦難を被っている人数よりも苦難が起こっている場所の方がより強く人々の心を動かすこと，2）アフリカについての結果は，これまでの先行研究と整合的に，多数よりも一人の対象者を想起した場合の方が，支援に対してより積極的な態度を生じさせること，その一方で，

3）日本についての結果は，先行研究では報告されたことのないパターンを呈し，実験刺激を与えると支援に対してかえって消極的な態度を生じさせること，の三点が確認された。また，規範的含意としては，1）他者への支援を動機づける道徳的直観は憐れみに拠るところが大きく，それゆえ支援という行為自体を通して支援する側の支援される側に対する優越感やパターナリズムを生む危険性をはらんでいるということ，そして，皮肉なことに，2）そのような優越感やパターナリズムと無関係な同情という心の動きは，支援への動機づけをむしろ抑制する可能性があるということ，である。以下，これらの点について，順次解説していく。

まず，表4は，アフリカの多数もしくは一人の対象者の写真を提示した二つの実験群と，何も刺激を与えなかった統制群とに，それぞれ割り当てられた被験者の回答を比較したものである。この表によれば，苦難の対象が多数の場合であれ一人の場合であれ，実験刺激によって喚起された心の動きが人々を支援へと動機づけていることが明らかである。さらに，二つの実験群の間にも，統計的に有意といえる平均値の差があり，総じて多数の写真を見せられた被験者よりも一人の写真を見せられた被験者の方が，支援に対しより積極的であることが見てとれる[13]。この結果は，アーレントの議論にもとづいて表3にまとめた筆者らの仮説，すなわち，苦難の対象が一人に限定されている場合と多数に及ぶ場合とでは，人々が支援へと動機づけられるメカニズムが異なるという仮説と整合的である。一般の日本人にとって，外国での苦難をめぐりなんらかの心の動きが喚起されるとすれば，それは憐れみであり，とりわけアフリカという文脈では，その傾向が強いと考えられる。それでも，苦難の対象が一人に限られる場合には，たとえば子供をもつ親の立場や親を心配する子の立場の代替可能性が成立し，同情という心の動きが生じることもありうる。表4で確認される実験群間の差は，多くの日本人にとってはおよそ身近とはいいがたいアフリカであっても，一人の苦難を対象とする場合には，憐れみを抱く人々に加えて，同情という心の動きが喚起され支援へと動機づけられる

表4　1％増税の支援が及ぼすべき対象者の割合：アフリカ

	実験群① (N＝585)	実験群② (N＝590)	統制群 (N＝621)
刺激	多数	一人	－
予想される心の動き	憐れみ	憐れみ＋同情	－
回答（平均値）	36.2	32.5	43.7

人々もいることを物語っている。

次に，東日本大震災の被災者の写真を提示した二つの実験群と統制群の回答分布を比較しよう。表5にまとめた結果によれば，実験刺激によって喚起された心の動きが支援を動機づける点はアフリカの場合と変わらないが，その動機づけはまったく逆の方向に働いている。すなわち，人々は刺激によって心の動きを誘発されると，支援に対してかえって消極的になるという傾向を，ここに見て取ることができる。この結果は，一見反直感的であるばかりか，実験群と統制群の回答パターンがここまで明確に逆転している例は，これまでの先行研究で指摘されたことがない。また，この表では，苦難の対象者が多数である実験刺激と一人である実験刺激との間に，統計的に有意と確認できる影響の差はない。苦難を被っている人の人数の違いが重要な要因であるという考えは心理学の研究で強調されてきたが，ここでの実験結果はそれを反証している。むしろ，人数の影響がアフリカでは見出せるものの，日本の文脈では見出せないという結果は，表3で整理したように，苦難の対象者の人数という次元が支援を動機づけるメカニズムの一端を構成するにすぎないことを示唆している。実験刺激の働く方向がアフリカと日本とで明確に非対称的であるという結果とあわせて解釈すると，他者への支援を動機づけるメカニズムとしては，苦難を被っている人数よりも，苦難が起こっている場所の方が，人々の心をより強く動かす要因であるということができる。

では，なぜ日本人は，苦難の対象がアフリカの人である場合よりも日本人である場合に，支援をすることにより躊躇するのであろうか。それは，筆者らの仮説に従えば，東日本大震災は多くの日本人にとって自分がその被災者であったかもしれないという立場の代替可能性が成立する出来事であり，それに対する支援への動機づけが同情という心の動きを源泉とするからだ，と解釈される。いまいちどアーレントの議論に立ち返って，同情という感情が，苦難を被っているひとりひとりに対し個別に向けられるものであることを想い起こそう。同情にもとづく動機づけのメ

表5　1％増税の支援が及ぼすべき対象者の割合：日本

	実験群③ (N=635)	実験群④ (N=591)	統制群 (N=621)
刺激	多数	一人	―
予想される心の動き	同情＋憐れみ	同情	―
回答（平均値）	49.7	49.4	43.7

カニズムは，それゆえ，支援によって「どの（個別の）人が助けられるのか」ということが認知されなければ，作用することはない。たしかに，写真を見せられることで，そこに写っている特定の被災者（たち）に，自分の支援が向けられるだろうという認知が生まれやすくなる可能性は否定できない。しかし，「どの人が助けられるのか」という問いは，「どの人は助けられないのか」という問いと，表裏一体である。自分の支援が行き届かない人がいるかもしれないという可能性に思いが及んだ途端，その人の認知の枠組みは，個人のレベルから，支援によって不遇が改善される被災者とそうでない被災者という二つの集団レベルに移行してしまう。このとき，あくまでも個人を対象とする同情は，支援を動機づけることができなくなってしまうのである。

以上の解釈を裏付ける傍証として，日本の写真を見た実験群とアフリカの写真をみた実験群，そして統制群のそれぞれどのぐらいの割合の被験者が，プルダウン形式で与えられた選択肢の中の「100％」という数字を選んだかについてのデータをみてみよう。表6によると，アフリカの実験刺激を受けた被験者の中では，支援が100パーセントの人々を救えなければ消費増税に賛成しないと答えたのは，わずか1割にも満たない。この割合は，刺激を受けなかった統制群の被験者については，さらに低い。ところが日本の写真による実験刺激を受けた被験者のあいだでは，この割合が2割近くまで跳ね上がっている。同情という心の動きが支援を動機づけるためには，助かる人が特定されるという要件とならんで，（すべての人が助かることによって）助からない人が特定されないという要件も，同様に重要なのである。

日本人が日本人に対する支援を躊躇する理由は，もちろん，この解釈以外にも考えられないわけではない。たとえば，筆者らの実験デザインでは，「日本 vs. アフリカ」の対比によって身近であるか否かという次元を操作化した（つもりであった）が，この対比は「先進国 vs. 途上国」，すなわち経済や生活レベルの違いというまったく別の次元を表しているのではないかと考えることもできる。この考えに従えば，やや強引であるが，次のようにも解釈

表6 全ての人に支援が及ばなければ1％増税に賛成しないとした回答者の割合

	多数	一人	全体
統制群	—	—	9.7
実験群：アフリカ	8.0	7.0	7.5
実験群：日本	17.8	19.6	18.7

できるかもしれない。すなわち，日本人の多くは，東日本大震災による苦難が深刻であることを理解しつつも，日本に住んでいる限り，被災者が最低限の食糧や医療サービスにアクセスできるはずだと確信している。これに対して，アフリカにおける苦難は，今日から明日へと命をつなぐまさに綱渡りの状況にあり，日本とは比べものにならない。このように最低限保障されている経済および生活レベルのちがいから，被験者たちは，アフリカに対しての支援をためらわないが，自国の被災者に対しては支援を躊躇するのではないか，と。

このもうひとつの解釈を，上記のサーベイ実験だけから棄却することはできない。そこで，筆者らは，2012年12月に2回目の実験を行った際，日本とアフリカに加えて，先進国であるアメリカで大型のハリケーンによって被災した人々の写真2枚を新たに用意し，同じ実験を行った（その写真および説明文は紙幅の制約で提示しない）。アフリカや日本の場合と比べて被験者の数が約半数であるので，単純な比較はできないが，それでも表7にまとめた結果が示唆するところは明瞭である。すなわち，アメリカの文脈においても，アフリカの場合と同様，実験刺激は人々をより積極的な支援へと動機づけている。このことから，道徳的直観のメカニズムを構成する次元としては，経済・生活レベルではなく，当初の仮説で示した通り身近であるかどうかということが重要であると確認できる。

さて，以上のサーベイ実験から得られた経験的知見をふまえ，どのような規範的含意が導かれるかを考えよう。まず，人々が外国で起こっている苦難に対する支援に積極的であるという明白な傾向は，道徳的には一概に賛美されるべきものとはいえない。たしかに，多くの国民がそうした傾向を持ち合わせると，いわば民意として，政府による対外援助政策や民間団体による途上国支援活動を根拠づけることになろう。その結果として，そうした政策や活動が安定的かつ継続的に行われるようになるとすれば，それは歓迎すべきことかもしれない。しかし，その一方で，外国への支援の背景にある憐れみという心の動きは，支援している自分と支

表7　1％増税の支援が及ぼすべき対象者の割合：アメリカ

	実験群⑤ (N＝323)	実験群⑥ (N＝330)	統制群 (N＝349)
刺激	多数	一人	−
予想される心の動き	憐れみ	憐れみ＋同情	−
回答（平均値）	36.3	33.9	43.2

援の対象者である他者との心理的距離を前提とし，アーレントが警鐘を鳴らした通り，支援の対象者を見下すようなパターナリズム，ひいては差別意識を育む可能性がある。外国に対する支援が安定して続けられるほど，そのような優越感がますます強くなっていくかもしれない危険性に，われわれは常に自覚的でなければならない。

次に，外国よりも自国への支援に消極的であるという結果は，一見すると日本人の冷酷な態度を表しているようにもみえるが，実は全くそうでない。身近なところで生じている苦難に対しては，自分もその当事者であるという感覚を通して同情が生まれ，一人も落ちこぼれをつくることなく支援を施してあげたいという意識が高まる。それは，けっして非道徳的な態度とはいえない。たしかに，その意識ゆえに，支援の効果が全体に行き渡らなければならないという高いハードルが心の中に設けられ，それが支援の動機づけを制約することになるというのは，皮肉な結果である。しかし，同情という感情の発露が，憐れみとは対照的に，パターナリズムや差別意識に直結しない心の動きであるという点も，強調されるべきであろう。

おそらく，筆者らのサーベイ実験が提起する最も重要な規範的論点は，アフリカで起こった苦難に対する場合と，自国で起こった苦難に対する場合とを同列に並べて，他者への支援をめぐる道徳の問題を論じることはできない，ということではないかと思われる。支援を動機づけるメカニズムはけっして一律に機能するようなものではない。それは，異なる心の動きを源泉とし異なる文脈のもとでそれぞれ異なるパターンで作用する。いいかえれば，道徳的直観なるものを，現実世界から離れて，抽象的で普遍的な概念としてのみ捉えることは，人間の心の動きの多様で複雑な本質を無視していることになるのである。

最後に，筆者らの行ったサーベイ実験のデザインについて，方法論的な観点から二つの留保を付け加えておきたい。第一に，筆者らの行った実験では，たとえばアフリカの一人の対象者の写真には黒人の女性が正面にむかって子供を抱えて写っており，一方日本の一人の対象者の写真には日本人の女性が横をむいて拝むような姿勢をして写っており，といったように，刺激となる写真がそれぞれ異なっているという問題がある。いうまでもなく，同一の写真でなければ，検証したい効果以外のすべての要因が完全にコントロールされるという実験環境は保障されない。しかし，アフリカと

日本の文脈のどちらにも共通の写真を使うということは，肌の色や骨格などの明らかな違いから，実際には不可能である[14]。筆者らは，方法論的厳密さを妥協することになったとしても，異なる文脈での支援をめぐる態度をサーベイ実験という手法で観察することは，十分意義深いことであると考える。

第二，一般に，実験では「マニピュレーションチェック」，すなわち実験刺激が期待通りの効果を生じさせているかを確認するという作業工程が重要なのであるが，筆者らのサーベイ実験ではそれを行っていない。したがって，上記の分析および解釈に対しては，日本の写真を見せると同情という心の動きが，一方アフリカの写真を見せると憐れみという心の動きが，それぞれ本当に誘発されたかどうかは定かではない，という批判が成り立つ。これは正当な批判であると受け止める。しかし，そもそも，どのようなチェック項目を設ければ，被験者の心に生じた動きが（たとえば）「同情ではなく憐れみである」と判断できるのかは，難しい問題である。マニピュレーションチェックが方法論的に欠かせないステップであるとしても，人々の心理や行動の規範的側面を分析しようとする実験においては，必ずしもそれをうまく組入れることができない可能性があることを，ここでは指摘するに留めたい。

4. 結論

本稿では，サーベイ実験を用いて，他者への支援をめぐる人々の道徳的直観のメカニズムを解明することを試みた。この研究の出発点には，同情と憐れみという二つの概念の規範的特徴を区別したアーレントの議論があったが，筆者らのおこなった実証分析は，その区別が経験的にも重要であることを示した。具体的には，憐れみという心の動きは外国で生じている苦難に対して人々を積極的な支援へと導くこと，他方，同情という心の動きは苦難が身近な場所で起こっている場合に支援の動機づけをむしろ抑制する方向で働くこと，などがわかった。サーベイ実験によって明らかになったこうした経験的パターンは，今度はそれ自体が，新たに規範的問いを投げかけることになる。たとえば，パターナリズムや差別意識につながりやすい憐れみを拠り所にして，外国への支援を続けてよいのか，あるいは，同情という心の動きが生じることで，外国よりも自国の苦難の対象者たち

への支援が行き届かなくなるとすれば，それは公平といえないのではないか，といった問いである。このように，規範的な分析と経験的な分析とは，あたかもDNAの二重螺旋構造のように，重層的に互いを補完し合いながら進化していく関係にある。

冒頭で述べたように，これまでの政治学では，規範的研究と経験的研究とのあいだに「棲み分け」が定着しており，とくに日本の政治学においてはそれぞれに特化した研究者が相手の専門分野に口を差し挟まないようにしようとする風土が暗黙に成立しているように見受けられる。筆者らは，専門性に囚われない知的な異種交配なくしては，学術が健全かつ持続的に進化していくことはありえないと確信している。今後の政治学において，経験と規範という両方の側面をバランスよくともに視野に収めた研究が，一層発展していくことが望まれる。

[謝辞] 本稿の作成にあたっては，2014年度に採択された科学研究費基盤研究B「民主主義活性化のための政治理論と実証研究の共生成的政治学の研究」（研究課題番号26285035，代表小川有美）の助成を受けた。本稿の実証分析で用いたすべてのデータは，2011年度に採択された科学研究費基盤研究A「日本人の外交に関する選好形成メカニズムの研究」（研究課題番号23243030，代表河野勝）の助成により収集したものである。また，荒井紀一郎，金慧，Lauren Prather，谷澤正嗣各氏からは，貴重な助言をいただいた。ここに謝意を表する。

（1） こう述べると，道徳哲学に関する学説史の文脈においては，筆者らは「直観主義」と呼ばれる立場をとることを宣言していることになる。本稿では，この立場は前提として扱われ，たとえば（対立すると位置付けられる）功利主義からの批判に対して直観主義そのものを擁護することはしない。ただし，筆者らは，以下に提示するサーベイ実験からのデータを，功利主義からすべて整合的に解釈することは難しく，その意味では本稿で展開する実証分析は遠回しながら直観主義を擁護するのではないかと考えている。なお，功利主義と直観主義の思想史的対立の系譜については，児玉（2010）による明快な整理を（両者が単純な対立構図に収まらないとする安藤（2012）による留保と併せて）参照されたい。

（2） 例外として，最近刊行されたLichtenberg (2014) では，富める人々による貧しい国々に対しての支援のあり方を理論化する上で，社会心理学の実証的知見が積極的に用いられている。ただし，この著者は経験的研究の成

果を無批判に受容しすぎており，またその政策提言的な主張には実現可能性の観点から疑問が投げかけられる。Rulli (2014) による批判的書評も参照されたい。
（３）　規範理論を専門とする研究者たちも，経験的事実の取捨選択が規範理論の構築にどのような影響を与えるのかという問題をまったく論じてこなかったわけではない。しかし，そのほとんどは，抽象的な（メタ）レベルの議論に終始している。これらの議論を整理したレヴューとして，またロールズの研究を題材にしながらこの問題を具体的な形で論証した研究として，上原・河野 (2013) を参照されたい。
（４）　もっとも，死者や被災者などの人数が増えるとその重大性が見過ごされるようになるという一種の逆説を最初に明示的に指摘したのは，心理学者ではなく，経済学者のT・シェリング（Schelling 1968）である。
（５）　解説が煩雑になるので本文では触れないが，「特定化」については，重要な方法論的問題として，その効果を他の要因の影響が混ざりこまないように検証することが非常に難しいということが指摘されなければならない。たとえば，上記の実験におけるロキアの紹介は，その人物が黒人であり，女性であり，7歳であり……というように，人種，ジェンダー，年齢などさまざまな属性カテゴリーにわたる情報を含むものである。したがって，この実験デザインでは，特定化そのものの効果に加えて，彼女の属性のひとつひとつが及ぼしている（かもしれない）影響が混ざりこんだ刺激が与えられている。なお，上記論文の著者たちがこの問題に気づいていないわけではない。実際，第一著者と第二著者による別の論文（Small and Loewenstein 2003）では，この点を踏まえて，まったく異なる実験デザインのもとではあるが，特定化そのものの影響を確認しようとしている。
（６）　この「逆立ちした」という表現は，引用した論文の著者たちが自ら用いている"perverse"という言葉を訳したものであることを付け加えておく。
（７）　以下の議論は，著者の一人が東日本大震災後の状況について論じた河野・金 (2012) の一部をもとにして，発展させたものである。
（８）　この調査は，筆者の一人（河野）が代表者をつとめた研究プロジェクト（「日本人の外交に関する選好形成メカニズムの研究」）で2011年10月から2013年9月まで毎月おこなったウェブ調査の中の第21回目の調査にあたる。この連続調査はすべて（株）日経リサーチに委託して行われた。各月の回答者は，継続的に調査に参加したパネルサンプルが約3分の1と，各月に新たに抽出されたフレッシュサンプルが約3分の2とで構成され，性別，年代および6つの地域ブロックごとに人口構成比になるように抽出された。この第21回目の調査期間は6月21日から6月28日まで，有効回収数はパネルサンプル810（前月からの回収率97.0％），フレッシュサンプル

2187（回収率12.8％）であった。
(9) 分割は，パネルサンプルとフレッシュサンプルそれぞれについてランダムに行った。以下の表では，二つのサンプルを分けず，すべての回答を集計して表示している。
(10) サーベイ実験は，註8で紹介した連続ウェブ調査の第9回目と第15回目の調査に組み込まれた。第9回目の調査期間は6月22日から6月28日まで，有効回収数はパネルサンプル953（前月からの回収率96.8％），フレッシュサンプル2226（回収率15.7％）であった。また，第15回目の調査期間は12月19日から12月27日まで，有効回収数はパネルサンプル1067（前月からの回収率94.5％），フレッシュサンプル2255（回収率14.4％）であった。なお，パネルサンプルは，13回目に新しく抽出しなおしたので，9回と15回の回答者に重複はない。
(11) このサーベイ実験で用いたすべての写真は，筆者の一人（河野）の所属する早稲田大学との契約のもとで学術論文に利用することが許可されている AFP World Academic Archive の中から選んだ。なお，本論文ではモノカラーで印刷されているが，被験者が実際に見た写真はカラー写真であった。
(12) 以下の分析では「わからない」と「答えたくない」という回答は，欠損値として扱った。
(13) Welch の t 検定の結果は $p=0.052$ ($t=1.948$, $df=1173.120$) であった。
(14) 実際に用いた写真は，何百枚とある中から，写真の構図や対象として写っている人の大きさなど，さまざまな観点を考慮して選定したものであることをここに付け加えておく。

参考文献（アルファベット順）

Arendt, Hannah (1963) *On Revolution*, London: Penguin Books. 志水速雄訳（1995）『革命について』ちくま学芸文庫.

安藤馨（2012）「書評：児玉聡著『功利と直観─英米倫理思想史入門』」『社会と倫理』26号，pp. 117-26.

Baker, Andy (2015) "Race, Paternalism, and Foreign Aid: Evidence from U.S. Public Opinion," *American Political Science Review*, 109:1, pp. 93-109.

Batson, C. Daniel, Tricia R. Klein, Lori Highberger, and Laura L. Shaw (1995) "Immorality from Empathy-Induced Altruism: When Compassion and Justice Conflict," *Journal of Personality and Social Psychology*, 68:6, pp. 1042-1054.

Epstein, Seymour (1994) "Integration of the Cognitive and the Psychodynamic Unconcious," *American Psychologist*, 49, pp. 709-724.

児玉聡（2010）『功利と直観─英米倫理思想史入門』勁草書房.

Kogut, Tehila, and Ilana Ritov (2005a) "The 'Identified Victim' Effect: An Identified Group, or Just a Single Individual?" *Journal of Behavioral Decision Making*, 18, pp. 157-167.

Kogut, Tehila, and Ilana Ritov (2005b) "The Singularity Effect of Identified Victims in Separate and Joint Evaluations," *Organizational Behavior and Human Decision Processes*, 97, pp. 106-116.

河野勝（2012）「政策提言の方法論」河野ほか『《当事者》としていかに危機に向き合うか――震災復興の政治経済学を求めて②』早稲田大学出版部．

河野勝（2014）「『政治理論』と政治学――規範分析の方法論のために」井上・田村編『政治理論とは何か』風行社．

河野勝（2013）「再び，政治経済学とは何か」河野勝編『新しい政治経済学の胎動――社会科学の知の再編へ』勁草書房．

河野勝・金慧（2012）「復興を支援することは，なぜ正しいのか―哲学・思想の先駆者に学ぶ」鈴村興太郎ほか『復興政策をめぐる《正》と《善》』早稲田大学出版部．

Lichtenberg, Judith (2014) *Distant Strangers: Ethics, Psychology, and Global Poverty*, Cambridge: Cambridge University Press.

Paxton, Pamela, and Stephen Knack (2012) "Individual and Country Level Factors Affecting Support for Foreign Aid," *International Political Science Review* 33: 150-170.

Rawls, John (1999) *A Theory of Justice: Revised Edition*, Cambridge, MA: Harvard University Press. 川本隆史・福間聡・神島裕子訳（2010）『正義論』紀伊国屋書店．

Rulli, Tina (2014) "Review of Judith Lichtenberg's *Distant Strangers: Ethics, Psychology, and Global Poverty*," *Notre Dame Philosophical Reviews*, 2014.06.26.

Schelling, Thomas C. (1968), "The Life You Save May Be Your Own," In Samuel B. Chase (ed.) *Problems in Public Expenditure Analysis*. Washington DC: The Brookings Institute.

Slovic, Paul. (2007) "'If I Look at the Mass I Will Never Act': Psychic Numbering and Genocide," *Judgment and Decision Making*, 2:2, pp. 79-95.

Small, Deborah A., and George Loewenstein (2003) "Helping a Victim or Helping the Victim: Altruism and Identifiability," *The Journal of Risk and Uncertainty*, 26:1, pp. 5-16.

Small, Deborah A., George Loewenstein, and Paul Slovic (2007) "Sympathy and Callousness: The Impact of Deliberative Thought on Donations to Identifiable and Statistical Victims," *Organizational Behavior and Human Decision Processes*, 102, pp. 143-153.

Stanovich, Keith E., and Richard F. West (2000) "Individual Differences in Reasoning: Implications for the Rationality Debate?" *Behavioral and Brain Sciences*, 23, 645-726.

上原賢司・河野勝 (2013)「事実の取捨選択と規範理論：ロールズ正義論における〈国内／国外〉区分の理想化問題」, 河野勝編 (2013)『新しい政治経済学の胎動—社会科学の知の再編へ』勁草書房所収.

「一票の格差」をめぐる規範理論と実証分析
―― 日本での議論は何が問題なのか ――

粕谷祐子＊

はじめに―問題の所在―

　一票の格差（選挙区の間での，議員定数に対する人口の不均衡）は，ここ数十年議論が続く，日本政治の懸案事項である。いわゆる「一票の格差訴訟」は，1960年代から最近に至るまで，弁護士グループらによってほぼ選挙があるたびに起こされてきた。訴えの基本的な内容は，衆議院，参議院，そして地方自治体の議会選挙での一票の格差が法のもとの平等を規定する憲法に違反する，というものである。最高裁判所による最近の判決では，衆議院に関しては2009年と2012年の選挙で，また，参議院に関しては2010年と2013年の選挙での一票の格差の程度を「違憲状態」としたため，その後の政治的対応に関して新聞・一般誌等でもたびたびこの問題が取り上げられている。

　こうした状況を反映して，日本における一票の格差問題に関し非常に多くの研究がなされてきた。たとえば，法学的な解釈，平等に近くなる区割りのシミュレーション（模擬実験），一票の格差の政治的帰結，といった側面を取り上げてのものである[1]。だが，先行研究の多くがこの問題の全体像を把握しないまま，やや近視眼的に特定された一側面のみの検討に終始しがちである，というのが筆者の理解である。

　このような問題意識から，本稿では，一票の格差問題を包括的に捉える試みをおこなう。その際によりどころとするのが，一票の格差に関連する規範理論と実証分析である。規範理論では政治的平等または代表に関するもの，実証分析では，比較政治学，アメリカ政治，日本政治分析に関する

　　＊　慶應義塾大学法学部政治学科教授　　比較政治学

文献を主に検討する。双方の研究蓄積をあわせて参照することで，日本でのこの問題の議論のされ方の問題点を明らかにし，さらに，今後の政治制度改革としてどのようなものが可能かを包括的な観点から示すことが本稿の目的である。

本稿は以下の構成をとる。第1節では，規範理論の観点から一票の格差問題を位置づける。ここでは，一票の格差は政治的平等の問題としてはすでに「終わった」論点であり，代わって，民主的代表の問題として捉えることの重要性を独立代表・委任代表という類型をもとに主張する。第2節では，実証分析における一票の格差の測定方法，政治的帰結，および一票の格差解消後に浮上しやすい問題（ゲリマンダリングと投票率の低下）を概観する。これらの検討をふまえて，第3節では，日本において一票の格差が議論される際の問題点を2点指摘する。1点目は測定方法で，これが適切でないことが一因となって抜本的な是正がこれまでなされてこなかったことを示す。第2は，政治的平等の観点からのみこの問題を捉えていることによる，問題の所在を矮小化している点である。これに関する代替案として，民主的代表の問題の1つとして一票の格差を位置づけ，そもそもどのような代表のあり方が望ましいのかを議論したうえで，それに沿った制度選択をすることが重要であると主張する。

第1節　規範理論からみた一票の格差

1.1　政治的平等としての一票の格差

一票の格差は「政治的平等」という理念（めざされるべきもの）を侵害しているから問題である，という形で語られることが多い。政治的平等という概念は規範理論において様々に議論されているが[2]，基本的には，影響力（impact）の平等と感化力（influence）の平等とに区別できる（Dworkin [2000: 191-194＝2002: 265-268]）。前者のは，ある個人が政治的決定に対し影響を与えられる程度を意味し，後者の感化力とは，たとえばカリスマ性，威嚇，賄賂などを用いて他人の政治的意見を自分と同じように変化させられる程度を意味する。一票の格差の問題は，前者の（影響力の）平等に関わるものであり，感化力の平等に関するものではない。

このような意味での政治的平等がめざされるべき理念であるという理解

は，現在では定着したものとみなすことができるだろう。たとえば，現代民主主義論の理論家として大きな影響力のあるロバート・ダールは，1950年代の著作から最近のものに至るまで，投票価値の平等が民主主義体制のもとでめざされるべき理念であるとくり返し指摘している（Dahl [1956=1970, 1971=1980, 2006=2009]）。彼によれば，「最終的に決定がおこなわれるときには，すべてのメンバーが投票する機会を平等かつ実質的にもっていなければならず，すべての票が等しいものとして数えられなければならない」（Dahl [2006: 9=2009: 12]）。これはデモクラシーの理念のひとつであり[3]，また，これを達成すべく努力することは道徳的義務であるとダールは主張する（Dahl [2006: 49=2009: 54]）。

だが，このような認識が定着するのは，歴史的には比較的最近になってのことである。たとえば，19世紀イギリスの政治思想家であるジョン・スチュアート・ミルは，『代議制統治論』において，平等な投票権を「相対的にいいものであるにすぎず，無関係または偶然的な事情にもとづく特権の不平等より反対が少ないにしても，誤った基準を承認していて（中略）原理上はまちがっているもの」とみなしている（Mill [1882: 188=1997: 235]）。彼は普通選挙権の導入自体はめざすべきであるとしながらも，教養があり知的に優越している個人の意見がより重みをもって政治に反映されることが望ましく，知識人（大学卒業者および専門職業人）には「2票またはそれ以上の投票権が与えられていい」と主張する（Mill [1882: 183=1997: 229]）。

実際，ミルが主張した複数投票制は，歴史上いくつかの国でおこなわれていた。たとえばイギリスでは，1948年の選挙法改正まで，当該選挙区に居住することを要件とする居住選挙権，当該選挙区で事業を営んでいることを要件とする占有選挙権，大学の教員・卒業生からなる大学選挙区の選挙権の3種類があり，居住選挙区と重複しない限りにおいて1人2票までが認められていた。日本においても，明治から大正期の地方議員選挙では，納税者を納税額の多寡でグループに分け，それぞれから同数の代表を選出する方式をとり，結果として高額納税者の意向が強く反映される「等級選挙」の制度があった（堀江 [1976：108-109]）。このような歴史的事実をふまえると，少なくとも第2次世界大戦以前の時期には，投票価値の平等が理念として確立していたとはいい難い[4]。

また，現在では投票価値の平等を意味することが多い「一人一票（one person, one vote）」という表現がこの意味で使用されるようになるのは，主に1960年代以降のことである。歴史的には，この用語はヨーロッパにおいて普通選挙権を求める運動のスローガンとして使用されてきた（Przworski [2009]）。「一人一票」が「投票権をもつ」ことから，「平等の重みで票がカウントされる」意味をもつように変化したのは，アメリカの最高裁が1960年代に一票の格差を違憲とする一連の判決を出して以来のことである（Butler and Cain [1992: 29]）[5]。

　要するに，投票価値の平等という理念は現在ではほぼ異論なく支持されているといえるが，それは1960年代に入ってからと比較的最近のことである[6]。別の言い方をすると，現時点では，「政治的平等」の問題としての一票の格差は，だれもが理念とみなしているという意味で「終わった」論点である。これに対し，いまだ議論が尽くされていないと思われるのが，「代表」の問題としての一票の格差である。次項ではこれを取り上げる。

1．2　代表の問題としての一票の格差

　一票の格差は，本質的には，政治的平等の問題であるだけでなく，代議制民主主義における代表の問題でもある。なぜなら，これが代表である政治家を選ぶ際の選挙制度に関わっているからである。しかしながら現状では，代表の観点から一票の格差問題を検討する研究は非常に少ない。そこで以下では，選挙制度と代表との関係を包括的に整理し，そのなかに一票の格差問題を位置づけることを試みる。

　選挙で選ばれた政治家をどのような意味での代表とみなすかについては，多様な立場が存在する。古典的な分類方法としては，「独立代表」説と「委任代表」説がある[7]。独立代表説では，政治家は「自由なエージェント，受託者，自身の仕事を遂行するにあたって独りにしておくのが最適である専門家」とみなされる（Pitkin [1967: 147]）。このため，たとえ一地方の選挙区から選ばれていても，国民全体の利益を追求すべきであるのが代表（政治家）だという立場をとる。一方，委任代表説では，政治家は単なる「使用人，委託者，従属的な代理人」であり，その活動は選出母体（constituency）[8]の利益を推進する「拡声器」のようなものである（Pitkin [1967: 146-147]）。ここでは，政治家個人の裁量の幅は非常に小さく，選挙時の公約・

マニュフェストに強く規定されるべきであるとみなされている。

　これらの代表理論に照らし合わせると，一票の格差を問題視することは，独立代表ではなく委任代表を望ましい代表のあり方とする前提にたっているといえる。なぜなら，独立代表説を採用する場合には，選挙区割りの歪みがあっても政治家の行動や決定される政策には違いが生じないと予測されるので，理論上は大きな問題にはならないからである。一票の格差を「解決されるべき問題」とする見方は，政治的代表を選ぶ際の選出母体の利益が代表によって推進されること自体が望ましいという前提があってこそ成立するのである。

　より詳細に言えば，ここで前提とされている委任の関係は，地理的範囲で区切られた有権者の集団が政治家に対して委任をする，という性質のものである。ここで代表されるべきは「地域」の利益であり，後述するように，たとえばイデオロギー，人種，社会階層，性別といった，別の基準によって区分された集団の利益ではない。

　このような，往々にして明示的に自覚されていない前提を認識することで，一票の格差問題に関して次のような論点が浮上する。第1は，「そもそも論」として，委任代表が望ましいのか，それとも独立代表が望ましいのか，という点である。言い換えると，政治家は一定の範囲で区切られた選出母体の利益を代表すべきなのか，それとも，どのような選出方法をとっていたとしても，選出母体からは影響を受けないという意味で「独立」し，国民の利益全体を代表すべきなのかという問題である。

　第2の論点は，仮に委任代表が望ましい場合に，ではどのような範囲の選出母体を代表することが望ましいのか，という点である。地理的範囲で区切られた利益を代表するよう基準を設定するのは1つのあり方だが，そのほかの基準としては，次のようなものがある。第1は，イデオロギー（望ましい社会のあり方に対する信条）を共有する集団である。古典的な政治的イデオロギーは，社会福祉や税制に関連して「小さい政府」を標榜する右派と，「大きい政府」を標榜する左派との対立を軸とする。伝統的には，労働者階級や資本家階級という社会・経済的な階級がイデオロギーを共有する集団とみなされてきた。より最近の政治的イデオロギーの例には，脱物質主義的な価値を標榜するものがある（Inglehart [1977=1978]）。これは，物質主義的な価値を重視する立場への反論として1970年代のヨーロッパ諸

国を中心に台頭しており，環境政党（緑の党）によって主に代表されている。

　第2の基準として，民族，性別，人種，宗教などの個人的属性を共有する集団が挙げられる。たとえば，マレーシアにおける政治代表は，主に，マレー系，インド系，中華系という民族を基準としている。インドのインド人民党は，ヒンドゥー教という宗教を基準に代表を形成している例である。また，最近世界の多くの国で導入が進んでいる女性に対する議席等のクオータ（割り当て）制度は，代表の選出にあたって女性という属性を基準にしている[9]。

　これらの論点を考えることは，日本における一票の格差問題をより広い観点から捉えて解決策を提示することを可能にする。つまり，現時点では一票の格差そのものを是正すれば問題が解決されると考えられがちであるが，これが実現されたとしても「平等」の問題を解決するにすぎない。より広い観点からは，一票の格差を「代表」に関する問題と位置づけ，そもそも日本においてどのような代表のあり方が望ましいかを考える必要があるだろう。要するに，検討されるべき制度改革は，（一票の格差是正のための定数配分変更ではなく）望ましい代表のあり方を実現するためのより包括的なものとなる。この点については第3節第2項においてより詳細に検討する。

第2節　実証研究における一票の格差

2.1　一票の格差の測定と世界の現状

　一票の格差の程度を適切に測定することは，実証的な一票の格差研究の基礎として非常に重要である。定量的測定にあたっては，現在，次の3つの指標が主に利用されている。第1は，同じ議員定数に対して人口または登録有権者数が最大の選挙区と最小の選挙区の比をもって測定する方法である（以下，最大最小比）。たとえば最近の日本の衆議院選挙の例では，最も人口の多い東京第1区の数値（493,811人）を最も人口の少ない宮城第5区の数値（231,660人）で割り，約1対2.1という「格差の程度」が算出される[10]。この指標は，おそらく直観的なわかりやすさと計算のしやすさのため，日本をはじめとした世界各国の法曹界，市民運動，マスメディア等

でも頻繁に利用されている。

　第2の測定方法は，ルーズモア・ハーンビー指標（以下，LH指標）である。LH指数は，各選挙区の全国に占める人口比と議席比の乖離を絶対値として算出し，これを全選挙区のレベルで集計してパーセント表示したもので，一票の格差に関する実証分析では最も頻繁に応用されている[11]。たとえばLH指数が10％の場合，全国平均でみて10％の議席が適正に配分されていないことを意味する。一票の格差が全くない場合にはLH指数は0％となり，逆に，限りなく人口が少ない1つの選挙区にすべての議席が配分されている場合，LH指数は100％に漸近する。

　第3の測定方法は，ジニ指標を当てはめるものである。ジニ指標は，LH指数と同様，母集団を構成する各個体（ユニット）の間の格差が全体でみてどの程度かを測定する指標である。これは所得格差を測定する指標としてよく知られているが，一票の格差の測定においても（LH指標ほど頻繁にではないが）利用されている[12]。ジニ指数が0の場合には各個体は全く平等であり，1に近づくにつれ格差の程度が上昇する。

　表1は，これら3つの指標がどの程度違った測定をするのかを，実際のデータをもとに比較している。表中の数値は，83カ国の第1院（下院）における最近の選挙結果データをもとにそれぞれの指標で算出した「一票の格差」である（Kamahara and Kasuya [2014]）。表では，国際比較分析の際に最も頻繁に使用されるLH指数を基準とし，3種類の色分けをしている。

表1　3つの異なる指標による最も一票の格差が大きかった最近の選挙

順位	最大最小比 国名（選挙年）	値	LH指標 国名（選挙年）	値	ジニ指標 国名（選挙年）	値
1	インド（2004）	86.29	ガンビア（1997）	27.62	タンザニア（2005）	0.39
2	インド（1999）	82.49	タンザニア（2005）	27.48	ガンビア（1997）	0.37
3	タンザニア（2005）	55.62	トーゴ（2007）	22.26	トーゴ（2007）	0.30
4	インド（2009）	50.95	トーゴ（2013）	21.18	クロアチア（2007）	0.30
5	ガンビア（1997）	33.79	リベリア（2005）	20.28	ガーナ（2004）	0.26
6	フランス（2007）	33.12	ガーナ（2004）	19.09	ザンビア（2001）	0.26
7	フィリピン（2010）	30.53	ザンビア（2001）	18.95	ガーナ（2008）	0.26
8	フランス（2002）	28.77	ガーナ（2008）	18.73	ザンビア（2006）	0.26
9	台湾（2008）	27.07	ガーナ（2000）	18.59	ガーナ（2000）	0.25
10	ロシア（1995）	23.60	ザンビア（2006）	18.45	リベリア（2005）	0.25

出所：Kamahara and Kasuya [2014].
注：Kamahara and Kasuya [2014] ではLH指数をSamuels and Snyder [2001] にならってMALと呼んでいるが，ここでは堀内・斉藤 [2003] にならってLH指数とした。また，LH指数はパーセンテージ表示している。

列ごとの色の重複が少ないことは，LH指数とは結果が大きく異なることを示す。

表1より，LH指数とジニ指数の結果はほぼ重なるが，最大最小比は前者2つと比べ大幅に異なる計算結果がもたらされることがわかる。たとえば，最大最小比でみて最も一票の格差の程度が高いのはインド下院選挙の約1対86であるが，LH指数およびジニ指数でみた場合，インドは一票の格差が大きい国ではない。要するに，最大と最小の人口を有する選挙区のみを対象として算出される最大最小比は，全国レベルでみた場合の格差の程度を正しく反映していない。日本における一票の格差議論のほとんどがこの最大最小比指数をもとにしているが，この指標のみに頼ることでもたらされる問題については第3節第1項で述べる。

次の図1，図2は，LH指標を用いて，現時点でデータが入手可能な国の第1院（74カ国）と第2院（27カ国）における最近の一票の格差の程度を比較している。

図1，2から，一票の格差は国・選挙により大きなばらつきがあることがわかる。なぜこのような差異が生まれるのかに関する研究はいまだ蓄積が浅いが，いくつかの一般的要因が指摘できる（Samuels and Snyder [2001]）[13]。その第1は，選挙区定数1の小選挙区制をとるか，定数が1よりも大きくなる比例代表制をとるかという選挙制度の違いである。たとえば，全国を1つの選挙区とする比例代表制（選挙区定数120）を採用するイスラエルの議会選挙では，必然的に一票の格差は0である。これに対し，小選挙区制の場合には地理的範囲の分割が比例代表制の場合よりも小さくなるので，選挙区ごとの人口を平等に保つことが比較的難しい。しかしながらアメリカやオーストラリアの下院にみられるように（図1参照），定数配分を定期的に見直す制度を導入することで，小選挙区制をとっている場合でも一票の格差の程度を低く保つことは可能である。

第2の要因としては，連邦制の採用が挙げられる。特に上院を中心に連邦制をとる国では連邦構成体（州や県など）を単位とした議席配分が憲法で規定されることが多く，このため一票の格差が高くなる傾向にある。たとえば，アルゼンチンとブラジルの上院では3議席，アメリカの上院では2議席が各州に対して人口に関係なく与えられており，これらの国はいずれも連邦制をとる。

図1　下院における一票の格差の国際比較

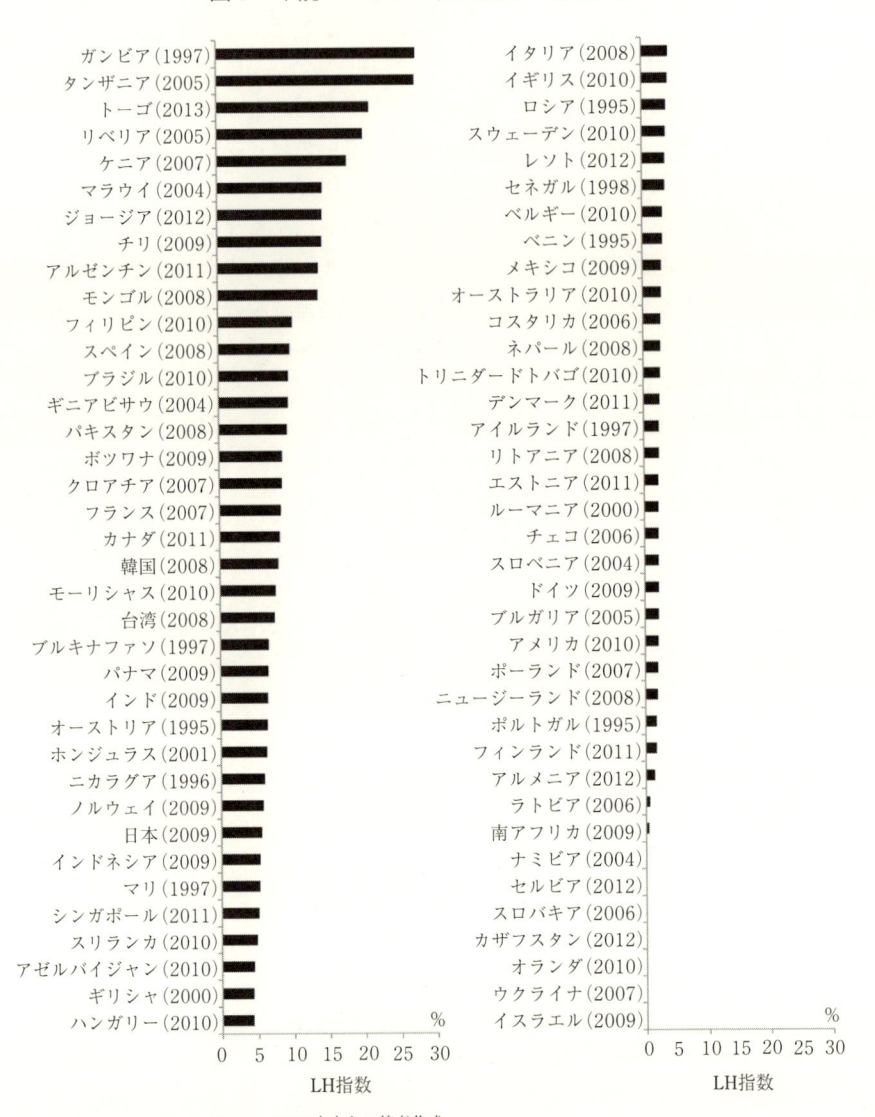

国（年）	LH指数	国（年）	LH指数
ガンビア(1997)		イタリア(2008)	
タンザニア(2005)		イギリス(2010)	
トーゴ(2013)		ロシア(1995)	
リベリア(2005)		スウェーデン(2010)	
ケニア(2007)		レソト(2012)	
マラウイ(2004)		セネガル(1998)	
ジョージア(2012)		ベルギー(2010)	
チリ(2009)		ベニン(1995)	
アルゼンチン(2011)		メキシコ(2009)	
モンゴル(2008)		オーストラリア(2010)	
フィリピン(2010)		コスタリカ(2006)	
スペイン(2008)		ネパール(2008)	
ブラジル(2010)		トリニダードトバゴ(2010)	
ギニアビサウ(2004)		デンマーク(2011)	
パキスタン(2008)		アイルランド(1997)	
ボツワナ(2009)		リトアニア(2008)	
クロアチア(2007)		エストニア(2011)	
フランス(2007)		ルーマニア(2000)	
カナダ(2011)		チェコ(2006)	
韓国(2008)		スロベニア(2004)	
モーリシャス(2010)		ドイツ(2009)	
台湾(2008)		ブルガリア(2005)	
ブルキナファソ(1997)		アメリカ(2010)	
パナマ(2009)		ポーランド(2007)	
インド(2009)		ニュージーランド(2008)	
オーストリア(1995)		ポルトガル(1995)	
ホンジュラス(2001)		フィンランド(2011)	
ニカラグア(1996)		アルメニア(2012)	
ノルウェイ(2009)		ラトビア(2006)	
日本(2009)		南アフリカ(2009)	
インドネシア(2009)		ナミビア(2004)	
マリ(1997)		セルビア(2012)	
シンガポール(2011)		スロバキア(2006)	
スリランカ(2010)		カザフスタン(2012)	
アゼルバイジャン(2010)		オランダ(2010)	
ギリシャ(2000)		ウクライナ(2007)	
ハンガリー(2010)		イスラエル(2009)	

出所：Kamahara and Kasuya [2014]をもとに筆者作成。

図2　上院における一票の格差の国際比較

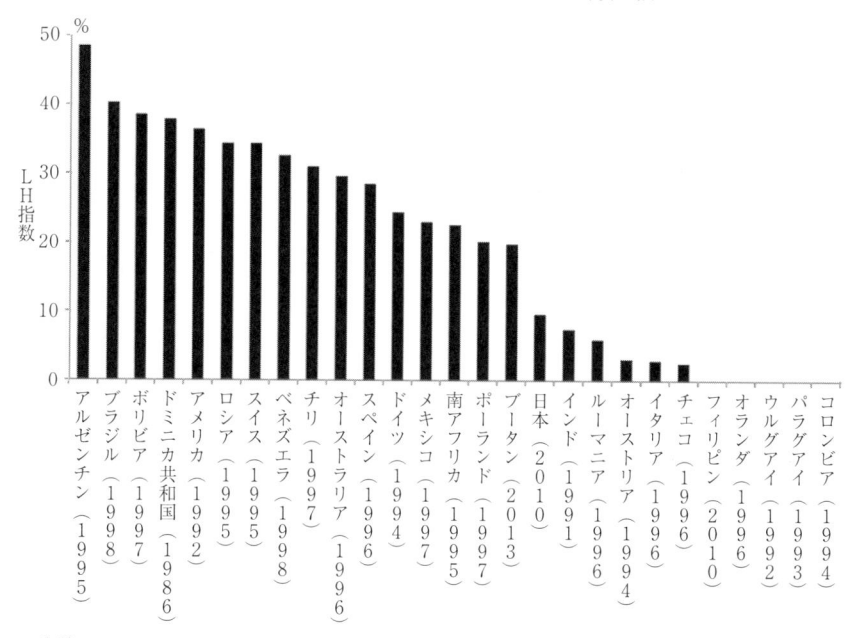

棒グラフ（LH指数、％）：
- アルゼンチン（1995）：約48
- ブラジル（1998）：約40
- ボリビア（1997）：約38
- ドミニカ共和国（1986）：約37
- アメリカ（1992）：約36
- ロシア（1995）：約34
- スイス（1995）：約34
- ベネズエラ（1998）：約32
- チリ（1997）：約31
- オーストラリア（1996）：約28
- スペイン（1996）：約24
- ドイツ（1994）：約23
- メキシコ（1997）：約22
- 南アフリカ（1995）：約20
- ポーランド（1997）：約19.5
- ブータン（2013）：約19.5
- 日本（2010）：約9
- インド（1991）：約7
- ルーマニア（1996）：約6
- オーストリア（1994）：約5
- イタリア（1996）：約3
- チェコ（1996）：約2.5
- フィリピン（2010）：約2
- オランダ（1996）：0
- ウルグアイ（1992）：0
- パラグアイ（1993）：0
- コロンビア（1994）：0

出所：Samuels and Snyder [2001]; Kasuya and Kamahara [forthcoming] をもとに筆者作成。

また，図1，2から，日本の衆議院・参議院における一票の格差は，国際的にみた場合必ずしも高いわけではないことがわかる。最近の衆議院選挙ではノルウェイやインドネシアの下院とほぼ同程度，参議院ではブータンよりは低くインドよりも高い程度である。だからといって日本でのこの問題が重要でないと主張する意図は全くないが，日本の現状を国際比較の観点で把握しておくことは有用であろう。

2．2　一票の格差の帰結

一票の格差の存在は，政治過程のいくつかの側面に影響をもたらすことが実証的に判明している。第1に，保守的な利益を代表する議員が過大に選出されることが挙げられる。なぜなら，過大代表される（人口の少ない）選挙区は，通常農村地帯であるからである。たとえば日本の衆議院選挙を分析した菅原［2009］の分析によれば，保守政党である自民党は，一票の

格差の存在により多いときには20議席を余分に得ていた[14]。同様の状況は，ラテンアメリカ諸国（Snyder and Samuels [2004]）やマレーシア（Ostwald [2013]）でも報告されている。また，最近民主化を果たした国では，特に農村地域を中心に，一票の格差の存在が権威主義時代の政治勢力を温存することにつながっているとの指摘もある（Bruhn et al. [2010]）。

第2に，一票の格差は，政府の政策に影響を与える。たとえば租税政策に関しては，一票の格差の程度が高い国では逆累進課税となる傾向があると多国間データを用いた分析が示している（Ardanaz and Scartascini [2013]）。これは，保守的な勢力の過大代表により累進課税を導入することが阻止されがちであるからと推論されている。一票の格差はまた，政府の補助金配分に関しても影響する。たとえば，アメリカの1960年代に起こった抜本的な一票の格差改正がおこった前と後の時期を比較した研究によれば，改正前には連邦政府補助金が過大代表されている選挙区により多く配分されていたが，改正後にはかなり均等に配分されるようになった（Ansolabehere and Snyder [2008]）。同様の分析結果はラテンアメリカにおいても報告されている（Gibson et al. [2004]）[15]。

日本を対象とした研究でも，一票の格差は政策上の歪みにつながっていることが示されている。たとえば，堀内・斉藤 [2003] は，1994年の衆議院選挙制度改革によって実現した一票の格差の大幅な是正を機に，それまで過大代表されていた選挙区に多く配分されていた補助金予算が以前に比べれば人口比に比例して配分されるようになったと分析する[16]。選挙制度改革後の時期に関しても，小林 [2012] によれば，選挙公約や国会での発言における歪みに加えて，予算配分・執行においても過大代表されている選挙区にとって有利なもの（農林水産や建設関連）が優遇されている。

2. 3　一票の格差解消の先にあるもの

一般に，一票の格差を是正する基本的な対策としては，全国1区の比例代表制を導入するなどして選挙区定数そのものを増やす方法と，小選挙区制を維持したままで定数配分および／または区割りの線引きを人口に比例的に修正する方法との2通りがある。ここでは，後者の方法，特に区割りの是正によって一票の格差問題を解消したアメリカ下院議会において[17]，是正後どのような変化があったかを分析した実証研究を概観する。なぜな

ら，現在日本で提起されている改革は基本的には後者の方法であるため，アメリカの事例は日本での「是正後」を予測するうえで有用であると考えられるからである。

是正後に起こると予測される問題の第1は，ゲリマンダリングである。この用語は，広義には，定数配分不均衡と，政治的に恣意的な選挙区割り（選挙区境界線の設定）とをあわせた意味で使われるが，狭義には恣意的な選挙区割りのみを指す。ここでは狭義の意味で使用している。アメリカ下院議会選挙では，1960年代における最高裁の一連の一票の格差違憲判決をうけ，10年ごとにおこなわれる人口統計調査にもとづいた区割り再編が定期的に実施されるようになり，その結果，一票の格差そのものは劇的に低下した。だが，それにとって代わる形で，1960年代以降現在に至るまで，ゲリマンダリングが選挙の「公正さ」を阻害する問題として注目されている（Butler and Cain [1992: 34-35]）。

アメリカでのゲリマンダリングには，主に2つのタイプがある[18]。1つめのタイプは，特定の政党に有利となる区割りの境界を設定するもので，党派的ゲリマンダリングと呼ばれている。2つめは，人種的ゲリマンダリングである。アメリカでは1965年に成立した投票権法が1982年に修正され，アフリカ系アメリカ市民などのマイノリティ集団が代表を選出する機会を実効的にもたらそうとする規定が採用された。その結果，同法のもとでマイノリティが多数となる，いわゆる「マイノリティ・マジョリティ選挙区」が一部で創設されることになり，これが人種的ゲリマンダリングとして問題になっている。このタイプはアメリカの固有の歴史に起因しているため，仮に日本で問題となるとすれば党派的ゲリマンダリングであると思われる。

党派的ゲリマンダリングの効果に関しては，いまだに実証分析上の論争となっている点が多い。たとえば，現職にとって「安全な選挙区」ができあがることで，有権者が好ましいと思う政策と政治家や政党が推進する政策とがかけ離れてしまうのかどうか，また，現職の再選率が上がるのかどうか，といった論争である[19]。これらが実際に起こっているかどうかはさらなる分析のうえに判断されるべき問題であるが，ここで重要なことは，アメリカの事例をみる限り，仮に日本で定数配分の問題（一票の格差）を解決しても，区割り線引きの公正さの問題が浮上する可能性が高いという点である[20]。

ゲリマンダリングに加えて懸念されるのは、投票率の低下である。一票の格差を抜本的に是正すると、定期的に区割り見直しをおこなうことになるので、頻繁に一定数の有権者が新しい選挙区に編入されること、またその際に行政区の範囲をまたいで選挙区が形成されがちであることを意味する。たとえばアメリカの場合では、1992年の区割り見直しでは約25％の有権者が、2002年の区割り見直しでは約22％の有権者が前回選挙とは異なる選挙区に編入された（Hayes and McKee [2009: 1007-1008]）。アメリカを対象にした研究では、新しい選挙区に編入された有権者の下院選挙での投票率は、そうでない有権者よりも低下することが指摘されている（Hayes and McKee [2009, 2012]）[21]。また、下院選挙区と行政区（county）が地理的に一致していない地域の有権者は、一致している有権者よりも投票率が低くなる傾向があるとの研究もある（Winburn and Wagner [2010]）。これらの研究が指摘する投票率低下のメカニズムは次のようなものである。まず、有権者がそれまでと異なる選挙区に編入されると、その選挙区における政治情報（特に現職に関する情報）を獲得するコストが高くなる。すると、政治に関する情報量そのものが低下しがちになり、結果として投票という形での政治判断を控える傾向が生まれる。

　本節では、実証的な分析をもとに、一票の格差を測定するには複数の測定方法があること、一票の格差の存在は実際に政治過程を歪める効果をもつことをまず示した。ここまでの指摘から、一票の格差是正は「べき論」として重要なだけでなく、それがもたらす実質的な効果に鑑みても重要である、ということがいえる。しかし本節第3項で指摘したように、仮に一票の格差を解消しても、ゲリマンダリングや投票率低下など、新たな問題に直面する可能性は高い。これらの知見をふまえ、次節では日本における一票の格差問題の議論のされ方にどのような問題があるのかを検討する。

第3節　日本での一票の格差問題の語られ方の問題点

3.1　格差の測定

　「はじめに」で述べたように、ここ数十年日本では一票の格差問題について膨大な量の論説が書かれてきた。そのうちの圧倒的多数は法律の研究者によるものである。法学者が論点とするのは、一般的に、(1)憲法がそもそ

も投票価値の平等を要求しているのか，(2)投票価値の格差が問題であるとすれば，どの程度以上が違憲とされるのか，(3)格差が違憲と判断された場合，国会がそれを是正するための合理的期間を経過していたかどうか，(4)選挙が違憲の場合，当該選挙を無効とするかどうか，の4つである[22]。このうち，投票価値の平等は，憲法の第14条第1項にある「すべての国民は，法の下に平等」であるという条文で求められているという解釈には現在のところ異論はほぼみられず，その意味で(1)はすでに「終わった」論点といえる。論争が継続しているのは(2)以降の論点であるが，これらを考える際の基礎となるのが，格差の程度の測定である。なぜなら，違憲かどうかの判断は「どの程度」の一票の格差があるかに依存するからである。

格差の測定が決定的に重要な点であるにもかかわらず，日本での議論の際に利用される測定方法はほとんどの場合適切でない。第2節でみたように，格差の測定方法として現在世界的に使用されているものには主に3つあるが，そのうち，最大最小比は格差の両極端にある選挙区を比較しているにすぎず，ほかの2つ（LH指標およびジニ指標）と比べると全国レベルの格差の程度を適切に示すことができない。それにもかかわらず，日本における議論はほとんどがこの最大最小比にもとづいておこなわれている[23]。その典型的な例が，最高裁による合憲性の判断基準としての使用である。1964年（昭和39年）に参議院での一票の格差問題に対して初めて判決をだして以来[24]，最近の訴訟に至るまで，最高裁は最大最小比を違憲か合憲かを判断する基準として使用している。

衆議院選挙を例にとり，最大最小比がどの程度全国レベルでの一票の格差を反映していないかをLH指標との比較でみているのが図3である。図3の(a)は最大最小比を，(b)はLH指標を使用して，1940年代から2010年代の選挙における一票の格差の程度をプロットしている。同じ対象を測定しているはずが，(a)と(b)では推移が大きく異なることがわかる。特に，1994年の選挙制度改革により，それまでの中選挙区制から小選挙区比例代表並立制への移行に伴って議員定数と選挙区区割りの両方が変更された際，LH指標では格差の程度が大きく減っていることがわかるが，最大最小比ではそれほど大きな減少となっていない。LH指標のほうが全国レベルの一票の格差の程度を適切に示していることをふまえると，最大最小比のみを議論の基礎とすることは適切ではない。

図3　衆議院での一票の格差の推移

3 (a) 最大最小比でみた推移

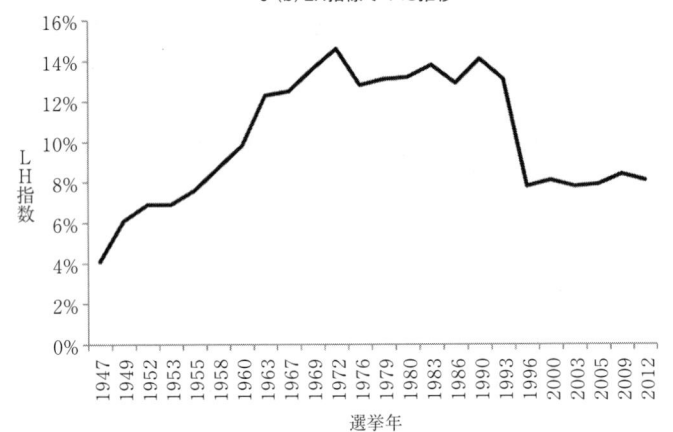

3 (b) LH指標でみた推移

出所：Horiuchi and Saito [2003], Kamahara and Kasuya [2014]，および総務省発表資料（http://www.soumu.go.jp/senkyo/senkyo_s/data/meibo/meibo_h25.html, 2013年9月時点での選挙人登録者数）をもとに筆者作成。
注：1947年から1993年選挙までは中選挙区制の選挙区を，1996年から2012年の選挙では小選挙区制の選挙区を対象として計算。

特に，最大最小比を指標として使用する問題は，これをもとにした改善措置が実効性のないものになりがちになる点にある[25]。これまで，中選挙区制の時代には1964年，1975年，1986年，1992年に，また，小選挙区比例

代表並立制に移行してからは2002年，2013年に公職選挙法を改正する形での一票の格差是正があった。調整の主な方法は，最大最小比でみた過大代表されている選挙区での議席を減らし，過少代表されている選挙区での議席を増やすというやり方で，通常「A増B減」と呼ばれている。1964年，1975年の改正ではそれぞれ19議席，20議席の純増，1986年には8増7減，1992年には9増10減の措置がとられた。また，並立制への移行後では2002年に5増5減，2013年に0増5減となっている。要するに，極端に人口が多かったり少なかったりする選挙区のみを改革の対象として，選挙区全体に対する配慮はしていない，というのがこれまでの「改革」のあり方である。

表2は，これらの改革により，どの程度一票の格差が改善されたかを最大最小比およびLH指数で比べたものである。パーセンテージで示しているのが，各指標でみた是正前と後での変化の程度である。まず，1964年の改正の際には，最大最小比では格差が減少しているにもかかわらず，LH指数ではプラスになっており，全国レベルでは格差がかえって拡大していることがわかる。これは，両極端の選挙区における格差が改善される一方で，人口移動などによって生じた，全国レベルでの格差拡大に対応していないために起こったものと分析できる。その他の改正においては，両指数ともマイナスに変化しているが，減少の程度はいずれも最大最小比でのほうが2倍から5倍大きい。要するに，格差が最大と最小の選挙区のみを是正し

表2　一票の格差是正のための改革措置

公職選挙法改正年	最大最小比でみた変化	LH指数でみた変化
1964年	−1.41%	1.62%
(1963年→1967年)	(3.55→3.50)	(12.3→12.5)
1975年	−29.85%	−12.32%
(1972年→1976年)	(4.99→3.50)	(14.6→12.8)
1986年	−33.78%	−6.52%
(1983年→1986年)	(4.41→2.92)	(13.8→12.9)
1992年	−11.32%	−7.09%
(1990年→1993年)	(3.18→2.82)	(14.1→13.1)
2002年	−12.95%	−3.70%
(2000年→2003年)	(2.47→2.15)	(8.1→7.8)

出所：図3に同じ。
注：公職選挙法改正年の列における括弧内の数値は，公職選挙法改正の直前と直後の選挙年を，一票の格差指標における括弧内の数値は，それらの選挙年における一票の格差の程度をそれぞれ示す。

ても，全国レベルでみた場合にはそれほど格差が解消されていないことが表2よりわかるのである。

ここまでの検討から，最大最小比を一票の格差測定の指標として使用し「A増B減」という形で両極にある選挙区のみを修正していては，いつまでたっても全国レベルでの抜本的な是正にはならないといえる。最大・最小選挙区の対比は一般の人々にとってわかりやすいとはいえ，選挙区割り再編の実務にあたっては，LH指標やジニ指標などの，全国レベルでみた格差の程度を示す指標を使用する必要がある[26]。

3.2 代表制民主主義の構築

日本で一票の格差が議論される際の第2の問題点として，問題の所在が「平等」に限定されがちな点が挙げられる。この問題をより大きな観点，特に代表の問題として検討する必要もあるというのがここでの主張である。言い換えると，一票の格差は「法の下の平等」に抵触する問題として議論されがちであるが，第1節で検討したとおり，より広くは民主主義における「代表」に関わる問題としてあわせて理解することが重要である。

一般的に，選挙制度を中心とする民主主義の諸制度は，なんらかの形の代表を体現すべく形成されている（Powell [2000]）。図4に，第1節で検討した代表の諸類型と，それを実現しやすい政治制度およびその制度を採用した際に付随しがちな現象をまとめた。図4にあるとおり，一票の格差とは小選挙区制を採用する際に典型的に起こる問題であり，これは，独立代表ではなく委任代表，なかでも地理的な利益の代表を政治家に委任することを前提としている。以下では，主な代表類型とその制度的解決策を説明したうえで，めざす代表のあり方によって制度改革の方法が異なること，そして一票の格差の是正は複数ある可能な制度改革のうちの1つでしかないことを示す。

まず，独立代表か委任代表かという大きな分類に関して言えば，大統領制および半大統領制は独立代表と親和性がより高く，議院内閣制は委任代表とより親和性の高いことが知られている。執行府の首長である大統領は，全国を1選挙区とする形で選ばれ，また，その任期を議会の信任に依存しないため，国民全体の利益を代表しやすい（Haggard and McCubbins [2001]）。また，公約にない政策であってもそれが国民全体の利益であると大統領が

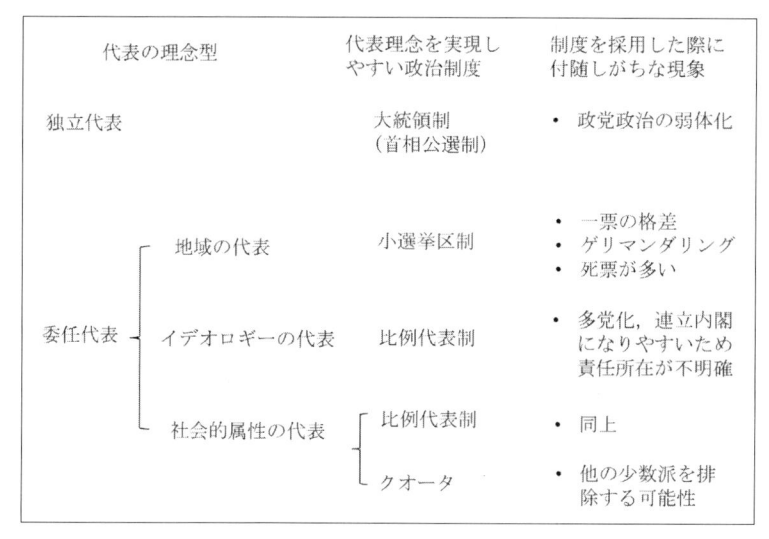

図4 主な代表の理念型とそれを実現しやすい政治制度

代表の理念型		代表理念を実現しやすい政治制度	制度を採用した際に付随しがちな現象
独立代表		大統領制（首相公選制）	・政党政治の弱体化
委任代表	地域の代表	小選挙区制	・一票の格差 ・ゲリマンダリング ・死票が多い
	イデオロギーの代表	比例代表制	・多党化，連立内閣になりやすいため責任所在が不明確
	社会的属性の代表	比例代表制	・同上
		クオータ	・他の少数派を排除する可能性

出所：筆者作成。

判断した場合には，政策変更をおこなう傾向が（議院内閣制に比べると）強い（Stokes [2001], Samuels and Shugart [2010]）。その一方で，大統領制・半大統領制では党組織や党のイデオロギーが弱体化しがちであることも知られている（Samuels and Shugart [2010]）。大統領制・半大統領制タイプの，執行府首長を国民から直接選ぶ制度は，日本では「首相公選制」と呼ばれている[27]。独立代表のほうがより望ましいのであれば首相公選制が採用されるべきであるし，委任代表をよりよいものと考えるのであれば，議院内閣制のままでよいということになる。

次に，委任代表という類型のうち，地域の利益を代表させたい場合に親和性の高い選挙制度が，小選挙区制である。この場合，一票の格差が問題となりがちである。しかし，選挙区定数配分での格差をほぼなくしても，アメリカの場合にみられるように，ゲリマンダリングや投票率の低下が付随する問題として浮上しかねない。地域代表を望ましいあり方とする場合には一票の格差是正が求められる対策となるが，格差が解消されてもこうした別の問題がでてくることを視野に入れておく必要があるだろう。あわ

せて，小選挙区制の場合には死票（当選候補に対して投票されなかった票）が比例代表制よりも多くなり，代表される有権者の数がより小さくなる傾向があることも理解しておくべき重要な点である（Lijphart [2012=2014]）。

　地理範囲を基準とした代表以外の委任のあり方として，イデオロギーにもとづくもの，および，有権者の属性にもとづくものがあることを第1節で述べた。このような委任代表のあり方が望ましい場合，それを実現するにあたって親和性が高い選挙制度が，比例代表制，および，クオータ制である。

　比例代表制では通常，有権者は政党名簿に対して投票するため，政党の拠ってたつ政策立場やイデオロギーが重要な選択基準となる傾向が生まれる[28]。この場合，選挙区定数が複数になり選挙区の地理的規模が比較的大きいため，定数配分が小選挙区制よりも柔軟に調整でき，一票の格差は問題になりにくい（Samuels and Snyder [2001]）。また，投票が得票率に比例して議席に配分されるため，小選挙区制に比べると死票が少ないという特徴をもつ（Lijphart [2012=2014]）。その一方で，比例代表制をとると多党化して連立内閣となりやすく，政府の責任所在が曖昧になり，さらには議会に対して弱い立場となるためガバナンスがうまくいかなくなる，という批判も存在する（Powell [2000]）[29]。

　クオータ制は，少数民族や女性など特定のマイノリティ集団の政治的代表を増やす目的で一定の議席や候補者をその集団に割り当てる制度である。日本の文脈では，女性を対象とした女性クオータの導入が最近提唱されている（三浦・衛藤 [2014]）。女性クオータには個々の政党を通じてのものと，憲法を含む法律のレベルで規定されるものがあり，特に法律レベルの女性クオータは世界各国での女性議員の増加に効果的であることが知られている（Krook [2009]）。だが，ある種のマイノリティにクオータを設定して増えた分の代表は，マジョリティの取り分を減らしてではなく，他のマイノリティの議席を犠牲にして成り立っている，との実証分析もあり（Hughes [2011]），クオータ導入の理念上の賛否とあわせて[30]，導入にあたっての留意点とすべきであろう。

　ここまで検討した代表の種類とそれに対応する制度構築はおおまかな構図にすぎず，政治制度研究で蓄積されているより詳細な知見を参照することが必要である[31]。しかしここで主に指摘したいのは，民主的代表という

大局的見地にたつことの重要性である。一票の格差問題を考える際には，それが解消された場合に実現されるであろう代表のあり方（地域の利益の委任代表）が現在の日本においてそもそも望ましいのかどうか，また，その答えがイエスだった場合には，一票の格差是正後に問題になると予測されるゲリマンダリングや投票率低下を視野に入れておく必要がある。言い換えれば，そもそも検討されるべきは，現代日本の民主主義においてどのような代表のあり方が望ましいのかを考え，それを具体化するためにどのような制度選択があるのか，またある制度を選択することで生じる副作用は何か，という問題なのである[32]。

結論

本稿では，一票の格差問題を，規範理論と実証分析の両方の研究蓄積から包括的に検討した。規範理論の観点からは，一票の格差を政治的平等の問題としてよりも代表の問題として捉えることの重要性を指摘した。なぜなら，一票の価値の平等はすでにほぼ議論が出尽くした，世界的に受け入れられている規範である一方で，代表の諸類型との関連で一票の格差を位置づけることは，これまでの研究に欠けている視点であるだけでなく，この問題の大局的な理解を可能にするからである。実証分析の観点からは，一票の格差を測定する3つの指標の長所・短所を紹介したうえで，一票の格差は政治過程において様々な歪みを生むこと，そして，一票の格差解決後に浮上するかもしれない問題として，ゲリマンダリングと投票率の低下があることを指摘した。

規範理論，実証分析から得られた知見をうけ，本稿では次の2点を日本で一票の格差問題が議論される際の問題点として挙げた。第1は，一票の格差の測定方法である。司法判断などで利用される最大最小比は，格差の両極にある選挙区のみを比べているだけで，全国レベルの一票の格差がどの程度かを示す指標としては適切でない。これまでの是正措置はこの指標をもとにしておこなわれており，適切でない指標の利用が是正措置の実効性を低くする一因となっている[33]。第2は，一票の格差問題がそれ単体で議論されることが多く，これが民主主義における代表の問題の一部分であるという大局的な視点に欠けている点である。代表類型の観点からは，一票の格差は，「地理的範囲の代表」というタイプの委任代表を促進したい場

合には是正されるべき問題となる。だが，これを争点とする以前に，そもそも日本ではどのようなタイプの代表が望ましいのかという問題設定に立ち返って制度改革を議論すべきである，というのが本稿の主張である。

　本稿のより高次の目的は，本年報の特集テーマである，規範理論と実証分析の協働の可能性を探ることであった。一票の格差問題という題材は，両者をあわせて検討することによる相乗効果を示す，優れた事例といえる。政治学の研究が最先端にいけばいくほど「タコツボ化」しているという最近の傾向に鑑みれば，本稿が試みたようなサブフィールド間の橋渡しは，新しい形での問題設定を可能にし，また，包括的視野を提供できるという意味で大きなメリットがある，といえるだろう。

　[謝辞]　本稿の執筆にあたり，堀内勇作（ダートマス大学）と和田淳一郎（横浜市立大学）の両氏より草稿に助言を頂いたこと，そして川崎健司君（慶應義塾大学大学院）より資料収集・整理の補助を得たことに感謝します。本研究は，科研（B）26285032の成果の一部です。

（1）法学的な解釈をおこなう文献は膨大にあるが，最近のものとして辻村 [2012] を参照されたい。また，区割りシミュレーションについては根本 [2012]，和田 [2010, 2012]，政治的帰結については堀内・斉藤 [2003]，小林 [2012] を参照されたい。
（2）たとえば，本節で言及している Dworkin [2000=2002]，Dahl [2006=2009] に加え，Beitz [1989] を参照されたい。
（3）ダールが指摘するこのほかの理念には，実効的な参加，理解を求めること，議題を最終的にコントロールすること，包摂，基本的諸権利，が挙げられている（Dahl [2006: 9-10=2009: 12-13]）。
（4）Thompson [2002: 38] は，投票価値の平等を謳った政治思想家としてジョン・ロックとその『統治二論』を挙げているが，ロックの政治的平等に関する記述からはそれが投票価値の平等を含めているかどうかは明確には判断できない。
（5）アメリカにおける一票の格差関連の判決については森脇 [1998] を参照されたい。
（6）例外として，Rehfeld [2005: 192-199] は，1人の有権者がもつ票の重みは最終的にだれが当選するかに与える影響という観点からは非常に小さいため，一票の格差があろうとも実質的には大きな問題ではない，と主張する。

(7) ここでの要約は Pitkin [1967: Chapter 7] をもとにしている。代表概念の諸類型を簡便にまとめたものとして，早川 [2014] を参照されたい。
(8) ここで使用する選出母体という概念は，地理的範囲によるものだけでなく，その他の基準で区切られたものを含む。このような概念定義は Rehfeld [2005] によるもので，彼は選出母体を「政治的代表を選ぶために国家により定義された市民の集団」(p. 36) と定義している。
(9) このほか，一定の年齢層という属性を代表するアイディアとして年齢層別選挙区も提唱されている（井堀・土井 [1998]）。
(10) 数値の出所は，総務省による平成26年9月2日現在選挙人名簿及び在外選挙人名簿登録者数である（http://www.soumu.go.jp/senkyo/senkyo_s/data/meibo/meibo_h26.html，2015年1月30日アクセス）。
(11) 数式で示すと $0.5\Sigma \ |s_i - p_i|$ となる（s_i は総定数に対する選挙区 i の定数比，p_i は人口数に対する選挙区 i の人口比である）。これを利用する研究例としては，Samuels and Snyder [2001]，Horiuchi and Saito [2003]，堀内・斉藤 [2003]，Kasuya [2013]，Kamahara and Kasuya [2014] などがある。
(12) たとえば，菅原 [2009]，Lee and Lee [2011]，Kamahara and Kasuya [2014]。
(13) このほかの要因としては，社会経済的格差（Horiuchi [2004], Ardanaz and Scartascini [2013]），司法の独立性（Kasuya [2013]）が指摘されている。
(14) 参議院に関しては，福元 [2010] の分析では一票の格差の存在が自民党の議席獲得に有利に働かなかったとしている。
(15) 他には，アメリカの上院での一票の格差からくる補助金配分のゆがみも報告されている（Lee [1998]）。
(16) あわせて，Horiuchi and Saito [2003] を参照されたい。
(17) アメリカでの1960年代の区割り是正につき，森脇 [1998]，Cox [2002]，Ansolabehere and Snyder [2008]，Kasuya [2013] を参照されたい。
(18) 党派的ゲリマンダリングについては森脇 [1998]，人種的ゲリマンダリングについては Guinier [1994=1997] を参照されたい。
(19) たとえば，政策位置に関しては Gelman and King [1994]，McCarty et al. [2009]，現職の優位性に関しては Cain [1985]，Cox and Katz [2002]，Sekhon and Titiunik [2012] などを参照されたい。このほか，政治家の引退や新規参入の時期にも影響するとの指摘がある（Hall and Houweling [1995]，Cox and Katz [2002]）。
(20) ここではゲリマンダリングを一票の格差の次にくる問題としているが，ゲリマンダリングと一票の格差が同時に問題となっているマレーシア下院選挙のような事例もある。マレーシアの事例については Ostwald [2013] を参照されたい。

(21) Hayes and McKee [2012] は，このような投票率低下はアフリカ系アメリカ人の間で特に顕著であるとしている一方で，選挙区割り再編によってアフリカ系アメリカ人が同じくアフリカ系アメリカ人を現職とする選挙区に移動になった場合には，これらの有権者の投票率は増加すると分析している。
(22) http://www.okinawatimes.co.jp/cross/?id=193 （2015年1月15日アクセス）。
(23) 例外として，堀内・斉藤 [2003]，菅原 [2009]，和田 [2012] などがある。
(24) 1964年の判決については最高裁判所民事判例集18巻2号270頁を参照されたい。
(25) この指摘は，すでに Horiuchi and Saito [2003]，堀内・斉藤 [2003] においておこなわれている。
(26) 本稿においては詳細に検討できなかったが，和田 [2010, 2012] において検討されているように定数配分と区割りの問題とを分ける視点を持つことも重要である。
(27) 首相公選制は，厳密には大統領制・半大統領制とは異なる。これら制度の詳細については建林ほか [2008：第4章] を参照されたい。
(28) ここでは拘束名簿式比例代表制を念頭においている。非拘束式の場合には，有権者は政党の政策立場よりも候補者個人の属性をもとに投票する傾向が強い。地域政党の場合もある。
(29) このような批判を回避する形での比例代表制のデザインについては，Carey and Hix [2011] を参照されたい。
(30) 女性クオータが理念上投げかける問題について，Mansbridge [2005] を参照されたい。また，女性に限らずマイノリティの政治的代表を担保する措置の理念上の問題につき，Kymlicka [1995: Chapter.7＝1998：第7章]）を参照されたい。
(31) たとえば，Powell [2000]，Lijphart [2012＝2014] などを参照されたい。
(32) 本稿では代表制民主主義を主に念頭において論を展開しているが，政策分野によっては直接代表制を採用する，という選択肢も存在する。
(33) うがった見方をすれば，是正を抜本的なものにはしたくない政治家が意図的にこのような指標を使用しつづけているという解釈も成立する。

参考文献
＜日本語文献＞
井堀利宏・土居丈朗 [1998]『日本政治の経済分析』木鐸社。
小林良彰 [2012]「議員定数不均衡による民主主義の機能不全：民意負託，国会審議，政策形成の歪み」（『選挙研究』第28巻第2号　15−25ページ）。

菅原琢［2009］「自民党政治自壊の構造と過程」(御厨貴編『変貌する日本政治：90年代以後「変革の時代」を読みとく』勁草書房　13－42ページ)。

建林正彦・曽我謙悟・待鳥聡史［2008］『比較政治制度論』有斐閣。

辻村みよ子［2012］「衆議院議員定数不均衡事件」(石村修，浦田一郎，芹沢斉編『時代を刻んだ憲法判例』尚学社　208－221ページ)。

根本俊男［2012］「一票の格差のリスク実測による衆議院小選挙区制見直しへの考察」(『選挙研究』第28巻第2号　51－61ページ)。

早川誠［2014］『代表制という思想』風行社。

福元健太郎［2010］「参議院議員選挙の定数較差の政治学的考察」(『ジュリスト』第1395号　38－43ページ)。

堀内勇作・斉藤淳［2003］「選挙制度改革に伴う議員定数配分格差の是正と補助金配分格差の是正」(『レヴァイアサン』第32号　29－49ページ)。

堀江湛［1976］「選挙制度と投票参加」(内山秀夫・岡野加穂留・堀江湛・内田満編著『デモクラシーの構造：政治参加と政治学』NHK市民大学叢書　99－181ページ)。

三浦まり・衛藤幹子編［2014］『ジェンダー・クオータ：世界の女性議員はなぜ増えたのか』明石書店。

森脇俊雅［1998］『小選挙区制と区割り：制度と実態の国際比較』芦書房。

和田淳一郎［2010］「ナッシュ積(ナッシュ社会的厚生関数)に基づいた一票の不平等の研究」(『選挙研究』第26巻第2号　131－138ページ)。

――［2012］「定数配分と区割り：経済学の視点から」(『選挙研究』第28巻第2号　26－39ページ)。

＜外国語文献＞

Ansolabehere, Stephen and James M. Snyder Jr. [2008] *The End of Inequality: One Person, One Vote and the Transformation of American Politics*, W. W. Norton & Company Inc.

Ardanaz, Martin, and Carlos Scartascini [2013] "Inequality and Personal Income Taxation: The Origins and Effects of Legislative Malapportionment," *Comparative Political Studies*, Vol. 46, No. 12, pp. 1636-1663.

Beitz, Charles R. [1989] *Political Equality: An Essay in Democratic Theory*, Princeton University Press.

Bruhn, Miriam, Francisco Gallego, Massimiliano Onorato [2010] "Legislative Malapportionment and Institutional Persistence," Policy Research Working Paper 5467, World Bank.

Butler, David and Bruce E. Cain [1992] *Congressional Redistricting: Comparative and Theoretical Perspectives*, Prentice Hall.

Cain, Bruce E. [1985] "Assessing the Partisan Effects of Redistricting," *American Political Science Review*, Vol. 79, No. 2, pp. 320-333.

Carey, John M., and Simon Hix [2011] "The Electoral Sweet Spot: Low-Magnitude Proportional Electoral Systems," *American Journal of Political Science*, Vol. 55, No. 2, pp. 383-397.

Cox, Gary W., and Jonathan N. Katz [2002] *Elbridge Gerry's Salamander: The Electoral Consequences of the Reapportionment Revolution*, Cambridge University Press.

Dahl, Robert A. [1956] *A Preface to Democratic Theory*, University of Chicago Press (内山秀夫訳『民主主義理論の基礎』未來社　1970年).

―― [1971] *Polyarchy: Participation and Opposition*, Yale University Press (高畠通敏・前田脩訳『ポリアーキー』三一書房　1981年).

――[2006] *On Political Equality*, Yale University Press (飯田文雄・辻康夫・早川誠訳『政治的平等とは何か』法政大学出版局　2009年).

Dworkin, Ronald [2000] *Sovereign Virtue: The Theory and Practice of Equality*, Harvard University Press (小林公・大江洋・高橋秀治・高橋文彦訳『平等とは何か』木鐸社　2002年).

Gelman, Andrew, and Gary King [1994] "Enhancing Democracy Through Legislative Redistricting," *American Political Science Review*, Vol. 88, No. 3, pp. 541-559.

Gibson, Edward L., Ernesto F. Calvo, and Tulia G. Falleti [2004] "Reallocative Federalism: Legislative Overrepresentation and public spending in the Western hemisphere," in Edward L. Gibson ed., *Federalism and Democracy in Latin America*, Johns Hopkins University Press, pp. 173-196.

Guinier, Lani [1994] *The Tyranny of The Majority: Fundamental Fairness in Representative Democracy*, Free Press (志田なや子監修, 森田成也訳『多数派の専制：黒人のエンパワーメントと小選挙区制』新評論　1997年).

Haggard, Stephan, and Matthew D. McCubbins, eds. [2001] *Presidents, Parliaments, and Policy*, Cambridge University Press.

Hall, Richard L., and Robert P. Van Houweling [1995] "Avarice and Ambition in Congress: Representatives' Decisions to Run or Retire from the U.S. House," *American Political Science Review*, Vol. 89, No. 1, pp. 121-136.

Hayes, Danny, and Seth C. McKee [2009] "The Participatory Effects of Redistricting," *American Journal of Political Science*, Vol. 53, No. 4, pp. 1006-1023.

Hayes, Danny, and Seth C. McKee [2012] "The Intersection of Redistricting, Race, and Participation," *American Journal of Political Science*, Vol. 56, No. 1, pp. 115-130.

Horiuchi, Yusaku, and Jun Saito [2003] "Reapportionment and Redistribution: Consequences of Electoral Reform in Japan," *American Journal of Political Science*, Vol. 47, No. 4, pp. 669-682.

Horiuchi, Yusaku [2004] "Malapportionment and Income Inequality: A Cross-national Analysis," *British Journal of Political Science*, Vol. 34, No. 1, pp. 179-183.

Hughes, Melanie M. [2011] "Intersectionality, Quotas, and Minority Women's Political Representation Worldwide," *American Political Science Review*, Vol. 105, No. 3, pp. 604-620.

Inglehart, Ronald [1977] *The Silent Revolution: Changing Values and Political Styles among Western Publics*, Princeton University Press（三宅一郎・金丸輝男・富沢克訳『静かなる革命：政治意識と行動様式の変化』東洋経済新報社　1978年）.

Kamahara, Yuta and Kasuya, Yuko [2014] "The State of Malapportionment in the World: One Person, One Vote?," Available at SSRN: http://ssrn.com/abstract=2514451.

Kasuya, Yuko [2013] "Malapportionment and the Judiciary: A Comparative Perspective," Paper prepared for delivery at the Annual Meeting of the American Political Science Association, Chicago.

Kasuya, Yuko and Yuta Kamahara [forthcoming] "Legislative Malapportionment in Asia," in R. U. Mendoza, E. Beja Jr., J. Teehankee, A. La Viña, and M. Villamejor-Mendoza eds., *Building an Inclusive Democracy*, forthcoming in 2015.

Krook, Mona Lena [2009] *Quotas for Women in Politics: Gender and Candidate Selection Reform Worldwide*, Oxford University Press.

Kymlicka, Will [1995] *Multicultural citizenship: A Liberal Theory of Minority Rights*, Oxford University Press（角田猛之・石山文彦・山崎康仕監訳『多文化時代の市民権：マイノリティの権利と自由主義』晃洋書房　1998年）.

Lee, Frances E. [1998] "Representation and Public Policy: The Consequences of Senate Apportionment for the Geographic Distribution of Federal Funds," *The Journal of Politics*, Vol. 60, No. 1, pp. 34-62.

Lee, Sanghack, and Sung-Kyu Lee [2011] "Distortions in the Electoral District Apportionment of Korea: Political Gini Coefficient as a Measure of Malapportionment," paper delivered at Institutions and Economics International Conference, Fukuoka International Congress Center.

Lijphart, Arend [2012] *Patterns of Democracy: Government Forms and Performance in Thirty-six Countries*, 2nd ed., Yale University Press（粕谷祐子・菊池啓一訳『民主主義対民主主義：多数決型とコンセンサス型の36カ国比較研

究(原著第2版)』勁草書房　2014年).

Lublin, David [1997] *The Paradox of Representation: Racial Gerrymandering and Minority Interests in Congress*, Princeton University Press.

Mansbridge, Jane [2005] "Quota Problems: Combating the Dangers of Essentialism," *Politics & Gender*, Vol. 1, No. 4, pp. 622-638.

McCarty, Nolan, Keith T. Poole, and Howard Rosenthal [2009] "Does Gerrymandering Cause Polarization?," *American Journal of Political Science*, Vol. 53, No. 3, pp. 666-680.

Mill, John Stuart [1882] *Considerations on Representative Government*, Henry Holt and Company（水田洋訳『代議制統治論』岩波文庫　1997年).

Ostwald, Kai [2013] "How to Win a Lost Election: Malapportionment and Malaysia's 2013 General Election," *The Round Table: The Commonwealth Journal of International Affairs*, Vol. 102, No. 6, pp. 521-32.

Pitkin, Hanna Fenichel [1967] *The Concept of Representation*, University of California Press.

Powell, G. Bingham [2000] *Elections as Instruments of Democracy: Majoritarian and Proportional Visions*, Yale University Press.

Przeworski, Adam [2009] "Conquered or Granted? A History of Suffrage Extensions," *British Journal of Political Science*, Vol. 39, No. 2, pp. 291-321.

Rehfeld, Andrew [2005] *The Concept of Constituency: Political Representation: Democratic Legitimacy, and Institutional Design*, Cambridge University Press.

Samuels, David J., and Matthew S. Shugart [2010] *Presidents, Parties, and Prime Ministers: How the Separation of Powers Affects Party Organization and Behavior*, Cambridge University Press.

Samuels, David, and Richard Snyder [2001] "The Value of a Vote: Malapportionment in Comparative Perspective," *British Journal of Political Science*, Vol. 31, No. 4, pp. 651-671.

Sekhon, Jasjeet S., and Rocio Titiunik [2012] "When Natural Experiments are Neither Natural nor Experiments," *American Political Science Review*, Vol. 106, No. 1, pp. 35-57.

Snyder, Richard and David J. Samuels [2004] "Legislative Malapportionment in Latin America," in Edward L. Gibson ed., *Federalism and Democracy in Latin America*, Johns Hopkins University Press, pp. 131-172.

Stokes, Susan C. [2001] *Mandates and Democracy: Neoliberalism by Surprise in Latin America*, Cambridge University Press.

Thompson, Dennis F. [2002] *Just elections: Creating a Fair Electoral Process in the United States*, University of Chicago Press.

Winburn, Jonathan, and Michael W. Wagner [2010] "Carving Voters Out: Redistricting's Influence on Political Information, Turnout, and Voting Behavior," *Political Research Quarterly*, Vol. 63, No. 2, pp. 373-386.

政策アドボカシーにおける政治理論と
実証分析の競合と協働
——都市とモビリティをめぐる諸問題を事例として——

井上弘貴＊

1 本稿の課題

　本稿は政治理論[1]と実証分析とがそれぞれの貢献をなしうる実践領域として政策アドボカシーを位置づけ、そのような政策アドボカシーを媒介にするなら、この両者はどのような競合と協働に身を置くことになるだろうかについて、米国における都市内移動の問題を事例として用いつつ検討する。また、この考察のなかで本稿は、政策アドボカシーにおいてナラティヴ〔物語〕が果たすかもしれない役割についても、とくに視覚的レトリックと連動した政治理論に触れるなかで検討をくわえる。

2 政策アドボカシーとその下位プロセス

　政策アドボカシーは、ジェフ・アンシッカーの定義にしたがえば「人びと、NPO、その他の市民団体、ネットワーク、連携する組織が、政府、企業、その他の権力を有する機関の政策、政策形成、政策実施の過程に影響を及ぼすことによって、政治、経済、文化、環境をめぐるさまざまな権利を達成しようとするプロセス」（Unsicker 2013: 7）である。それゆえに政策アドボカシーは、広義の記述や規範的命題の提出を目的とする政治理論とも、説明や予測を目的とする実証分析とも異なり、政策過程に影響を及ぼそうとすることを目的とする営為である。政策アドボカシーはその意味において、特定の価値や立場への強いコミットメントを前提とした実践であり、問題志向（problem-driven）的なアプローチをあらかじめ内包してい

　＊　神戸大学大学院国際文化学研究科准教授　政治理論，公共政策論，アメリカ政治思想史

る[2]。

　ただし，政策アドボカシーは，政策過程に影響を及ぼそうとするそのプロセスのなかに，いくつかの局面ないしは段階を含んでおり，それらは，さまざまなかたちで実証分析や政治理論との接点を有しているとみることができる。政策アドボカシーというプロセスをさらに下位のプロセスにどのように分節化するかについては，論者によって議論のわかれるところであるが，前述のアンシッカーは，いくつかのモデルを比較検討したうえで，(1)政策アドボカシーの主体を含め，(2)文脈，(3)政策，(4)政治，(5)戦略，(6)モニタリング・評価・教訓の獲得という六つの局面を抽出し，それらを政策アドボカシーの環として表現している。

　文脈は全体を包括する環，すなわちそのなかで政策アドボカシーが生じる政治，経済，文化といった周囲の状況であり，「先行する政策アドボカシーの取り組みの成果も場合によっては含まれる，多様で相互に重なり合う歴史的な動態が生み出すもの〔強調は筆者による〕」（Unsicker 2013: 18）である。そのような文脈は，しばしば政策アドボカシーの主体にとって直接的にコントロールできる範囲を越えたところに存在することが少なくない。とはいえ，たとえば誰がどのような権力を有しているのか／有していないのか，その権力の不均衡はどのようにして維持されるのか／変えることができるのかといった「政治的光景」のマッピングは，政策アドボカシーを立案するための最初の重要なステップのひとつとして，しばしば認識されている。たとえばリサ・ヴェネクラーセンとヴァレリー・ミラーは，マッピングを具体化するための取り組みとして，社会経済構造の分析，あるいは有力者の特定とあわせて，「政治的光景についての歴史分析〔強調は筆者による〕」を挙げている（Vene Klasen and Miller 2007: 109-110）。

　モニタリング・評価・教訓の獲得という，政策アドボカシーの環全体に関係する局面を含め，この文脈という環に包摂されるかたちで，他の環が重なりあう部分をもちつつ位置づけられる。他の環，すなわち政策，政治，戦略のそれぞれの局面は，アンシッカーによれば政策アドボカシーの「何を」，「誰に」，「どのように」にそれぞれ該当する。

　政策アドボカシーの「何を」には，問題の特定と分析，政策アドボカシーの課題の選択とフレーミング，長期および短期の政策アドボカシーの目的の明確化といった取り組みが含まれる。ある問題についての既存の調査

や分析が不十分である，あるいは自分たちの政策アドボカシーとはアプローチなどが著しく異なる場合，政策アドボカシーの主体は自ら独自にそうした調査や分析に着手しなければならないだろう。だが，すでに利用可能な諸々の調査や分析が存在している場合，それらを活用すること——教えを乞いに足を運ぶことも含めて——は，資源の限られた政策アドボカシーの主体にとって効果的である（Cohen et al. 2001: 101; Shultz 2002: 86-88）。

政策アドボカシーの「誰に」には，当該政策アドボカシーが関係する政策や政治状況のリサーチなどが含まれる。きわめて単純化するなら，政策アドボカシーの主体は，当該の政策や政治状況に影響を及ぼしている制度やその制度内の人物たちといった政策立案者を主たるターゲットとして特定しつつ，自分たちの政策アドボカシーにとっての反対者と同盟者を見極めなければならない（Unsicker 2013: 39-40）。

政策アドボカシーの「どのように」は，政策立案者に影響を及ぼすためのさまざまな戦略や戦術を発展させ，かつ実行する局面である。政策アドボカシーを推進するための組織の組織化をおこない，複数の組織間の連携を模索し，メディア，市民，あるいは行政職員や議員等の公職者に効果的なメッセージをさまざまな手段によって伝え，ある施策や事業を推進するように，あるいはまた推進しないように説得をおこなうといった一連のアクションがここには含まれる[3]。

3 米国における都市内移動をめぐる分析とその政策的含意

政策アドボカシーの下位プロセスとの接点に沿って，政治理論と実証分析はどのように政策アドボカシーに貢献しうるのか，あるいは実際に貢献しているのか。特定の政策課題に準拠し，具体的な文脈のなかでその考察を展開することができれば，政策アドボカシーにおける政治理論と実証分析の競合と協働について，より容易に見通しをもつことができるかもしれない。本稿は，多岐にわたる政策課題のなかから，米国における都市内移動，とくに公共交通の拡充かそれとも自動車へのアクセスの保障かをめぐる対立を取り上げ，考察の具体化を図る。なお，この課題を具体的考察の対象として取り上げる理由は，米国の都市交通をめぐる政策は，外交や財政と比較して基本方針をめぐる対立が少なさそうな，一見して社会工学的領域に属するものにみえつつ，実際にはこの政策が反映している都市と

モビリティをめぐる諸問題は，社会保障あるいは人種問題とも密接に関連した，今日の米国における価値対立のアリーナのひとつであり，その意味においてきわめて政治的な課題であるからである。

たとえば公共交通における人種的な平等のもとでのサービスを求める運動として，公営バスを運営しているロサンゼルス都市圏交通局に異議を申し立てるべく，1994年に結成されたバス乗客組合（Bus Riders Union, BRU）の運動が知られている。1996年にはBRUの訴えが司法で認められ，環境に配慮した車両購入にくわえ，職場や学校，病院などへのアクセスを高めるよう交通局に要請する同意判決が下されている。エドワード・ソジャも指摘しているように，公共交通にみられる不平等の是正を求め，都市における「空間的正義」を訴える運動は，米国の都市における社会運動の中心のひとつをなしてきた（Soja 2010）[4]。

そうしたなか，米国の環境保護庁（EPA）は1995年に，環境保護と持続的な経済発展の双方を都市ならびに地域社会のなかで実現させていくためのスマート・グロース・プログラムを開始し，翌年にはNPOや他の政府機関との連携を図るためのスマート・グロース・ネットワークが形成されている。このネットワークが掲げてきたスマート・グロースの10原則のなかには，土地の混合利用や住居選択の機会と選択肢の幅の創造などにくわえて，多様な移動のための選択肢の提供，徒歩で移動可能な地区の創造が含まれている[5]。

その後，スマート・グロースをめぐる米国政府の取り組みは，オバマ政権下においてより広範なものになってきた。2009年3月，米国の住宅都市開発省（HUD）と運輸省（DOT）は協働プロジェクト「持続可能な地域社会イニシアティヴ」を発表し，同年の6月には，前述のEPAが加わり，暮らしやすさの原則（Livability Principles）として6項目が確認されている[6]。この項目のなかでも，公正で低価格な住宅建設の推進とあわせて，より多くの公共交通の選択肢の提供がうたわれている。

米国政府機関が推進しているこのようなスマート・グロース——都市デザインに即せばニューアーバニズム——にたいしては，それに強く反対する政策アドボカシーを展開している団体やシンクタンクも存在する。たとえばその代表例のひとつとして，保守系のシンクタンクとして知られるヘリテージ財団と，そこを中心に活動しているアナリストたちを挙げること

ができる。ヘリテージ財団のフェローであるウェンデル・コックスらは，国連が1992年に提唱したアジェンダ21にさかのぼることのできる米国政府のスマート・グロース政策は，住宅価格の上昇を招き，中所得世帯が持ち家をもつことを妨げ，結果的に経済的平等を脅かしていると主張してきた（Cox et al. 2011）。

この主張と連動してコックスが強く批判しているのは，米国政府による公共交通にたいする補助金の支出である。コックスは，公共交通が渋滞の解消に貢献しておらず，二酸化炭素の排出削減にも効果を挙げていないと主張するとともに，低所得市民のあいだでの公共交通機関の利用は他の人びとより高いものの，それら機関は低所得市民にたいして，都市圏エリア内の職への交通手段として十分に機能してはいないと批判している。それゆえに，低所得市民にたいしては鉄軌道の公共交通の整備ではなく，自動車購入を補助するプログラムの拡充と促進こそが，より大きな雇用機会と収入をもたらすものであるとの提言をおこなっている（Cox 2013）。

かれがこうしたプログラムの具体的な取り組み事例として挙げているのは，ウェイズ・トゥ・ワーク（Ways to Work）といった団体である[7]。この団体は，クレジット・ヒストリーの構築が困難な低所得世帯にたいする低金利の自動車ローンの提供や，資金にたいする啓発教育活動をおこなっているコミュニティ開発金融機関（CDFI）である。

政府は公共交通にたいする補助金の支出を見直すべきであるという政策アドボカシーをおこなっているコックス自身，こうした一連の主張を展開するにあたって，その主張の正当性の根拠として，各種の政府統計にくわえて実証分析に依拠しているが，コックスが依拠している分析にかぎらず，低所得の市民がより高い就業機会を手に入れるためには，公共交通よりも自動車へのアクセスの方が有効に作用することを指摘する実証的な分析は，近年において少なからず存在する。その最近の一例として，アーバン・インスティチュートのロルフ・ペンドールらの研究が挙げられる。

1990年代から2000年代のはじめにかけてHUDは，住宅バウチャーが低所得世帯の経済的状況を改善するかどうかをめぐる，ふたつの大きな実験を後援した。そのひとつはMTO実験と呼ばれるものであり，もうひとつはWTW実験と呼ばれるものである[8]。ペンドールらは，このふたつの実験の諸データをあらためて精査することで，移動手段へのアクセスと居住

地域の選択とは，経済的な機会の獲得にたいしてどのように影響を与えているのか，という問いを検討している。そのうえでかれらは，ポスト福祉国家における低所得世帯の経済状況を改善するための住宅支援事業は，援助を受ける世帯の移動のニーズに合わせるべきであることを主張している（Pendall et al. 2014）。

MTO 実験の諸データを分析したペンドールらが明らかにしていることは，自動車を所有しかつその所有を維持することは，就業の可能性と積極的に関連しているのにたいして，公共交通へのアクセスを改善することは，就いている職を維持することとは積極的に関連しているものの，新たに職を見つけることとは関連していないということである。それゆえに，移動手段としての自動車へのアクセスを高めることは，低所得者の就業可能性を著しく向上させるが，貧困集中地域への公共交通への投資は，最善の場合でもわずかな効果しか生じさせないだろうとかれらは結論づけている（Pendall et al. 2014: 56）。

また，自動車の所有，公共交通に恵まれた地区，収入との相関関係を検討するために，ペンドールらは構造方程式モデリングを用いて，MTO 実験の参加者の収入にたいする移動手段の効果を分析している。その分析からかれらは，自動車へのアクセスも公共交通へのアクセスもどちらも，収入にたいしてプラスの影響を有しているが，自動車の所有が及ぼす効果のほうが著しく大きいと結論づけている（Pendall et al. 2014: 56）。

本稿が注目したいことは，ペンドールらは，以上の実証分析が低所得世帯の「機会へのアクセス」を高めることを意図した政策への含意を有していることを主張している点である。まずかれらは，賃貸バウチャーと自動車購入の助成金とを組み合わせることが，経済状況の持続的な好転を可能にするための，ひとつのありうるアプローチかもしれないと指摘している。つぎにかれらは具体的な仕組みとして，短時間の自動車レンタル事業を提言している[9]。こうした事業もまた，免許をもっている者が少なくともひとりいるが自動車を所有したりそれを維持したりするのに十分な資産をもっていない世帯にとって，低いコストで移動のニーズを満たすものであるとかれらは評価している。最後にかれらが挙げているのは，住宅バウチャーによる支援と，NPOによる自動車寄付事業やカーシェア事業との連携である（Pendall et al. 2014: 57）。たとえば，寄付された中古車を点検ならびに

整備したうえで，低所得世帯に安価で払い下げる活動をおこなっているヴィークルズ・フォー・チェンジ（Vehicles for Change）は，この指摘を満たす非営利団体だろう[10]。

　自らの実証的な分析に立脚したペンドールらの政策提言は，コックスのそれと共通した事業の政策アドボカシーに結びついている。しかし，かれらの提言はコックスとは異なり，必ずしも公共交通の有効性を全面的に否定するものでないことは，すでに見たとおりである。すなわちかれらが結論づけていることは，公共交通と就業の機会を示す指標は，ほとんど一致しないということであり，HUDがおこなった実験のデータを検討するかぎりにおいて，低所得世帯の雇用と収入に重要なかたちで影響を与えているのは，自動車へのアクセスであるということである。その一方で，低所得世帯を公共交通の充実した地区へと引っ越しさせることが，その世帯の稼得者が職を維持するのを助けることを，かれらは否定していない。

　また，本稿において強調しておきたいもうひとつは，公共交通の効果がこのように「錯綜している」理由として，ペンドールらは自らの研究が対象としている大都市圏での公共交通の範囲に，「傾向として実質的なばらつきがある」ことに言及している点である。そのうえでかれらは，「自動車へのアクセスの重要性は，多くの低所得世帯のニーズに合致した，公共交通機関の不十分さを反映もしているのかもしれない」（Pendall et al. 2014: 57）と記している。ただし，低所得世帯のニーズに合致した公共交通にかんする積極的な構想については，かれらは言及を控えている。

　このようにペンドールらの実証分析は雇用と経済的機会という点にかんして，コックスの主張と同様に公共交通にたいする自動車の優位を積極的に主張しているが，さきにみたようにかれらは，自らのエビデンスに依拠して，公共交通が自動車と同様に積極的な効果を有する局面の確定，ならびに自動車と比較して公共交通がなぜ効果的でないのかという理由についての推測をもおこなっている。ペンドールらによるこれらの確定や推測は，かれら自身が言及している政策的含意だけでなく，政策アドボカシーの主体がそれ以外の政策的含意を引き出すことで，それら主体にとっての課題の選択を仮説的に基礎づける余地にも開かれていると言える。

　たとえば，米国の大都市において公共交通の拡充を求める政策アドボカシーの活動をおこなっている人びとや団体がペンドールらの分析を手に

した場合，雇用と経済的機会という点にかぎれば，自分たちの政策アドボカシーが全面的な有効性を主張できるものではなく，限定的なものになる可能性について自覚的になることができるだろう。ジム・シュルツが指摘しているように，政策アドボカシーには熱心だが分析には不慣れな者の場合，何らかの解決策を先に念頭に置いてから，それに合うかたちで問題を考えることをしてしまうかもしれない（Shultz 2002: 85）。それゆえに，変数間の関係を考察する実証分析は，ある問題に伏在する原因と結果の関係性を把握しようとする政策アドボカシーの主体にとって，実際の分析的価値にくわえて，時に応じて教育的効果をもたらすかもしれない。

その一方で，高齢者や学生のように経済活動を主たる移動の理由としていない人びと，あるいは子育て，通院，余暇などのための都市内移動については，少なくともペンドールらの研究は分析の対象とはしていない[11]。したがって，これらの人びとならびにこれらの移動のためにも公共交通の拡充を求めるとすれば，その政策アドボカシーを遂行する主体は，上記に該当する人びととならびに移動をめぐる問題の特定のために別の分析を援用するか，それを自分たちで独自におこなう必要があるだろう。

ただし，そのような問題の特定が，当該の問題の性質上から十分に定量的におこないえず，利害関係者，とくにオフィシャルな利害関係者にとって満足のいく事前の政策評価とみなされない場合はありうる[12]。あるいはまた，相互に鋭く対立しあうような分析の結果が，立場の異なる政策アドボカシーの主体それぞれによって提出され，さきに触れたようなBRUの司法での争いや後述するレファレンダムに依拠することによってしか最終的な決着がおこなえない場合もあるだろう。とくにこの後者のように，複数の政策的価値のあいだでどれを実現すべきかをめぐるコンフリクトの調停は，実証分析の可能性の範囲外のことである。

したがって政策アドボカシーの主体は，実証分析から多くの恩恵を受けることができるだろうが，不確実性が高い，あるいはまた価値対立による分極化が著しい状況のもとで自らのアクションを効果的に組み上げ，望む結果を得ようとするためには，あるいは自分たちの主張を説得的なものにするためには，そのほかの形態の知的営為にも助けを求める必要がある。

4 米国の文化保守による
公共交通擁護の理論とナラティヴとしての力

ところで，米国において保守系のシンクタンクやアナリスト，知識人のすべてが公共交通に批判的であるわけではない。保守の立場にもかかわらず，否，保守の立場であるからこそ公共交通の推進の必要性を強調する論者もまた存在している。米国の文化保守の立場から公共交通擁護を主張してきた代表的人物として，ポール・M・ウェイリックを挙げることができる。ウェイリックは，本稿ですでに言及したヘリテージ財団（1973年）の創設者のひとりであり，米国における保守主義思想の一翼を担ってきた人物であるが，都市内の移動手段としての自動車を社会的公平性ならびに環境負荷の観点から評価するコックスらを批判し，公共交通の重要性，とくにLRTや路面電車〔ストリートカー〕といった鉄軌道による都市内の公共交通の推進を求めてきた論者でもある[13]。ウェイリックは，狭義のアカデミズムにおける政治理論家では必ずしもないが，都市には鉄軌道の公共交通が敷設されるべきであるという規範的主張を体系的に展開してきた論者である。本稿においてさきに述べたように，都市とモビリティをめぐる諸問題がきわめて政治的な課題であるとすれば，ウェイリックが体系的に展開してきたこの規範的主張は，政治理論と呼ばれる資格を有すると本稿は考える。

そのウェイリックもまた，近年の交通政策の動向にかんする統計に少なからず言及しているものの，かれがそれよりもまず重視しているようにみえるのは，戦後の米国において自動車の圧倒的な普及がもたらされた歴史的背景にかんする批判的記述である[14]。ウェイリックにしたがえば，たとえば1921年までに合衆国の各レベルの政府は，14億ドルを高速道路の建設に支出したのにたいして，路面電車を運営する各地の企業の大半は民営であり，政府の支援を受けてはいなかった。さらに第二次世界大戦後，政府の主導する高速道路整備のための予算投入は，アイゼンハワー政権下での全米州間国防高速道路法の制定（1956年）によって頂点に達し，1960年までに州間高速道路の整備に投入された予算総額は115億ドルに上った。これらの歴史的経緯をもとにウェイリックは，米国のとくに鉄軌道による公共交通の衰退は，自由な市場原理による消費者の選択の結果であるという

主張を強く批判している（Weylick and Lind 2009a: 7-9）。

　このような歴史的背景の重視は，路面電車や旅客鉄道の衰退を自然な経過としてみなし，都市交通のプランニングや研究からそれらを最初から除外するメインストリームの議論の前提を批判するものである。すなわちこうしたウェイリックの批判は，公共交通を求める政策アドボカシーの主体にとっては，政策アドボカシーのなかの下位プロセスとしての文脈の特定という役割を果たすものでもある。

　そのような歴史的背景を踏まえたうえで，ウェイリックが公共交通を擁護する理由として挙げているのは，外国産の石油への依存度を減らす安全保障上の側面など複数あるが，なかでもかれが強調しているのは，それが「コミュニティの感覚」を育成するのを助けるという点である。ウェイリックの主張はつぎのとおりである。歴史的にみて交通機関は，自動車がコミュニティを掘り崩してきたのとは反対に，コミュニティを育んできた。なぜならば，大半のひとは交通機関を利用する際，通常は家からバス停や電停まで歩いていくからである。近所の他の人びとも同じように，停留所まで歩いていくので，彼らは顔を合わせる。しばしばいくつかのお店や，おそらくはバーやカフェが停留所の近くにはオープンし，ミニコミュニティがそのまわりにはできてくる。これらすべての影響は，地区がコミュニティになるのを助けるとウェイリックは言う（Weylick and Lind 2009a: 15-16）。

　ウェイリックの以上の主張にみることのできる「公共交通はコミュニティの感覚を育む」という命題は，すくなくともかれが主張するかぎりにおいて，実証的分析のエビデンスのサポートは強く受けているものにはみえない。それは「歴史的にみて」という言葉に集約された，なかばかれの直観に基づいた言明であり，その意味では実際のところ仮説の域を出るものではない。

　そうしたなか，ウェイリックが自らの主張を説得的に訴えるに際して，鉄軌道のテクニカルな利点の提示だけでなく，視覚的史料をも併用したある種のナラティヴと言える叙述を積極的に活用している点に，本稿は注目する。たとえば自らの著作ならびに別の冊子に転載されたある文章のなかで，1909年にカナダで撮影された，ある古い写真の長いキャプションという体裁をとりつつ，ウェイリックは公共交通のなかでもとりわけ路面電車の復権を，つぎのように読者に語りかけている。

1909年，ブリティッシュ・コロンビア州のニューウェストミンスターのあるよく晴れた日である。39番車両は街に向かう道すがら，パーク・ロウに手短に停車した。その車両が乗客を乗せて通り過ぎる世界は，秩序だっていて，穏やかで，平和である。乗客たちにとって，クイーン・アン様式の建築の優美さは目の御馳走である。乗客たちは鳥のさえずりを耳にし，路面電車の架線が，エンジンの騒音や携帯電話にまだ汚されていなかった空の下，デュエットを奏でている。乗客たちの落ち着きある召使いたちである，路面電車の運転士と車掌は，責任と信頼の証を体現した存在である。神は天におり，すべて世は事もなし，である。
　私たちにとって，この写真は痛切さをもたらさずにはいられない。それは私たちに，私たちがかつてはもっていたが，いまは失ってしまっている世界を思い起こさせる。しかしこの写真は，それ以上のことを思い起こさせる。それは過去だけでなく，あるあり得る未来を指し示しているのである（Weylick and Lind 2009a: 91; Ohland and Poticha 2011: 8）[15]。

ウェイリックが写真のなかに読み込む，路面電車を取り巻く「古き良き」世界が，読み手にたいして，ウェイリックが求めるように路面電車への賛意の情を喚起させるかどうか，つまりウェイリックの説得が成功しているかどうかは，別の問いとして残る。ただ，いずれにしてもウェイリックは，写真と言葉を駆使してひとつの言説──立論〔アーギュメンテーション〕を限定し，それに影響を与え，それを形づくる諸々の概念や理念の集まり（Fischer and Gottweis 2012: 10）──としてのナラティヴを自らの構想の提示に積極的に用いている。

フィッシャーとゴットワイスが指摘するように，ナラティヴの語りは，一続きの出来事として構造化された経験を伝達する（Fischer and Gottweis 2012: 12-13）[16]。すなわち，路面電車とそれを取り囲む自然，線路の左手にみえる建築，路面電車の運転士らは，ウェイリックの語りによってある種の象徴としてレトリカルに描き出されており，それら象徴には，北米から失われてしまった，あるいは深刻なかたちで失われつつあると文化的ないしは宗教的保守がしばしば考える道徳的秩序が，ウェイリックによって暗示されている。そのうえで，こうした一連の象徴とそこにこめられた暗示が，すくなくともある特定の人びとにたいしてアクションへと結びつく情動──この道徳的秩序を回復するためにも，路面電車をこの地あるいは各地に復活させなければならない──を喚起することをウェイリックは期待している。

公共交通，とくに敷設と維持に一定の資金が必要となる鉄軌道による公共交通の新規着工の場合，当該地域において建設費用の新たな税負担を認めるか否か，レファレンダムが実施されるのが米国での通例である。ウェイリックは，このレファレンダムに勝利することの重要性といかにして勝つかをめぐる戦術の検討を強調している。ウェイリック自身のナラティヴの語りは，情動の喚起によって，すべての有権者ではないにせよ一定の層へ効果的に働きかけるメッセージとはどのようなものかについて，・行・為・遂・行・的にかれが例示したものであると言える〔強調は筆者による〕。

レファレンダムでの勝利にむけて関係するさまざまな人びとにどのようにメッセージを効果的に届けるべきかをめぐるウェイリックの議論は，さきに述べた政策アドボカシーの「誰に」ならびに「どのように」の知見を拡大するものである。たとえばウェイリックは，レファレンダムは複数候

補者間での投票とは異なり，有権者は疑わしいと思うやノーに投票するがゆえに，幅広い支持は必要だが，浅い支持では勝つことができないということを強調している。この強調と連動しているのが，セグメンテーションの重要性，つまり誰に訴えかけをするかという，訴えかけのターゲットの明確化である。ウェイリックは単一の公衆ではなく，多くの公衆を想定する必要と同時に，支持の深さを確保することを指摘している（Weylick and Lind 2009a: 135-136）。

また，ライトレールやコミューターレールとは何か，その言葉が意味することを知らない人びとに，説明する必要があることも，ウェイリックが強調している点である。ただし，その際の説明は，たとえばLRTや路面電車が再開発される都市に与える付加価値を，字面のうえで納税者や利害関係者に示すということにとどまるものではない。それはある場合には，地域のリーダーを鉄軌道の交通機関のある都市に視察に連れて行くことであり，またある場合には地域の集会でスライドショーをおこなったり，車体の実物大模型を見せたり，実際に人びとに車両に乗ってもらったりすることを含んでいる（Weylick and Lind 2009a: 133）。深い支持や賛同を誰から，どのように得るのかについて，ウェイリックはこのような検討に多くの考察の頁を割いている。

さて，ウェイリックは米国の宗教的および文化的保守として，以上のような都市交通政策をはじめとする個々の政策に先駆けて，モラル・セキュリティ（moral security）の重要性を訴えていることにも触れておきたい。ウェイリックによれば，モラル・セキュリティとは「恒常的な批判にさらされることなく，望むように生き，信仰するわれわれの権利を承認すること」（Weylick and Lind 2009b: 128）であり，今日の保守主義は，道徳的衰退から自分たちの身を守ることのできる，安全な空間の確保と維持に努めなければならないという。このモラル・セキュリティは，宗教，哲学あるいは政治によって達成することはできないとウェイリックは主張する。ウェイリックにしたがうなら，モラル・セキュリティを達成することができるのは，ニューアーバニズム，具体的には道徳的な用途地域（moral transect）の導入によってのみである。ウェイリックは道徳的な用途地域として自然の地域であるT1から路面電車の走る郊外であるT4，そして都心のT6まで，6種類の「スマート・コード」を構想し，それによって都市生活

のなかにおいて道徳と信仰を空間的に確保する可能性を展望している（Weylick and Lind 2009b: 129-130）。

とはいえ，このような用途地域の設定が仮にある都市圏で実現したとして，たとえばウェイリックが路面電車の走る郊外として設定しているT4は，かれが望むような公共交通の魅力にあふれた空間に実際になるのだろうか，あるいはそのような空間に当初はなったとして，それを維持することはできるだろうか。

これらのありうる問いは，実証分析を参照することで生じてくるものである。たとえばボストンにおける都市政策の研究機関であるデュカキス・センターは，公共交通の計画は地価の上昇をもたらし，それと連動した家賃や住宅価格の上昇が，低所得住民の転出と高所得住民の転入を促す可能性を指摘している。それは，住民の所得水準の上昇というかたちで観察可能になるだろうが，それと相関する可能性が高いのは，住民の自動車所有率である。かくして，結果として生じるいわゆるジェントリフィケーションによって，通勤のための公共交通の利用は，当該地域において低迷する可能性が高まるかもしれない。つまりそれは，将来的に公共交通の縮小あるいは廃止につながる恐れがある（Dukakis Center for Urban and Regional Policy 2010: 4）。

ただし，政策アドボカシーという観点にふたたび立ち戻れば，デュカキス・センターの指摘からは，だからといって公共交通の敷設をあきらめるべきであるという政策的含意が引き出されるわけではない。実際にデュカキス・センターもまた，上記のような悪循環が発生する可能性が指摘できるからこそ，悪循環の各段階においてマイナスの要因を緩和するためのアフォーダブルな住宅の供給やそうした住宅の賃貸の支援，あるいは公共交通の運営にかんする諸々の施策を提起している。

ウェイリックが公共交通のもとで想定するコミュニティの感覚は，高所得層の流入によって予想される住民の多様性の減少によって高まることはあれ低まることはないかもしれない。というのも，こうしたコミュニティの感覚は，実際には住宅所有者組合（HOA）をつうじたコミュニティの形態に依拠するものになるかもしれないからである[17]。また，ウェイリック自身も，公共交通の敷設が付近の土地の資産価値を高めることについて言及していることは事実である（Weylick and Lind 2009a: 128-129）。

しかし，鉄軌道の公共交通の敷設が付近の土地の資産価値の上昇をもたらす可能性——この可能性は，保守的な人びとがこうした公共交通に賛成する誘因になるとウェイリックは肯定的にのみ考えている——は，最終的に公共交通の利用低迷をもたらす可能性をも招来しうるという，実証的なモデルが示す意図せざる結果の指摘に，宗教的および文化的保守たるウェイリックの理論は応答する必要があるだろう。なぜなら，ウェイリックは，道徳的な用途地域は行政の力ではなくマーケットをつうじてもたらされると想定しているからである（Weylick and Lind 2009b: 132）。

5　政策アドボカシーを媒介とした政治理論と実証分析の競合と協働

　本稿は，政策アドボカシーを基軸に設定し，実証分析も政治理論も，政策アドボカシーにたいしてそれぞれ個別的な貢献をなしうるとともに，この政策アドボカシーを媒介とするなら，実証分析と政治理論が単独では十分に扱うことができない側面を——おそらく批判的にではあれ——相互に補うことが可能であるということを，米国における都市内移動の問題を具体的事例に定めて検討した。

　政策アドボカシーにかんするかぎり，実証分析は政策アドボカシーにおける問題の特定と分析に直接的に大きく貢献することができる。とりわけ，変数間の関係をめぐる因果推論を主たる課題とする実証分析は，政策アドボカシーの「何を」および「誰に」をめぐる各々のターゲットの絞り込みにとって，確かなガイドラインをもたらしてくれると言える。また，場合によっては，その分析それ自体が，分析の手法等を共有しているアクターにたいして，議論への誘導や，あるいは説得という効果をもつ可能性がある。したがって政策アドボカシーの「どのように」への貢献も少なくない。

　その一方で多くの実証分析は，本稿が取り上げたペンドールらの分析がそうであるように，アプローチの特性上，エビデンスの支えが消極的にしか得られない場合にはとくに，積極的な構想を控える傾向がある。もちろんこれは，実証分析の欠点ではなく，むしろその方法に依拠した美徳と言って差し支えないものである。ただ，しばしば政策実施のアウトカムやアウトプットが完全には見通せない不確実性のもとで，あるいはまた価値対立が激しい状況のもとで，政策アドボカシーの主体は，実証的なエビデン

スのサポートが十分ではない，あるいは弱い目標を目指してアクションを起こさざるを得ない場合がある。

これにたいして政治理論は，実証分析が要求する水準のエビデンスをもたずに政策アドボカシーの主体に「何か」を提供するかもしれない。また，すべての政治理論がそうであるわけではないが，政治理論のなかには，実証分析が提供しない政策アドボカシーの文脈を，政策アドボカシーの主体に示すことのできるものがある。さらに，本稿が取り上げたウェイリックが端的にそうであるように，政策アドボカシーの「誰に」とも密接に関連しつつ「どのように」をめぐる，メッセージの送り方や，懐疑的な人びとにたいする説得にかんして，実証分析とは異なる観点から示唆を与えるかもしれない。とくに規範の検討や主張を課題とする政治理論が，政策アドボカシーにおいて力を発揮するのは，レトリックに依拠する程度はさまざまでありうるとしても，それが有するナラティヴとしての側面であるように思われる。

ウェイリックのように過去のなかに未来をみる場合であれ，直接的に来たるべき未来をみる場合であれ，「もし～であるならば」という問いかけは，ガンダーセンとリィが指摘するように，継続的な議論を促し，「唯一ありうる可能性」を排することで多様な可能性への視野を開き，短期的な対策のレベルではない，構想のレベルの議論へと人びとを誘う可能性がある（Gundersen and Lea 2013: 29-30)[18]。それは，ジャンドメニコ・マヨーネの言葉を借りれば「可能なものの境界を押し広げる手段を発見すること」（Majone 1989: 9）につながるだろう。もちろん，そのナラティヴが示す構想にむけて読み手たちを説得することに成功するかどうかは，また別である。

その一方で政治理論は，規範的妥当性について他の政治理論から批判を受ける——たとえばウェイリックの理論は，リベラルないしはラディカルな立場に立つ政治理論から激しく批判されるだろう——だけでなく，政策アドボカシーにおける自らの理念の実現可能性の条件について，実証分析からある種の「ファクト・チェック」を受けるだろう。そもそも政治理論は政策アドボカシーにかかわりなく，理論構築に際して実証分析から多くの示唆を得ることができるだろうが，政策アドボカシーが媒介する場合には，両者の批判的協働の度合いは，より鋭敏なものになると言える。

政治理論と実証分析が，媒介なしに対話をおこなうことは，もちろん可能であるだろう。本稿はそうした可能性を否定するものではなく，仮に政策アドボカシーを媒介にするなら，この両者はどのような競合と協働に身を置くことになるだろうかについて，都市とモビリティをめぐる諸問題を事例として用いつつ，ひとつの検討をおこなった。

(1) 実証分析と比較して政治理論とは何かをめぐっては，肯定的に言えば多様性（山岡 2013）が，否定的に言えば方法および方法論への関心の欠如（河野 2014）があることについて，すでに指摘がなされている。近年において，この点を包括的に扱っている井上・田村（2014）が，政治理論の類型化について見通しを与えている。本稿では，上述の論文集の議論に沿うならば，政治的なるもの，歴史，規範という観点から政治について考察をおこなっている知的営為を政治理論とみなして考察する。ただし，それ以外の政治理論の可能性を本稿は否定するものではない。本稿が後段で扱うナラティヴについて，フライヴァーグとレイテンのあいだの論争が西山（2014）において検討されている。

(2) それゆえに，政策アドボカシーと政策分析とは異なる知的営為である。本稿は，後述する政策分析における「立論志向への転換（Argumentative Turn）」への言及を除き，政策分析を主たる考察の枠外に置くこととする。上記の訳語は齊藤（2012）から示唆を得た。西岡（2011）も参照いただきたい。

(3) 本稿では詳述する紙幅がないものの，政策アドボカシーのアクションは社会運動やコミュニティ・オーガナイジングのそれと多くの点を共有している。社会運動のアクションにおけるさまざまなレパートリーを公共性という観点と関連させて論じたものとして，安藤（2012）がある。コミュニティ・オーガナイジングについては，その大成者であるソール・アリンスキーについて検討をくわえた石神（2014）を参照いただきたい。

(4) BRU の運動はテネシー州のメンフィスでも，A・C・ホートン市政下の市営バス予算のカットに反対して，2012年の冬に結成されている。
https://www.midsouthpeace.org/mbrudonate

(5) なお，それ以外の原則については，以下の URL を参照いただきたい。
http://www.smartgrowth.org/ 米国のスマート・グロースの政策的展開については Ye et al. (2005) が詳しい。

(6) http://www.sustainablecommunities.gov/

(7) この団体はウィスコンシン州ミルウォーキーを中心に活動しており，エイニー・E・ケイシー財団やクレスギ財団のほか，バンク・オブ・アメ

（8）　紙幅の都合でMTO実験のみ紹介すれば，それは，少なくとも子どもが1名いる公営住宅の世帯が，貧困率の低い地区での生活から利益を得るかどうかを調査するために，5つの大都市圏でランダムに3つのグループを設定しておこなわれた。3つのグループは，1990年のセンサスで貧困率が10パーセント以下の地区に引っ越す場合に利用可能なバウチャーを受けとるグループ，同じくバウチャーを受けとるが地理的制約を受けないグループ，プロジェクトに基づく公営住宅に住み続ける統制グループである。

（9）　ペンドールらは，ZipCarやCar2Goといった具体的企業名を挙げている。前者はエイビス・バジェット・グループの子会社，後者はダイムラーAGの子会社である。

（10）　この非営利団体は1999年に設立され，メリーランド州，ヴァージニア州，ワシントンDCを中心に活動をおこなっている。そのウェブサイトでは，2011年までに4,700台の中古車を払い下げ，払い下げた約75パーセントの世帯において，自動車による移動が可能になったことでより良い職，あるいはより高い年収を得ることができたと報告している。http://www.vehiclesforchange.org/

（11）　さらに言えば，カリフォルニア州では2015年1月より取得の可能性が開かれ始めたものの，免許の取得手続きができない不法移民も，ペンドールらの提案する政策では全米規模でカバーすることは難しい。

（12）　もちろん，グループ・インタビューのような質的な調査による補完は実際にありうる選択肢である。

（13）　ウェイリックは，フリーコングレス財団（1977年）やモラル・マジョリティ（1979年）の創設者のひとりでもある。なお，ウェイリックは2008年に逝去している。本稿が取り扱うウェイリックの著作は，どれもかれの死後，ウィリアム・S・リンドとの共著として出版されたものである。

（14）　繰り返せば米国の交通政策は社会問題について中立の立場にあるものではない。この点は多くの歴史研究によってこれまでにも明らかにされてきた。人種問題との関連について歴史的な観点から検討した邦語の研究としては，宮田（2012）を参照いただきたい。

（15）　この写真は，Ewert（1986）の口絵に使われているものである。

（16）　注2で記したように，本稿は政策分析の検討を考察に含めてはいないが，ナラティヴ政策分析（narrative policy analysis）は本稿の検討にとっても多くの示唆を与えてくれる。それらの分析についてはRoe（1994）やMiller（2012）を参照のこと。ナラティヴ政策分析が実証的な政策分析と対立するものでないことについては，Jones and McBeth（2010）が論じている。

(17) なお，デモクラシーをめぐる政治理論と，ほとんどの政治理論研究者が関心を払ってこなかった住宅政策との重要な接点を考察した先駆的な邦語の研究として，竹井（2005）が参照されるべきである。
(18) ストーリーテリングが集合的なヴィジョンの形成にとって果たす役割については，Stout (2011) で論じられている。

参考文献

Cohen, David, Rosa de la Vega and Gabrielle Watson (2001), *Advocacy for Social Justice: A Global Action and Reflection Guide*. Boulder: Kumarian Press.

Cox, Wendell, Ronald D. Utt and Brett D. Schaefer (2011), "Focus on Agenda 21 Should Not Divert Attention from Homegrown Anti-Growth Policies," *Backgrounder* No. 2628.

Cox, Wendell (2013), "Transit Policy in an Era of the Shrinking Federal Dollar," *Backgrounder* No. 2763.

Dukakis Center for Urban and Regional Policy (2010), *Maintaining Diversity in America's Transit-Rich Neighborhoods: Tools for Equitable Neighborhood Change*. Boston: Dukakis Center for Urban and Regional Policy.

Ewert, Henry (1986), *The Story of the B. C. Electric Railway*. Vancouver: Whitecap Books.

Fischer, Frank and Herbert Gottweis (2012), "Introduction," in *The Argumentative Turn Revisited: Public Policy as Communicative Practice*, eds., Frank Fischer and Herbert Gottweis. Durham: Duke University Press.

Gundersen, Adolf G. and Suzanne Goodney Lea (2013), *Let's Talk Politics: Restoring Civility Through Exploratory Discussion*. Lexington: Createspace.

Jones, Michael D. and Mark K. McBeth (2010), "A Narrative Policy Framework: Clear Enough to Be Wrong?," *The Policy Studies Journal*, Vol. 38, No. 2.

Majone, Giandomenico (1989), *Evidence, Argument, and Persuasion in the Policy Process*. New Haven: Yale University Press（今村都南雄訳『政策過程論の視座——政策分析と議論』三嶺書房，1998年）．

Miller, Hugh T. (2012), *Governing Narratives: Symbolic Politics and Policy Change*. Tuscaloosa: University of Alabama Press.

Ohland, Gloria and Shelley Poticha eds. (2011), *Street Smart: Streetcars and Cities in the Twenty-First Century*. Oakland: Reconnecting America.

Pendall, Rolf, Christopher Hayes, Taz George, Zach McDade (2014), *Driving to Opportunity: Understanding the Links among Transportation Access, Residential Outcomes, and Economic Opportunity for Housing Voucher Recipients*. Washington D.C.: The Urban Institute.

Roe, Emery (1994), *Narrative Policy Analysis: Theory and Practice*. Durham: Duke University Press.
Shultz, Jim (2002), *The Democracy Owners' Manual: A Practical Guide to Changing the World*. New Brunswick: Rutgers University Press.
Soja, Edward W. (2010), *Seeking Spatial Justice*. Minneapolis: University of Minnesota Press.
Stout, Linda (2011), *Collective Visioning: How Groups Can Work Together for a Just and Sustainable Future*. San Francisco: Berrett-Koehler.
Unsicker, Jeffrey (2013), *Confronting Power: The Practice of Policy Advocacy*. Sterling: Kumarian Press.
Vene Klasen, Lisa and Valerie Miller (2007), *A New Weave of Power, People and Politics: The Action Guide for Advocacy and Citizen Participation*. Warwickshire: Practical Action Publishing.
Weyrich, Paul M. and William S. Lind (2009a), *Moving Minds: Conservatives and Public Transportation*. Oakland: Reconnecting America.
―― (2009b), *The Next Conservatism*. South Bend: St. Augustines Press.
Ye, Lin, Sumedha Mandpe and Peter B. Meyer (2005), "What Is "Smart Growth?" —Really?," *Journal of Planning Literature*, Vol. 19, No. 3.
安藤丈将（2012）「社会運動のレパートリーと公共性の複数化の関係――『社会運動社会』の考察を通して」『相関社会科学』第22号。
石神圭子（2014）「アメリカにおけるコミュニティの組織化運動（1）～（3）――ソール・アリンスキーの思想と実践」『北大法学論集』第65巻第1号，第3号，第4号。
井上彰・田村哲樹編（2014）『政治理論とは何か』風行社。
河野勝（2014）「『政治理論』と政治学――規範分析の方法論のために」井上彰・田村哲樹編（2014）『政治理論とは何か』風行社，151-181頁。
齊藤拓（2012）「政策目的としてのベーシックインカム――ありがちなBI論を然るべく終わらせる」『Core Ethics』Vol. 8。
竹井隆人（2005）『集合住宅デモクラシー――新たなコミュニティ・ガバナンスのかたち』世界思想社。
西岡晋（2011）「政策過程論の『構成主義的転回』」『金沢法学』第53巻第2号。
西山真司（2014）「世界観としての政治理論」井上彰・田村哲樹編（2014）『政治理論とは何か』風行社，73-98頁。
宮田伊知郎（2012）「ポスト公民権運動期のジョージア州アトランタにおける公共交通網の形成と貧困の継承」『歴史学研究』第888号。
山岡龍一（2013）「逸れグレイハウンドの誇り？――規範的政治理論と経験的政治理論の分業について」『政治思想学会年報』第36号。

国際関係研究の将来
―― 国際関係の研究からグローバル関係の研究へ ――

芝崎厚士＊

　学問というのは，けっきょくそれを中側に中側にと混沌の世界を少しずつ引き寄せて，体系化しているという不断の努力なのです。ですから，中側でできてしまったものはそれをラディカルに変えなくてはいけないような激変が起こったときは別として，あまりたいした意味はもっていないわけです。言い換えれば，そこの部分は伝承以外にはないということだと思います。本当に意味があるのは，境界のところで必死にアモルファスというかケイオスなものをこちらに引っ張ってこようという努力なんでしょうね。
　そう考えると，ディシプリンというのはまったく意味がないのです。ですから，しつけのために必要なだけであって，ディシプリンが研究を支配するようになるというのは本質的におかしいのです。われわれにとってあるのは境界に存在している問題が先にあって，その問題を解くためにはどんなディシプリンだろうと関係ないのです。要するに使える武器は全部使わなくてはいけないわけです。(市川 1990：48)

はじめに　二つの多元主義を超えて

　本稿の目的は，国際関係研究が将来どのようになるべきかを展望することである。具体的には，これまでも異なる状況や文脈において繰り返し語られてきた国際関係研究が抱えているアポリアの原初的な由来を明らかにし，そのアポリアを解消することで人類の生存や福祉によりよく貢献する学問となるための処方箋を提示することが目標である。
　国際関係研究（study of international relations）とは，国際関係論，国際政治学，国際関係学など，「国際関係」を研究対象とする学問の総称である。「国際関係」とは狭義には主権国家間関係をさす。実は学問とその研究対象

　　＊　駒澤大学グローバル・メディア・スタディーズ学部准教授　国際文化論，国際関係思想

の名称と定義自体が，当該分野の抱えているアポリアを集約的に象徴しているのであるが，その点は後述する。

　国際関係研究の特徴は，自己の学問分野（discipline）としてのアイデンティティや課題に関する自己省察を頻繁に試みることにある。議論を世紀末から現在にかけてのいわゆるIR（国際関係研究の「理論」的研究の中核とみなされている英語圏社会科学（English Social Science）としてのInternational Relationsと呼ばれる学問分野）に限定してみても，2000年前後の時期，イラク戦争後の時期，また2010年前後の時期など数多くの言及がみられる（Wæver 1997, Ruggie 1998, Buzan and Little 2001, Smith 2004, 2008, Hobson 2012）。それらはIRが学問として致命的な問題を抱えている点への言及であったり，西洋中心主義的な知の構造への批判であったりと多岐にわたっている。

　こうした批判が繰り返されてきたにもかかわらず，国際関係研究のしくみ自体はほとんど変革されていない。こうした状況に対する処方箋として近年研究者が提唱しているのは，理論に関する多元主義と領域に関する多元主義という二つの多元主義である。

　まず，理論に関する多元主義に関する議論を代表するのは，*European Journal of International Relations*誌が2013年に組んだ「国際関係理論の終わり？（The End of International Relations Theory?）」という特集である（EJIR 2013）。この題名が意味するのは，もはやかつてのリアリズム，リベラリズム，コンストラクティビズムといったパラダイムにもとづく大論争（grate debate）に直接的に貢献しようとする理論的研究が少なくなってきており，大論争に自己を明示的に関連付けることなく各個の立場からの理論化の試みが生まれているという認識である。編者のダン，ハンセン，ワイトが危惧するのは，かつてのパラダイム論争が終焉を迎えたという認識のもと研究が細分化した結果生まれた，相互の関係を意識したり理論間の統合を志向したりすることなく自己の領域内に安住する形での諸理論の併存という意味での多元主義（pluralism）という現状とそのさらなる進行である。とはいえ彼らには有効な処方箋はなく，そうした諸（小）理論間での多様性を促進しつつ，コミュニケーションを図っていくことである程度の統合もめざす「統合的多元主義（integrative pluralism）」の実現が彼らの主張であった（Dunne, Hansen, and Wight 2013）。

統合的多元主義は，多元性を喪失することと引き替えに唯一の画一的な理論をめざすのでもなく，あらゆる理論を折衷して玉虫色のグランド・セオリーをつくり出すのでもない。さまざまな理論とさまざまな研究対象を組み合わせて「テスト」することで，生き残るべきものは生き残り，そうでないものは淘汰されるといったイメージである。理論の多様性を維持しながら複雑な現象をより包括的でより多次元的な説明を獲得し続けていこうという呼びかけである（Dunne, Hansen, Wight 2013: 416-17）。

ダンたちは理論を「複雑な現実からの抽象化」であり「研究対象となる現象の一般化をめざす」ものであるというかなり幅広い定義から出発しつつ，ウォルツやロズノーなどにも注意を払いながら議論を進めている。しかし統合的であるべきであるということとそれが実現可能であるということは同じではない。彼らは現在のような理論の断片化が進んでいる原因として(1)国際政治システムの複雑化，(2)複雑化した現象を考察しようとした結果生じている分業の進展，(3)理論的多様性を受け入れてきたことで状況が更に再生産される傾向をあげているが（Dunne, Hansen, Wight 2013: 417-18），統合的多元主義がいかにして可能であり，こうした点をどのように変えうるのかという積極的な展望は示せていない。

いっぽう領域に関する多元主義を代表するのは，いわゆる非西欧のIR（non-Western IR）の研究を進めてきた中心人物の一人であるアチャリアである（Acharya and Buzan 2009）。国際関係学会（ISA, International Studies Association）の理事長に就任したアチャリアが高唱するのは「グローバルIR」という構想である（Acharya 2013, 2014a, 2014b）。これは南アジアをベースにしたリージョナリズム研究というアチャリアのルーツを基礎においた，非西欧の歴史的経験を広く取り入れることでIRをグローバルなものにしていくべきであるという発想である。

アチャリアによればグローバルIRは，(1)一元論的ではない多元的普遍主義，(2)ギリシャ＝ローマ的ではない（西洋中心主義ではない）世界全体の人々の声・経験・価値，(3)非西洋の経験の包含，(4)地域，地域主義，地域研究の重視，(5)本質主義の否定，(6)現状変更，抵抗や拒否，弱者の声といった多様な行為主体性の導入という特徴をもつ（Acharya 2014b: 3）。そして，現在出現している多重世界（multiplex world）を理解するために，国際システム間の比較，西洋と非西洋の不平等性などを検討していくべきで

あるという（Acharya 2014b: 6-10）。

　アチャリアのアプローチには渾然としている部分も多いが，その核心にあるのは理論形成の前提となる経験の部分，すなわち研究の対象となる領域の部分の非多元性を指弾し，多種多様な領域を包摂しさえすればIRが自動的に単にnon-Westernであることから脱してglobalなものになりうるという主張である。しかし，ダンたちが指摘するように理論もまた多元化している中で，領域を多元化しさえすればIRが全体としてglobalになり得ると安易には想定しえない。そもそも，アチャリアの議論にはIRという知の形態そのものが総体として構造的に抱えている難点に対する考察が不十分なのである。加えて，non-Western, non-globalな既存のIRという規定の仕方は，これまでのIRを逆に一枚岩に捉えがちとなるという効果を孕んでいるのである。

　これまでの古今の国際関係研究にかんする学問論ないし自己省察が問題にしてきた中核的課題は，国際関係研究が独立した固有の学的アイデンティティをもつ学問分野たり得るかどうかということであった。そしてその答えは常に，多少の留保こそあれ少なくともそれぞれの時点の現状に対する評価という意味では「否」であり，そうであるからこそ自己省察や変革への提唱が継続してきた。大論争期における諸イズムによる分断やその「神話性」をめぐる議論，科学哲学やポストモダニズムを「輸入」しつつ展開されてきた客観性や合理主義や実証主義に対する論争，ジェンダーやサバリタンなどの視点からのIR抑制，そして現在の非西欧の理論への関心と多元主義への評価などはすべて，国際関係研究がなぜ統一的な学問体系を持つことができないのかという点に帰着する考察に他ならない。この種の議論はいわば国際関係研究の慢性疾患（chronic disease）といってもよいほどに繰り返され，再生産され続けてきた。そのいっぽうで，そもそも，なぜこれらの問いが繰り返され，再生産され続けてしまうのか，なぜこれまで決定的な処方箋を誰も見いだすことができなかったのかという点については，十分に考察されたとは言えなかった。いわば，原因療法なしに対症療法を論じてきたような嫌いがあるのである。

　現在展開されている理論・領域に関するこの二つの多元主義も，その傾向から逃れているとは言いがたい。二つの多元主義は，より正確に表現すれば理論面では統合を視野に入れるという条件付きで追認されるべき既存

の，現状としての多元主義であり，領域面では non-Western の時間・空間的経験をこれまで以上に取り入れるという条件付きで推奨されるべき将来の，来るべき多元主義である。これらの問題提起自体は，以前にも展開されてきた IR 批判論・改革論と同様，置かれた状況は異なるものの，双方ともその時点での IR に内在する問題点を的確に捉えている。しかし，双方とも上記の 2 つの「なぜ」には届いてはおらず，現状への追認（理論）と現状への否定・批判（領域）を前提にした今後の希望的観測に近い主張の域を出ていない。

また，双方の多元主義はどちらも，最終的には多元主義をもとにした一つのディシプリンとしての（global）IR が存在し，成立しうるという前提を共有しており，その可能性について言及している。しかし統合的多元主義やグローバル IR がどのようにして可能なのかという点については考察が及んでいない。両者とも，今まで困難であった原因を解明することなく，そうすべきであると述べているのである。

とはいえ，IR の学問的難点が理論的多元主義と領域的多元主義という二つの焦点にあるという形で議論が収束してきている点は注目に値する。というのも，これまでの国際関係研究の学問論ないし自己省察論は，学問として，科学として，理論としての自己の構造に関する考察に傾斜するか，あらたな領域をどのように取り入れていくべきかという領域に関する考察に特化するかのいずれかまたは両者の単なる併記に終わることが多かったのであり，現在登場している二つの多元主義は，その意味で国際関係研究の学問論が行き着く必然的な結果であると考えられるからである。

問題は，両者のコミュニケーションが不在のままであるということであり，そのことに双方とも気づいていない点にある。理論的（統合的）多元主義を進めれば領域的多元主義が実現するわけでも，その逆でもない。理論と領域との関係に対する考察に，IR の学問的難点を解く鍵があるのである。すなわち，肝心の研究対象である「国際関係」という領域と IR との関係，領域と学問・科学・理論の構造の関係に関する考察が根本的に欠如していたのではないかという主張が本稿の出発点である。つまり，これまで嘆じられてきた国際関係研究の学問としてのアポリアは，理論や領域に個別に独立して由来するものではなく，領域の問題とそれが理論との関係において与える影響に決定的に淵源しているということである。IR の学問

論はどちらかというと理論や方法論に合わせて対象を切り取る際の方法と課題についての議論に専心するあまり，対象に合わせて理論や方法論を鋳直す，もっと言えば領域の形成と理論の形成との相互作用をふまえて国際関係研究の学問としての構造を考えるという方向での省察が欠落していたのではないかということである。

かくして領域と理論の関係をより大きな視点から俯瞰し直すことで，国際関係研究の慢性疾患を治癒する処方箋を見いだすことができるというのが本稿の立場である。ここから出発して到達する論理的な帰結は，国際関係研究は将来的には「国際関係」の研究としてではなく「グローバル関係」の研究となっていかざるを得ないという推論（speculation）であるが，具体的には次のような筋道でこの点を論じていく。

まず，1において，学問の一般的な成立過程そのものを概観し，視点（目的）設定にもとづく領域設定の決定的な重要性を確認する。次に，2において，国際関係研究における領域設定の特徴とその後の学問的展開における「発展」を「視点の継ぎ足し」と「領域の建て増し」現象として大づかみに整理する。続いて，3において，IRの研究者たちが嘆き，指摘し続けている理論の多元化・輻輳化は，継ぎ足しと建て増しによって起きていることを指摘し，そのことが国際関係研究の理論的なアポリアをもたらしていることを明らかにする。さらに，4において，したがって，理論的なアポリアを克服するには，すでに継ぎ足しと建て増しを解消するために視点と領域を初期化・再設定するほかないことを示し，その帰結として国際関係研究はグローバル関係研究となっていかざるを得ないという仮説を論じ，最後に5において，グローバル関係研究成立の条件や可能性を展望し，「おわりに」で議論を総括する。

紙幅の関係もあり，本稿は国際関係研究にとっての最大級の規模と範囲をもつこの問題をできる限り最短距離の論理展開によって踏破せざるを得ない。また，筆者は自らがこの問題を最も的確に論じうる資格を持っていると主張するつもりもない。この問題を21世紀前半の現在において，できる限り単刀直入かつ一気に論じきることで，本稿を今後の国際関係研究のあり方を考える捨て石として提示し，読者諸賢の批判を仰ぐことができれば幸いである。

1　学問のできあがり方

そもそも，学問とはどのようにして成立するのであろうか。この点を，東京大学学長，日本学術会議会長，国際科学会議（ICSU）会長，産業技術総合研究所理事長などを歴任し，工学の立場から数多くの科学論，学問論を展開してきた吉川弘之の議論をもとに検討しよう。

学問は一般に，(1)目的・視点にもとづいた領域設定，(2)領域内での法則の発見，(3)法則にもとづいた体系としての理論の構築というプロセスによって成立する。

学問体系をつくるには，次の三つのステップが必要である。

一，その学問領域が扱う視点を定める。その結果，その視点に関連する対象がすべて選び出され，対象集合が定まる。これをコレクションと呼ぶ。
二，選んだ対象集合の要素間の関係を，定められた視点に従って数え上げる。その関係集合の中から単純な基本原則を導出する。これを法則という。
三，法則と矛盾せずに生起し得る現象についての体系を記述すれば，それが理論体系である。（吉川 1996：130）

視点・目的は，この世界を統一的に理解したいという人類の知的好奇心によっても設定されるが，吉川が「邪悪なるものとの戦い」と表現する実用的な目的によっても設定される（吉川 1998）。洪水や旱魃，人間や家畜の病気，暴力や紛争，差別や圧政など，いわゆる文系・理系を問わずこの点は共通であろう。学問はいわば人類の「死活問題」とのかかわりによって成立するのであり，この点は周知の通り国際関係研究にもあてはまる。国際関係研究がツキディデスの昔から現在に至るまで戦争や環境問題などのもたらす「恐怖」との戦いによって発展してきたのである（芝崎 2015：第 8 章）。学問はこうした視点・目的の設定に即して領域設定を行い，その領域を，「選択された視点に立って，対象世界を整合的に理解する」（吉川 1993：56）という意味で分析することで法則を発見して理論を構築する営

為である。

　では，人類の死活問題に即して，人間はどのようにして領域を設定する（吉川の言葉を借りれば「コレクション」）のであろうか。吉川は現象から領域を見いだす行為をパースの概念を用いてアブダクションと呼ぶ。これはいわばニュートンとリンゴの寓話が示すような，ある種の美的感覚やひらめきによるものであり，領域内での普遍的な法則と理論を見いだす営為が逆説的に人間の個別の感覚に委ねられているという（吉川 1993：77）。近年いわれるセレンディピティに関する議論にも通底する指摘であるし，国際関係研究において，たとえば3つのイメージが「ひらめいた」とウォルツが回想しているのもこうしたアブダクションの一種である（芝崎 2015：第6章）。

　以上のことから明確になるのは，学問論の前提として視点・目的の設定とそれに即した領域の設定が決定的に重要であるということである。しかし，これまでの国際関係研究，少なくとも IR の自己省察論の多くは，「理論」「科学」としての IR のあり方に議論を集中させるあまり（その集中のさせ方自体にも問題はあったにせよ），国際関係研究や IR の成立の前提となっている視点・目的設定と領域設定（コレクション）がもつ死活的な重要性に対する考察が欠けていたように思われる。管見の及ぶ限り，現在流通している IR の教科書で「理論」とは何か，「科学」とは何かについて考察を展開している文献はあっても，「学問」とは人間にとってどのようなものか，学問とはどのように成立するものなのかという地点から論じ始めているものはエドキンスとゼフュスなどの少数の例外を除くとそれほど多くない（Edkins and Zehfuss: 2014）。ダンたちの議論も同様で，理論について議論がなされていても，操作的な定義の域を出た理論「論」が国際関係研究において見られることはほとんどないのである。もう少し幅を広げて，米国の社会科学方法論の代表的な著作を瞥見しても，こうした点を一から議論しようとする視点はほぼ見られない（キング，コヘイン，ヴァーバ：2004（原著1994））（ブレイディ，コリアー：2014（原著2010））。

　学問の成立条件抜きに，すなわち国際関係研究がどのような視点・目的設定にもとづいて領域設定をすることで科学として成立したのかという点を踏まえることなく，理論性や科学性だけを闇雲に追求したり，異なる視点・目的設定にもとづいて領域設定を行うことで成立した他分野の理論を

導入したりすることはアポリアの解消にはつながらない。しかし、これまでの国際関係研究の学問論は、まさに学問の成立条件と自らとの関係をほぼ抜きにして行われてきたのである。その研究がそもそも「なぜ」成立し「何を」対象としているのかという問いと「どう」研究するかという問いのフィードバック・ループが必要なのである。

2 視点の継ぎ足しと領域の建て増し

2−1 原初的な視点・目的設定と領域設定

まず、視点・目的設定と領域設定の一般的な関係を概観しよう。

図1 視点設定と領域設定の関係

	視点初期設定	視点追加
領域初期設定	I	II
領域追加	III	IV

(作成：筆者)

通常、Iのように1つの視点・目的をもとに1つの領域が設定される（たとえば国家間関係の戦争の予防）。次に、IIのように領域に変更はないが視点を追加する場合（たとえば国家間の政治的関係だけでなく社会的関係をみる）場合が考えられる。さらに、IIIのように視点に変更はないが領域が追加される場合（たとえば新しくできた国家や政府間国際組織を考察の対象に加える）と、IVのように視点と領域がともに追加される場合（非国家主体間関係を加え、社会の視点を加える）がある。

いうまでもなくこれは極めて図式的な、理念型に即した整理に過ぎず、現実には四つのパタンを渾然とした状態で含みつつ学問は成立し、変容していくことになるが、ディシプリンとして法則や理論を発見するという意味で「科学」性を突き詰める段になると、厳密な視点・目的設定と領域設定が必要となる。おそらく社会科学においては比較的漠然とした視点・領域設定によって学問がある程度進展していく中で、どこかの時点で改めて厳密な科学性を求める時に、いわば後付け的に視点と領域の設定の仕方が説明されていくことになると考えられる。

では、国際関係研究における視点・目的はどのように設定され、領域設

定はどのように行われたのであろうか。

　大胆に要約すると、国際関係研究における視点・目的には大別すると次の2つが存在すると言われてきた。第一は国家の生存・維持・拡大を第一の目的とした国家学の延長線上にある系譜の視点で、国家学的動機と呼びうるものである。この点はブライアン・シュミットの研究（B. Schmidt 1997, 2013a）以降、改めて明確に自覚されるようになった。第二は、国際関係研究の教科書でもよく言及される、（第一次）世界大戦を契機として生まれた、国家間戦争の不在という意味での平和の維持を第一の目的とした系譜の視点で、平和学的動機と呼びうるものである。この点は第一次世界大戦、第二次世界大戦、冷戦といった大規模な対立の構造とそれらがもたらした、ないしもたらしうる悲惨の回避という形で理解されてきた。保守的な教科書はもちろん、2014年秋に出版された比較的新しい視点に立っているブースによる簡潔な教科書でも、この視点は維持されている（Booth 2014: 7）。

　この視点・目的設定から帰結する領域設定は、いうまでもなく「国家間関係」を最重要かつ最優先の考察の対象とするということである。これは、どちらの動機からみても首肯しうるコレクションである。「国際なるもの」（the 'international'）という領域の発見は、いわば2つの視点・目的設定に共通するものであった。どちらの視点・目的設定がより根源にあるかはここでは措くとして、現在の国際関係研究の通説的自己理解に即するならば、1つの領域を2つの視点・目的に即してコレクションするかたちで成り立ってきたのが国際関係研究であるということになる。その結果、国家学的動機からみれば戦争は国家の維持・生存・拡大のためであれば必ずしも回避はしないが、平和学的動機からみれば自衛などの例外をのぞきいかなる場合であれ回避するということになる。あえて単純化すれば、伝統的なリアリズムとアイデアリズムの対立は、1つの領域に対して異なる視点・目的が設定されているが故に不可避的に生じるし、理論的に「決着」をつけることはそもそも不可能であるということになる。というのも後述するように、視点・目的が異なる以上両者を統合することは構造的にそもそも困難なのである。

2－2　視点の継ぎ足し

その後，国際関係研究に生じた事態は「視点の継ぎ足し」と「領域の建て増し」であった。「視点の継ぎ足し」とは，国家学的動機，平和学的動機に加えて，貧困・格差，開発と発展，人権侵害・差別，テロや感染症などの脅威，健康と福祉，ジェンダー，子ども，多文化・多民族共生，地球環境問題・持続可能性など，MDGs や SDGs などに体現されるような多種多様な地球的課題（global issues）の解決が国際関係研究の課題となっていったということである（典型的な教科書の例として（Snarr and Snarr: 2012））。

　これらは原初的な視点・目的設定とは異なる視点・目的が国際関係研究に付加されたことを意味するのであるが，追加された視点はあくまで「従」であり，「主」はあくまで国家の生存と国家間戦争の回避であるという主従関係の変更はもたらされなかった。国際関係が「アナーキー」である以上「主権国家」のプライオリティを尊重しないということは国際関係研究の原初的な視点・目的設定と領域設定を否定することになるのである。その意味で，これらは「継ぎ足し」の域を出なかった。ウォルツがいみじくも述べたように，「主」は国家学的動機と平和学的動機が重ね留められた視点・目的にもとづく，国家間関係という領域における安定の可能性に関する考察という "big and important things" (Waltz 1986) なのであり，視点が追加されても視点間のプライオリティには変化がなかったということである。

　この点をブースの最新の教科書は次のように説明する。ブースは国家と国家間関係の経験的な重要性を政治的・倫理的な国家主義になることなく認めたいと述べる。この立場は「『宗教』に関して無神論者が議論することに似ている」（Booth 2014: 8）という。

> 無神論者は神について言及することなしに宗教を長く論じることはできないが，だからといって無神論者が「神中心的（God-centric）」であるということにはならない。（無神論者が神について言及するということは，：筆者注）無神論者は単に宗教について語る際に神の重要性を認識しているというだけのことなのである。（Booth 2014: 8）

　しかし，無神論者と神の関係と，国際関係研究者と主権国家間関係・国家中心主義との関係は大きく異なる。神を受け入れることなく神を論じることはできるかもしれないが，国家間関係のプライオリティにおける優位

という仮説を受け入れることなく国際関係研究・教育を実践することは容易なことではない。それは主権やアナーキー概念を否定し，国際関係と国内関係の質的相違を否定するという前提で国際関係について研究し，教育することを意味する。ブースはこう言及した上で規範的な意味での国家中心主義に陥ることなく経験的な意味で「国家が支配的な力を持つ」領域として「世界政治の国際的なレベル」について概説していこうとしているのであるが，結局は極端な国家中心主義に陥っていないにせよ国家間関係を「主」におくという認識論を受け入れていることになる（Booth 2014: 8）。

　問題は極端な国家主義に陥らないかどうかではなく，国家中心主義的であろうとなかろうと，国際関係研究に従事する限りつきまとうドグマから脱却しているかどうかであるが，ブースのこのロジックはそれに成功しているとは言いがたい。そして，それに成功することは筆者も含めた全ての国際関係研究者にとって簡単なことではないのである。

　ブースに限らず，プライオリティの主従関係の転覆を否定しようとした議論はこれまでも，存在しないわけではなかったが，これを超克したと見なしうる議論は生まれてこなかった。というのも，国際関係研究・教育者であるということは上記の視点・目的設定と領域設定を「主」として受け入れることなしには成り立たないからである。さらに言えば，単なる否定ではなく，その否定の先にどのようなディシプリンが存在しうるのかを提示することが必要なのであるが，それは主従関係の転覆以上に困難であったのである。国際関係研究においてアナーキーや主権を否定して「神は死んだ」と宣告することはたやすいが，本稿の課題はそうした宣言に安易に追随することではなく，まずは，なぜそれが容易ではないのかを解き明かすことにある。

2－3　領域の建て増し

　続いて「領域の建て増し」である。ある視点に即して領域が設定されることで学問ができあがる以上，視点が追加されるということは領域が追加されることをも意味する。「領域の建て増し」とは，上記のような地球的課題の解決という視点・目的に即して多国籍企業，NGO，国際機関，テロリスト集団，「市民社会」，個人など多種多様な主体間関係を考察の対象として加えていくということである。しかし，視点の継ぎ足しと同様に，領域

の建て増しによっても主体間の主従関係に変更がもたらされることはなかった。国家主体と非国家主体という表現がそれを象徴し続けていることは言うまでもなかろう。コヘインとナイがトランスナショナルな関係（正確には「トランスナショナルな相互作用と（そのような相互作用にかかわる）組織」）に注目して「世界政治パラダイム」を提唱したのは，第一義的には国家間関係をよりよく説明するために視点と領域を継ぎ足し・建て増しする必要が生じたからであって，主従関係を逆転させるためではなかったのである（Keohane and Nye 1971）。

こうして，視点の追加による領域の追加は，"big and important things" のプライオリティの例外として処理されることになる。視点・領域の追加は視点・領域間のプライオリティを変化させるかたちでは取り扱われず，実際には視点と領域が追加されている（図1のⅣ）であるにもかかわらず，追加はあくまで追加であり，最重要な視点と領域については変更がないかのようにして学問が成立し続けたため，図1のⅡ，Ⅲ，Ⅳのような事態が学問に生じても学問の構造が基本的にはⅠであるという主張は維持され続けたのである。

いわば国際関係研究は，視点・目的，領域の追加が学問分野にもたらす変化を自覚することなく，建て増し・継ぎ足しを行ってきたのであり，その結果生じるディシプリンとしての齟齬の原因を，視点・目的における主従関係を変更することのないまま次々と抱え込んでいったのである。

もちろん，本節冒頭で触れたように，社会科学は基本的には複雑な現実の様々な要素を認識の対象に含まざるを得ない。国際関係研究もまた，国際機関などを通した国際協力，帝国と植民地との関係など，主権国家関係とは異なる意味での国境を越えた諸関係をも原初的に考察の対象に含んでいた。ブライアン・シュミットが指摘するように，*Foreign Affairs* がもともと *The Journal of Race Development* として刊行されていたことはこれを象徴する（Schmidt 2013b）。その意味では最初から国際関係研究は初期設定にすべて還元されることのない視点・目的，領域をはらみながら生成していったのであり，そうであるからこそ，国際関係研究の学問的アイデンティティを精錬することが困難であったということもできる。

建て増しに関する典型的な説明のしかたを，ブースの教科書で確認しよう。ブースは，国際関係はアナーキーでありその点において国内関係と異

なるという前提からは，直接的には「戦争と平和，力の均衡と不均衡，協調と支配の構造」といった "big and important things" が説明できると述べる。しかし国際関係はそれだけではなく，「あなたが『誰』であり，私が『誰』であるか」ということや，ジェンダー，人種，偏見や誤解などといった "small and important things" も含まれるが，"big and important things" が "small and important things" に強い影響を与える決定的な重要性を持っていると明言する（Booth 2014: 6）。つまりどのような "small and important things" が生起しようと，それはすべて "big and important things" によって規定されているという，取り扱う現象の重層性を認めつつ「上位」にある構造の決定性を認めるのがブースの理解である（Booth 2014: 4）。

別の箇所ではブースはラスウェルの定義を援用して，「国際関係」と「世界政治」を次のように分別する。世界政治とは「世界中で誰が何をいつどのように手にするか」であり，国際政治は「世界政治の国際的なレベル」であり「国際レベルとは主に（しかし排他的にではなく）主権国家間の相互作用である」（傍点筆者）と定義している（Booth 2014: 7-8）。本稿にはブースを非難する意図はない。むしろ，この「（しかし排他的にではなく）」（but not exclusively）という表現は，おそらく国際関係研究者の多くが自らのディシプリンについて教育の現場などで説明する際に，実際の自らの現象の扱いや認識の仕方との違和を感じつつもこれ以外に思い付かないような言い廻しであろう。これは一見自明すぎるほど自明な言辞なのであるが，実は，このように説明せざるを得ないことに国際関係研究の最大の難点があるのではないか，そしてそれがどこから生まれてきているかを考えることなしには国際関係研究の将来を展望し得ないのではないかということを問題提起したいのである。

2－4　小括

こうして，少なくとも IR においては原初的に，国家学的動機・平和学的動機にもとづいた原初的な視点・目的設定と領域設定が行われていた。あるいは，少なくともそう設定されていたという理解が共有されている。それは，国家の生存・維持・拡大と戦争回避・平和維持という視点・目的設定であり，主権国家という主体と主権国家間関係という「アナーキー」な関係が最も重要であり，最優先に考察しなければならないという領域設定

である。その後起きた視点の継ぎ足しと領域の建て増しは，国際関係研究の考察の範囲を拡大しはしたが，初期設定そのものを変更するものではなかった。したがって，いくら初期設定以外の視点・目的，領域を導入しても，視点・目的間，領域間のプライオリティには変更はもたらされない。われわれがこれまで長い間経験し見聞してきた，国家中心主義批判とその擁護という図式はこうした「構成的規則」によって展開されてきたのである。

　このように整理してみると，ウォルツが国際政治学の理論について果たした役割が改めて明確になる。彼の理論的姿勢である「国際政治学に理論があるとすれば，それは主権国家間の力の均衡以外にはない」という主張は，国際関係研究が国家間関係を対象として限定することではじめて理論として成立するということを明確にした仕事であったのである。いわばウォルツは，国際関係研究の，少なくとも IR の原初的な視点・目的設定と領域設定をはじめて明確に言語化し規定した理論家なのである（芝崎 2011）。

　この視点・目的，領域における原則・例外の関係が転覆・反転とはいわないまでも根本的に問い直されない弊害は，継ぎ足しと建て増しによって国家間関係の力の均衡以外の視点・領域を数多く考察の対象に入れてきた結果，事実上この世界を全体として把握し，理解しようとする学問となっている国際関係研究が実際に扱っている視点・目的，領域と，国際関係研究が置いている視点・目的，領域間のプライオリティとの間のギャップとなって表れる。ナイの軍事＝1極，経済＝多極，トランスナショナルという世界の三分法が分類として破綻しているのは，そうした亀裂の象徴的な表現であろう（芝崎 2015：第7章）。非国家主体の活動「も」重要であるが最重要なのは国家である，貧困・格差，人権の問題「も」重要であるが最重要なのは国益であり戦争回避であるという論理構成でしか世界を語り得ないのが現在の国際関係研究なのである。

3　理論的アポリア

3−1　人文社会科学の本来的な非整合性

　国際関係研究が初期設定の優位性を維持したまま「従」としての視点の継ぎ足しと領域の建て増しを行ってきたことは，科学として，理論として

の国際関係研究にどのような帰結をもたらすのであろうか。そのためには，学問のできあがり方から進んで，視点・目的設定と領域設定のあとに来る，法則の発見と理論の構築という過程の意味を考察しなければならない。本稿ではその結果生じている事態を「理論的アポリア」と呼ぶ。このことを，システムを専門とする立場から独自の科学論を展開すると同時に，国立環境研究所長，科学技術振興機構社会技術研究開発センター長などを歴任した市川惇信の議論に依拠して説明しよう。

　市川によれば，科学とは「対象世界が無矛盾な存在である，という前提のもとで『仮説と検証のループ』を対象世界の任意の時空および事象について回すことにより，個人が獲得した過程論的な経験知を相互に整合的に接続して，人類全体の過程論的な経験知の体系を積み上げる営み」（市川 2000：82）である。このことを示したのは図2である。

　市川は，こうしたループは人間が「わかる」ということ一般に通底する知の構造であり，進化の過程で知識を蓄積していく中で人間はこのループを回すことで現在の発展を手に入れてきたと考えている。自然科学であれ人文社会科学（市川は「人文社会学」とも表記している）であれ，このループを回すことによって法則や理論を発見し，構築するのでない限り，「科学」と呼ぶことはできない。したがって，仮説と検証のループという普遍的な条件を動かすような意味での「日本的」「アメリカ的」科学というのはあり得ないことになる。

　次に，自然を対象とする自然科学と，人・社会を対象とする人文社会科

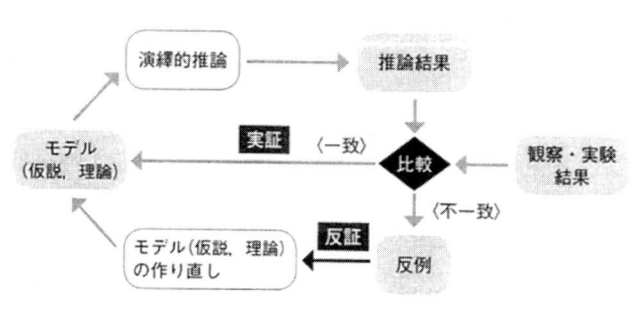

図2　モデル形成とその検証

（市川 2008：12）

図3　実在世界の言語世界への写像　　図4　人文社会学：言語世界から言語世界への写像

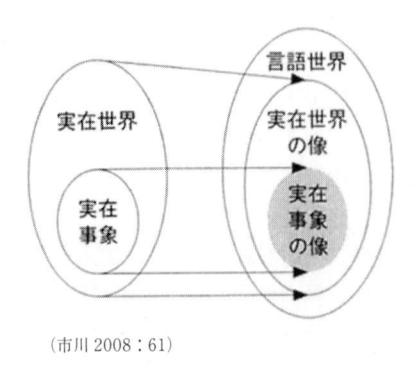

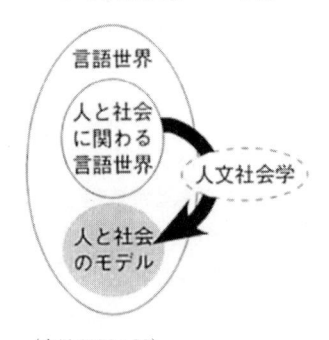

（市川 2008：61）　　　　　　　　　（市川 2008：93）

学との間の決定的な相違点として市川は，人文社会科学の成果はそもそも整合的になり得ないという点をあげている。図3にあるように，科学は実在世界に存在する実在事象を，言語世界へ写像することで記述される。

しかし，自然科学においてはこの図式は可能であるが，人文社会科学においては図3のようにはいかず，図4のようになってしまう。その理由は次の通りである。

> ヒトは実在世界にある。したがって，ヒトが集まった集団は実在世界にある。しかし，今日の社会は，ヒトが集まっただけの集団ではない。社会は言語で規定された諸制度・諸規則があってはじめて社会である。この意味で人の社会は言語世界にある。<u>人と社会に関する学問は，図19（芝崎注：本論文では図4）に示すように，社会という言語にある事象を言語で記述しようとすること，すなわち言語世界からそれ自身への写像である。</u>（中略）そして，<u>言語世界には言語の余剰に基づいて矛盾が存在する（＝整合的でない）。矛盾を含む事象を矛盾を含まない仮説体系に写像することは不可能である。</u>（市川 2008：92-93）

このことによって，人文社会科学には不可避的に「モデル間の矛盾」が存在してしまうことになる。この矛盾をなくそうとするには，人と社会のモデルと矛盾する現実をモデルに合わせるしかないが，これはナチズムや

スターリニズムなどに陥る危険がある。したがって，我々にはこの矛盾を甘受するしか選択肢はないということになる。なお，市川はその中において，「進化論的世界観」と名付ける視点に基づいて自然科学，人文社会科学が共有できる基盤を構築しようと試みているが，この妥当性については本稿では判断を留保する（市川 2014）。

3−2　国際関係研究の場合

　国際関係研究もまた，こうした人文社会科学の諸理論間の本来的非整合性を免れることはできない。そのことを踏まえた上で，継ぎ足し・建て増しが国際関係研究という理論体系内の整合性に対して何をもたらすのかを検討しよう。というのも，異なる視点で設定された領域における理論間には，そもそも整合性が要請されないからである。吉川弘之はこの点を次のように述べる。

>　これらの領域の特徴的なこととして，各領域内における理論体系の整合性，すなわち無矛盾性があることはすでに指摘した。しかしここで，さらに重要なことは，領域間の関係に関することである。つまり，<u>異なる領域に属する理論の間に整合性は要求されない</u>，ということである。そもそも視点というのは，異なる視点の間で起こる事象が少なくとも人間にとって意味をもつ機能としては相互に独立，という条件下で歴史的に成立したものであろう。したがって，視点を契機としてつくられた領域では，異なる領域に属する事象は互いに独立というのは自然である。（吉川 1993：60）

　国際関係研究が国家学的動機と平和学的動機から生まれ発展してきたとすると，国際関係研究はそもそも，本来的に視点・目的を複数持って生まれてきた学問であるということになる。両者の領域設定は主権国家関係という点ではほぼ同じであるが，視点が異なる。それ故にすでに触れたように，初期のリアリズムとアイデアリズムの間に生じたとされる対立において，国家学的動機がパワー・ポリティックス的な視点から国家中心主義的立場を取り国際機関の役割を重視しない一方で，平和学的動機が国家中心的立場もとりつつ国際連盟など国際機関の役割を重視する立場を取るとい

う構図が生まれる。

かくして，両者の議論の有効性や妥当性が永遠に争われるのは，本来科学が1つの視点・目的に即して領域を設定し，その領域内での法則発見によって成立する少なくとも1つの理論体系内では無矛盾な学問分野として構築されるものであるのであれば，むしろ当然のことなのである。以上のことが正しければ，国際関係研究はその誕生の瞬間から，理論体系内においても本来的に非整合的でしかありえない学問として生まれたということになる。

したがって，学問の対象の性質に関する市川の理解に従うと，国際関係研究は，他の人文社会科学と同様本来的にも非整合的であり，学問の領域の性質に関する吉川の理解に従うと，継ぎ足し・建て増しによって理論体系内での整合性を保つことがさらにできなくなっているということになる。

3−3　理論的アポリアの意味

以上のことから，国際関係研究が永遠に決着のつかない，理論間での論争を繰り返し続けてきた，そして現在も多元主義といった形で継続し，いつまで経っても理論的な統合がなされないアポリアの構造が説明できる。

すなわち，人文社会科学の宿命的なモデル間の矛盾や非整合性という前提に加えて，国際関係研究は原初的に複数の視点・目的設定をもって生まれて来た学問であり，そこで原初的に設定されてきた視点・目的，領域のプライオリティを維持したままさらに継ぎ足し，建て増しを繰り返し続けていることによって，理論相互間の非整合性が高まると同時に，実際に継ぎ足し・建て増しをすることによって扱っている視点・目的を統合し，領域を総合してとらえ直すことができなくなっていった。その結果として，実質的には国家間関係の研究から国家間関係を含んだ地球規模の諸関係を研究対象とするようになっているにもかかわらず，実際に対象となっている現実の世界を統一的に描写することができなくなっているということである。これが，国際関係研究が陥っている理論的アポリアである。

したがって，この状況が続く限り，理論は多数化・複数化しつづけるのみであり「決着」は決してつかない。原初的な初期設定を維持する立場からみれば，いかなる継ぎ足しや建て増しが行われようと，それらは原則に対する例外であるというふうに処理できる。かといって，継ぎ足しや建て

増しの側から「ポスト・ウェストファリア」化した世界を把握するべきであるという立場から，この原則と例外の関係を転覆することは，初期設定を維持することがこの学問のカノンである限りは容易にはできない。small and important things の重要性をいくら主唱しても，プライオリティが big and important things にあることを受け入れることが，この学問の初期設定においてデフォルトで規定されているのである。ダンたちの統合的多元主義が理論間の統合とはそもそも何を意味するのかを十分考慮しないまま統合という言葉を用いていることによって以前のさまざまな提案と同様画餅に帰してしまう可能性が高いのはこのためであるし，アチャリアのグローバル IR 構想も，継ぎ足しや建て増しとして処理されてしまう可能性が高いのもこのためである。さらに言えば，グローバル IR は，場合によっては継ぎ足しや建て増しに過ぎないにもかかわらず非西欧の声や異議申し立てを取り入れたことにされてしまう可能性すらあるということである。

　こうした状況であることは，多くの国際関係研究者は程度の差はあれ認識していると思われる。その一方で，ほとんどの研究者はこうした細分化に対して「平気」でいることができる。それは，自己が依拠する仮説と検証のループさえ回していれば，限定された自己の専門分野では研究を生産することができるし，研究者も再生産することができるからである（市川 2008）。

　一般に，領域を限定すればするほど，精密な分析が可能になるし，その範囲内でのモデルも緻密に構築することができる。同時に，吉川の表現を借りれば研究者はますます針の穴から世界を見るような状況に陥るし，世界を統一的に描写するといった総合的な視点の研究からは遠ざかっていくことになる（吉川 2001，2002）。

　これまで，国際関係研究にはさまざまな理論があり，さまざまなパラダイムが存在すると言われてきた。しかし継ぎ足し・建て増しという視点から見ると，プライオリティの設定という基準から見れば，国際関係の理論は実際には 1 つしかなかったのではないであろうか。それは，国家学的・平和学的動機にもとづきそれ以外は継ぎ足しで処理し，主権国家と主権国家間関係に領域を限定しそれ以外は建て増しで処理し，主権・アナーキー・権力政治を原則としそれ以外は例外として処理するという理論である。その意味ではケネス・ウォルツは正しかったのであり，「国家中心主義」を

批判する立場は，いかなるイズムであろうと国際関係研究という立場を受け入れる限り論理的に見れば自家撞着なのである。というのも，これまで見てきたように国際関係研究は国家中心主義的な視点・目的設定と領域設定によって初めて成り立っている学問であるからである。その意味で，ウォルツが到達した「国際政治は国際政治である以上国際政治以外ではあり得ない」とでも表現しうる認識は正鵠を射ていたのであるし，それが，"causal weight" であるということの意味なのである。

そして，この文脈からみれば，ネオネオ統合以後の新功利主義が結局はこの causal weight を保持する路線に落ち着き，また社会構成主義も同様の途をたどり，ダンたちのいう多元主義に逢着したのも首肯できる。いかなる理論も「国家中心主義」を批判することはたやすいが，現在のような学問のできあがり方そのものを覆すようなオルタナティブが提示できない限りは，いかにそれらが健全であろうとも最終的にはそれを受け入れるか，そうでなければ国際関係研究それ自体から退出するほかなかろう。すべての IR 学史は，主権国家中心主義・国家間関係中心主義・パワー・ポリティックス中心主義に対する評価の偏差の歴史であったと考えることができる。

かくして，現在展開されている理論的（統合的）多元主義と領域的多元主義が国際関係研究のアポリアを解消しうる有効な処方箋であるというよりもアポリアそれ自体の象徴的な表現であるということが改めて理解されよう。

4　視点と領域の初期化と再設定

このような理論的アポリアを支えてきた考え方としてあげられるのが，「1648年の『ウェストファリアの講和（Peace of Westphalia）』以降，ヨーロッパにおいて主権国家間関係という意味での近代的な国際関係が成立し，近代国際社会が地球大に拡大していく，という歴史認識」と定義できるウェストファリア史観である（Shibasaki 2014b）。周知のようにこの史観の史的妥当性自体はすでに大枠において否定されている（Teschke 2003，明石 2009，Osiander 2001，S. Schmidt 2011）が，依然としてこの記述は国際関係研究の教科書には多少の留保こそあれ残り続けている。その理由は，前述の3つの中心主義をもたらす視点設定・領域設定の妥当性を歴史的な実態に係留するための目印として好都合だからである（髙山 2010）。

ただし，ウェストファリア史観が偽であるという認識が共有され，国際関係研究というディシプリンの「しつけ」において1648年欧州起源説が少なくともその素朴な形において消え去ったとしても，理論的アポリアはそれだけでは解消されない。というのも，歴史的起源がいつであれ，どこであれ，国家学的動機・平和学的動機にもとづく視点・領域設定によって構築された学問としての基本的性格には影響しないからである。つまり，いつ，どこではじまろうと，またそれが西洋中心主義的であろうと，国際関係研究という学問の構造それ自体が回すことのできる「仮説と検証のループ」そのものには影響を与えないからである（Shibasaki 2014b）。

　では，理論的アポリアに対してなにをなすべきであろうか。これには次の３つの選択肢が考えられる。第一が現状を放置し，変革に結びつかない批判や提案を今後も積み重ねていくことであるが，これは理論的アポリアを解消することなく，多元主義という名の，一見 wide（Dunn, Hansen, Wight 2013: 416）で多様に見えて実はより狭く小さい「仮説と検証のループ」をタコツボ状に増殖させることにつながる。この選択肢は，国際関係研究というディシプリンの固有性の追求を事実上捨てるということであろう。というのも，この方向性を進めていけば，すでに「国際関係」に関して他のディシプリンもまた数多く研究を行っている現状に鑑みると，国際関係研究という固有のディシプリンの緩やかな解体と他分野との部分的な統合の進展をもたらしうるからである。これは，ダンたちも触れているように，現状がIR理論の終わりなのではなく，IRそれ自体の終わりであるかもしれないという見通しとも共通する方向性である（Dunn, Hansen, Wight 2013: 419）。

　第二の選択肢は，学問の整合性を保つための戦術的後退である。これは，目的・視点設定と領域設定を本来の初期設定に限定するという立場である。国際関係研究は国家間関係研究である，国際政治研究は国家間の政治的関係の研究であると割り切るということである。これは，方法論としては少なくとも理論内においては整合性・無矛盾性を追求しうる選択肢である。しかし，この選択肢は国際関係研究という名のもとに継ぎ足し・建て増しを行ってきたこと，そして現在もそれを行い続けているという歴史的な経緯を無視するか不当に過小評価することになり，多くの国際関係研究者にとって受け入れがたいことであろう。こうした後退を受け入れられない研

究者たちは，国際関係研究の分裂と解体という第一の選択肢の先に起こりうる帰結を受け入れることになるかもしれない。

　第三の選択肢は，理論的アポリアの原因をみとめ，「国際関係研究」という名前のもとで研究しているすべての研究者のあらゆる問題関心，そして「国際関係」という名前のもとで実際に網羅されているあらゆる諸現象を包括的に総合するような学問を作り直すことである。本稿の議論が示すのは，そのためには，理論的アポリアを積極的に克服するような視点・目的にもとづいて領域を再設定し，その領域に即して法則・理論を発見していくほかないということである。ただし，この第三の選択肢が成立するための条件は，国際関係研究が総合的な一つのディシプリンとして統一的な視座の下で成立していなければならないという前提に立つことである。

5　国際関係の研究からグローバル関係の研究へ

　本稿は，もし国際関係研究が固有のディシプリンとして総合的なものとして存続するためには，目的・視点そして領域を再設定せざるを得ないのではないかという主張までを仮説として提起することを目的としており，現時点ではその結果得られるディシプリンの姿については考察の範囲とはしておらず，この点については明確な答えを持っていない。しかし，ここまで議論をしてきた行きがかり上からも，本稿の立場からのある程度のspeculationを提示することは許されよう。

　そもそも，視点・目的はどのように設定されるのであろうか。学問のできあがり方の論理的なプロセスは，視点・目的の設定が先にあり，領域の設定が後にあるが，実際に学問を必要とする際には，この両者の順番は必ずしも一方向ではない。むしろ，新たな現象が生まれ，その現象を統一的に理解するための視点・目的の設定が発見されるというプロセスも含めた双方向的な往復によって相互が形成されると考えることが妥当であるように思われる。たとえば洪水を防ぐ，感染症を防ぐといった事例で考えてみると，この点は理解できよう。ウォルツが『人間，国家，戦争』の原型となった博士論文を着想した際も，戦争と平和に関する実際の諸議論という漠然とした領域内の対象を読んでいくなかで，3つのイメージという視点・目的を着想し，そこから第3イメージの優越さらに『国際政治の理論』という視点・目的の設定にたどりつき，そこから学問体系を構築していっ

たのも，まさにそうした往復運動の成果であった（芝崎 2015：第6章）。
　このことを踏まえて，国際関係研究の視点・目的の再設定を試みよう。1でみたように，また竹内啓も述べるように，学問の視点・目的は基本的には人間中心主義的であり，（生物多様性や天然資源への配慮なども必須ではあれ）人間の死活問題の解決という「実用的」な視点・目的が学問の根源となっている（竹内 2001）。国際関係研究の初期設定である国家学的動機・平和学的動機もまた同様であろう。しかし，現在国際関係研究が考察の対象にしているのは，単なる国家の生存・維持・拡大のみではなく，また単なる国家間戦争の回避・予防のみでもなく，この世界全体を覆う諸主体が生み出している諸事象のほとんどすべてである。その意味で現在の国際関係研究の最大公約数的な視点・目的は，big and important も small and important もすべて含めた，人類全体，地球全体の生き残りという視点・目的ということになろう。
　次に領域の設定であるが，これは前段で述べたとおり，人類全体・地球全体の生き残りに関わるすべての現象をさし，その現象に関わる全ての主体を含むということである。平野健一郎はかつて，「国際関係」の主体を国家に代表されるそれ自体は国境を越えない（かわりに政治家・外交官などのエージェントが越える）領土を基礎とする「動かない主体」と，自らが国境を越えてさまざまな関係を形成する「動く主体」に分類した（平野 2000）。ここでのすべての主体とは，動く主体と動かない主体をすべて含まなければならない。さらに，主体自体が動けるか，動けないかはさておき，動いてきたヒト・モノ・カネ・情報によって影響を受けることも議論の射程に含まなければならないであろう。また，ここで「越える」と言った場合に，その境界線は国境にとどまらないことも，国内避難民や民族対立・内戦などの事例，インターネットなどのヴァーチャルな事例を考えれば自明であろう。
　つまり，新たな領域は，すべての主体があらゆる種類の境界線を行き来することで形成する，その行き来によって形成される諸関係の総体として設定しなければならないことになる。宇宙ステーションなどの地球外の活動を「例外」として少なくとも現時点では処理するならば，こうした領域は今のところ「グローバル関係」（global relations）と表現することになるのではないであろうか。われわれが実質的に考察している現実の総称は，

国際関係ではなくグローバル関係なのである。

　こうした視点・目的設定と領域設定は，国際関係研究の視点・目的設定と領域設定を排除するものではない。グローバル関係の研究は国際関係研究の視点・目的と領域を含むことになる。ここで特に問題になるのは，「含む」といった時に例のプライオリティの問題をどのように扱うかということである。特に現実世界において，国家中心主義的な視点がその優位性の根拠としている国家，国家間関係がそれ以外の関係にあたえる決定的な影響力をどのように考えるかということが焦点となる。また，このことと関連して，「世界中で誰が何をいつどのように手にするか」ということに対して影響力を及ぼしうる主体や構造に常に警戒し，批判していくという権力批判の契機をグローバル関係という問題設定が帳消しにしてしまうのではないかという危惧も生じるのである。つまり，国家中心主義的な目的・視点そして領域設定は，実際にすべての主体がおりなすすべての主体間関係を依然として強力に規定しているが故にこれまでも妥当であり，現在もそして将来も妥当でありつづけるのであるという，ブースに見られるような構造的な規定の仕方をグローバル関係の研究はどのように引き受け直すのかということである。

　この問題を一気に解消する明快な答えは，現時点では筆者にも用意がない。しかし，この問いに取り組むための準備として，次の3つの点を指摘しておくことはできる。

　第一に，それがいかに困難であろうと，人類全体の生き残りという視点に即してグローバル関係という領域を設定するという処方箋以外に，学問としての国際関係研究のアポリアを解消することは学問や理論の本来的な性質上不可能であるという論理的帰結は，本稿の行論が大筋において正しいとすれば動かないということである。「国際関係」という名目のもと「グローバル関係」を実際に研究しているという実態に対して，実態を学問に合わせるのでなく，実態に合わせた学問の再構築をし直さなければ，国家間関係をも適切に見ることができなくなっていく可能性もあるばかりではなく，国際関係研究者は学問のあり方に関する議論の一種の不毛な繰り返しとしての慢性疾患から脱却できないのではないかということである。

　第二に，筆者は国際関係研究という名称をグローバル関係という名称に衣替えすればそれですむとも，グローバル関係研究という学問分野がここ

数年で一気に立ち上がるとは考えていない。さらにいえば，本稿のような学問論的な議論が先導することで学問が変革されるとも考えていない。ここでは科学史ないし科学哲学的な議論に深入りはしないが，おそらく当該分野の変化はある時点まではゆっくりとした形で進行し，それが臨界点に達したときに決定的な変化が起きるのではないであろうか。その変化はまず国際関係研究の初期設定では処理できないような視点・目的や領域設定を確信犯的ないし不可避的に導入した研究の出現によって進行し，その蓄積が変化を産むと考えられる。いわばこれまでのアポリアの発見と指摘は，そうした蓄積の過程でもあったとみなすことができる。この点に限って言えば，二つの多元主義が描写しているような現状に積極的な意義をある程度認めることはできる。

　第三に，big and important things の優越性と small and important things に対する支配力に関しては，その支配力を認め，その支配力に対する観察や分析の死活的重要性を認めつつも，人間の原的な自由の可能性に学問的な基礎を改めて置き直すような思考を確立することが必要となろう。

　その助けとなりうる一例として，比較社会学の視点からみた真木悠介（見田宗介）の重層的非決定性に関する議論がある。真木は，遺伝子（真木は「生成子」と訳す）レベルから種レベル，個体レベルまでの，人間という主体の活動を制約している諸要因を精査したうえで，個体は生成子の共生系であり，本来派生的に生まれ進化してきたのであるが，派生的な自立態として最初はエージェント的，つづいてテレオノミー的に進化の過程で主体化していくが，さらに異なる他者を迎え入れ，他者のテレオノミーの回路へ自己を開くこともできると論じた（真木 1993）。

　真木によれば，個体は(1)生成子としての自己生成，(2)個体の自己目的化，(3)同種・異種の他者への愛（個体の脱・自己目的化）という作用に常に同時にさらされているのである。こうした自己裂開的な構造をもつ個体は，同時に自己を主体化する力を持っている。すなわち「どの他者もわれわれの個としての生の目的を決定しないし，どの他者もわれわれの個としての生の目的を決定することができる。この無根拠の決定性とテレオノミーの開放性とが，われわれが個として自由であることの形式と内容を決定している」のである（真木 1993：152）。

　真木はこの議論を個体レベルにとどめ，個体が属する社会レベルの議論

は現時点では包括的には展開していないが,この分析を文明諸社会,近代社会,現代社会へと応用していく道筋についての基礎的な展望を示している(真木1993：159-164,芝崎：2002)。こうした議論の枠組で考えれば,big and important things は,真木のいう重層的な非決定性の構造のなかの一要素にすぎないのではないであろうか。

国際関係研究の初期設定は,big and important things が突出して世界のすべてを決定し,決定し続けるかに見えるほど人々にとって「恐怖」を与えたものであるが故に,後述する戸田正直の概念を借りれば「今ここ」効果も手伝ってなされたものであるともみなしうる(戸田2007,芝崎2015：第8章)。この「今ここ効果」を引き戻して,認知を切り替えていくならば,big and important vs. small and important という問題設定の呪縛から解放される視点を確立できる可能性がある。主体としての個の重層的非決定性を基礎に置いた超長期的な,人類史的な視座から見た,近現代という一時期に突出して決定性を持つかに見えた位相として国際関係の規定性を捉え直すということである。ブースは重層性を認め,重層的な決定性を一方向的に認めていたが,重層性を認めつつ一意的な決定性を認めないという議論の筋道は不可能でないと思われるのである。

このように,現時点ではグローバル関係とは何であり,グローバル関係研究とは学問として,理論としてどのようなものであるかを完全な形で素描することはできない。まず,国際関係研究の将来をこうした方向性で考えることの妥当性それ自体の検討が必要であるし,またこれまでの国際関係研究がこのプライオリティの問題をどのようにとらえ,処理してきたか,そしてそれはなぜかをまず考察しなければならないし,そもそも国際関係研究者は「理論」「科学」「学問」という言葉をどのように理解し,認識し,使用してきたのかを改めて精査し直す必要性も出てこよう。

加えて,「国際関係を考える」ときの人々の頭の動きのなかで「国際関係」という関係が世界全体の関係の中でどのようなものとして認識されていたか,そしてそれがどのように変容してきているのかをとらえていく作業が必要であり,それなしに一足飛びに国際関係研究を超克したり,グローバル関係研究を一夜のうちに構築したりことは不可能であろう。

また,ここまでの考察はIRを主な対象としており,IRとも交流し影響を受けながら独自の発展を遂げてきた日本の国際関係研究のあり方は,本稿

の議論に回収し尽くせるものではない。日本の国際関係研究における学問観，理論観，科学観は，マルクス主義はもちろんであるが，蠟山政道を嚆矢として，近代科学という意味では新カント派の科学観，理論観とも深い関係を持っており，こうした歴史的な掘り下げもまた課題となる（蠟山 1928，石田 2013）。

おわりに

日本の認知科学のパイオニアで，アージ理論で知られる戸田正直はかつて，「心理学の将来」と題する講演で，現代の世界の課題として，(1)技術進歩の加速に伴う過剰エネルギーの処理の必要性，(2)そのエネルギーの使用の仕方を整理して少しでも多く拡大生産過程に投入するはずの国家をはじめとする社会組織が，そもそも生存ぎりぎりの消費エネルギーを与えられた人々が大部分である社会向けに作られてきたものであるがゆえに機能不全に陥り，老化してきている。そして「人類の最大目標」として「本当に新しい，そして豊かになった個人個人が，そのエネルギーをもって直接，情報－制御過程に参与する（創造過程）を可能にするような社会組織の創出」をめざさなければならないと論じた（Toda 1969，戸田 1971）。

そのうえで戸田は，心理学という人間の心に関する学問を核とした，人間と社会を相対的にとらえる「統一人間・社会科学」の確立を訴えた。それは一般理論ではなく，当初は部分的理論群を組み合わせたグロテスクな模型であり，全体としての理論的統一はないが，予測は可能なものであると戸田はいう。

本稿が speculate する，国際関係研究からグローバル関係研究へという議論は，戸田のこうした speculation に影響を受けて提示されたものでもある。戸田はこうした統一人間・社会科学を成立させるには「とにかくがむしゃらに社会のダイナミックな様相を記述するしかない」と述べているが，現在の国際関係研究もまた，理論の多元主義と領域の多元主義がグローバルに（non-Western も含めて）展開されつつあるという意味では，かつて戸田も批判した「一般理論」の横行から距離を置き始め，さまざまな視点からダイナミックな記述を蓄積し始めている証左であるということもできそうである。

しかし，理論的アポリアの由来に対する考察抜きでは，これら記述は次

のステップには活かされないし，次のステップへの展望抜きでもまた，同様である。本稿が果たそうとする役割は，新たな，完成された鋳型としてのグローバル関係研究へ国際関係研究を単純に否定して溶かし込むということにあるのではなく，現在の国際関係研究のアポリアを燻りだし，もし国際関係研究が現在まで抱えてきたアポリアを解消して新たな固有のディシプリンとして存続していくのであれば，次にどのような鋳型を受け皿として構想せざるを得ないのかを筆者なりに剔抉した結果を提示し，その妥当性について国際関係研究者に広く問いかけることにある。

* 本稿に先行する考察として，(Shibasaki 2014a)。同論文は日本政治学会2011年度研究大会国際交流委員会企画日欧交流セッション（2011年10月9日）での報告であり，本稿はその内容をさらに前進させたものである。また，日本政治学会年報編集委員会2015－Ⅰ号「政治理論と実証研究の対話」第2回研究会（2014年7月26日）において本論文の骨子を報告する機会を得た。双方の報告に参加しコメントを賜った皆様に御礼を申し上げたい。

参考文献

Acharya, Amitav and Buzan, Barry (2009) *Non-Western International Relations Theory: Perspectives on and beyond Asia*, Routledge.

Acharya, Amitav (2013) *Rethinking Power, Institutions and Ideas in World Politics: Whose IR?*, Routledge.

Acharya, Amitav (2014a) "Global IR and Regional Worlds: Beyond Sahibs and Munshis: A New Agenda for International Studies," Presidential Address to the 55th Annual Convention of the International Studies Association, Toronto, 27 March 2014.

Acharya, Amitav (2014b) "Global International Relations (IR) and Regional Worlds: A New Agenda for International Studies," *International Studies Quarterly*, pp. 1-13.

Booth, Ken (2014) *International Relations (All That Matters)*, McGraw-Hill.

Buzan, Barry and Little, Richard (2001) "Why International Relations has Failed as an Intellectual Project and What to do About it," *Millennium* 30-1 (2001).

Dunne, Tim, Hansen, Lene and Wight, Colin (2013) "The End of International Relations theory?," *European Journal of International Relations* (September 2013), pp. 405-425.

Edkins, Jenny and Zehfuss, Maja eds. (2014) *Global Politics: A New Introduction*,

Second Edition, Routledge.

European Journal of International Theory (2013) "The End of International Relations Theory?," *European Journal of International Theory* (September).

Hobson, John M. (2012) *The Eurocentric Conception of World Politics: Western International Theory, 1760-2010*. Cambridge University Press.

Keohane, R. O. and Nye, Joseph S Jr. eds. (1971) *Transnational Relations and World Politics*, Harvard University Press.

Osiander, Andreas (2001) "Sovereignty, International Relations, and the Westphalian Myth," *International Organization* 55-2, pp. 251-287.

Ruggie, John Gerald (1998) "What Makes the World Hang Together? Neo-utilitalianism and the Social Constructivist Challenge," *International Organization* 52-4, Autumn, pp. 855-885.

Schmidt, Brian C. (1997) *The Political Discourse of Anarchy: A Disciplinary History of International Relations*. State University of New York Press.

Schmidt, Brian C. ed. (2013a) *International Relations and the First World Debate*, Routledge.

Schmidt, Brian C. (2013b) "The Historiographical Turn and Busting the Myths of International Relations," the discussion paper presented at the workshop titled "Historical Turn in International Relations" (11/30/2011, Tokyo Campus, Ritsumeikan University).

Schmidt, Sebastian (2011) "To Order the Minds of the Scholars: The Discourse of the Peace of Westphalia in International Relations Literature," *International Studies Quarterly* 55-3, pp. 601-623.

Shibasaki, Atsushi (2014a) "From study of international relations to the study of global relations: possible roles of the study of international relations in the distant future," *Journal of Global Media Studies*, 14 March, pp. 43-58.

Shibasaki Atsushi (2014b) "Myths in a Discipline: IR and the 'Peace of Westphalia,'" *Journal of Global Media Studies*, 13 March, pp. 41-52.

Smith, Steve (2004) "Singing Our World into Existence: International Relations Theory and September 11th," *International Studies Quarterly*, 48-3, pp. 499-515.

Smith, Steve (2008) "Six wishes for a More Relevant Discipline of International Relations," Christian Reus-Smit and Duncan Snidal eds., *The Oxford Handbook of International Relations*, Oxford University Press, 2008, pp. 725-732.

Snarr, Michael T. and Snarr, D. Neil (2012) *Introducing Global Issues*, Fifth Edition, Lynne Reinner.

Teschke, Benno (2003) *The Myth of 1648: Class, Geopolitics, and the Making of Modern International Relations*, Verso（ベンノ・テシュケ, 君塚直隆訳（2008）

『近代国家体系の形成　ウェストファリアの神話』桜井書店).
Toda, Masanao (1969) "Possible Roles of Psychology in the very distant future," *Proceedings of the XIX International Congress of Psychology*, pp. 70-75.
Waltz, Kenneth N. (1986) "Reflections on Theory of international politics: a response to my critics," in Robert O. Keohane (ed.), *Neorealism and its critics*, Columbia University Press, pp. 322-45.
Wæver, Ole (1997) "Figures of International Thought: Introducing persons instead of paradigms," Iver B. Neumann and Ole Wævere ds., *The Future of International Relations: Masters in the Making*, Routledge, pp. 1-37.

明石欽司 (2009)『ウェストファリア条約　神話と実像』慶應義塾大学出版会。
市川惇信 (1990)『世界認識するシステム科学』三田出版会。
市川惇信 (2000)『暴走する科学技術文明』岩波書店。
市川惇信 (2008)『科学が進化する5つの条件』岩波書店。
市川惇信 (2014)『進化論的世界観』東京図書出版。
石田雄『増補新装版　日本の社会科学』東京大学出版会。
キング，コヘイン，ヴァーバ，真渕勝監訳 (2004)『社会科学のリサーチ・デザイン定性的研究における科学的推論』勁草書房。
芝崎厚士 (2002)「自我・国家・国際関係　文化としての国際関係認識研究序説」『国際社会科学』第52輯。
芝崎厚士 (2011)「ケネス・N・ウォルツ『国際政治の理論』」土佐弘之編『グローバル政治理論』人文書院。
芝崎厚士 (2015)『国際関係の思想史　グローバル関係研究のために』岩波書店。
髙山巌 (2010)「ウエストファリア考」『国際政治』第160号，48−63頁。
竹内啓 (2001)『科学技術・地球システム・人間』岩波書店。
戸田正直 (1992/2007)『感情：人間を動かしている適応プログラム』東京大学出版会。
戸田正直 (1971)「心理学の将来」日本児童研究所編『児童心理学の進歩』金子書房，335−356頁。
平野健一郎 (2000)『国際文化論』東京大学出版会。
ヘンリー・ブレイディ，デヴィッド・コリアー，泉川泰博，宮下明聡訳 (2014)『社会科学の方法論争　多様な分析道具と共通の基準』勁草書房。
真木悠介 (1993)『自我の起原　愛とエゴイズムの比較社会学』岩波書店。
吉川弘之 (1993)『テクノグローブ』工業調査会。
吉川弘之 (1996)『テクノロジーのゆくえ』岩波書店。
吉川弘之 (1998)「現代の工学が直面する課題」髙橋裕・加藤三郎編『岩波

講座地球環境1現代科学技術と地球環境学』岩波書店，45-69頁。
吉川弘之（2001）『テクノロジーと教育のゆくえ』岩波書店。
吉川弘之（2002）『科学者の新しい役割』岩波書店。
蠟山政道（1928）『国際政治と国際行政』厳松堂書店。

社会実験とリバタリアン・パターナリズムは世界の貧困を救う？

—— 援助の新潮流に関する政治理論的一考察 ——

木山幸輔 *

1. 序：援助の新潮流としての社会実験アプローチ

　第2次大戦後，援助実践に大きな影響力をもちつつ進展してきた開発学（主に開発経済学）と呼ばれる学術領域においては，自身が主な対象とする世界的貧困層への援助の構想に際し，その主流を奪い合う形でいくつかの潮流と呼びうるものが展開してきたと指摘される（絵所 1997）。近年，そのような潮流として特に目を引くのが，社会実験や人々の行動分析から世界的貧困を研究しつつ，その成果に基づき援助プログラムを構想するという1990年代から関心が増してきた潮流である（Easterly 2011）。邦語圏においてもこのような研究，つまり「ランダム化比較試験（RCT）・行動経済学・実験経済学アプローチ，一口でいえば「社会実験」による実践的な貧困研究」が最先端の学術研究における「地殻変動」として現れているとされ（澤田 2013：313），日本の中心的援助機関 JICA においてもそのような研究に基づく援助プログラムが多く採用されはじめ，影響力を増している（JICA 研究所 2010）。

　しかし，このような援助の新潮流が開発学において影響力を持ち期待をかけられているにも拘らず，その構想の前提・含意をめぐる規範理論・政治理論的考察がなされてきたとはほとんど言い難い[1]。そこで本稿はこの新潮流の有用性の範囲およびその政治的意味について，その前提・含意の考察を通じて明らかにすることを目的とし，特にこの潮流の手法と事例への適用を提示しつつそれを喧伝する『貧困経済学』（Banerjee & Duflo

---

　* 東京大学総合文化研究科国際社会科学専攻相関社会科学分野博士課程，日本学術振興会特別研究員 DC1　政治理論・倫理学・開発学

2011=2012 以下 PE と略記）と『よき意図を越えて』（Karlan & Appel 2012=2013 以下 MGI と略記）の議論[2]を検討の中心的対象としつつ考察していきたい。

2. 社会実験による調査から：
ランダム化比較試験（RCT）を中心に

上述の援助の新潮流には，中心的には2つの位相を看て取ることができる。すなわち，社会実験による経験的知見の蓄積の位相と，それを用いつつ行動経済学の知見から援助プログラムを構想する位相である。以下，2および3において社会実験による経験的知見蓄積の位相，およびその有用性の限界が確認され，4および5において，行動経済学を用いた援助プログラム構想の位相およびその政治的意味が考察される。さらに6において社会実験による経験的知見の蓄積と行動経済学を用いた援助プログラム構想の複合が持つ政治的含意が確認された後，7において本稿の検討のもつ示唆が示され，論が閉じられる。

まず社会実験，特に *PE*・*MGI* がその焦点を置くランダム化比較試験(randomized controlled trials: RCT）について。*PE*・*MGI* が期待を寄せる RCT の特性は，それがある援助プログラムが存在する場合としない場合の比較を精確に行うことを可能にする点にある。*PE*・*MGI* によれば，これまでの援助プログラムの多くは「ビフォー・アフター評価」，すなわちプログラム実施後の人々の状態を，実施前の状態と比較する形で評価された。しかし，これでは外部要因（例えば火山の噴火）が知りたい情況（例えば新治療法プログラムによる呼吸器感染症の防止効果）に影響を与えている場合，プログラムの効果を測定できない。しかし，被援助者をプログラムが実施される集団と実施されない集団に分け，両者を比較対照することでプログラムの効果を測定する RCT であれば，外部要因が影響を与えていたとしてもその効果を統計的に把握できる——火山が噴火してもプログラム実施集団に呼吸器感染症の有意な減少が認められるのであればプログラムの有効性が確認できるように——（*MGI*: 30-1=40-41）[3]。

PE・*MGI* は，このように RCT を繰り返し，援助プログラムの評価を行ない続けることで貧困に対してよりよい援助プログラムを発見することができるとする。「貧困に対して現実的な進展を齎したいなら，我々は定量

的で証拠のある方法で物事を改善し,そしてその改善を同じ手順を通じてさらに改善するという方法に習熟しなければならない。これはいつまでも続けなければならないプロセスであり今後もずっとそうである」(*MGI*: 128=147)。

3. RCT の援助への応用の限界

以上のように援助への応用が提言される RCT であるが,必ずしも *PE*・*MGI* が意識しているとは言い難いその限界はいくつかの点で明確にされなければならない。

確認されるべき第1,第2の限界は,実験が行なわれるより他の空間・時間における「発見」の妥当性に関わる。

すなわち第1に,RCT の空間的な外的妥当性が深刻に問われる。RCT によりある空間におけるプログラムの有効性が明らかとなったとしても,同じプログラムが別の空間において有用なものでありうるかは必ずしも明らかではない。にも拘らず,*PE*・*MGI* はある成功の事例をもってその効果を一般化する傾向にある。例えば,インドと中国のある地域でのマイクロファイナンスの一定の成功と中小企業への融資の困難の事例の指摘から,「発展途上国の金融にとって」中小企業への資金提供手法の探求が今後の課題だとされるように(*PE*: ch. 7)[4]。

このような外的妥当性の問題に対して *MGI* が明示的に提示するのは,問題となるプログラムの成果をまた別の環境での実験を通じて確かめるというものである(163=184)。しかしこのような複数の実験を通じても,どのような要因によってそのプログラムが成功・失敗(後に述べるようにその成否の基準の設定も問題が多いものであるが)するかは RCT そのものによっては確認できない。RCT がプログラムというインプットと効果というアウトプットの関係のみに焦点を当て,両者の間の「内部構造」を観察しない「ブラックボックスアプローチ」であるからである(澤田 2013:321)。そのようなブラックボックスを解明するための人々の情況の変化を説明する探求がなければ,ある実験の成果が他の場所での適用にどのような意味を持つかの判断は難しい[5]。

第2に,RCT ではプログラムの短期的な効果は観察することができても長期的な効果について観察することができない。このことは個人のレヴェ

ル，社会のレヴェルから述べることができる。まず個人のレヴェルについて。*PE* は牛舎使用ではなく放牧を選択している牧畜業者に関し，これまでの比較対照から所得の上昇のためには牛舎を建てる方がよいとしているようである。「彼は融資を受け牛舎を建て，4頭の若い牛を飼う。牧草地での放牧は必要ない。牛舎で餌をやればよい。8カ月で牛を売れば相当の利益を得るだろう」（207＝272）。しかし牧畜業者は，例えば餌の価格高騰の虞などに鑑みて，短期的に所得が上昇しなくても長期的に安定した所得を見込める放牧を選択しているのかもしれない。RCT によりある期間における短期的な生への影響をみることができたとしても，長期的な影響は観察できないわけである。次に社会のレヴェルについて。*MGI* は，ケニアにおけるあるプログラムにおいて，それまで国内向けに栽培されていたトウモロコシ・バナナなどの作物からサヤインゲンやベビーコーンのようなヨーロッパへの輸出向け作物への耕作転換がなされた人々は対照群よりも世帯所得が3割以上増えたとし評価している（168-71＝189-92）。しかしこれは長期的には合理性を欠く可能性を有する。例えば，輸出向けの耕作地において栽培されるサヤインゲンやベビーコーンによる収入は，ヨーロッパへの輸出費用の増大——例えば輸出時に用いる燃料の高騰——によって大きく下落するかもしれない。そのとき，ケニアにほとんど根付いていないサヤインゲンやベビーコーンは購買されにくく，社会的に見れば生起するのは人々の主食となる生産物の確保可能性の低下である。以上のように，あるプログラムが短期的に効果を有しても長期的にはそれを欠く可能性について RCT は沈黙せざるをえない。

　さらに，第3の限界として，RCT によりある条件下の場所・期間での有効な援助プログラムが見出されるとしても，その実験それ自体の道徳性が問われうることが明確にされなければならない。*MGI* は「開発プログラムもスペースシャトルと同じように複雑なシステムで，いつ切れてもおかしくないヒューズが多くある」とし，社会実験によってOリング——スペースシャトル事故の原因——を見つけだすことが重要であるとする（189＝211）。しかしOリングに欠陥があったことが乗組員の死という犠牲とともに発見されたように，効果的な援助プログラムの発見のためのRCTはその特性として比較対象となる援助プログラムを与えられない集団を生み出す（しかもそこでは意図されずに起こったスペースシャトル事故と異なり，

実験者の意図により集団が創出される)6。同様の環境にいながらも援助を（少なくとも同時点では）受けられないことは，実験者の意図により被援助者間に死活的な差異を導入することとなるが，それは被援助者たちの共同体内部の連帯に深刻な欠損を与える虞，ひいては実験者を含む援助従事者への信頼を奪っていく虞をも有するだろう（Deaton 2010: 447; Harrison 2011: 638）。

　これらのことが意味するのは，RCT が伴う外的妥当性の問題に対処するには質的な／社会構造に関わる研究によって補完されなければならないということであり，さらに RCT の実施がもつ潜在的な道徳的問題に対処するためにも実験の対象となる共同体で RCT が行なわれる場合にどのような問題が生起しうるかについての質的な探求が求められる，ということである。

4. リバタリアン・パターナリズムに基づく政策構想

　以上，RCT に焦点を当て，社会実験の援助への応用の限界を確認してきたが，*PE*・*MGI* においては社会実験において得られた知が動員されつつ，しばしば行動経済学の知見から援助政策が構想される。その際 *PE*・*MGI* が明示的に依拠するのは，R・セイラーや C・サンステインによって展開されるリバタリアン・パターナリズム（以下 LP）の構想である（*PE*: 64-6＝97-99; *MGI*: 6-7＝15-7）7。LP の構想は，人々が「より長生きし，より健康で，よりよい暮らしを送れるようにするために」，人々の意思決定の文脈を体系化・整理した選択アーキテクトが，人々の選択が行なわれる文脈（選択アーキテクチャ）を設計することを承認・奨励する点にその特徴がある。このような構想は，選択アーキテクチャ内で推奨される選択を人々が拒否（オプト・アウト）しうるという点ではリバタリアン的でありつつ，人々の利益（福祉・福利）を増進するために，選択アーキテクトが人々の行動に影響を与えるのは正統であるとする点でパターナルなものであるとされる（Sunstein & Thaler 2003: 1161-2; Thaler & Sunstein 2009: 4-6＝2009: 15-8（以下 *NU* と略記））。この構想においては，人間の傾向性に関する知見――例えば熟慮的・合理的な思考（熟慮システム）が直観的で自動的な思考（自動システム）にしばしば優位性を奪われること（*NU*: 19＝38）――を用いつつ，人々がその利益の上昇するより良い方向への適切な行動を採るよう

選択アーキテクトが誘導する——ナッジする——ことが推奨される（NU: 59-60=99-100）。

　このLPの援助への適用の典型として以下の例を見てみよう。PEでは，人々のもつ時間的不整合性——コストを先送りし，現在の自分ではなく将来の自分に負担させる自動システムの一種——に対処すべく，デフォルトの選択肢の設計を通じて人々が「正しい」ことを行うことを容易にすべきであるとされる（64-6, 194=97-99, 257）。例えば，現地政府・NGOといった諸主体[8]は，塩素消毒・ワクチン接種・貯蓄といった，PEによれば社会実験から人々の死亡・貧困情況を改善するとわかっている——既述の通り本稿はこのわかっているという想定をも疑っているが——選択をデフォルトの選択肢とする設計を行なうべきだとされる。たとえそれがパターナリスティックであるとしても，人々に予防接種や貯蓄の重要性の情報を与えるだけでは「うまくいかない」のだから，と（PE: 69-70=103）。

5. リバタリアン・パターナリズムの援助への応用の政治的意味

　しかし，LPに援助構想を依拠させることは，少なくとも以下のような2つの問題圏において考慮されるべき政治的意味を有する。

5-1　リバタリアン・パターナリズムの援助適用の際の政策目標

　第1の問題圏は，その政策目標それ自体の擁護可能性と関係する。LPは，人々が自身にとって最善の利益を選択できるという想定を否定し，人々の得る利益の増進の事実をもって自己の正当化となすが（若松2011：113；山田2013：29；Sunstein 2014: 54），その立場の援助への適用は以下のような問題を惹き起こす[9]。

　第1に，LPが人々の選択に代えて優位に立たせる利益の内実が人々（被援助者）に是認されるか，という問題である。これは現代リベラリズムの議論と対比することで鮮明になる。現代リベラリズムの理論家の多くは，ある生が価値ある生と言い得るには生の構成要素に対して生を送る者が是認していなければならない，という是認の条件を善き生の条件として重視する（Dworkin 1989: 485-6; Kymlicka 2002: 216）。しかし，このリベラリズム的原理と，LPの論理は衝突する。例えばPEでは，貧困者は未来に「極めて不幸」と感じるような情況に陥るのを防ぐために，現在の消費（例え

ばお茶を飲むこと）を控え貯蓄すべきだと論じられる（*PE*: 184-5=244）。しかし，仮にある援助プログラムの対象者Aが「お茶を飲むこと」に自身の生にとっての特別の重要性を付していると想定するなら——毎朝一杯のコーヒーの美味を知る邦語圏の人間の多くにとっても理解しうることであろう——，政策担当者がお茶の消費に比して，貯蓄を促すような施策をとることは，Aの是認しない生を公的に掲げ，そのようなAの善き生を劣位に立たせてしまう（少なくとも望ましくないと表明する）こととなる[10]。このことが意味するのは，選択に代えて利益をおく中で，LPに基づく援助構想が（少なくとも一部の）人々に是認されない生を政策目標とする虞を包有していることである[11]。

　さらにこの第1の問題をLPの特徴と結びつけつつ再考するなら，第2の問題として，熟慮システムによる自動システムの統御という想定の一部において，生（あるいは生における合理性）に関する特定の見方に既にコミットしていることを確認できる。例えば先ほどの*PE*におけるお茶を飲まずに貯蓄することへの誘導の主張をみるなら，そこでは「自分が将来どうすべきか」が「実際の今日の行動や明日の行動」よりも重要なものとして描かれるが（*PE*: 194=257），しかし，少なくともある人にとって，現在の利益（例えばお茶を飲むこと）は，将来の自己の利益（例えば貯蓄から耐久消費財を買うこと）よりも重要であり得る。確かにR・グディンが述べるように，ある選好（お茶を飲むこと）に対する別の選好（貯蓄すること）の優先性が明確であるなら，パターナリズムは許容されるかもしれないが（Goodin 1991: 48），そのような順序付けを前提視することはできないわけである。*PE*がこのような未来の利益を中心とした自動システムの統御の主張に至るのは，サンステインらのLPの構想自体において時間選好が不合理なものとされる際に，「近未来の私の利害の方が遠い将来の私の利害よりも重要である」と想定することもまた合理的なものでありうること（森村2013：365−6）の承認に失敗していることに起因するとみてよい。

　以上のような，必ずしも是認されない利益を称揚する虞と，その一因としての特定の生の合理性の自明視の問題は，第3の問題として，*PE*・*MGI*の主張が許容されるパターナリズムを越える虞を招来する。パターナリズムの類型化は様々できるが，ここで強い／弱いパターナリズムの区分を考

えるなら，LP（とその援助への適用）は，子供など判断力を欠いた人への干渉をなす弱いパターナリズムよりも，判断能力がある人に干渉する強いパターナリズムに属するだろう。強いパターナリズムには2つの類型ができる（Dworkin 1989: 484-7; 小泉 2007：176-8）。第1が，人の意志の弱さの問題に対処しその人の達成したいことの達成を手助けするような意志的パターナリズムである（例えばシートベルト着用が挙げられる）。第2が，その人が善いと思っている生は間違いでありその人の倫理的確信に反してでも選択を制限すべきであるとする批判的パターナリズムである。一般に前者はその施策が社会コストなどの観点から受け入れられれば肯定されうるが，後者は人々の是認がなく生の価値を毀損するために，原則排除されるべきだとされる（Dworkin 1989: 486）。ここで問われるのは，LP（とその援助への適用）が意志的パターナリズムに留まっているか，という問題である。先述の PE におけるお茶と貯蓄の例が熟慮システムによる自動システムの統御の主張と捉えられるとき，それは一見すると意志の弱さに対処する意志的パターナリズムと見られる――実際サンスティンはLPを中心的には目的についてではなく手段についてのパターナリズムであるとしている[12]――が，第1・第2の問題が意味しているのは，それは是認されていないような／特定の生の合理性を排除するようなものでありうるということであり，LPあるいはその援助への応用は批判的パターナリズムに至るモメントを持つと評価されるべきである。

　これらの第1の問題圏の問題を整理するならば，以下のように言い換え得る。LPの援助への応用は利益を選択に優位させるが，その想定する利益は共約可能な次元――多様な善き生の構想を持つものが共に価値を認めうるもの――[13]を超えている。そしてそのような利益に基づくパターナリズムは許容されるパターナリズムであると標榜できない。

5-2　リバタリアン・パターナリズムと統治性，人々の政治性

　以上述べてきた問題は，従来「よく生きる」ことよりも端的に「生きる」ことが問題とされてきた貧困をめぐる問題領域（森 2014：336）――近年再考察の蓄積が進む「社会的なもの」という概念の主要な側面である――において，むしろ「生きる」ことそれ自体が「よく（善く）生きるあり方」に規定されるようなアーキテクチャ設計が世界的貧困への援助の文脈でな

されつつあることを意味している。そしてここから，第2の問題圏の諸問題が生じてくる。

その第2の問題圏は，アーキテクチャのもつ統治性とアーキテクチャ内の人々——援助の文脈では被援助者——の政治性の関係に関わるものである。この問題圏につき，M・フーコーの議論を導きの糸としつつ考察していこう。よく知られるように，フーコーは『知への意志』の中で，主権者＝君主の「死なせるか，それとも生きるままにしておくか」の権力に代わり，「生命に対して積極的に働きかける権力，生命を経営・管理し，増大させ，増殖させ，生命に対して厳密な管理統制と全体的な調整を及ぼそうと企てる権力」が現れてくる過程を描いた。そのような権力として，一方の規律権力とは異なった仕方で現れてきたのが「繁殖や誕生，死亡率，健康の水準，寿命，長寿，そしてそれらを変化させる全ての条件」へ介入し，調整する権力（生政治における権力）である（Foucalut 1976=1986: 172-6）。そして，フーコーは『知への意志』以降，生政治を支える統治形態の考察——統治性研究——に力点を置くようになった（米谷 1996:79；佐藤 2009: 20）。フーコーにおける統治性は，「人口の境遇を改善すること，人口の富・寿命・健康を増大させること」（Foucault 2004a=2007: 129）を目的としつつ，個人の生の様式，生の質を全体にとっての関心とする形で行使される（米谷 1996：87）ような「一種の目的論的性格をもったメタ・レベルでの集合的な権力作用，様々な統治行為のOS（オペレーション・システム）」（土佐 2012：44）のことを指す。そのように理解される統治性の圏域は，フーコーの分析においては国内的なものを中心としていたが——N・フレイザーがフーコーをフォーディズム的理論家と表現しつつ国家の範囲での社会的なものに関わる統治性の探求をなしたと解したように（Fraser 2008: 121）[14]——，しかし，現在においては国境を越える形で広がっている。「ポストフォーディズム的統治性は，…国家的フレームを突き破り」，「新しい形態の（国境横断的な）区分化を行なっている。主に人口プロファイリングを通じ，それは効率性とリスク予防のために個人を分離し追跡している」（Fraser 2008: 128）。*PE・MGI* のような援助アプローチは，国境を越える形で広がった統治性——流行の言葉を用いるならグローバルな統治性——の典型として認識されうる。まさにそれは，様々な統治行為を複合しながら人々の生の質を向上させようと試みるのだから。

しかし，このような *PE・MGI* における統治性のグローバルな拡大は以下のような政治的意味をもつことに注意が払われなければならない。
　第1に，政治的判断の脱政治化である。北を中心とした選択アーキテクトたちは，「数値化された尺度に照らし合わせて統治対象の情況を把握」しつつ，標準化された目標を指し示していきながら（土佐 2012：46－7），統治のあり方の決定に参与する「遠方からの統治」の権威となっていると言える（Rose 1999: 49）。そのような統治ネットワークの中では，専門家の言語が「彼（女）の私心なき真実への主張，また彼（女）がなす望まれる結果を達成するという約束から，そこでの規範や価値が説得力あるものとみなされ」，決定的な役割を果たす（Miller & Rose 2008: 35）。しかし本稿が既にみたように，*PE・MGI* が援助に際して主張する目標それ自体が特定の善き生のあり方に依拠したものでしかないとすれば，そのような脱政治化された尺度とそれを前提視する専門家の言語それ自体が，既に特定の生の善さにコミットした特殊な政治的判断を隠蔽する装置として機能してしまう。
　この政治的判断の脱政治化の問題は，以下のような第2，第3の政治的情況を齎す。
　すなわち第2に，統治に当たって採用される尺度の外にある人々が逸脱者とされ管理されていく虞を導く。N・フレイザーは，グローバル化した統治性の下にある人々について以下のように述べていた。

> ［ポストフォーディズム型の主体化＝服従化では］そこにおける新しい統治性の主体＝服従者（subject）は，ヴィクトリア朝的な個人化する正常化の主体＝服従者でも，フォーディスト的な集合的福祉の主体＝服従者でもなく，積極的に責任を取る主体＝服従者である。（市場で）選択を行いサーヴィスを享受する主体＝服従者であるこの個人は，自身の決定を通じて自らの生の質を向上させるよう責務を負わせられている（Fraser 2008: 127）。

ここで統治される主体は，自らの生の質を高めることに動員される主体として描かれることになる（Miller & Rose 2008: 52）。この時，統治における尺度に照らして自らの生の質を向上させることに拒否・抵抗・不服従を示

す（潜在的）主体は，その判断の居場所を認められず，選択アーキテクチャの管理を通じて——場合によっては彼（女）ら自身に気付かれないように15——統治における尺度に沿った生を送ることが求められる。このことの確認には，先ほどの *PE* の例において，貯蓄をすることよりもお茶を飲むことを選ぶ生が，誘惑への自制のないものと評価されつつ，諸政策の束（あるいは選択アーキテクチャ）の設計を通じて貯蓄を促すよう導かれることに見れば十分である（194-204=257-269）。

齎される第3の情況は，人々の政治的主体性の縮減である。つまり援助の対象となる人々が，操作可能・統治可能な主体として捉えられることで，統治の客体としてのみ描かれ，主体的に意見形成・意思決定に参与する主体として描き難くなっていく。ここで再度フーコーの議論を参照し考察しよう。確かにLPが想定する主体像は，フーコーが第2世代シカゴ学派の経済学者——例えばG・ベッカー——に帰したような，社会の隅々に至る非経済的な行為の領域にまで経済的分析を適用することを内面化したホモ・エコノミクス的人間像ではない16。しかし，フーコーが第2世代シカゴ学派とともにネオリベラリズムと表象したオルド自由主義者により設計・運営されたドイツ新自由主義において，市場の諸条件たる「枠組み」（Foucault 2004b=2008: 173）への介入によって経済プロセスが調整されたように，LPにおいても，人々の選択の文脈である選択アーキテクチャが介入・調整されるという同型の構図が看取される。このような「環境タイプの介入」（Foucault 2004b=2008: 319）においては，「環境のなかに人為的に導入される体系的な変容に対して体系的に反応する」ような「統治しやすい者」として人々が捉えられることとなる（Foucault 2004b=2008: 333）。G・ドゥルーズは，フーコーの仕事を引き受けつつ，一方で個人が数値的な身体として，他方で人々の集団がサンプルやデータのようなものとして管理される管理社会の中で，「自分たちが何に奉仕させられているか，それを発見するつとめ」を人々が果たすことが政治的抵抗の回路として機能するとしたが（Deleuze 1990=2007: 360-6），LP（の援助への適用）においては，そのような政治的回路を描くことが極めて困難になっていく。例えば抵抗の契機に関しても，第2の政治的情況として描いたように，多様な人々の生や意見の発露は既に管理されており，人々の間で抵抗を促す契機となるような複数的な生の契機は既に失われているかもしれないように17。

6. 社会実験とリバタリアン・パターナリズムの複合の政治的意味

以上，RCT の限界と LP の援助への適用のもつ政治的意味について別個に探求してきた。そこで以下，それらの複合が意味するところを考察していきたい。

まず，その複合は設計主義に近づき，援助の対象となる人々が保持してきた合理性を評価する契機が奪われる虞を有する。例えば，*PE*・*MGI* は貯蓄や栄養摂取の「すばらしい計画」（*PE*: 35=59）の意義を前提としつつ，それを互酬性よりも重視する態度を鮮明にしている。親戚を援助するための仕送りは口座残高からは無価値であり（*MGI*: 152=172），葬式費用や持参金が食料不足を招いている，と（*PE*: 35-6=59-60）。しかしそのような互酬性に何らかの社会的機能があるなら——社会的な相互性を機能させるという意味で，その行為が社会を存立させる条件となっているのかもしれない——，そのような機能を保持する手だてを失わせる形で「すばらしい計画」を提言する *PE*・*MGI* のようなアプローチは設計主義との誇りを免れない[18]。別の例を見よう。*PE* は被援助地域で成立している社会規範が子供の数に影響を与えているとしつつ，例えば子供が1人以下しか登場しないメロドラマ放映がブラジルで子供の数を減らす効果を有したと評価し，社会規範の変容を促し選択に影響を与えていくような政策（テレビの放送内容という選択アーキテクチャの設定）を提言する（118-9=164-5）。しかし，このことはブラジルのケースが他のケースに当てはまるのかという外的妥当性の問題をもつとともに，人類学の探求が明らかにしてきたような，既存の社会規範に対する介入が意図しない形で人々の生を脅かすほどの影響を与える虞に無警戒である。例えばオーストラリアのアボリジニ部族であったイル・ヨロントに1930年代，それまでの石斧——父系性のトーテムの象徴であり神話と結びついていた——に代わって鋼鉄の斧が持ち込まれたことの結果としてトーテム・システムが崩壊し，イル・ヨロントが崩壊したという人類学的考察の古典的事例（Sharp 1951）が示すように，ある介入は大きな文化的変容を齎し，当初の介入者の意図を越えた含意を持ちうる。このような虞に対して，そもそも RCT と LP の複合を用いた介入は，その影響に関するフィードバックが得られないまま——RCT とその結果

を用いた選択アーキテクチャの設計は時間を要するものなのだから（cf. Harrison 2011: 631）——その介入を継続し続ける虞を有する。

さらに，そのような破滅的な文化的変容に至らずとも，慣習の中で維持されてきた何らかの合理性を予め排除するような援助実践が問い直されない虞は広く生じるだろう。例えば *MGI* は，RCT でその貧困脱却効果が分かっているとされる農法を農民が採用せず，「肥料散布機ではなく牛糞を積んだ手押し車を押している」ことの理由の一つとして惰性を挙げ，そのような惰性に対処して効果があると分かっている（とされる）政策，例えば輸出を促す選択アーキテクチャの創設を主張する（ch. 8）。しかし，その際には何らかの形で保たれてきた合理性——輸出に依存せず現地の伝統農法に依拠することは，グローバルなリスクの影響を縮小する効果を生んできたのかもしれない——を壊しうる。社会実験における評価の際の尺度，選択アーキテクチャの設計の際設定される目標，そしてその設定をなす北の援助専門家たちの合理性が，他の尺度・目標・合理性に対して優位に立つとは限らないわけである[19]。

最後の，おそらく最も危険な含意は，社会実験と LP の複合が道徳的・倫理的問題を実験の解釈者と制度設計者（選択アーキテクト）の意思決定に従属させることに起因する（cf. 山田 2013: 29-32）。セイラーやサンステインは，（フーコーが第 2 世代のシカゴ学派としたベッカーの議論を引きつつ）選択アーキテクトが公共の利益に資する可能性を高めるインセンティヴを向上させることにより，意思決定を被治者が統制することを主張する（*NU*: 243-4=349-50）。確かに意思決定者の被治者による統制はどのような政治の場でも重要であろう。しかし，*PE*・*MGI* において唱道される施策が何らかの形で問題のある結果を生む——放牧の牛舎への転換，国内向けから輸出向け耕作への転換といったものの失敗を想起すればよい——場合，誰がどのように統制され責任をとるのだろうか。既に確認したように，問題が起こった場合再度調査を行い改善し続けるべきだとする *MGI* は，改善をなす役割を実験者と設計者が負うことを主張しているとみてよい。しかしそれにより，失敗した次の実験をどのようにデザインし／実行していくか，どのような施策を構想していくかという点に関しての意思決定の被治者からの独立が許容され，被治者は自らの情況に関わる意思決定へ決定者として振る舞い，あるいはその失敗から学んでいく可能性を奪われて

いく。社会実験とLPの複合が，「被援助者を自主的・自立した個人として扱い，育てること」に比重をおいた援助実践（関谷2011：161-8）と対立する形でその影響力を増すなら，決定された政策を巡って賞賛・非難を受けたり学習したりする機会を失った被援助者から道徳的主体・責任主体としての地位が剥奪されていく[20]——そしてこれが意味するのは治者が自身の認識する（実験場および選択アーキテクチャでの）合理性以外の視点から道徳的問い直しを受ける機会を失っていくことである——ことは避けられない。

7. 社会実験とリバタリアン・パターナリズムは世界の貧困を救う？：有用性の限界と示唆

以上，本稿では，まずRCTの有用性の限界について確認し，その後LPへの援助構想の依拠は多様な生を送る人々が是認可能なものではなく，政治的判断の脱政治化に関連する諸問題を生むと論じた。そして，RCTに基づく選択アーキテクチャの設計が，保たれてきた社会の合理性の意図されざる深刻な変容を齎し得ること，さらには被援助者から意思決定し，学習し，責任主体として存在する居場所を奪う結果となるということを確認してきた。

以上の検討から導かれる援助構想への示唆は，以下のようなものである。まずRCTは，援助対象となる人々の生と社会がどう営まれているかの質的・社会構造的な探求によって補完されるべきである。次に，多様な善の構想をもつ人々に受容可能なものでなくてはならない。最後に，設計主義を避けつつ，人々が自らについて政治的主体性を維持する——意思決定し，学習し，責任主体としての地位をもつ——ような援助構想が重要である。

もはや紙幅はないが，ここでW・イースタリーによって提言されたような，サーチャー型の援助構想は（*PE・MGI*による批判にも拘らず）依然として意義をもつことを強調しておきたい[21]。イースタリーは，貧困下の人々が貧困から抜け出すために何を必要とするのかをボトムから調査し，それに応答する形で試行錯誤をなし，その活動にアカウンタビリティとフィードバックの回路を持つようなサーチャーの役割に重きを置く援助構想を展開している（Easterly 2006=2009）。このような構想においては，人類学的解釈を通じて人々の生が考察されつつ（青山2008：31），設計主義を避

ける形で（Easterly 2006=2009: ch. 1），貧困層，あるいは彼（女）らとともに貧困に取り組む NGO や援助機関の人々によって，その空間・時間の中での援助の形が練り上げられることとなる。そこで目指される価値は一元的な尺度に基づくものではなく，慣習法規範などに配慮がなされる形で人々によって解釈され築かれる価値である（Easterly 2006: 93-101=2009: 111-20; 木山 2014a：73）。

イースタリー自身が *PE・MGI* を一定程度評価するように，本稿で検討してきた援助の新潮流とサーチャー型援助構想は相補関係を築けないわけではない。RCT や選択アーキテクチャを，その限界を踏まえつつも有用に用いることは十分にありうるし目指されるべきでもあろう[22]。しかし，前者の隆盛が明らかになりつつある今，その限界と，それが孕む政治的意味に，世界の貧困を考える我々は注意を払わなければならない。これが政治理論と援助実践の乖離が永続する中で，本稿を動かす契機である。

* 本稿は文部科学省科学研究費補助金（特別研究員奨励費13J06783）の助成による研究成果の一部である。
* 本稿の構想において，あるいは本稿の修正に際して多くの方々から有益な示唆を得た。とりわけ，関谷雄一，森政稔，松原隆一郎の各先生とそのゼミ生，さらに澤田康幸先生と匿名の査読者に感謝申し上げる。

（1） 例えばこのような援助の新潮流の推進が世界的に影響力のある倫理学者によって唱導されるなど（Singer 2009: 93-7, 103），世界的貧困を巡る規範理論の領域でも言及されてきたにも拘らず，その検討は規範理論から十分に行なわれてきたとは言い難い（木山 2015）。付言すれば邦語圏でも2000年代から進展してきた世界的貧困をめぐるグローバルな正義の研究による援助への示唆の多くは援助義務の提示に留まり，「援助が貧困死を増加させる」という議論も経済学者から示されてきた中で（Moyo 2009），援助構想自体の規範的評価の企図は乏しかったと言ってよい。
（2） W・イースタリーが述べるように，この2冊は極めて近似しており先述の援助の新潮流に関する2巻セットと考えられうる（Easterly 2011）。
（3） このような *PE・MGI* の RCT への期待は，医療実践の文脈で発展してきたこの実験の社会科学への応用の機運を反映している。そのような機運の中での RCT の設計についての基本的説明として Torgerson & Torgerson 2008 を参照。
（4） このような社会実験の外的妥当性の問題についての分析として Guala

2005=2013 を参照。
（5） この点に付言すれば，G・ハリソンが指摘するように，RCT のような「証拠に基づく」アプローチでしばしば選好される「平均効果」の比較では対象集団内部での分配的効果を評価できず，特に集団内のある諸個人・諸下位集団の情況が著しく悪化している場合でもそれを評価できない虞を有する（Harrison 2011: 636-8）。
（6） むろん，時間差をおいて比較対象とされた集団にも援助プログラムを実施するなどの対応はなされてはいる。しかし批判者たちが RCT の社会実験への応用が多くなされる以前から長く批判してきたように，集団サンプルの抽出・集団の設定などにおいて実験者の判断は恣意性を免れない（Harrison 2011: 630-1）。
（7） 逆にサンスティンも行動に関する知見が LP のために重要であるとし，*PE* を例に挙げながら RCT（彼によれば経験的探求の黄金律）がますます用いられなければならないとしている（Sunstein 2014: 11, 169 n. 22）。
（8） 混乱を避けるために述べるなら，*PE*・*MGI* は，選択アーキテクチャを設計する主体を所謂「北」の諸国の援助機関に限定しておらず，NGO や現地政府もまたそれらの役割を果すことを構想している。とはいえそれらの主体は多くの場合は北の諸国からの支援を受けていると想定しうること，さらに *PE*・*MGI* の議論が被援助者というより北の読者に宛てて行なわれていると解しうることから，本稿では暫定的に北の援助者，南の被援助者という表現で援助の新潮流を捉える。
（9） なお LP をめぐる論点は多岐にわたるが，本稿では *PE*・*MGI* のような援助アプローチに直接関係するもののみに焦点を当てる（とはいえ，以下の第 2・第 3 の批判が示すように，サンスティンらにおける LP の構想の困難も *PE*・*MGI* に引き継がれていると見てよい）。
（10） この点に関し，LP はお茶を控えることの推進はデフォルト・ルールとして機能しているにすぎず，A にはオプト・アウトの選択が用意されていると応答するかもしれない。しかし，デフォルト・ルールの設定それ自体が競合する生のうちの 1 つの公的な承認を意味し得る。例えば森村進に倣って，信教の自由を認めつつもキリスト教をデフォルト・ルールとして宗教教育を行なう公立学校を考えるなら，デフォルト・ルールがある活動を称揚する象徴的・宣言的機能を有することが確認されよう（森村 2013：363-4）。（なお，サンスティンは近著においては自身の考察を人々自身がもつ目的を増進するようなパターナリズムに絞っているとしているが（Sunstein 2014: 75），*PE* での LP の応用のように適用において LP は彼の限定を超える形で構想されていることがここでの問題である。）
（11） むろんそのような生が他者に負担を強いるときにその正当化可能性は

問われるが，それは特定の善や利益の言語において行なわれる必要はない。
(12) 精確にはサンスティンは自身のLPの構想は基本的に手段に関わるものだとしつつも，選択アーキテクチャの設計が人々の目的に影響を与えうることを認めている（Sunstein 2014: 68-9）。そしてサンスティンは本稿でも指摘したような時間選好が目的についてのパターナリズムとなりうる難問であるとしつつ，人々が関心を払うのは時間を通じた自身の総福祉であるという想定に立つならそれを増大させるパターナリズムは正当化しうるとする（Sunstein 2014: 35, 70-1）。しかし，サンスティンが認めるように目的それ自体が不合意の下にある場合それに向けたパターナリズムが不正であるとしたら（Sunstein 2014: 160-1），目的が不合意の対象であるにも拘らず利益（福祉）の言語からパターナリズムの許容可能性を考えることの妥当性それ自体が問われうる。この点につき，サンスティンのみならずLPを人々の利益（福祉）に基づき正当化する議論——例えば功利主義的なそれ——が近年影響力を増している点が注目に値するが，その検討は別稿に譲る。
(13) この表現は斎藤（2005：72-85）より示唆を受けている。とはいえ共約可能な次元の価値（自由）の導出を公共の議論に依存させることを高く評価する斎藤の議論にはおおいに疑問の余地がある（木山 2014b:211-2）。
(14) とはいえ『生政治の誕生』などにおける統治性の分析は，フォーディズム的な次元を越えた視点を提示しているとも解し得る。例えば佐藤 2009：26を参照。
(15) *NU*は，社会的に望ましい方向に人々を誘導したいのであれば，選択アーキテクトが人々に与える情報を制約することが求められるとし（69=114），そのような施策もその存在が明示されれば正当化でき，ロールズ的な公知性の基準を満たすとしている（246-9=355-9）。
(16) とはいえ*MGI*はベッカーを行動経済学の萌芽的な理論家だと捉えている（6=15）。
(17) 複数的な生・意見の契機と政治の関係については斎藤（2008）を参照。なお，ここで政治性の確保のためにこそアーキテクチャの設計が重要であると論じる向きもあるかもしれない（cf. 田村 2011:177-205）。本稿も，選択アーキテクチャが政治性を支えうるものであるとは考えるが，*PE·MGI*においては選択アーキテクチャの設計は主に北の援助者に担われ，被治者により創設・維持されると想定されるわけではない。このことは，*PE·MGI*的援助潮流においては監視が監視者にもなされることで遍く全面化・包括化された監視の網（ミラーハウス）（大屋 2014:218-9）の創設には至らず，むしろ統治・被治が分断されることを意味している。
(18) セイラーとサンスティンは，慣習には合理性があるという見方に対し，

惰性・先送り・模倣の結果として慣習が維持されてきたにすぎない，と応答している（*NU*: 241=347）。しかし慣習が惰性・先送り・模倣の結果という側面をもつにしても，その側面の指摘から慣習の合理性一般の否定に至る理路は明確ではない。

(19) これは専門家の合理性が被援助者のそれに優位するという想定の不確かさの一例である。この不確かさを強調するために別の例を挙げれば，サンスティンらは，テロや原発事故の発生確率認識は自動システムにおいてバイアスを被っており，統計等から把握される「真の発生確率」に向けて選択アーキテクトがナッジを与えることを主張しているが（*NU*: 26=49; Sunstein 2014: 32），そのような真の発生確率が想定しえない──U・ベックが述べるようにテロや核の危険は計算不可能なところにその特徴がある（Beck 1997）──という議論の居場所は用意されない。

(20) むろん邦語圏の政治学においても，決定（決断）主体と責任主体を連結する丸山真男のような議論に対して正当な批判が積み重ねられてきたが（森 2012：80-1），決定には責任が付随することそれ自体には広く合意が得られているだろう。

(21) とはいえ筆者はイースタリーの構想の全てに同意するわけではない。例えば自由市場におけるダイナミズムを南に導入することを前提視する彼は，金融市場の人々のニーズを探求（サーチ）する上での普遍的妥当性を主張している（Easterly 2006=2009: ch. 11）。しかし第1に，P・シップトンが指摘するように，貸借は文化的文脈に依存し──ある社会においては貸借の意味は贈与とほぼ同義であるなど──，金融市場の構想自体がある社会に支持されない可能性がある（Shipton 2010: esp. 214）。確かに援助対象となる人々が金融市場が要請する貸借概念を受け入れる形で文化的文脈を変容させる可能性はあるが，先験的に市場の前提と見なすことは妥当ではない。第2に，市場はそれまで培われてきた共有財産のあり方を所有権概念の導入により大幅に変容させ，人々の暮らしを崩壊させるほどに共通財産を侵してしまう可能性を有する（Seabrook 2003=2005: 68-9）。むしろ市場化を含めた選択がサーチャーと被援助者によってなされるべきであり，そのようにイースタリーの構想は修正されるべきであろう。

(22) その一例として，例えばある地域における慣習──例えば西洋医療ではなく伝統医療を用いること──のある時期における含意・効果を RCT を用いて確かめることができよう。この点については澤田康幸先生の示唆を得た。

参考文献

青山和佳（2008）「開発援助を眺める：経済学から人類学的実践への旅」『国

際開発研究』17（2）：23-43。

Banerjee, Abhijit V. & Esther Duflo (2011) *Poor Economics: A Radical Rethinking of the Way to Fight Global Poverty*, New York: Publicaffairs＝（山形浩生訳（2012）『貧乏人の経済学：もういちど貧困問題を根っこから考える』みすず書房）.

Beck, Ulrich (1997) *Weltriskogesellschaft, Weltöffentlichkeit und globale Subpolitik*, Wien: Picus Verlag.

Deaton, Angus (2010) "Instruments, Randomization, and Learning about Development," *Journal of Economic Literature*, 48: 424-455.

Deleuze, Gilles (1990) *Pourparlers*, Paris: Les Editions Minuit＝（宮林寛訳（2007）『記号と事件：1972-1990年の対話』河出文庫）.

Dworkin, Ronald (1989) "Liberal Community," *California Law Review*, 77(3): 479-504.

Easterly, William (2006) *The White Man's Burden: Why the West's Efforts to Aid the Rest Have Done so Much Ill and Little Good*, New York: Penguin Books＝（小浜裕久・織井啓介・富田陽子訳（2009）『傲慢な援助』東洋経済新報社）.

Easterly, William (2011) "Measuring How and Why Aid Works-or Doesn't," *The Wall Street Journal*, April 30.

絵所秀紀（1997）『開発の政治経済学』日本評論社。

Foucault, Michel (1976) *Histoire de la sexualité 1: La volnté de savoir*, Paris: Gallimard＝（渡辺守章訳（1986）『性の歴史Ⅰ　知への意志』新潮社）.

Foucault, Michel (2004a) *Sécurité, territoire, population: Cours au Collège de France (1977-1978)*, Gallimard/Seuil＝（高桑和巳訳（2007）『安全・領土・人口：ミシェル・フーコー講義集成7（コレージュ・ド・フランス講義1977-78年度）』筑摩書房）.

Foucault, Michel (2004b) *Naissance de la biopolitique: Cours au Collège de France (1978-1979)*, Prlis: Gallimard/Seuil＝（慎改康之訳（2008）『生政治の誕生：ミシェル・フーコー講義集成8（コレージュ・ド・フランス講義1978-79年度）』筑摩書房）.

Fraser, Nancy (2008) *Scales of Justice: Reimagining Political Space in a Globalizing World*, Cambridge: Polity.

Goodin, Robert E. (1991) "Permissible Paternalism: In Defense of the Nanny State," *The Responsive Community*, 1: 42-51.

Guala, Francesco (2005) *The Methodology of Experimental Economics*, Cambridge: Cambridge University Press＝（川越敏司（2013）『科学哲学から見た実験経済学』日本経済評論社）.

Harrison, Glenn W. (2011) "Randomisation and its Discontents," *Journal of African Economies*, 20(4): 626-652.

JICA 研究所（2010）「JICA 研究所ニューズレター」No. 14　08。
Karlan, Dean & Jacob Appel (2012) *More than Good Intentions: Improving the Ways the World's Poor Borrow, Save, Farm, Learn, and Stay Healthy*, New York: Plume＝（清川幸美訳・澤田康幸解説（2013）『善意で貧困はなくせるのか？：貧乏人の行動経済学』みすず書房）.
木山幸輔（2014a）「世界的貧困に応答するポスト開発思想？：『ローカル』の内部と外部」『相関社会科学』23：69-75。
木山幸輔（2014b）「グローバル世界における人権の導出：自然法アプローチと尊厳構想へ向かって」政治思想学会編『政治思想研究』14：201-233。
木山幸輔（2015）「世界の貧困とグローバル世界：因果を追うこと，世界の情況を確かめること」『相関社会科学』24：113-119。
小泉良幸（2007）「自己決定とパターナリズム」西原博史編『岩波講座憲法2　人権論の新展開』岩波書店，160-191。
Kymlicka, Will (2002) *Contemporary Political Philosophy: An Introduction (2nd edition)*, New York: Oxford University Press.
Miller, Peter & Nikolas Rose (2008) *Governing the Present: Administering Economic, Social and Personal Life*, Cambridge: Polity.
森政稔（2012）「独裁の誘惑：戦後政治学とポピュリズムのあいだ」『現代思想』40（6）：76-89。
森政稔（2014）『＜政治的なもの＞の遍歴と帰結：新自由主義以後の「政治理論」のために』青土社。
森村進（2013）『リバタリアンはこう考える：法哲学論集』信山社。
Moyo, Dambisa (2009) *Dead Aid: Why Aid is Not Working and How There is Another Way for Africa*, London: Penguin.
大屋雄裕（2014）『自由か，さもなくば幸福か？：21世紀の＜あり得べき社会＞を問う』筑摩選書。
Rose, Nikolas (1999) *Powers of Freedom: Reframing Political Thought*, Cambridge: Cambridge University Press.
斎藤純一（2005）『自由』岩波書店。
斎藤純一（2008）『政治と複数性：民主的な公共性にむけて』岩波書店。
佐藤嘉幸（2009）『新自由主義と権力：フーコーから現在性の哲学へ』人文書院。
澤田康幸（2013）「解説：『善意で貧困はなくせるのか？』を読んで」D・カーラン＆J・アッペル『善意で貧困はなくせるのか？：貧乏人の行動経済学』みすず書房，313-324。
Seabrook, Jeremy (2003) *The No-Nonsense Guide to World Poverty*, London: New Internationalist Publications and Verso＝（渡辺景子訳（2005）『世界の貧困：

1 日 1 ドルで暮らす人びと』青土社).

関谷雄一 (2011)「開発現場における援助と自助努力促進のジレンマ：アフリカの現場」『青山學院女子短期大學紀要』65：151－170。

Sharp, Lauriston (1951) "Steel Axes for Stone Age Australians," Edward. H. Spicer (ed.), *Human Problems in Technological Change: A Casebook*, New York: Russell Sage Foundation, 69-90.

Shipton, Parker (2010) *Credit Between Cultures: Farmers, Financiers and Misunderstanding in Africa*, New Haven: Yale University Press.

Singer, Peter (2009) *The Life You Can Save: How to Do Your Part to End World Poverty*, New York: Random House.

Sunstein, Cass R. (2014) *Why Nudge?: The Politics of Libertarian Paternalism*, New Haven: Yale University Press.

Sunstein, Cass R. & Richard H Thaler (2003) "Libertarian Paternalism is Not an Oxymoron," *The University of Chicago Law Review*, 70: 1159-1202.

田村哲樹 (2011)「デモクラシーのためのアーキテクチャ，アーキテクチャをめぐるデモクラシー」宇野重規・田村哲樹・山崎望『デモクラシーの擁護：再帰化する現代社会で』ナカニシヤ出版，145－209。

Thaler, Richard H. & Cass R. Sunstein (2009) *Nudge: Improving Decisions About Health, Wealth, and Happiness (Revised and Expanded Edition)*, New York: Penguin Books=(遠藤真美訳 (2009)『実践行動経済学：健康，富，幸福への聡明な選択』日経 BP 社（オリジナル版の訳))．

Torgerson, David J. & Carole J. Torgerson (2008) *Designing Randomized Trials in Health, Education and the Social Sciences: An Introduction*, London: Palgrave Macmillan.

土佐弘之 (2012)『野生のデモクラシー：不正義に抗する政治について』青土社。

若松良樹 (2011)「パターナリズム批判の因数分解」『スンマとシステム』国際高等研究所，105－122。

山田陽 (2013)「個人化する社会と熟議民主主義」仲正昌樹編『「法」における「主体」の問題』御茶の水書房，19－39。

米谷園江 (1996)「ミシェル・フーコーの統治性研究」『思想』870：77－105。

それゆえコモンウェルスへ身体を捧げた
——アルフレッド・ジマーン『ギリシャの共和国』と帝国共和主義——

馬路智仁 *

一　序論——『ギリシャの共和国』の知的文脈

　イギリスにおける国際連盟起案者の一人，世界初の国際政治学講座担当教授として知られるアルフレッド・ジマーン（Alfred Zimmern, 1879-1957）の知的生涯の出発点は古典学者であった[1]。1902年オックスフォード大学人文学課程（Literae Humaniores）を優等学位で卒業した彼は，同大学ニュー・カレッジに古代史のテューター及び講師として留まり，1911年処女作『ギリシャの共和国』（*The Greek Commonwealth*）を公刊した[2]。一年間のギリシャにおける実地調査を経て完成され，地理・政治・経済の三部から成る同著作は，イギリス国内及び国際的に大きな名声を博し[3]，その後1931年までに微細な改訂を経つつ5版を重ねた。『ギリシャの共和国』刊行後ジマーンは，ロンドン・スクール・オブ・エコノミクスにおける数カ月間の社会学臨時講師としての勤務を除き，大学での学究生活をしばし離れることとなる。第一次大戦前・戦中期を通して彼は，一方で本国ブリテン諸島とドミニオン諸国を中心とするイギリス帝国の統合——ブリティッシュ・コモンウェルスの設立——を提唱する自由帝国主義者として，また主権国家間の協調及びグローバルな国際組織の必要性を強調する自由国際主義者として[4]，本国における政治・言論界の中で重要な役割を果たしていった。本稿の目的は，ジマーンの政治思想におけるギリシャ古典学と自由帝国主義イデオロギーの結付きを解きほぐすことにある。具体的には本稿は，第一に『ギリシャの共和国』，特にその中におけるアテネ・シティズンシップの解釈の仕方を分析し，第二にそのジマーンのアテネ・シティズンシップ

---

　*　ケンブリッジ大学政治・国際関係学部博士候補生　政治思想史

理解がどのように彼のブリティッシュ・コモンウェルス観を規定していたかを解明する。

『ギリシャの共和国』はその構成に対応して，主に三つの知的・政治的文脈に位置付けることができる。一つ目に本書は，後期ヴィクトリア時代からエドワード朝期にかけてオックスフォード大学を中心に発達した歴史地理学の伝統の中で執筆されたものと言える。同大学近代史欽定教授E. A. フリーマンによる『ヨーロッパの歴史地理学』（1881年）などで示された西欧諸国の帝国的拡大を自然環境面から分析する手法は，古代史研究においても徐々に適用されるようになり，ジマーンの同僚，ウィカム古代史講座初代教授J. L. マイアーズの業績に一つの頂点を見た[5]。ジマーンの主要な目的の一つも，古代ギリシャ文明の考究へ歴史地理学の手法を適用することにあった。『ギリシャの共和国』「序文」の中で彼は自らの方法論を論じている。今日，「彼らの環境」すなわち「地理的諸条件」の知識無くして「個人もネイションも適切に理解し得ないと広く認められるようになっている」。この方法を適用することで，「グロートや我々の祖父の時代のギリシャ研究と現代のそれは明確に区別される」であろう[6]。それゆえジマーンは『ギリシャの共和国』冒頭四章を地理的文脈の詳述にあて，主に古代ギリシャの政治・経済的発展における地中海という「海」の役割と地中海気候の重要性を強調した[7]。

二つ目の知的文脈として，19世紀末から20世紀初頭にかけて西欧諸国の社会・経済学者を巻き込んで展開されたいわゆるビューヒャー・マイアー論争——古代ギリシャ・ローマの都市経済は本質的に資本主義的であったか否かをめぐる論争——が挙げられる[8]。ジマーンは『ギリシャの共和国』第三部「経済」の中で，古代都市は（少なくとも特定の発展段階において）近代の資本主義的な消費社会に准え得ると主張するエドゥアルト・マイアーらに対抗し，ギリシャ都市国家における素朴な農業生産の支配性を強調した。ジマーンが見るに，古代ギリシャの都市経済と近代経済の間には根本的な懸隔が存在した。曰く，ギリシャ文明の基礎は「農耕的」であり，「土地に根差した伝統がギリシャの社会経済を構成する最も強力かつ永続的な要素であった」。そうした農耕は商品化ではなく自足的生活を主な目的としており，産業革命後の「経済人の血液」は「古代の人々の動脈」には皆無であった。「この事実を強調する理由は，いかに彼らの経済と我々

のそれとが根本的に異なっているかを充分に理解するためである」9。このような，古代ギリシャの経済は近代社会から抽出された経済的諸範疇では理解し得ないという認識の下，ジマーンは古代都市経済と相即不離と捉えた郊外・農村における生産形態の分析に注力した10。

　最後に，『ギリシャの共和国』はその原語タイトルが示唆するように，ブリティッシュ・コモンウェルス設立へ向けた政治運動と密接な関わりを持つ。ジマーンはブリティッシュ・コモンウェルスという帝国全体に跨る統一的な政治共同体の創出を，ブリテン本国の世界政治に対する影響力維持にとって必要不可欠と認識していた11。彼はそのイデオロギー的基盤として前5世紀半ばペリクレス指導下のアテネ民主政に着目し，『ギリシャの共和国』第二部「政治」の中で当該時代におけるアテネ市民の政治参加・政治的意志決定の有り様を賛美した。ジマーンにとってこのように称揚したアテネ・シティズンシップは，ブリティッシュ・コモンウェルスを担う帝国公民の理想像を映し出していた。彼は1910年1月友人グレアム・ウォーラスへ宛て，帝国大の民主的コモンウェルスを「20世紀的な」政治体と形容しつつ，そうしたアテネ・シティズンシップへの帝国公民像の投影について語った。その手紙をジマーンは次のように結ぶ。私がペリクレス体制下アテネにおける政治的市民を描いているのは，「何よりもまず20世紀のポリスの本質について人々に思案して欲しいからである」12。さらにジマーンが『ギリシャの共和国』で提示したアテネ民主政論は，彼自身中心メンバーの一人として参加したラウンド・テーブル（以下，RT）運動の帝国統合構想を下支えしていくものとなった13。本稿は，イギリス帝国の再編というこの三つ目の知的・政治的文脈に焦点を定め，ジマーンが『ギリシャの共和国』に込めた帝国コモンウェルス構築へ向けての含意を明確にする14。また，同著作がRT運動へ与えた理論的影響の内容についても探究する。その際本稿は，RT運動の中核的指導者であったライオネル・カーティス（Lionel Curtis, 1872-1955）のコモンウェルス構想を俎上に載せる15。

　以下，まず次節では『ギリシャの共和国』の中でアテネ都市国家及びそこにおけるシティズンシップがどのように描出されているか，ジマーンの所論を再構成する形で吟味する。その上で第三節にて，この古代ギリシャ都市国家論とジマーン本人及びカーティスが展望するブリティッシュ・コモンウェルスとの結付きを照射する。加えてこれら行論の過程で本稿は，

ジマーンのシティズンシップ観に対するエドマンド・バークの私的倫理をめぐる理論の影響を浮彫りにしたい。

二　ミクロコスモスとしてのアテネ

　20世紀初頭ジマーンの政治思想は，RT運動の主宰者アルフレッド・ミルナーから継承した国家有機体の観念によって特徴付けられていた。このとき国家有機体とは，①個人の単なる集合ではなく，その上位に屹立する個別的で一体的な政治的存在（国家）が，②公共的な全体性（具体的には公共の福利や公共善）を内包し，③個々人はそうした高次な政治的存在に対する公共的奉仕を通して自己の自由や人格を充全に実現していくとする発想を意味する[16]。第二次アングロ・ボーア戦争を指揮したミルナーは，イギリス帝国の緊密な統合の必要性を痛感し，このような国家有機体の観念を用いて帝国再編を唱道した。曰く，ブリテン本国と世界に散らばるドミニオン諸国（カナダ，オーストラリア，ニュージーランド，南アフリカ）は帝国国家という「真の政治的有機体（political organism）」を構築し，その構成員は帝国国家が体現する公共善へ奉仕せねばならない[17]。論考「帝国の倫理」（1913年）の中でジマーンは，同じく本国とドミニオン諸国から成る帝国国家（ブリティッシュ・コモンウェルス）の創出を正当化するためミルナーの有機体論を踏襲した。帝国の成員個々の幸福は，その成員を超えた「有機体（organic body）全体の繁栄を通してのみ実現され得る」。彼ら成員の個性は「団体的生に与ることを通して形成される。彼らの自由，権利，人格が意味を持つのは［ブリティッシュ・コモンウェルスという］国家の生や人格の中においてのみである」[18]。

　『ギリシャの共和国』政治論においてジマーンは，トゥキュディデスによって記録された前439年ペリクレス葬送演説に頂点を見る，アテネ・シティズンシップの進歩的発展（「同胞意識」→「慣習」→「効率性」→「温厚さ」→「公正さ」→「自治」→「自由」→「愛」）を描き出した[19]。ジマーンにとって同ペリクレス演説の内容は，そのまま前5世紀半ばアテネ民主政の実態を表現していた。こうしたアテネ・シティズンシップの発展を描写する中，ジマーンは「コモンウェルス」を上述の国家有機体論に基づく高次な政治的存在を指し示す概念として用いた。すなわち彼は，「国家（the State）」に対し「公共的物事（τὸ κοινόν, res publica）」——公共の福利

や善を含む，あらゆる個人に関係する共通の利害や関心事——を包摂する存在という定義を与えた上で，「コモンウェルス」をそうした国家と同一視した[20]。かかる同定に即して，ジマーンは自らが翻訳した『ペロポネソス戦史』ペリクレス演説の中で，ペリクレスに次のように宣言させる[21]。「それゆえ彼ら［アテネ人男性］は身体をコモンウェルスへ捧げた（So they gave their bodies to the commonwealth）のであり，それによって永遠に色褪せることの無いであろう賞賛と名声を受け取ったのである」[22]。J．モアフィールドが指摘するように，後期ヴィクトリア時代から20世紀初頭のイギリスにおいてこの一節の中でコモンウェルスという名詞を使用することは稀であった[23]。より一般的には同一節は，「彼らは自ら団結して（collectively）生命を捧げた」（イギリス観念論者ベンジャミン・ジャウエットのテキスト），あるいは「彼らは生命を共同で（in common）提供した」（ウェールズ人の文学者リチャード・クローリー）と英訳され，ジマーンのように身体をコモンウェルスという（名詞で表される）個別的な存在へ捧げると翻訳されることは珍しかった[24]。彼は国家有機体の観念に基づき，ペリクレスをして単にアテネ市民の共同行動を鼓舞させたのみでなく，公共的物事を包含し，個人の集まり（'their bodies'）に帰属し得ないより上位な政治的存在としてのコモンウェルス（国家）に対する奉仕を喚起させた。また，そのようなコモンウェルスを対象とする献身的な奉仕を通してこそ市民各自の生は充全な満足を得ることになると高唱させた[25]。

　ジマーンはまた，ペリクレス体制下のアテネを「政治と道徳が手を携えて完璧な国家における完璧な市民」の実現を目指した，ギリシャ都市国家の模範型と称揚した[26]。同時期のアテネは，ペリクレスの演説が証言したように，「肉体と精神の完全な自立」・「公共精神」・「［個人とポリスの］自由への恐れ無き信念」といった政治的徳を旺盛に発揮し，かつ上述の如くコモンウェルス（国家）へ献身的に奉仕する理想的な都市国家市民から成立していた[27]。加えてジマーンは同様のコモンウェルスへの奉仕を「愛国主義（patriotism）」と呼び，これにあらゆる道徳的・政治的感情の一体化，すなわち「学校と家族の中で育まれる感情，伝統と初期訓練に根ざす感情，宗教と政治を支える感情，つまり少年期と壮年期のあらゆる最良な成分の，一つの全体的な情熱への融合」という規定を与えた[28]。かかる規定が示唆するように，ジマーンの描く古代ギリシャにおいて充全な市民となること

は，公民としての生に先行する伝統的な社会的結付きの放棄を意味しなかった。むしろ彼は前公民的な様々な社会的忠誠の具備を，ポリスにおいて愛国主義を実践し，共和主義的なシティズンシップを体現する上で不可欠な前提と見なした。

　ジマーンはそのような前公民的な社会的感情の中で，①原初的な同胞意識と②家族内の親愛を最も重視した。まず彼はアテネをはじめ活発な世論形成が見られた都市国家に，「自然な平等（natural equality）」とも表現し得る市民間の根底的な同胞意識の存在を看取する[29]。この原初的な道徳的結付きは地中海気候によって形作られるギリシャ人の社交的な性格に端を発し，「市場」において養成される。市場はエドワード朝期イングランドの「クラブ」に相当する場所である。ジマーン曰く，「クラブでの活動が良き同胞意識を発展させる」ように，古代ギリシャでは市場における交際が同様の役割を果たしていた[30]。ジマーンは続けて，かくして育成された自然な平等は，今日の「西洋の諸共和国」が擁護する法的な「架空の平等」とは全く異質のものと主張する。彼はそれを，あらゆる共通の利害や関心事をめぐる活気溢れる公共的討議が生ずるための精神的基盤と見た。つまり，自然な平等という基底的な共通精神が「政治的動物によるあらゆる関心事の論議」を下支えしていた。また「あらゆる事柄を議題に載せることは，政治的動物が最も大切にした権利の一つであった」[31]。

　家族もまた古代ギリシャにおける公民的生に重要な道徳的基礎を提供した。ジマーンは古代ギリシャの家族を，古来の「家父長的（patriarchal）」な秩序を具現する社会単位と特徴付ける。このとき「家父長的」秩序とは，男性が優位を占める家族ないし社会構造ではなく，遠き過去の部族共同体の中で作り出された「社会的・宗教的慣習の複雑な体系」を指し示している[32]。彼の思考に即すと第一に，古き部族社会において実践されていた非理知的な信仰や慣習は，神に対する畏敬や恐怖を人々の中に植付けることで，同時に人類への「博愛（fraternity）」の精神を涵養していた。第二に，そのように養われた人類への深い愛情は，政治の場での理性的な共同活動に不可欠な「利他的な心」の基盤として機能する。最後に，都市国家の確立後，家父長的秩序の遺産は家族の中に保存された。以上からジマーンは，この家族という小規模な社会単位こそ，ギリシャ人が「シティズンシップの最初の訓練」を享受した場であったと主張した[33]。

ギリシャ人は祖先から譲り受けた根源的な道徳と彼らや彼らの立法者が最近案出した制度の違いを認識していた。彼らは前者を，計算ではなく「崇敬」に基づいて遵守した。そうした道徳は「理性の可謬的な考案物」ではなく，「そこからの逸脱は必然的に不名誉を伴う不成文的な慣行」であった。……それは理性では測り知り得ない深さに存在し，根底的な利他的精神——人間と人間の自然な関係の感覚——を具現するものである。かかる利他的精神が，今日に至るまでの良きシティズンシップと同様，ギリシャ・シティズンシップの淵源であった。博愛はアナーキストの横断幕には収まりが悪い。真の博愛は，ギリシャでそうであったように，友情または家族という場所の素朴で原初的な感情から生ずる[34]。

ジマーンにとってギリシャ都市国家の亀鑑である前5世紀半ばのアテネは，批判的理性や知性の力のみでなく，伝統的な風習や慣習，また博愛という根源的で親密な精神によって支えられていた。前6世紀のソロンやクレイステネスによる数々の制度改革にも拘らず，さらに「富や階層といったあらゆる新しい社会的力にも拘らず，旧来の家父長的な平等は存続し続けた」[35]。

以上示したように，ジマーンはポリスにおける共和主義的シティズンシップの実践の背後にある，前公民的な社会的感情の意義を強調した。こうした古代シティズンシップ論の構成は，私的徳をめぐるエドマンド・バークの見解に由来している。この主張の根拠として，第一にジマーンは，原初的な同胞意識の観念をバークの「友情（friendship）」概念によって枠付けていた。同胞意識を論ずる章（第二部第一章）の冒頭，彼はエピグラフとして，バークの著書『現代の不満の原因に関する考察』（1770年）から次の一節を好意的に引用する。「公共的物事に関する同一の感情（idem sentire de republica）が，友情や愛着の最も重要な基礎である。このような堅固で，愛情に満ち，魅力的で，高潔で，名誉ある人間関係は他の如何なる感情によっても形成し得ない」[36]。この主張と共にバークは，私心無き政治を営む上で友情が必須であると論証しようと努めた。キケロの友情（amicitia）の観念を是認しつつ，彼は以下のように力説する。公共的物事に

関する同一の感情に裏打ちされた健全な友情や愛着は,「共通の意見や共通の利害」を形成する上で決定的な役割を果たす。この共通の意見という支え無くしては,政治的判断に欠陥が生じ,その政治的行動は公共の善に対する忠誠を著しく欠いたものとなる。したがって友情という私的結付きが,「最良の愛国者」の枢要な基盤なのである。結論付けるに,私的徳と政治的徳は「整序された等級付け (gradation)」の中に集約され,「相補的に支え合っている」[37]。ジマーンの前公民的な道徳をめぐる議論は,このようなバークの私的徳をめぐる所論と構造的な並行関係にある。すなわち,バークが私的徳（友情）を愛国的政治への貢献と評価したのと相似的に,ジマーンはポリスにおける公共的討議へ専心する上で前公民的な道徳（原初的同胞意識）が不可欠と主張した。

　こうした並行関係は,家父長的・家族的慣習をめぐる章（第二部第二章）においてさらに強められている。同章の結論部にてジマーンは,家族の中で養われる博愛精神の政治的価値を要約する際再びバークの私的徳論に着眼し,次の一纏りの主張を部分的に引用した。

　したがって我々の仕事は次の事柄にある。それは我々の本性に属するあらゆる種類の寛大で誠実な感情を入念に心の中に育むこと,それらを最も力強く最も成熟した状態にまで陶冶することである。またそれは,私的な生における高潔な気質をコモンウェルスへの貢献やその運営の中へ吹き込むことである。そしてこれらを通して,我々が紳士であるという事実を忘るること無く,愛国者として成長することである[38]。

　すなわちジマーンは,前公民的な社会的忠誠に関する自らの説明（第二部第一章・二章）をバークが提示した友情やその他私的倫理の政治的有用性を弁証する議論によって挟み込んだ。かかる修辞を通し彼は,ギリシャ・シティズンシップが自由や公共精神といった政治的徳のみでなく,理性では理解し得ない根源的な社会的道徳に依拠していることを論証しようと努めた。ジマーンは併せて,そのようなシティズンシップの権化である前5世紀のアテネ市民を「本性的な急進論者 (Natural Radical)（傍点は筆者）」[39]と表現した。彼らアテネ市民は,自らの強固な愛国主義を批判的理性と同時に,バークの「偏見」概念を想起させるような伝統や慣習の固守,及

びそれが与える基礎的で直観的な道徳——「人間の忠誠心に対する［都市以前の］あらゆる従属的な要求」[40]——から引き出しているという謂である。

本性的急進論者によって構成される前5世紀半ばのアテネは，海洋帝国の中心地——「およそ250の属領の女王」[41]——としてマルチカルチュラルな共同体を形成していた。ジマーンの見るところ帝国期のアテネは，「人・物・思想の自由な交流」を推進し，遠くギリシャ世界の外部からも来訪する多くの移民や仕事仲間を「外国人居住者（metic）」として受け入れていた[42]。これら外国人居住者は完全な市民権を許されたわけではなかった。しかし彼ら外国人居住者が「アテネの卓越さ」を十分理解し，「そこでの滞在に誇りを感じている」という事実に基づき，「彼らと受け入れ側のアテネ市民の間には相当程度の民主的な平等が確立されていた」。つまり帝国アテネは，「世界中から仕事仲間を喜んで迎え，彼らの需要に合わせて制度を改変するよう努める」一種のコスモポリタンな都市を形作っていた[43]。

ジマーンによる前5世紀アテネの理想化は，奴隷の表象の仕方において極致に達する。『ギリシャの共和国』第三部第十五章「労働者同僚」の中で，彼はアテネの奴隷を，将来の解放とシティズンシップに向けて一時的に保護監督下に置かれている集団，すなわち「自由への見習い身分（apprenticeship for freedom）」と形容した[44]。彼の見方に沿うと，アテネの奴隷所有者は奴隷を恐怖や身体的苦痛ではなく，説得と最終的な自由の保証を通して管理していた。市民もそうした奴隷を「単なる生ける道具ではなく，帝国における自由な協同者（free partners）」と見なした[45]。かかる「自由への見習い」という粉飾された奴隷論は，後期ヴィクトリア時代に支配的であった古代奴隷観から多分に逸脱している。F.ターナーが主張するように，19世紀後半のイギリス人古典学者の多くは，アテネ文明の基盤に奴隷を乱用・酷使するという悪徳を看取していた[46]。ジマーンはこうした一世代前の見解を誤謬とし，アテネの文明が「［強制的な］奴隷労働という基礎の上に築かれていたという見方は正しくない」と主張した。彼が強調するに，この古代文明は完全な市民の間のみでなく，完全な市民を一方とし，自由民（解放された元奴隷）と現今の見習い奴隷を他方とするその間の「協同（cooperation）」の所産と観念すべきである。後者の二つの集団が，外国人居住者と同様「自由な労働者」，あるいは少なくともそれに準ずる者と扱われていた事実を看過すべきでない[47]。

ジマーンのアテネ観を総合すると、この都市国家は伝統を愛し、理知的かつ愛国的な市民から成り立つ、国家有機体としてのコモンウェルスを形成していた。アテネはまた、外国人や移民、さらに奴隷さえも自由な（あるいは将来的に自由が約束された）仕事仲間として遇される、コスモポリタンな共同体であった。次節で見るように、ジマーンにおいてこのような多分に美化された古代都市国家は、20世紀初頭のイギリス帝国が指針とすべきプロトタイプを表していた。換言すれば、彼は純粋に学術的関心からギリシャ古典学の研究書を著したというよりも、持ち得る資料を駆使しつつそこに自らの帝国観を投影し、古代ギリシャ世界の只中にブリティッシュ・コモンウェルスのミクロコスモスを構築しようと試みていた。

三 「自由な」ブリティッシュ・コモンウェルス

RT運動は1909年いわゆる「ミルナーの幼稚園」を中心に結成され、翌年ジマーンも加入した。多くの歴史家が指摘するように、同運動の第一義的な目的は、本国とドミニオン諸国を軸に外交・軍事面においてより一元的な帝国連邦を設立することであった[48]。この背後には、ドイツやアメリカといった新たな帝国的権力が台頭する中、イギリスのグローバルな軍事・外交的影響力をいかに維持していくかという権力政治上の問題意識が存在した[49]。しかし既存のRT運動の研究において看過されていることに、この運動の指導者たちはもう一つ別の——ただし根底的には上記問題意識と通じ合う——重大な懸念を抱いていた。彼らは産業資本主義の発展に帰責される、イギリス人の道徳的・精神的退廃を憂慮していた。すなわち、D. ドゥドニーが名付ける「グローバル産業の時代」[50]の帰結——物質主義の過剰、商業精神の蔓延、大規模産業都市における衛生面の不潔さ、そして帝国臣民の気質に対するこれら全ての破壊的影響——に脅威を抱いていた。RT運動のマニフェスト『緑の覚書』（1910年）は、運動の指導者層のこうした恐れを反映している。産業社会の帰趨を鑑みるに、「国民の堕落という確信は強まる一方である。イングランドには悲観主義が行き亙っている。……都市の住民は衛生面と同時に気質面において確実に低落している。衛生設備はこの腐敗を一時的に抑制し得るかもしれないが、停止することはできないであろう」[51]。

RT運動が帝国への義務や愛国主義を奨励した理由の一つは、この帝国

大の愛国心に精神を刷新する力を期待したからであった。季刊誌『ラウンド・テーブル』の初代編集長を務めたフィリップ・カーは次のように主張する。私が帝国への「絶対的献身」を促進しようと試みる意図は，それが「マンチェスター学派」によって広められてきた利己的な商業精神への堕落を予防する手段となり得るからである[52]。このような RT 運動の指導層によって唱道された帝国的愛国主義は，D. ベルが定式化する「公民的帝国主義（civic imperialism）」──帝国規模の公民的共和主義──の伝統に分類することができる。ベルが主張するに，19世紀後半の産業資本主義社会に育ったこの共和主義の擁護者たちは，帝国大の「公共的義務，自制的な利他主義，有徳な愛国主義」を提唱し，それを通して個人主義や商業精神の過度な伸張を抑制しようと努めていた[53]。

　ジマーンの帝国思想は，公民的帝国主義の一つの典型と見なすことができる。彼は「世界産業」の実現を賞賛する一方，物質主義の拡散，産業都市生活における道徳的退廃，そして特に「自己愛」という近代資本主義の根底にあると考えた哲学の跋扈を強く懸念していた。今日「我々の文明は利己心に，我々の商業は競争と富への無制限な愛に，我々の教育は個人の出世の追求に基づいている」[54]。こうした傾向を抑制するため，ジマーンは帝国規模の公共善，公共的義務及び帝国国家への忠誠を強調した。このとき彼が援用したのが，『ギリシャの共和国』において自ら提示した前5世紀アテネ都市国家における愛国主義である。「帝国の倫理」の中で彼は，利己的個人主義の根源を「ベンサム，二人のミル，コブデン及びマンチェスター派経済学者連中から成る功利主義学派」に求め，さらにこれらの思想家は自由放任主義の喧伝を通し，帝国に対する「無益で費用の要する重荷」という偏見を散布してきたと批判した[55]。他方でジマーンは，一つの共同体主義的な自由主義の伝統を特定し，支持した。この伝統の起源は，彼によれば「ニューマン，ディズレーリ，カーライル」，「フィヒテ，カント」，「13世紀のフィレンツェ」，そして最終的に「古代アテネの充実した公民的生」に辿ることができる[56]。ジマーンはこの代替的な自由主義の潮流こそが，愛国的で義務感に満ちた公民から成る「有機体的全体」としての「統一的な帝国」，すなわち前5世紀アテネを模範としたブリティッシュ・コモンウェルスの建設を支える思想的基盤であると提唱した。ブリティッシュ・コモンウェルスは，帝国国家との精神的同一化を通して自己愛を克服し

た公民，及びそうした公民が形成する「団体精神」（esprit de corps）によって特色付けられるであろう57。

　しかし第一次大戦の勃発は，ジマーンの帝国統合論に顕著な変化をもたらした。彼はこの大戦を「思想の戦争，つまり統治・社会・進歩をめぐる二つの相容れない観念の抗争」と意味付け，文化（Kultur）に裏打ちされたドイツ国家主義を宣揚する「スパルタ的」思想家——彼の理解においてトライチュケ，ニーチェ，そして自身のかつての師ヴィラモーヴィッツ＝メレンドルフ——を敵と見定めた58。自己に課したかかるイデオロギー闘争の中でジマーンは，イギリス帝国と帝国ドイツの愛国主義の有り様を峻別するため，帝国統合をミルナー的な国家有機体の観念に基礎付けるのを中止する。代わって彼は，帝国政治体を超えたグローバルな形態の愛国主義を提起していく。しかしこの変化は，模範としてのアテネの放棄を含意するものではなかった。むしろジマーンはアテネ・シティズンシップの構成を応用し，グローバルな愛国主義をポリスの前公民的道徳に相似した，（国家を超える）前政治的な社会的絆の共有に基礎付けた。

　ジマーンによる国家有機体論の棄却は，『ナショナリティと統治』（1918年）における「コモンウェルス」の再定義に反映されている。戦中期の自身の諸論文を集成した同著を通して，彼はもはや「コモンウェルス」を「国家」と同一視することはなく，それを国家と個人の間に存在するあらゆる「公共的物事（τὸ κοινόν, res publica, Common Weal）」——政治，経済，宗教及び産業社会上，全ての個人に関係する共通の利害や関心事——を指すものと再規定した59。言い換えればジマーンは，『ギリシャの共和国』における国家（コモンウェルス）による公共的物事の包摂という定式を切り崩し，公共的物事を前者と切離した上で改めて「コモンウェルス」と結び付けた。さらに彼は，こうしたコモンウェルス（公共的物事）が今日，世界規模の産業的相互依存状況の下グローバルに広がっていると観念した60。

　国家有機体論の放棄は，必然的に国家の再定式化を伴った。ジマーンは国家をもはや，そこにおいて個人が昇華する高次な政治的存在と見なさず，それをあくまで制度として，すなわち法の支配と社会正義を司り秩序を保障する統治機構と再定義した61。付随して彼は，ブリティッシュ・コモンウェルスを帝国「国家」ではなく，それ自体では国家的な主権権力を有さない水平的な協同組織と位置付け直した。言い換えるとそれは，本国とド

ミニオン諸国の協同を通して帝国全体の法の支配を保障し，グローバルに広がるコモンウェルス（公共的物事）の管理を任務とする統治組織を意味するものとなった62。このような一連の再規定の流れの中で，ジマーンは愛国主義を非国家主義的観点から捉え直していく。『ナショナリティと統治』において彼が主張するに，「より良き愛国主義」はイギリス帝国における政府間協同の民主的下支えとなるものである。それは市民による公共的物事への献身，つまり今や国家によって拘束されず，世界規模の広がりを持つコモンウェルスについて能動的に討議し，世論を創出しようとする行為を表している。彼は，したがって愛国的市民は一つの国家の偏狭な利害を「破棄・超越し」，「より深遠で説得力があり，より普遍的な訴求力を持つ」主張の提起を期待されていると結論付けた63。

ジマーンの考えによると，こうしたグローバルな公共的領域への精神的同一化は，国家の境界に囚われない基底的な社会的連帯を必要とする。グローバルな形態の愛国主義は，政治的徳のみでなくより根底的な私的道徳から成り立つという点でアテネ都市国家の愛国主義と相同的である。

> コモンウェルスの原理とは，同胞意識及び隣人への義務——その隣人が地理的に近いか隔たっているかに拘らず——を統治と社会政策の分野へ適用することを指し示す。……［ブリティッシュ・］コモンウェルスは，愛と同胞観という支配的な動機を基礎として企画されている組織である64。

かかる前政治的な社会的感情の前景化は，（彼が理解する）ドイツ帝国の政治組織と峻別を図るという意図も含んでいた。「プロシャ主義」に基づくドイツは，人民を「ホッブズ的な」絶対的主権によって垂直的に，つまりリヴァイアサンへの「恐怖」を通して支配している65。ドイツの愛国主義が国家主権に束縛されているのとは対照的に，ブリティッシュ・コモンウェルスの公民は根源的な忠誠——「同胞意識や友情といった様々な社会的絆」66——の共有を基盤として，愛国主義を世界規模に拡張することができる。ジマーンはアテネ・シティズンシップと類似した，このような愛国主義のバーク的理論構成を自由主義の根幹に据える。「自由主義の至高の目的は，政治及び産業への道徳的・精神的諸原理の適用である」。第一次大戦後の世

界政治は「倫理と政治の密接な関係」を原則とせねばならない67。

　ジマーンの不明瞭さは，愛国的帝国シティズンシップの理論を現実のイギリス帝国の実態と突き合わせて提示していない点に起因する。グローバルな愛国主義は，帝国を構成する多様な民族・人種の誰によって発揮されるのか。その必要条件である水平的・基底的な私的道徳は，本国から従属植民地まで階層的秩序をとるイギリス帝国の中で普遍的に共有され得るのか。ジマーンは——漠然と本国市民（イングランド，ウェールズ，スコットランド人）及海外移住植民地を築いたブリトン人を想定していると読める箇所もあるが68——こうした主体をめぐる疑問に明確な答えを提供していない。この点，カーティスはより明瞭であった。この「帝国連邦の預言者」と称された自由帝国主義者69は，帝国シティズンシップの主体を「アングロ・サクソン人種」へ限定した。

　RT運動の代表的刊行物『諸国民のコモンウェルス』（1916年）の中でカーティスは，ジマーンが描出したアテネ市民を「理想的な都市国家愛国主義」の化身と評し，このギリシャ愛国主義にイギリス帝国共和主義の雛形を見出している70。しかしジマーンと異なり彼は，1910年代を通じて（さらに戦間期を通して）帝国統合に対する国家有機体的アプローチを保持した。彼の理解では，本質的にブリティッシュ・コモンウェルスは構成員に対し「無制限な」権力を有する高次な国家である。成員個々の意志は「身体全体に対する手足の如く」，その国家が具現する「一般意志」と不可分に結付いている71。批評家J.A.ホブスンは，こうしたカーティスのコモンウェルス構想を自由主義の牙城の中に現れたトライチュケ的な「国家絶対主義」の思想と論難した72。しかしカーティス自身においては，帝国ドイツとブリティッシュ・コモンウェルスの政治形態は峻別されていた。この峻別は，エドワード・サイードが措定する「心象地理」の枠組みの中で捉えることができる73。カーティスは帝国ドイツを「東洋的神政国家」の一変種として，すなわちヨーロッパの中央に「専制政治の原理」を復興し，「アジア的」な静態的共同体の構築を目指す国家と観念した。対照的にブリティッシュ・コモンウェルスは，法及び権力が時間と共に蓄積されていく市民全体の経験を反映する「西洋的」・「進歩的」な民主主義国家である74。カーティスにとって世界政治は，後者の最終的勝利が予め運命付けられた唯我論的な「生存競争」の場を意味した75。

ジマーンと同じくカーティスも根本的な道徳的連帯の肝要さを主張し，ブリティッシュ・コモンウェルスを「人間相互の道徳的関係に基礎付けられた共同体」と規定した[76]。ジマーンと異なるのは彼がかかる基底的道徳の享受主体を，中世イングランドを支配した「テュートン人」の末裔としてのアングロ・サクソン人種に明確に限定した点である。『諸国民のコモンウェルス』で展開される歴史主義的物語——古代ギリシャ都市国家と将来の地球規模のコモンウェルスを結ぶ発展段階論的な歴史——の中で，サクソン諸王及びウィリアム一世の統治期間は特別な位置を占めている。ヴィクトリア時代のイギリス史家ウィリアム・スタッブズの感化を受けつつカーティスは，ローマ時代の専制下で衰微した民主的実践が，凡そ4世紀から11世紀の間のイングランドにおいて「ドイツ人侵入者の慣習，言語，宗教」に下支えされる形で復興したと主張した。こうした「テュートン文化」の伝統は，「古代ギリシャで初めて開花した民主政治」へ前理性的な道徳基盤を供給し，民主的慣行をイングランド社会に蘇生させた。その後本国社会とアメリカを含む移住植民地の根幹を形成したかかるテュートン＝イングランド人の子孫，つまり「アングロ・サクソン人種」が共和主義的な帝国シティズンシップの担い手に他ならない[77]。カーティスにおいてブリティッシュ・コモンウェルスは，いわゆるゲルマンの森の自由を内包・体現する。

　特定の人間集団のみに政治的主体性を帰す帝国統合構想の必然的帰結として，カーティスはその他の帝国構成員を「後進的な群衆」として従属的地位に置いた[78]。しかし一方で彼は，ドイツとのイデオロギー抗争のため，さらに帝国内で高揚する民族自決要求を宥めるため，ブリティッシュ・コモンウェルスを「自由でコスモポリタンな」帝国として喧伝する必要性を痛感していた。ジマーンが『ギリシャ共和国』で提示した「自由への見習い」というアテネ奴隷論は，この計画に最も適合しているように思われた。カーティスはジマーンの「帝国における自由な協同者」という奴隷描写を参照しつつ，ブリティッシュ・コモンウェルスを「進行形の」動態的政治体，すなわち普遍的な政治的平等という世界史の究極目的へ向かって「より幅広い範囲の人間へ」常時自由を拡充している活動中の国家と糊塗した。アングロ・サクソン人とその他帝国構成民の間の現今の階層性は，歴史の経過と同時に終局的には消滅する。それゆえ一時的に保護監督下にあるが，

後者の人々は本質的に「コモンウェルスを共に支える同胞市民（fellow-citizens）」である[79]。無論こうした修辞を取り除くと, 彼ら非アングロ・サクソン帝国成員は帝国シティズンシップに不可欠なテュートン文化の欠如のために, 将来の自由が約束された永遠の従属状態に置かれている。D. チャクラバーティの言葉を借りれば, カーティスの描く非アングロ・サクソン成員は「架空の歴史における待合室」に待機しているのである[80]。

四　結語

J. G. A. ポーコックは新しいブリテン史を提唱する著書の中で, ブリテン諸島の市民と海外移住地・対蹠地に住まう「ネオ・ブリテン人」によってかつて共有されていたという「コモンウェルスの神話」に光を当てた。ポーコックによると彼ら世界に分布するブリテン人は, コモンウェルス主権を共同で行使しているという意識に基づき,「支配権（imperium）と自由（libertas）の相互関連」に特徴付けられたグローバルな帝国を形成していた[81]。本稿で扱った RT 運動の指導者（カーティス, ジマーン）は, 主として本国側の視点から大洋を跨ぐ帝国公民という統一的な政治主体を創出し, グローバルな帝国──ブリティッシュ・コモンウェルス, あるいはジマーンの後年の呼称に沿えば「第三イギリス帝国」[82]──を構築しようと試みた。彼らは帝国公民の理想型を前5世紀アテネへ投射し, 古代ギリシャ世界との知的相互作用の中でそうしたグローバル帝国を構想した[83]。ジマーンが描く古代のコモンウェルス, カーティスが宣布する現代のブリティッシュ・コモンウェルスは共に, 自由で民主的な政治体であると同時に, そこにおける現実の支配＝従属関係が自由をめぐるレトリックによって覆われた虚飾の共同体でもあった。これら二つのコモンウェルスは古代・現代の別なく同様に, イギリス自由帝国主義の古典的問題──自由主義社会がその外部の帝国領域に対してとる強制的で非自由主義的な振舞いをいかに粉飾するか──の枠組みの下で提起されていたとも言えよう[84]。

　　［付記］　本稿は, 2014年6月ケンブリッジ大学政治・国際関係学部年次大学院生カンフェレンスに提出したペーパーの要所を抜粋し, 邦語へ置き換えつつ再構成したものである。元のカンフェレンス・ペーパーへコメントを寄せて下さった今井貴子, 梅田百合香両氏, 及び本稿初稿へ貴重なご指摘

を下さった本誌匿名レフェリーに深謝する。

（1） ジマーンは連盟成立後，1919年にウェールズ大学アベリストウィス校に新設されたウッドロー・ウィルソン国際政治学講座の教授に就任した（21年辞任）。また1930年から44年，オックスフォード大学にてモンタギュー・バートン国際関係論講座の初代教授を勤めた。彼の経歴については D. J. Markwell, "Zimmern, Sir Alfred Eckhard," in H. C. G. Matthew and B. Harrison eds., *Oxford Dictionary of National Biography* 60 (Oxford University Press, 2004), pp. 993-5.

（2） Zimmern, *The Greek Commonwealth: Politics and Economics in Fifth-century Athens* (Clarendon Press, 1911). 以下 *GC* と略記する。

（3） D. J. Markwell, "Sir Alfred Zimmern Revisited: Fifty Years on," *Review of International Studies* 12, no. 4 (1986), pp. 279-80.

（4） 各々 liberal imperialist, liberal internationalist の訳語として用いる。この二つのイデオロギー的立場の密接な絡まりについては C. Sylvest, *British Liberal Internationalism, 1880-1930: Making Progress?* (Manchester University Press, 2009).

（5） R. Butlin, "Historical Geographies of the British Empire, c. 1887-1925," in M. Bell *et al.* eds., *Geography and Imperialism, 1820-1940* (Manchester University Press, 1995). Cf. Myres, "The Value of Ancient History" [1910], in *Geographical History in Greek Lands* (Clarendon Press, 1953).

（6） *GC*, p. 5. グロートとは19世紀前半から半ばにかけて哲学的急進論者として活躍し，『ギリシャ史』（1846−56年）を著した古典学者ジョージ・グロート（G. Grote）を指す。

（7） *GC*, Part I: Geography, ch. 1-4.

（8） この論争の詳細は F. I. Finley, *Economy and Society in Ancient Greece* (Chatto & Windus, 1981), pp. 3-23.

（9） *GC*, pp. 219, 224-5.

（10） 次も参照。G. Davies, "Economic Geography of the Ancient Greek Countryside: A Re-examination of Monumental Rural Sites on the Island of Siphnos," D. phil thesis (unpublished), University of Oxford, 1998, Bodleian Library, pp. 3-13.

（11） Zimmern, "United Britain," Alfred Zimmern Papers, Box 136, Bodleian Library, Oxford, folio 124-169（1905年前後のジマーンによる講演原稿）.

（12） Letter from Zimmern to Wallas, 5 January 1910, Graham Wallas Papers, London School of Economics Archives, 1/46, folio 8. ジマーンが構想する20世紀的ポリスとしての帝国コモンウェルスに関しては以下も参照。馬路智仁

「アルフレッド・ジマーンの国際的福祉社会の構想――ブリティッシュ・コモンウェルス，国際連盟，環大西洋的共同体の思想的連環」『国際政治』第168号（2012年），19－22頁．

(13) J. Kendle, *The Round Table Movement and Imperial Union* (University of Toronto Press, 1975), p. 171. ジマーンは同運動へ，ギリシャでの実地調査から戻った1910年の後半に加わった．

(14) 『ギリシャの共和国』政治論の詳細な分析は，既存のジマーン研究において比較的軽視されている。P. Rich, "Alfred Zimmern's Cautious Idealism: The League of Nations, International Education, and the Commonwealth," in D. Long and P. Wilson eds., *Thinkers of the Twenty Years' Crisis: Inter-war Idealism Reassessed* (Clarendon Press, 1995); J. Morefield, *Covenants without Swords: Idealist Liberalism and the Spirit of Empire* (Princeton University Press, 2005); M. Mazower, *No Enchanted Palace: The End of Empire and the Ideological Origins of the United Nations* (Princeton University Press, 2009), ch. 2.

(15) カーティスについては D. Lavin, *From Empire to International Commonwealth: A Biography of Lionel Curtis* (Clarendon Press, 1995).

(16) 19世紀後半から20世紀初頭のイギリスにおけるこうした国家有機体論の展開について M. Bentley, "'Boundaries' in Theoretical Language about the British State," in S. J. D. Green and R. C. Whiting eds., *The Boundaries of the State in Modern Britain* (Cambridge University Press, 1996), pp. 37-53.

(17) Milner, *The Nation and the Empire* (Constable, 1913), p. 143.

(18) (Zimmern,) "The Ethics of Empire," *The Round Table* 3 (1913), pp. 497-8.

(19) これらシティズンシップの構成要素はほぼ時系列に沿って発展してきたと観念され，第二部の各章は順に各々の要素の描出にあてられる。*GC*, Part II: Politics, ch. 1-8.

(20) ジマーンにおいて τὸ κοινόν と res publica は，同じ意味を持つ言葉とされている。*GC*, p. 59.

(21) この翻訳は彼の師の一人，ドイツ人文献学者ヴィラモーヴィッツ＝メレンドルフが編集したギリシャ語テキストに基づいている。Ulrich von Wilamowitz-Moellendorff, *Greek Reader* II (Clarendon Press, 1906), pp. 7-12.

(22) *GC*, p. 202.

(23) ジマーンの翻訳において，コモンウェルスに対応する原語は形容詞の koine (common) である。Von Wilamowitz-Moellendorff, *Greek Reader*, p. 11; J. Morefield, *Empires without Imperialism: Anglo-American Decline and the Politics of Deflection* (Oxford University Press, 2014), p. 47.

(24) Jowett, *Thucydides: Translated into English*, vol. 1, 2nd edn. (Clarendon

Press, 1900), p. 132; Crawley, *Thucydides' History of Peloponnesian War Done into English* (J. M. Dent & Sons, 1910), p. 126.
(25) 上記一節を含むジマーンのペリクレス演説訳は，第一次大戦中『ギリシャの共和国』から抜粋されてロンドン地下鉄の車両中に掲示された。これは同訳が国家や全体の福利への献身を鼓舞することから，市民の戦意高揚を意図した措置と考えられる。P. Millett, "Alfred Zimmern's *The Greek Commonwealth* Revisited," in C. Stray ed., *Oxford Classics: Teaching and Learning, 1800-2000* (Duckworth, 2007), p. 196.
(26) *GC*, p. 426. ペリクレス期アテネは「ギリシャの教育的模範 (education to Greece)」という規定も参照。*GC*, p. 186, 424.
(27) *GC*, p. 200.
(28) *GC*, p. 63.
(29) *GC*, p. 62.
(30) *GC*, pp. 57-8.
(31) *GC*, pp. 58, 60.
(32) *GC*, pp. 66-7.
(33) *GC*, p. 67.
(34) *GC*, pp. 67-8.
(35) *GC*, p. 87.
(36) Burke, *Thoughts on the Cause of the Present Discontents* (J. Dodsley, 1770), pp. 107-8; *GC*, p. 55.
(37) Ibid., pp. 107, 108-9, 110. Cf. D. Womersley, "The Role of Friendship in the Political Thought of Edmund Burke," in E. Velasquez ed., *Love and Friendship: Rethinking Politics and Affection in Modern Times* (Lexington, 2003), pp. 264-5, 273.
(38) Burke, *Thoughts on the Cause of the Present Discontents*, p. 115; *GC*, p. 77. ジマーンはバークの所論の中でこの一纏りの一節を最も好み，ほぼ生涯に亘って論及した。例えば Zimmern, *Spiritual Values and World Affairs* (Oxford University Press, 1939), p. 21.
(39) *GC*, p. 68.
(40) *GC*, p. 77. 彼は後にアテネ市民を，「保守主義者かつ急進論者」とも形容した。Zimmern, "Political Thought," in R. W. Livingstone ed., *The Legacy of Greece* (Clarendon Press, 1921), p. 334.
(41) *GC*, p. 175.
(42) *GC*, pp. 369, 376-7.
(43) *GC*, pp. 375-7.
(44) *GC*, p. 385.

(45) *GC*, p. 389.
(46) F. Turner, *The Greek Heritage in Victorian Britain* (Yale University Press, 1981), pp. 259, 261.
(47) *GC*, pp. 394-5. ただし彼は後年「動産奴隷」(chattel-slavery) という範疇を導入し，自身の見解に一定の修正を加えている。Zimmern, *Solon and Croesus* (Oxford University Press, 1928), p. 121.
(48) 尤もこの連邦に主権を与え，帝国「国家」を構想するかは理論家によって異なる。
(49) Kendle, *The Round Table Movement and Imperial Union*, pp. 107-114; A. Bosco and A. May, "Introduction," in Bosco and May eds., *The Round Table: The Empire/Commonwealth and British Foreign Policy* (Lothian Foundation Press, 1997), p. xv など。
(50) D. Deudney, *Bounding Power: Republican Security Theory from the Polis to the Global Village* (Princeton University Press, 2007), p. 216.
(51) *The Green Memorandum*, Lionel Curtis Papers, 156/4, Bodleian Library, Oxford, pp. 21-2.
(52) (Kerr,) "The Principle of Peace," *The Round Table* 6 (1916), p. 393. 次も参照。Kerr, "Political Relations between Advanced and Backward Peoples," in A. J. Grant *et al.*, *An Introduction to the Study of International Relations* (Macmillan, 1916).
(53) D. Bell, *The Idea of Greater Britain: Empire and the Future of World Order, 1860-1900* (Princeton University Press, 2007), pp. 137-143.
(54) Zimmern, "Introductory," in R. W. Seton-Watson *et al.*, *The War and Democracy* (Macmillan, 1914), pp. 7, 12.
(55) (Zimmern,) "The Ethics of Empire," pp. 489-91, 499.
(56) Ibid., pp. 491-2, 496.
(57) Ibid., pp. 497-8.
(58) Zimmern, *Nationality and Government* (Chatto & Windus, 1918), p. 1, 3-10. 以下 *NG* と略記する。
(59) *NG*, p. 136.
(60) *NG*, pp. 22-4. ジマーンにおいてかかる非国家主義的なコモンウェルス観は，戦間期を通じて維持される。一例として Zimmern, *Learning and Leadership* (Oxford University Press, 1928), pp. 10-11.
(61) *NG*, pp. 51, 136.
(62) ここにイギリス帝国とグローバル・ガバナンス（論）が結び付く契機が存在する。Cf. 遠藤乾編『グローバル・ガバナンスの歴史と思想』（有斐閣，2010年）。

(63) *NG*, p. 20.
(64) *NG*, p. 356.
(65) *NG*, pp. 334-5, 339.
(66) *NG*, p. 13.
(67) *NG*, pp. xvii, xx.
(68) *NG*, pp. 13-4; Zimmern, "United Britain," folio 166-7.
(69) Lavin, *From Empire to International Commonwealth*, p. ix.
(70) Curtis ed., *The Commonwealth of Nations*, Part I (Macmillan, 1916), pp. 20-1, 49. 本書の大部分はカーティスが執筆した。以下 *CoN* と略記する。
(71) *CoN*, pp. 6, 23, 43. なお彼は20世紀前半を通して, 帝国を連邦「国家」化し,「帝国憲法」及び「帝国議会」を創出すべきと提唱し続けた。Curtis, *Civitas Dei* 1-3 (Macmillan, 1934-37).
(72) Hobson, "The Problem of Empire," *The Nation* 19 (19 August 1916), p. 640.
(73) Said, *Orientalism: Western Conceptions of the Orient* (Penguin, 1995 [1978]), ch. 1.
(74) *CoN*, pp. 10-15, 28, 679-84.
(75) *CoN*, p. 14.
(76) *CoN*, p. 617. 彼は特に, キリスト教(プロテスタント)に基づく道徳的連帯を重視する。Cf. Curtis, "A Criterion of Values in International Affairs," in *The Prevention of War* (Yale University Press, 1923).
(77) *CoN*, pp. 79, 89-90, 679-80. カーティスの構想は, 当時普及していたアングロ・サクソン帝国共同体論の一形態と見なし得る。D. Bell, "The Project for a New Anglo Century: Race, Space, and Global Order," in P. Katzenstein ed., *Anglo-America and Its Discontents: Civilizational Identities beyond West and East* (Routledge, 2012), pp. 34-44.
(78) *CoN*, p. 690. 無論その中でも等級付けは存在する。彼におけるインドの特別な位置については D. Gorman, *Imperial Citizenship: Empire and the Question of Belonging* (Manchester University Press, 2006), pp. 61-8.
(79) *CoN*, pp. 691-2.
(80) D. Chakrabarty, *Provincializing Europe: Postcolonial Thought and Historical Difference* (Princeton University Press, 2000), p. 8.
(81) Pocock, *The Discovery of Islands: Essays in British History* (Cambridge University Press, 2005), p. 191(犬塚元監訳『島々の発見—「新しいブリテン史」と政治思想』(名古屋大学出版会, 2013年), 248-9頁).
(82) Zimmern, *The Third British Empire* (Oxford University Press, 1926).
(83) このようなギリシャ・モデルのイギリス帝国論と同時代のローマ・モ

デルのそれとの競合関係をいかに描出するかは今後の重要な課題である。Cf. N. Vance, *The Victorians and Ancient Rome* (Blackwell, 1997), ch. 11.

(84) Cf. U.S. Mehta, *Liberalism and Empire: A Study in Nineteenth-Century British Liberal Thought* (University of Chicago Press, 1999).

1980年代以降の医療供給制度改革の展開
―― 政策学習論の視座から ――

竜　聖人*

1. はじめに

　1973年の老人医療費無料化を契機に増大したとされる高齢者の社会的入院[1]は，日本の医療供給体制がもつ最大の病理とされ（印南 2009：iii），その解消は医療政策上の重要課題と長らく位置づけられてきた。ただし，現在，この問題は，完全に解決されてはいないものの，厚生省（厚労省）が1980年代以降，「医療機能の分化・連携の推進」（辻 2008）と形容される一連の医療改革を進めてきたことで，一定の解決に近づきつつある[2]。そして，その改革は，高齢者の病院からの退院を促し，その受け皿として施設・在宅における高齢者福祉サービスの整備を進めるという点で，広範かつ一貫した改革である。より具体的には，それは，①診療報酬体系における包括払い制の拡大などによる退院の促進，②急性期と慢性期の医療を担う病床の機能分化，③施設・在宅両面での高齢者福祉サービスの整備という形で実施されてきた（猪飼 2010：233－239）。

　本稿の目的は，政策学習論の視座から，なぜ厚生省がこのような形で1980年代以降の医療供給制度改革を進めることができたのか，その政策変容全体のメカニズムを明らかにすることにある。

　このような研究を行う理由は2つある。1つは，医療資源の効率的配分や高齢患者のQOL（クオリティ・オブ・ライフ）の向上といった観点から，社会的入院解消に向けた医療供給制度改革の重要性に対する認識が深まる一方で（印南 2009；島崎 2011：312－322），政治過程論における先行研究は医療保険政策を対象とするものに偏り，医療供給政策に関する蓄積が乏

---

*　筑波大学大学院人文社会科学研究科博士後期課程　国際日本研究専攻

しいからである。

2つめは以下である。政策学習論が大量の独立変数を基に説明を行うことやアイディア，言説，専門知といった独立変数となる認識的要因に対する関心の高まりにより，近年政策学習論への関心は薄らいでいる（秋吉 2012：1）。しかし，定見のない改革において，アイディアが生成・定着するプロセスを観察するうえで，政策学習論の有効性は高い（宗前 2009：158）。そして，そのような意識のもとで，多様な政策学習の概念を一定程度体系化したうえで，実証研究を積み，知見を蓄積する必要性も高いのである。

2. 先行研究の検討

医療保障制度は保険と供給の2つの柱からなるうえに，医療資源の効率的配分や高齢患者のQOLの観点から，医療供給制度改革の重要性は日増しに高まっている。こうした状況ながら，先行研究は医療保険政策を素材とするものに偏りをみせる（西岡 2003）。それらは，多元主義論的観点から1980年代の医療保険制度改革における個別の政策決定過程を素材とするものが中心をなす（早川 1991；大嶽 1994など）。ただし，最近では，歴史的制度論から医療保険制度の変化のパターンやタイミングを説明する研究があらわれている（北山 2011；砂原 2011）。

とはいえ，本稿が扱う1980年代以降の医療供給政策を分析対象とする研究もあらわれてきている[3]。だが，それらの先行研究も問題を抱えている。

そうした先行研究として，まず1985年の地域医療計画による病床規制を要とした第1次医療法改正に連なる，医療法改正に関係する法案の政策決定過程を対象とした研究をあげることができる（中島 2001；西岡 2002, 2003）。これらの研究は，医療供給政策における社会経済状況の変化に応じたアクターの認識やそのネットワークの変化，医療保険政策と医療供給政策におけるアクターの関心や影響力関係の違いを理解するには参考となる。しかし，それらは，医療供給制度のあり方を統制する主要な手段の1つとして用いられる診療報酬改定や医療政策と密接に関係する高齢者福祉政策の動向が明らかにされないために，医療供給制度改革全体の特徴をつかむことが難しい。

次に，医療法以外の医療供給政策の変化にまで視野を広げた研究として，衛藤（1995, 1997）がある。衛藤（1995）は，組織権限の拡大という官僚

制の利益を根底に据え，1980年代以降の厚生省による年金，医療，社会福祉政策の改革を分析している。そこでは，厚生省は行政改革路線に同調するような改革を行ってきたが，それと同時に，医療法改正や診療報酬改定，高齢者福祉政策における資格制度の創設などを通じて，所管する業界への自らの権限を強めていたことが指摘される。しかし，組織権限の拡大という利益の追求と，1980年代以降の医療供給制度改革が医療機能の分化・連携の推進という方向性で一貫性を有していたことは直接的につながるわけではなく，課題が残る。

また，衛藤（1997）は，歴史的制度論の視座から占領期と1980年代以降の医療保障制度改革について分析する。この研究は，日本の医療保障制度が分立した医療保険制度と保険診療に依存する医師を通じた自由開業医制を基盤とし，それを厚生省が監督するという構造から成り立つことに着目する。そして，1980年代以降の医療保障制度改革は，医療財政の悪化や行政改革による改革圧力に対して，その構造を維持するために，医療政策に関係する諸アクターが一見利益に反するともとれる医療費抑制政策を受け入れていった過程であるされる。しかし，その構造自体から内生的に医療機能の分化・連携の推進という改革の方向性が生まれるとはいえず，この研究も課題を残しているといえよう。

以上を概観していえることは，1980年代以降の医療供給制度改革が社会的入院解消を主要課題とし，医療機能の分化・連携の推進という観点からかなりの程度一貫した政策がとられてきた理由を先行研究が説明できていないということである。そして，それを明らかにするには，そのアイディアがどのように形成され，政策へ反映されてきたのかというプロセスを明らかにする枠組みが必要である。

3．分析枠組み

前述のように，本稿では政策の内容及びその変化を分析可能な枠組みを用いる必要があるが，そうしたものとして政策学習論があげられる。この概念に関しては，政策変容がなぜ生じるかというメカニズムを分析する枠組みであり，多様な概念が提示されてきた（秋吉 2012：1）。ここでは，その中でも Richard Rose (1991, 1993) の提示する「教訓抽出学習」を分析の柱とし，その概念の不足部分を補うために「社会的学習論」の知見を組

み合わせる形で分析枠組みを構築していく。

　教訓抽出は,「他政府で実施される政策についての行為指向の結論」(Rose 1991・1993) と定義され, 理論的知識というよりは他政府での政策の経験から得られる実践的知識を基に展開される, 新たな政策アイディアの形成プロセスを説明する概念である。

　そのプロセスは次のように描かれる。政策変容は, ①政策担当者によって政策の不確実性の高まりが認識されること, ②社会経済状況などの政策環境の変化, ③政治的価値の変化により, 社会的に既存の政策への「不満」が募ることで要請される。それに対し, 政府は自政府の標準的対応や経験に基づいた対応策を打つ。しかし, それに十分な効果がない場合, 政府は, 一から新たな政策を考案するか, もしくは, 他政府で実施されている政策を調査し, 獲得した知識を活かして新たな政策を考案するという選択肢を有する。教訓抽出の概念は, 後者の空間的広がりをもつ学習によって新たな政策アイディアが形成されるプロセスを描くことを核とする。また, このような学習プロセスが選択されうる理由は, 新たなアイディアの形成における負担が前者よりも軽いからである。

　さらに, このプロセスに関して, Rose は, ①学習プロセスの中心的主体, ②調査におけるステップ, ③新たな政策アイディアの形成の3点について考察している。

　1つめの中心的主体としては, 当該政策領域を担当する官僚組織などの政策担当者が想定されている。ただし, 政策担当者が独力で新たなアイディアを形成するとは限らず, 信念や価値基準を共有する専門家からなる認識共同体に専門知識を依存する場合がある。

　2つめの調査のステップは, 他政府の政策に対する調査において, 次のようなステップが踏まれることを示している。それは, ①類似した問題を抱える他政府の政策の情報を収集する, ②その政策の構成要素や, 政策と結果の間の因果関係の流れを明らかにする, ③自政府の政策と他政府の政策の構成要素や因果関係の流れを比較する, というステップである。

　3つめの新たな政策アイディアの形成とは, 他政府の政策に関する調査のうえに新たなアイディアが形成されるが, その特徴に5つの類型があるというものである。それは, ①他政府の政策をそのまま移転する「模倣」, ②他政府の政策を自政府の文脈に合うよう修正する「適合」, ③2つの異な

る政府で行われた政策の要素を結合させる「混合」，④3つ以上の異なる政府で実施された政策の要素を結合する「統合」，⑤新規政策を発展させるための知的刺激として他政府の政策を利用する「刺激」の5つである。

ただし，政策変容全体のメカニズムを捉えることを目指す本稿においては，形成されたアイディアが政策へ反映される局面についても考察の対象としなければならない。しかし，Roseは十分な議論をそれについて行っていない。

これに対し，社会的学習論はその局面に関する知見を提示している。そこでは，獲得した知識によって形成されたアイディアが政策へ反映される際に，政策決定過程における「政策遺制」，「政策決定の場」，「拒否点構造」といった制度によって制約を受けることが指摘される（Heclo 1974；Hall 1993；Oliver and Pemberton 2004；Béland 2006；秋吉 2012：10）。

まず，政策遺制とは，過去のある時点に誕生した政策が，その後の政策に継承される傾向があることを意味するものである。それは，制度によりその受益者が組織化・社会勢力化することや能力・時間上の制約により政策決定の標準作業手続きが制度化されることで，政策変更が制限されるために起こる（新川・井戸・宮本・眞柄 2004：18）。

次に，政策決定の場とは，当該政策におけるその形成および決定が行われる「場」のことを指す。それによって，学習の主体となるアクターがどのような形で政策決定に関与できるかが決まり，政策変容がどの程度，促進・抑制されるかが規定される（秋吉 2012：10）。

最後に，拒否点構造とは，政治制度の中に既得権益をもつ集団の影響力行使を可能にする機会構造が存在するかどうかを指すものである。そして，その集団の影響力はどれだけ政策変化を阻む拒否点が存在しているかに左右される（新川・井戸・宮本・眞柄 2004：18-19）。

4．福祉国家の危機と厚生省による欧米諸国の医療保障制度に関する教訓抽出

4．1．高度経済成長の終焉と疾病構造の変化

1973年の福祉元年にて，老人医療費無料化，健康保険の家族給付率70％への引き上げ，5万円年金の実現など，日本の社会保障制度は飛躍した。しかし，同年の第1次石油危機が日本経済に狂乱物価と呼ばれるインフレ

を引き起こし，直線的な社会保障の拡大に影を落とす。この狂乱物価は田中角栄内閣の列島改造を目指した積極財政や通貨管理の不手際によるところが大きく，それを厳しく非難していた福田赳夫が財界の要請から蔵相につき，総需要抑制に乗り出した。それにより，高度経済成長を謳歌した日本経済は，1974年にマイナス成長を記録，スタグフレーションに陥った（新川 2005：96-98）。

　また，栄養状態の改善や生活水準の向上，戦後整備された医療保障制度，医学の進歩などの要因も日本人の人口構成，疾病構造を変化させることで医療政策に変化を要請した。日本の高齢化率は，1955年以降上昇傾向をみせ，1970年には高齢化率が7％を超えて高齢化社会を迎えた。そして，高齢化率が上昇するとともに，病気の主流が結核などの感染症をはじめとする急性期疾患から，がん，心臓病，脳血管障害などの慢性期疾患へと変化した。こうした変化に応えるため，治療だけでなく予防やリハビリテーションまでを含むものへと医療政策を再編する必要性も認識されていった（衛藤 1995：95-99；藤田 1995：6）。

4．2．日本型福祉社会論と第二臨調の設置

　上記の社会経済状況の中，1970年代後半以降の社会保障政策のあり方を「日本型福祉社会論」が方向づけた。この言葉は，村上泰亮らの共著，『生涯設計計画——日本型福祉社会のビジョン』で初めて登場した。その内容は，日本が北欧型の福祉国家への道を歩むことに疑問を呈し，企業，地域，家族での相互扶助を軸にした日本型社会システムを再評価するものであった，が，それは必ずしも強いイデオロギー色を有してはいなかった（宮本 2008）。だが，それ以降，1975年の『文芸春秋』2月号に掲載された「日本の自殺」をはじめ，保守系知識人による西欧型福祉国家へのイデオロギー的批判がなされていく（グループ一九八四年 1976；香山 1978）。こうした批判は，当時，福祉国家の見直し，民営化などによる「小さい政府」の実現を主張する流れを強めていた財界指導者達にも広く受け入れられていった（大嶽 1994：80）。

　一方，政府は，1975年には経済停滞による大幅な歳入不足から10年ぶりに特例赤字国債を発行した。それ以降，一般会計上，国債依存率は高まり，政府は財政危機への対応を迫られていった。大蔵省は当初，歳出削減以上

に一般消費税の導入など，増税で対応しようとした。1978年末に首相に就任した大平正芳もその導入を訴えたが，1979年11月の総選挙で自民党が敗北したことから，政権首脳と大蔵省は歳出削減による財政再建への方針転換を余儀なくされた（大嶽 1994：70-71）。1980年の衆参同日選挙中の大平首相の急死により鈴木善幸が首相に就任し，翌年には行政管理庁長官の中曽根康弘のイニシアティブで第二臨調が設置された。その主要メンバーに選ばれたのは，財界指導者や経済学者ら，自由主義に信頼を置く者であった。そして，7月に発表した第1次答申で，医療費に対しては医療費の抑制，国庫負担の減額が提唱されるなど，臨調による行政改革路線下での福祉見直しが進められていくこととなる。

4. 3. 厚生省における「医療機能の分化・連携の推進」というアイディアの形成

ただし，経済成長の低迷，疾病構造の変化や高齢者医療費の著しい伸び，赤字財政の常態化などを背景に，厚生省も制度の行き詰まりを認識するようになり，その対応策を模索していた（衛藤 1995；大嶽 1994；早川 1991）。

その一環として，厚生省は，欧米諸国の医療保障制度を調査し，そこから教訓を引き出していった。欧米諸国が調査対象となったのは，当時，石油危機以降の経済的低迷の中で，高齢化や社会保障制度の拡張などを背景に医療費が急増するという，日本と同様の課題を抱えていたからである。

それにより，厚生省は，各国の医療保障制度の構成要素や制度の抱える現状の問題点を理解していった。例えば，その調査結果の1つとして，厚生省は1979年に『欧米諸国の医療保障』という報告書を刊行している。これは，西ドイツ，フランス，スウェーデン，イギリス，アメリカを中心に欧米諸国の医療保障制度の内容を調査したものである。そこでは，各国の制度について，社会保険方式か国民保健サービス方式かといった点にはじまる医療財政を支える制度の仕組み，医療費の支払い方式，医療従事者数や医療施設の状況などの医療供給体制の構造，制度の抱える問題点などが説明されている（厚生省保険局企画課編 1979）。

こうした調査により高齢者福祉サービスの不足が課題と考えられたため，厚生省は欧米諸国における高齢者ケアに関する制度についても調査している。健康政策局が1985年にまとめた『中間施設——懇談会報告・全資料』

をみていきたい。そこでは，1974年のイギリスのNHS改革において，高齢者を中心とする慢性疾患患者が増大したことで，高齢者のケア体系が病院・施設・居宅ケアに整理されたこと，アメリカでは，長期入院と短期入院を担う医療機関が異なり，高齢者福祉においてナーシングホームにおける施設ケアや在宅介護サービスの整備に力が向けられていることなどをはじめ，欧米先進国の制度の構成要素が明らかにされる（厚生省健康政策局1985）。

こうした欧米の制度との比較の結果，日本の医療供給制度の課題として，厚生省は，高齢者の長期入院の解消，施設・在宅両面での高齢者福祉サービスの整備が課題であることを理解していった（厚生省保険局企画課編1979：1－29）。

このように課題が認識されたのは，欧米諸国と日本の医療供給体制上の違いに由来する。欧米諸国と一口にいってもさまざまだが，両者の大きな違いの1つに，欧米の病院は一般に公的あるいは非営利組織，日本の病院は一般に医師によって経営されているということがある。この違いは高齢化に対する両者の対応を決定的に分岐させた。医療と経営が分離していたため，欧米諸国は，医療の発達とともに病床が治療機能に特化される方向に進み，高齢化にはナーシングホームなどの病院外の高齢者福祉施設や在宅福祉サービスを整備する方向で対応し，1960年代以降，平均在院日数を減少させていった。一方，それが分離していないために，医療と経営を常に秤量しなければならない日本の病院は，相対的にそれが抑制され，社会的入院という形で高齢者を大量に受け入れたのである（猪飼2010：256－266）。すなわち，欧米の医療保障制度を調査し，日本の医療供給制度の課題が上記のように捉えられたのはある種当然の流れでもあった。

そうして，厚生省は，不必要な長期入院を是正し，その受け皿として施設・在宅での高齢者福祉サービスを整備するという一連の流れに基づいた政策アイディアを形成し，そのアイディアから一貫した改革を，1982年の老人保健法制定を機に，順次推し進めていく（吉原編1983：60－80；吉原・和田2008：313－315）。

また，厚生省は，このアイディアを基に医療供給制度を改革する必要があることを度々提起している。まず，1987年に幸田正孝厚生次官を本部長に省内で設置された国民医療総合対策本部による「厚生省国民医療総合対

策本部中間報告」をみていきたい。そこでは，良質で効率的な国民医療を目指すという目標のもと，高齢者医療については，慢性期疾患と急性期疾患の治療を行う病床の分離，それに見合う老人診療報酬の見直し，老人保健施設・特別養護老人ホームといったケア施設の整備，訪問看護，訪問介護の充実による地域ケア体制の確立が叫ばれている。幸田によれば，こうした改革が提起されたのは，社会的入院の解消には，「保健指導，健康指導から，臨床，リハビリテーション，介護，地域のケア，訪問看護，訪問介護という一連の流れ」をもつ改革が必要と考えられたからであった（幸田ほか 2011：139－143）。

さらに，このアイディアの観点から，健康政策局は1990年に，「21世紀をめざした今後の医療供給体制の在り方」を提示している（吉原・和田 2008：384）。そこでは，各医療機関が他の保健・医療・福祉サービスとの連携のもとに，健康増進から治療，リハビリ，福祉サービスに至るサービスを提供する必要があるとし，具体的には急性期医療と慢性期医療を提供する場の分離や在宅医療の推進を行っていくことなどが示されている。

5. 医療機能の分化・連携の推進に関わる諸政策の展開

本節では，1980年代以降の医療供給制度改革の流れを，①包括払い制などの拡大による退院促進，②急性期と慢性期医療を担う病床の機能分化，③施設・在宅による高齢者福祉サービス整備の3点からまとめることで，それがかなりの程度一貫した内容をもっていることを確認する。また，それぞれの改革の要所において，教訓抽出のプロセスが踏まれていたことも確認していく。

5.1. 診療報酬体系における包括払い制・逓減制の拡大による退院促進

社会的入院対策としての1980年代以降の診療報酬改定の流れは，大きく次のようなものである。厚生省はまず出来高払い制を基礎とする診療報酬体系において高齢者医療を対象に包括払い制を導入・拡大させ，最近ではDPCという診断群分類を基にした包括払い制を急性期医療において広げている。これは，包括度合いが強い支払方法であるほど，コスト圧縮のために，医療機関は不必要なサービスカットや在院日数の短縮を目指すと考えられるからである（野口 2005：126－128）。

厚生省が欧米諸国の医療保障制度を調査していく中で，まず改革の対象となったのは，高齢者医療における過剰な健診や投薬の要因と考えられた出来高払い制であった。厚生省は，それに対する最初期の改革として，1983年の老人保健法施行に合わせて，診療報酬体系に老人診療報酬という新たな点数表を設置した。そこでは，高齢者の入院，検査，投薬などに対する一部包括払い制の導入や逓減制の強化が行われた。

　厚生省がこのような改革を発想したのは，欧米の医療報酬の支払い方式の構成要素を学び，政策を形成していたからである。厚生省が1983年に刊行した『老人保健法の解説』によれば，出来高払い制と異なる主な支払い方式として，開業医があらかじめ地域住民の登録医となり，登録数に応じた一定額の報酬を受けるイギリスやイタリアの「登録人頭方式」，西ドイツの保険者と医師団体の間で医療費の総額について毎年契約を結び，その範囲内で医療を請け負わせる「総額請負方式」がある。これらの制度に共通する要素は支払われる医療費の総額や報酬の枠が先に決められていることであり，厚生省はそれを学んだ。ただし，厚生省は，それぞれの制度はそれぞれの歴史的経緯や事情のうえに成り立つことや日本医師会の反対により，外国の支払い方式をそのまま導入することが困難であることも認識していた。そのため採用されたのが，「高齢者医療の一部に包括払い制を導入する」という老人診療報酬の設置であったのである（吉原編 1983：74-84)。

　こうして導入された包括払い制は，その後，高齢者医療，福祉を担う施設の施設基準として着々と広げられた。また，それは，一般の診療報酬でも複数検査の包括化や薬剤の基本料への組み入れ，看護料に関しても進められた。

　例えば，看護料についてみると，1988年に診療報酬体系上の「基準看護体系」の中で，患者2人に対して看護要員を1人配置する「特3類」が新設されている。そこでは平均在院日数20日を境とした逓減制が導入された。1994年には，入院期間30日を基準に逓減制を採用する「新看護体系」の導入が決まった。ちなみに，この新看護体系においては，雇用する看護師の割合の高さに応じて3パターンの診療報酬が設定されている。これは，看護婦・准看護婦・看護補助者が一体の評価となっている体系を改め，いわゆる基準看護を満たす病院を増やすための条件緩和であり，ひいては患者

2人に対し看護要員1人の体制の整備を本格的に開始するという急性期医療への看護師配置の拡充を目指すものでもあった（山路 2003：202-206；中西編 2011：122-123）[4]。1998年の改定では，看護料の算定要件である平均在院日数が看護類型ごとに短縮されるとともに，新看護への移行をスムーズにするため，新看護同様に平均在院日数を基準とする逓減制を採用した（山路 2003：204-210）。そして，医療保険福祉審議会の診療報酬体系見直し作業委員会での議論を経て，2000年には，診療報酬体系から看護料という項目がなくなり，入院環境料，入院時医学管理料，看護料を併せて包括払いとする新たな「入院基本料」が新設された（中西編 2011：123-124）。

こうした流れに加え，2002年以降，厚労省は「急性期医療に係る診断群分類別包括評価：DPC (Diagnosis Procedure Combination)」という支払い方式を導入，拡大している[5]。これは，大学病院などの一般病床の入院患者について，傷病名が診断群分類に該当する患者には，入院基本料，検査，画像診断，投薬，注射，処置を包括評価して請求する仕組みである。この診療報酬が設定されたのは，厚生省が，アメリカのDRG/PPS[6]という支払い方式を参考にした研究を1990年代半ばから行った結果である（野口 2005：130）。その調査のもと，1998年から約5年間にわたり，「急性期入院医療の定額払い方式の試行調査」が行われ，2002年から本格的に導入されることとなった。そして，2004年の診療報酬改定において，DPCは，それまでの対象82病院に，民間を含めた62病院を加えて拡大された（高木 2005：101-105）。

5.2. 診療報酬改定と医療法改正による病床の機能分化

1980年代以降，厚生省は，社会的入院対策として，慢性期疾患患者が入院するような医療の先端性の低い病床と濃厚な治療が必要となる病床の機能分化を進めてきた。そして，それは診療報酬体系における人員配置や施設基準に重点を置いた改定による実質的なものと医療法の改正を通じた2つの手段からなる。ここでは，それぞれの流れについて順に説明していく。

まず，診療報酬の改定を通じた実質的な機能分化を目指した改革は，老人診療報酬設置にともなう「特例許可・特例許可外老人病院」の設置から始まった（吉原・和田 2008：313）。これは「薬漬け・検査漬け」の横行を

図1　医療法の改正による「その他の病床」の分化の変遷

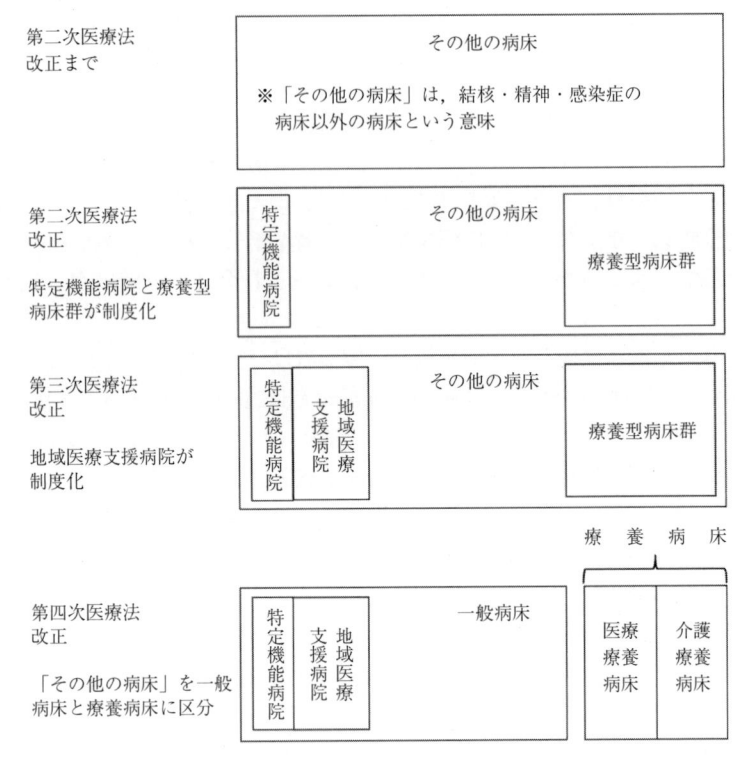

第二次医療法改正まで	その他の病床 ※「その他の病床」は，結核・精神・感染症の病床以外の病床という意味
第二次医療法改正 特定機能病院と療養型病床群が制度化	特定機能病院 ／ その他の病床 ／ 療養型病床群
第三次医療法改正 地域医療支援病院が制度化	特定機能病院／地域医療支援病院／その他の病床／療養型病床群
第四次医療法改正 「その他の病床」を一般病床と療養病床に区分	特定機能病院／地域医療支援病院／一般病床／療養病床（医療療養病床／介護療養病床）

出典：島崎（2011）図3-3を筆者一部加工。

阻止するために設置されたものであり，特例許可老人病院は，知事の許可のもと，主に高齢の慢性疾患患者を入院させている病院と位置づけられた。そして，老人診療報酬上，入院時医学管理料の逓減制を強める一方，一般の病院には定めのない介護職員を配置することを条件に医師・看護師の配置基準を緩めることが認められた。そして，その許可を受けられないが，高齢者の収容比率が6割以上の病院を特例許可外老人病院と位置づけ，一定範囲の検査料，注射料，処置料を包括化，心電図検査などは原則月一回とし，特例許可老人病院と比べ低い報酬となるよう差をつけた（吉田2009：112-113；島崎2011：93-94）。

しかし，老人診療報酬も原則的には出来高払い制であることから，「薬漬け・検査漬け」の横行は止まなかった。その後，病院と特養，在宅の中間にある施設として老人保健施設が創設されたが，在宅への通過施設として十分に機能せず，もう1つの狙いであった老人病院からの転換も施設基準を満たすことが難しかったために十分に実現しなかった。

　そこで，1990年の診療報酬改定において老人病院に対して「入院時医療管理料」が創設された。この診療報酬が適用される病院は，「介護力強化病院」と一般に呼ばれた。そして，それには，老健施設の設置基準と同様の①介護職員の人員配置基準と，②入所者全員に対して支払いを原則同じにし，薬剤，検査，リハビリテーションの包括化を適用することが要件とされた。一方で，老健施設とは亜急性期・急性期後のケアも提供することから画像診断，リハビリテーションが出来高払いとして残された点，それを大幅に上回る医師と看護師が配置された点において異なった（池上 2005：143）。1992年には入院時医療管理料を病棟で採用することも認められ，出来高払いと包括払いの病棟を併設する「ケアミックス」型の病院も登場した（山路 2003：205）。

　以後，2000年には急性期後のリハビリテーションのための「回復期リハビリテーション病棟」，2004年には在宅への退院を促すための「亜急性期入院医療管理料」などが設置されている（池上 2005：144）。

　一方，医療法の改正による機能分化の第一歩となったのは，1992年の第2次改正である。そこでは，特定機能病院と療養型病床群の設置が決まった。前者は大学病院本院，国立がんセンター，国立循環器病センターなどの医療機関を想定したものであり，高度先端医療への対応を図るために設置された。後者は，慢性期疾患を抱える長期入院患者が療養する病床として整備されるものであった。また，この改正において，医療提供の基本理念についても規定が行われ，予防及びリハビリテーションを含んだ良質な医療の提供の必要性や「居宅」が医療提供の場として明示された（島崎 2011：98）。

　第3次改正においては，介護保険創設を控え，療養型病床群不足を補うため，有床診療所への療養型病床群の拡大が行われた。また，患者紹介率が一定以上，救急救命機能，臨床研修機能を有することなどが条件の地域医療支援病院が設置された。第4次改正では，「その他の病床」から療養病

床が切り離され，病院の開設者は一般病床（主として急性期の患者対象）と療養病床のいずれを選択するか届出ることとされた（島崎 2011：98-99）。

5. 3. 施設・在宅における高齢者福祉サービスの整備

　ここまでの医療改革と並行して，厚生省は施設・在宅の高齢者福祉サービス整備も進めた。そうした改革が，介護の社会化やそれに対する普遍主義的な保障制度の創設を目指すという理念に支えられていたことは広く指摘される。しかし，それは同時に，逼迫する医療保険財政の救済策，退院した高齢者の受け皿を整備するための資源投入策の意味も有しており，医療機能の分化・連携という観点から推し進められたものでもあった。

　高齢者福祉における新たな施設サービスとして，まず大きな議論となったのは，1986年の老健施設の設置につながる中間施設構想に関するものであった。この構想は，寝たきりの高齢者の増加や社会的入院が社会的課題と認識されていく中で，厚生省や社会福祉分野の専門家らが前述のように，欧米諸国の高齢者福祉サービスにおける制度を学んだことを1つの要因として浮上したものである（厚生省健康政策局 1985）。そして，その調査によって明らかになった問題点は，措置制度の中で運営される特養では十分なニーズに対応できておらず，一方，病院も高齢者が生活する場としては適切とはいえないということであった（小山 1986）。そうした認識を出発点に，医療と特養の中間に位置する施設が必要であるとされ，老人保健施設の創設が決まった。

　そして，高齢者福祉サービスの整備はさらに進められていった。1986年には，社会福祉士，介護福祉士という専門職資格が創設され，加えて厚生省高齢者対策企画推進本部がデイサービス，ショートステイの整備水準について目標値を発表した。1988年には厚生省と労働省が「長寿・福祉社会を実現するための施策の基本的考え方と目標について（福祉ビジョン）」の中で，ホームヘルパー，デイサービス，ショートステイの在宅福祉サービス，そして特養の整備目標水準を発表した。

　これらの報告で示された施設・在宅福祉の整備，人材養成という方向性は1989年の厚生・自治・大蔵三大臣合意による「高齢者保健福祉推進十カ年戦略（ゴールドプラン）」へとつながった（新藤 1996：84）。むろん，ゴールドプランが政府公認となった背景には，消費税導入は福祉のためであ

るとアピールしたい自民党の思惑が働いていた。その後，新ゴールドプランが策定されたため，目標値などは変わるが，そこでは，在宅福祉対策の緊急整備として，ホームヘルパー10万人，ショートステイ5万床，デイサービスセンター，在宅介護支援センターをともに1万カ所整備すると打ち出された。

　ゴールドプランで，施設福祉，在宅福祉の整備などに総額6兆円が投入されることとなったが，厚生省はそれが機能する仕組みを作り上げるため，1990年の福祉関係8法の改正を行う。この改正の中で，厚生省は都道府県や市町村に対する老人保健福祉計画の策定を義務付け，デイサービスなどの在宅福祉サービス，訪問看護サービスなどの保健サービス，特養などの施設サービスについて計画期間内に整備するべき目標値を示し，体制を整えることを要求した（新藤 1996：85-93）。

　また，これに応えるように，翌年の老人保健法改正で，老人訪問看護制度が創設されている。これは，在宅の寝たきり高齢者らに対して，地域に新たに設置される老人訪問看護ステーションから看護師，保健師などを派遣し，介護に重点を置いた訪問看護サービスを提供する行政サービスである（藤田 1995：78-79）。この制度の創設にあたって，厚生官僚がドイツ，フランスの訪問看護制度を視察していたことや国内における訪問看護の先駆的な実践家と接触することで知識を吸収し，施設の人員配置基準を決定したことが報じられている（大熊 2010）。

　さらに，第2次医療法改正において在宅も医療提供の場とされたことから，1994年の診療報酬改定では，かかりつけ医による「在宅時医学管理料」を新設し，往診，訪問看護，訪問リハビリテーションに対する点数が高められた（吉原・和田 2008：514-515）。

　こうした流れは，介護保険制度創設へとつながるものであった。その創設を可能にした主な要因として，①1980年代後半から厚生省内で介護に関する普遍主義的な福祉制度の必要性が認識され，②消費税導入や細川護煕内閣の国民福祉税構想を通じて政策アジェンダとして浮上し，③介護保険制度導入に積極的な社会党とさきがけが自民党との連立与党となったことがあげられる（衛藤 1998；増山 1998）。

　そして，この創設にともない，ケアマネージャーという専門職が創設され，ケアプランを通じたケアマネジメントの仕組みが導入されることにな

った。その他，厚生省は老健施設を介護保険の財政下に組み込み，また療養病床における介護保険適用を可能にするなど，慢性期疾患を対象とする医療施設の介護施設への転換を促した。この制度創設によって，医療保険財政救済と高齢者福祉サービス整備への資源投入がさらに深まることになったのである。

6. 1980年代以降の医療供給制度改革の展開に関する分析

ここでは，先に示した教訓抽出学習と社会的学習論を基にした政策学習の枠組みをもとに，1980年代以降の医療供給制度改革の過程を分析していく。

1980年代以降の医療供給制度の変化は，高度成長の終焉，高齢化の進行，疾病構造の変化，行政改革路線下での福祉見直しといった政策環境の変化や厚生省が医療保障制度における不確実性の高まりを認識したことで，既存の医療保障政策に対する「不満」が募ることによって要請された。

それに対し，政策担当者として学習の中心的主体である厚生省は，日本と同様の問題を抱える欧米諸国の医療保障制度を調査していった[7]。さらに，その調査によって，厚生省は欧米先進国の医療保障制度の構成要素を把握し，日本の制度と比較することで，日本の医療供給制度の課題を明らかにしていった。その課題として厚生省が認識したのは，医療の必要性の低い高齢者の長期入院の解消，施設・在宅における高齢者福祉サービス整備の必要性であった。このように課題が認識された背景には，歴史的に治療と経営の分離が成立した欧米諸国では当時，医療の発達にともない病床が治療機能に特化される方向へと進み，高齢者には病院外の高齢者福祉サービスを整備するという対応がなされていたことがある。

こうした調査のうえに，厚生省は，医療供給制度全体の改革の見取り図として，高齢者の病院からの退院を促し，その受け皿として施設・在宅での高齢者福祉サービスを整備するという一連の流れをもつ，現在では，「医療機能の分化・連携の推進」と呼ばれる改革の必要性を認識し，順次実施していった。このアイディアは，Roseの提示した類型に従えば，3つ以上の異なる政府で実施されている政策の構成要素を結合し形成されており，「統合」に区分されるものであるといえよう。

さらに，そのための改革は，具体的には，①包括払い制の導入・拡大な

どによる高齢者の退院の促進，②急性期医療と慢性期医療を担う病床の機能分離，③施設・在宅による高齢者福祉サービスの整備の3点から構成されるが，包括払い制導入や老人保健施設の設置といった，それぞれの改革の要所では，欧米諸国の制度の構成要素を学び取り，獲得した知識を政策へつなげるという教訓抽出のプロセスを踏んでいたことも明らかとなった。

こうして形成されたアイディアのもとで，1980年代以降の医療供給制度改革が進められるが，それがどのような形で政策へ反映されるか，どの程度促進・抑制されるかは医療政策の政策決定過程における制度的要因に大きく規定されてきた[8]。

そもそも，この一連の改革は，自由開業医制や出来高払い制といった政策遺制に大きく拘束された。この改革はあくまで，自由開業医制の原則のもとで病床の機能分離を行うものであり，包括払い制の導入・拡大も原則的に出来高払いを維持したうえで行われた。こうした形になったのは，開業医を中心とする医師会という政治的に強力な組織が存在することや，それらの制度の抜本的な改革には大きなコストがかかるからである。こうした制度的背景により自由開業医制と出来高払い制を原則的に維持することは，例えば，前述の国民医療総合対策本部中間報告にみられるように，度々確認されている。

ただし，この改革は医療政策や社会保障制度の政策決定の場の性質や変化によって促進された。この改革は診療報酬改定を主要な手段としているが，それを決定する中央社会保険医療協議会は閉鎖的な場であり，厚生省が作成するたたき台をもとに議論が進められる。それにより厚生省が強い主導性を発揮できるため，改革が促進されてきた（結城2006：19-22）。また，戦後日本の福祉行政を大きく規定した措置制度の変革を意味する介護保険制度の創設においては，場の変化も大きな意味をもった。自民党単独政権から非自民・非共産連立政権，自社さ連立政権へと政権が交代したことで，必ずしもその創設に一枚岩でない自民党に対し，積極的な社会党とさきがけが，与党福祉プロジェクトチームの一員として政策決定の場に参画することができた。このことがその創設に大きな追い風となったことは広く指摘されている。

拒否点構造の観点からまとめると次のように指摘できる。医療機能の分化・連携は医療費抑制の意味をもつ政策であり，その実施に際しネックと

なるのは医師会である。彼らは中医協という拒否点を有しており，さらに自民党に対する選挙協力や政治献金によって政策決定に大きな影響を及ぼしてきた。しかし，他方で，社会，経済，財政状況の変化などにより開業医の経営環境が不利な状況へ進む中で，1980年代には，彼らはパイの拡大から既得権の保持へと戦略を転換した（池上・キャンベル 1994：57-62）。この一連の改革に彼らは基本的に反対姿勢を示してきたが，実際の行動はその戦略の枠内で自己の利益を最大化させるためのものであった（坪井 2001）。だからこそ，この改革は可能となったのである。また，医師会の支援者であり，厚生部会という拒否点を有する自民党厚生族議員も，専門性が高く，有権者の関心をあまり集めない医療供給政策に対しては，医療保険政策と比べ関心が薄い（西岡 2002；宗前 2012）。これもまた，一連の改革が可能となった要因であったといえよう[9]。

　最後に，厚生省内のセクショナリズムについて触れたい。なぜなら，そうした形で厚生省内のそれぞれの部局が拒否点を有するからである。この改革に関する政策の所管は，現在の保険局，医政局，老健局にまたがるが，これらの前身の部局の頃からの対立，調整不足が散見される。このことは改革の進展を抑制する要因であると考えられる（二木 2007：130；吉岡・村上 2008：122-158）。

7．おわりに

　医療機能の分化・連携の推進という改革の方向性は，小泉純一郎政権期の医療制度改革や，団塊の世代が75歳を迎える2025年を目途に構築することを目指し，厚労省が現在強力に推進している「地域包括ケアシステム」を構成する重要な柱の1つとまでなっている。しかし，医療供給政策に関する政治過程論的研究の蓄積が十分でないため，こうした動きはその中では見逃されてきた。

　本稿では，こうした先行研究の抱える課題を補完することを目的に，1980年代以降の医療供給制度改革が，教訓抽出というプロセスのもとで形成された医療機能の分化・連携の推進という政策アイディアからかなりの程度一貫した形で進められてきたことを明らかにした。

　加えて，教訓抽出の概念では，形成されたアイディアが政策へ反映される局面についての考察がほとんどなされていなかったために，政策変容全

体のメカニズムを捉えきることが難しかった。本稿では，その局面を制度が制約するという社会的学習論の知見と接合させることで，政策変容全体のメカニズムをより精緻化した。ただし，本稿がとりあげた政策学習論の概念はそのごく一部であり，それは非常に多様な形で提起されているために，政策学習論の体系化には一層の研究の蓄積が必要である。

(1) 一般に厚生省や医療政策に関わる研究者は，社会的入院を「長期入院や家族の事情で入院が継続している状態」と捉える。しかし，社会的入院の現状を明らかにした研究として評価の高い，印南一路の『「社会的入院」の研究』では，「社会的妥当性を欠く，新規入院，入院継続，転院，退院」とより広くそれを定義している（印南2009）。この点に関して，本稿では，厚生省の政策について分析するため，一般的な意味合いでそれを捉えることとする。

(2) このような認識は，「OECD Health Data」という国際比較統計において，欧米諸国との差は依然大きいものの，1990年代以降日本の平均在院が減少したことが示されていること（濃沼2000）などを基にしていると思われる。ただし，病床の定義が各国で異なることには注意を要する。

(3) 紙幅の関係上，1980年代以降の医療供給政策の変化の要因を説明する先行研究をあげた。その他に，昭和50年代以降の厚生省の医療政策における統制手法の変化を明らかにする藤田（1995），戦後から1970年代までの医療保障政策の展開を明らかにする宗前（2012）がある。

(4) 新看護体系の導入にあわせて，1994年6月の健康保険法改正の中で3年間の経過措置を残して，無資格者の多い付添看護の廃止も決まった。

(5) DPCという呼称は，診断群分類に基づく1日当たり定額報酬算定制度を意味する場合と患者分類としての診断群分類を意味する場合が混在したため，2010年12月16日の中医協のDPC評価分科会において，その略称をDPC/PDPS (Diagnosis Procedure Combination/Per-Diem Payment System) とすると整理された。

(6) DRG (Diagnosis Related Group) はアメリカにおいて1970年代に実用化された医療資源消費予測技術の名称であり，疾病治療分類の名称でもある。また，PPS (Prospective Payment System) は包括支払いの方法を指す（野口2005：123−125）。

(7) 教訓抽出概念は認識共同体を重視するが，この改革を推進した主体として，専門家の間で信念，価値基準をも共有した共同体は存在しなかったと思われる。池上・キャンベル（1996）によれば，日本は医療政策の専門家の層が薄いうえに分立しており，また，その専門家らは専門家的側面を

もつ厚生官僚に対して，基礎的なデータを基にした「勘と度胸」による判断しか行っていないと批判的である（池上・キャンベル 1996：17-18）。
（8） 本稿の分析ではあまり立ち入ることができなかったが，厚生省を支援するアクターとして，大蔵省（財務省），連合，日経連（経団連），健康保険組合連合会などの保険者が存在する。医療費抑制に賛成の彼らの一連の改革への態度は好意的なものだった。それを示すものとして，連合が1997年に刊行した『1997～98年度　政策・制度要求と提言』，1998年の健保連の「21世紀の国民の健康と医療の確保を目指して（医療保険制度構造改革への提言—中間報告—）」，2000年に経団連が公表した「保険者機能の強化への取組と高齢者医療制度の創設（経団連意見書）」などの提言がある。
（9） ただし，厚生族議員は一連の改革の必要性や状況を理解はしていた。そのリーダー格である丹羽雄哉の著作をみると，社会的入院解消に向けて，慢性期医療への包括払い制拡大や高齢者福祉サービス整備（特に在宅）の必要性などを主張し，また前述のDPC導入のための試行調査が開始されていることなど当時の最新の状況にも触れられている（丹羽1998）。

参考文献

秋吉貴雄（2012）「政策学習論の再構築に向けて」『熊本大学社会文化研究』10：1-16.

猪飼周平（2010）『病院の世紀の理論』有斐閣.

池上直己(2005)「第5章　急性期以外の入院医療のための新たな支払い方式」遠藤久夫・池上直己編『医療保険・診療報酬制度』勁草書房：139-164.

池上直己・キャンベル，ジョンC.（1996）『日本の医療——統制とバランス感覚』中央公論社.

印南一路（2009）『「社会的入院の研究」——高齢者医療最大の病理にいかに対処すべきか』東洋経済新報社.

衛藤幹子（1995）「福祉国家の『縮小・再編』と厚生行政」『レヴァイアサン』17，木鐸社：91-114.

——（1997）「政策の連続と変容——日本医療制度の構造」日本政治学会編『年報政治学1997　危機の日本外交』岩波書店：135-153.

——（1998）「連立政権における日本型福祉の転回——介護保険制度創設の政策過程」『レヴァイアサン』臨時増刊，木鐸社：68-94.

大熊由紀子（2010）『物語介護保険——いのちの尊厳のための70のドラマ（上・下）』岩波書店.

大嶽秀夫（1994）『自由主義的改革の時代——1980年代前期の日本政治』中央公論社.

北山俊哉(2011)『福祉国家の制度発展と地方政府——国民健康保険の政治学』

有斐閣．
グループ一九八四年（1975）「日本の自殺」『文芸春秋』2月号：92-124．
濃沼信夫（2000）『医療のグローバル・スタンダード』ミクス．
厚生省保険局企画課編（1979）『欧米諸国の医療保障』社会保険法規研究会．
厚生省健康政策局総務課編（1985）『中間施設——懇談会報告・全資料』中央法規出版．
幸田正孝（述）・印南一路・中静未知・清水唯一朗（2011）『国民皆保険オーラル・ヒストリーⅠ 幸田正孝（元厚生省事務次官） 報告書』医療経済研究機構．
香山健一（1978）『英国病の教訓』PHP研究所．
小山秀夫（1986）『中間施設の潮流——保健医療と福祉の課題』中央法規出版．
島崎謙治（2011）『日本の医療——制度と政策』東京大学出版会．
新川敏光（2005）『日本型福祉レジームの発展と変容』ミネルヴァ書房．
新川敏光・井戸正伸・宮本太郎・眞柄秀子（2004）『比較政治経済学』有斐閣．
新藤宗幸（1996）『福祉行政と官僚制』岩波書店．
砂原庸介（2011）「自己強化する制度と政策知識——医療保険制度改革の分析から」『大阪市立大学法学雑誌』57（3）：287-323．
宗前清貞（2009）「第5章 医療政策における専門知の形成と機能」久米郁男編『専門知と政治』早稲田大学出版部：149-176．
──（2012）「自民党政権下における医療政策——保守政党の社会政策と利益団体」日本政治学会編『年報政治学2012-Ⅰ 自民党と政権交代』木鐸社：114-137．
高木安雄（2005）「第3章 わが国の診療報酬政策の展開と今日的課題——技術評価と医療費配分のジレンマ」遠藤久夫・池上直己編『医療保険・診療報酬制度』勁草書房：93-122．
辻哲夫（2008）『日本の医療制度改革がめざすもの』時事通信出版局．
坪井栄孝（2001）『我が医療革命論』東洋経済新報社．
中島明彦（2001）「医療供給政策における政策過程の変容——厚生技官の台頭と政策コミュニティの形成」医療経済研究機構『医療経済研究』9：23-29．
中西睦子編（2011）『看護制度・政策論 第2版』日本看護協会出版会．
二木立（2007）『医療改革——危機から希望へ』勁草書房．
西岡晋（2002）「第一次医療法改正の政策過程（1・2）」『早稲田政治公法研究』70：183-217・71：61-94．
──（2003）「医療供給制度改革の政策レジーム分析——供給抑制型政策への転換をめぐって」『公共政策研究』3：148-158．

日本労働組合総連合会（1997）『1997～98年度　政策・制度要求と提言』日本労働組合総連合会.
丹羽雄哉（1998）『生きるために――医療が変わる』日経メディカル開発.
野口一重（2005）「第4章　DRG（DPC）方式の機能性とPPSの経済的特徴」遠藤久夫・池上直己編『医療保険・診療報酬制度』勁草書房：123－137.
早川純貴（1991）「福祉国家をめぐる政治過程（1・2）――84年健康保険法改正過程の事例研究」『駒沢大学法学論集』43：111－159・『駒澤大学政治学論集』33：33－93.
藤田由紀子（1995）『昭和50年代以降の医療政策の変容』東京大学都市行政研究会.
増山幹高（1998）「介護保険の政治学――政策の対立と収斂」『公共政策：日本公共政策学会年報1998（CD-ROM版）』：1－25.
宮本太郎（2008）『福祉政治――日本の生活保障とデモクラシー』有斐閣.
村上泰亮・蠟山昌一ほか（1975）『生涯設計（ライフサイクル）計画――日本型福祉社会のビジョン』日本経済新聞社.
山路克文（2003）『医療・福祉の市場化と高齢者問題――「社会的入院」問題の歴史的展開』ミネルヴァ書房.
結城康博（2006）『医療の値段――診療報酬と政治』岩波書店.
吉岡充・村上正泰（2008）『高齢者医療難民――介護療養病床をなぜ潰すのか』PHP研究所.
吉田あつし（2009）『日本の医療のなにが問題か』NTT出版.
吉原健二編（1983）『老人保健法の解説』中央法規出版.
吉原健二・和田勝（2008）『日本医療保険制度史（増補改訂版）』東洋経済新報社.
Béland, Daniel (2006) "The politics of Social Learning: Finance, Institutions, and Pension Reform in the United States and Canada" *Governance* 19: 559-583.
Hall, Peter A. (1993) "Policy Paradigms, Social Learning, and the State," *Comparative Politics* 23: 275-296.
Heclo, Hugh (1974) *Modern Social Policies in Britain and Sweden*, Yale University Press.
Oliver, Michael J. and Pemberton, Hugh (2004) "Learning and Change in 20th-Century British Economic Policy," *Governance*, 17: 415-441.
Rose, Richard (1991) "What is Lesson-Drawing," *Journal of Public Policy* 11: 3-30.
――(1993) *Lesson Drawing in Public Policy: A Guide to Leaning across Time and Space*, Chatham House.

2013年ドイツ連邦議会選挙の分析と
連邦政治への含意[1]

中川洋一 *

はじめに

　2013年 9 月22日，ドイツで連邦議会選挙が実施された。第 2 次メルケル（Angela Merkel）政権で与党の一翼を為した FDP（ドイツ自民党）が，史上初めて議席を喪失した。これは，1983年の緑の党の議会入りと 4 党システムへの移行に匹敵する，ドイツ政治の一大転機を意味した。また同選挙では，ユーロ懐疑を謳う AfD（Alternative für Deutschland 〔ドイツのための代案〕）が善戦し，その得票率は 5 ％に肉薄した。

　2013年のドイツ連邦議会選挙をめぐる先行研究では，CDU/CSU（キリスト教民主社会同盟）の勝因を専らメルケル個人に求めたり，党の政策能力への評価が有権者の投票行動に与えた影響を軽視する主張が支配的であるが[2]，正確ではない。有権者の候補者評価が投票選好を決定する度合いが高まっているという議論があるが，候補者評価が投票選好に与える影響は各選挙で異なる上，候補者評価のみが常に選挙の帰趨を決定づけるわけではない。また，先行研究は同選挙自体の分析に留まり，同選挙から得られる連邦政治への含意を十分に明らかにしていない。本稿は，こうした不備に応じることを目指す。

　以下では，まず大政党に力点を置いて同選挙戦の概要を再構成した後，選挙結果を分析する。その後，同選挙の連邦政治への含意について言及する。その際，第 3 次メルケル政権の外交政策や移民政策を取り上げるが，前政権の政策を刷新する変化が認められるためである。さらに，ドイツの

---

　*　立命館大学衣笠総合研究機構国際地域研究所客員研究員，同大学政策科学部非常勤講師

政党システムの現状と同選挙の政党システムへの含意について考察する。

1. 選挙戦の概要

（1）各党の概要
（イ）SPD（ドイツ社民党）

　　SPDは2012年10月にシュタインブリュック（Peer Steinbrück）を首相候補に選出し，党内の団結を図った[3]。彼は第1次メルケル政権期に財務相を務め，金融危機を克服した有能で知名度もあり，首相候補として最適とみられた。SPDは，前回の連邦議会選挙の惨敗を背景に，アメリカの選挙活動に倣って直接各家庭を訪問し，有権者に接近する「リビング選挙戦」を展開した。ドイツ政治では1990年代以後，特に貧困層の政治離れが目立っている。かつてSPDの支持層であった貧困層の投票率は，今日裕福な都市部を下回る40％にすぎない。また2009年連邦議会選挙における歴史的大敗の要因は，SPDと90年連合／緑の党（以下緑の党）の赤緑政権期に，SPDがハルツ4改革により右傾化し[4]，有権者の支持を失ったことにあった。

　　このような背景から，ガブリエル（Sigmar Gabriel）党首は「下からの選挙」を掲げ，小市民を代表する，社会的弱者に温かい党としてアピールした[5]。SPDは2013年1月のニーダーザクセン（以下NI）州選挙では，同戦略により一定の政党支持なし層を取り込むことに成功した。また，CDUがこれまで独占してきた都市で，SPDは市長職を奪取した[6]。

　　党が左派の中核支持層を惹きつける政策を追求する傍ら，ブルジョワ有権者の包摂を期待できる，実力も名声も兼ね備えた中道右派の候補を据えることで，SPDはCDU/CSUを脅かす勢力となる筈であった。事実，候補者擁立直後の2012年10月時点で，SPDに次期与党を求める声はCDU/CSUを上回っていた。

　　しかし，党と候補の間で齟齬が生じ始める。シュタインブリュックの歯に衣着せぬ言動は，マスメディアの批判の的となった。たとえば彼は，5ユーロ以下のワインは口にしないといった，社会的公正を謳う党の候補でありながら，低所得者への配慮を欠く言動を行い，信用を失った。

　　また選挙戦で，シュタインブリュックと党は団結していないという印象を与えた[7]。彼は共闘すべきガブリエル党首達と馬が合わなかった。また

ユーロ危機への対応や相続税，庇護難民政策における彼の中道戦略は党内左派から反発を買い，党内左右派間の対立を招いた[8]。

路線をめぐり彷徨する中，SPDは2013年4月のアウグスブルク臨時党大会以後，左寄り路線を確定した。

(ロ) CDU/CSU

CDU/CSUは選挙戦において，ユーロと経済成長，財政，最低賃金制，家族や雇用といったテーマを中心に，SPDや緑の党の主張を採用することで，中道の有権者を取り込むことを目指した。メルケル首相は，ツイートといった手段で有権者への接近を図り，「手の届く政治家」のイメージ作りに努めた[9]。

党内では，選挙戦略をめぐる論争が生じた。改革翼は大連立政権の組閣を目的に，中道左派の有権者の包摂を目指す左寄り路線を主張した。それに対して，経済翼や保守翼「ベルリン・サークル」は，FDPとの連立や中核支持層の意向を汲んだ選挙戦の実施を訴えた。彼らは，貧困移民の流入阻止や女性クォータ制反対といった主張を選挙綱領に反映するよう，要求した[10]。

前哨戦とされた2013年1月のNI州選挙において，FDPが独力で5％以上の得票率を獲得する見込みは薄く，CDUとFDPの黒黄州政権の維持が危ぶまれた。このため，州CDUは同選挙で大々的なFDPへの貸し票戦略を実施し[11]，FDPは稀に見る勝利を収めたが，CDUは州首相の座を失った。この結果，メルケル党首は「各人が己の票のために戦う」選挙戦の実施を宣言し，「第2票はメルケル票」が合言葉とされた。

また第2次メルケル政権期には，緑の党の躍進を背景に，CDU/CSUと緑の党の黒緑連立推進派が大きく台頭し，選挙戦でも同連立が考慮された。しかし，CDU/CSUの多数派は後述の緑の党の増税公約を受容できず，黒緑連立のムードは雲散霧消した。緑の党では，2013年4月のベルリン党大会でクレッチュマン（Winfried Kretschmann）・バーデン・ヴュルテンベルク（以下BW）州首相達が，黒緑連合を求めた[12]。

2013年2月，キプロス危機を契機にAfDが発足した。同党は，ドイツのユーロ圏離脱を主張した。同党の台頭はCDU/CSU党内に論争を招いた。党指導部は，同党を無視した。しかし，「ベルリン・サークル」の領袖ヴァ

ーグナー（Christean Wagner）・ヘッセン（以下 HE）州 CDU 院内総務は，同党との政策論争を説いた。また彼らは，AfD がメルケル党首の左傾化（現代化）路線に反対する党員を魅了することを危惧し，保守的主張を強めるべきとして，現代化路線を批判した。

(ハ) 小政党

FDP は，レスラー（Philipp Rösler）党首やブリューデレ（Rainer Brüderle）院内総務を筆頭候補に選挙を戦った。2012年末，党内では連立戦略が論点となった。幹部会でロイトホイサー・シュナーレンベルガー（Sabine Leutheusser-Schnarrenberger）法務相が，CDU/CSU を連立パートナーとして早期に確定することを避けるべきと主張したほか，反ユーロ的言動で知名度を得たシェッフラー（Frank Schäffler）議員が，FDP は CDU/CSU に従属しない路線を求めた。しかしレスラー党首達は，FDP，SPD と緑の党による信号機連合の形成の結果，中核支持者の支持を失うことを恐れ，黒黄連立に固執した[13]。

また AfD に対しては，リントナー（Christian Lindner）ノルトライン・ヴェストファーレン（以下 NRW）州代表やシェッフラー議員達が AfD との政策上の対峙を主張した[14]。

緑の党は党内左派の領袖トリッティン（Jürgen Trittin）や，連邦議会副議長のゲーリング－エッカルト（Katrin Göring-Eckardt）を筆頭候補に選出した。前者が金融・経済問題，後者が社会問題に重点を置き，社会的公正を体現する党としてアピールした。また左翼党は，8名の筆頭候補を擁立し，社会的公正を強く訴えた。2013年2月には新政党 AfD が発足し，急激に党勢を飛躍させた。

(2) 各争点における各党の主張

選挙戦では雇用，賃金，年金，ユーロ危機への対応，税制などが争点となった。以下では，有権者の投票行動を左右した争点を基に，選挙戦での各党の主張を述べる。

(イ) 雇用，賃金，年金

CDU/CSU が最低賃金の導入を拒否する一方，SPD は45年間の保険料支

払後における63歳からの年金受給ないし60歳以上の部分的年金制，最低賃金8.5ユーロの支給を主張した。緑の党は最低賃金8.5ユーロの支給，ハルツ4条項のつり上げ，派遣労働の制限といった主張を行った。またSPDと緑の党は，全市民への国民保険制の導入を求めた。左翼党は，一律10ユーロの最低賃金の導入，毎月最低1050ユーロの収入の保証，東西ドイツ間の賃金や年金額の均一化を求めた。

(ロ) ユーロ危機への対応

　CDU/CSUは，南欧諸国に教育や研究，技術面の改革による財政健全化と競争力の向上といった自助努力を要請する一方，EUの金銭支援に基づく競争力の向上と雇用の創出を求めた。また，ECB（欧州中央銀行）による金融機関の監督や，欧州銀行連合の創設を求めた。また，損害賠償債務の共同体化を招く恐れから，金融面で弱い加盟国の国家財政を全体で補填するユーロ共同債構想を拒否した。FDPは，EU金融再建基金の設置や，ユーロ共同債構想に反対した。

　これに対してSPDや緑の党は，ユーロ共同債構想を支持し，監督機能や救済積立金制度を有する欧州銀行連合の設置を求めた。左翼党は，金融機関や銀行の管理を求めた。AfDは，超過負債を抱える加盟国への資金援助の停止を主張した。

(ハ) 税制

　ドイツ社会には，富の不均衡と不公平感が見られた。これを背景に，SPDは，高所得層を対象とした増税案を提出した。年間6万4千ユーロ以上の所得者への所得税率を現行42％から最高49％へ引き上げるとした。また，年収10万ユーロ以上の未婚高所得者や年収20万ユーロ以上の既婚高所得者にも，最高税率の増額を求めた。

　また緑の党も，8万ユーロ以上の年収者の所得税率42％から49％への引き上げや，富裕者への期間限定での資産税導入といった税制案を提起した。これに対して，CDU/CSUとFDPは資産・相続税の増税に反対した。

　2013年8月中盤以後，CDU/CSUの優位は揺るがないものの，大政党や候補者間の評価の格差が急速に縮まった。また9月に入り，黒黄陣営は多数を獲得しえない状況に陥り，政府の政権運営への満足度も低下した[15]。

2. 選挙分析と選挙の勝敗因，連邦政治への含意

（1）選挙分析

　本節では，有権者の投票選好を規定する政党支持，社会的属性，政策争点，候補者イメージに沿って，2013年連邦議会選挙結果を検証する[16]。その際政策争点とは，有権者個人にとって重要な争点と，政党が中心的能力を有する争点の二つを包含するものと捉える。

　近年の選挙では有権者間の相違の平準化傾向が指摘され，投票行動において，長期的要因である社会構造的要素は影響力を弱めた。有権者の決定は選挙直前かつ状況依存的になり，イデオロギーよりも短期的要因である候補者イメージや，日常の争点解決能力が重視される。今回の選挙では，25％の有権者が候補者，52％が党の基本政策，19％が長期的な政党帰属意識に基づいて投票した。すなわち，党の政策能力が有権者の投票行動に相対的に大きな影響を与えている。

（イ）政党支持

　2013年9月22日，連邦議会選挙が実施された。得票率はCDU/CSUは41.5％（＋7.7），SPDは25.7％（＋2.7），FDPは4.8％（－9.8），緑の党は8.4％（－2.3），左翼党は8.6％（－3.3），AfDは4.7％（＋4.7），その他6.3％（＋0.3％）であった。投票率は71.5％（＋0.7）（括弧内前回比）であった。

　1990年代以来，国民政党の集票機能が十分でない「国民政党の危機」が語られていたが[17]，今回CDU/CSUへの票の収斂が見られた。他方，FDPは大敗を喫し，左翼党は第3党を獲得した。

　長期的な政党帰属意識に基づいて投票したCDU/CSU支持者は29％，SPD支持者は19％であった[18]。

（ロ）社会的属性

　SPDの中核支持層は特に都市部の，労組に組織化された産業労働者である。同党は今回，失業層の支持こそCDU/CSUを辛くも上回ったが，労働層の支持では，CDU/CSUの後塵を拝した。CDU/CSUの中核支持層は農村部，自営業，企業家やカトリックと結びついた労働層，高齢層やカトリッ

クである。また保守的新中間層を包含し，南部ドイツ地域の支持が厚い。同党は公務員と自営業層で前回比2桁，年金受給層でもほぼ10％増大させた。SPDはサラリーマン層からの支持を強化したが，CDU/CSUの後塵を拝した。

大政党，特にCDU/CSUは，総得票における高齢者層の割合を強めている。FDPの中核支持者は自営業層，非カトリックである。同党は自営業層において前回比16％，公務員層において前回比11％を喪失した。同党は全年齢層において票を喪失したが，特に若年層と中年層から喪失した。緑の党の中核支持層は高学歴専門職，非カトリックのホワイトカラー層である。同党は公務員からの支持を最も喪失した。左翼党の中核支持層は旧東独有権者，低所得層，労働者や失業層であり，AfDのそれは旧東独有権者，政党支持なし層，労働者や低所得層の男性である。AfDは労働者層から最大の支持を得たが，左翼党は，前回と異なり労働者層の支持を大きく失った。

性差別では，CDU/CSUは女性（44％），SPDは男性（27％）の支持を多く得た。宗教別では，CDU/CSU，SPDは各々，伝統的支持層であるカトリック，プロテスタントから平均以上の支持を得た。

(ハ) 政策争点（政策能力，連邦政府の業績評価）

今回の選挙では，第1に雇用，第2に賃金，第3にユーロ問題，第4に年金，第5に社会的公正が決定的な争点であった[19]。今回の選挙で決定的であった争点に照らすと，CDU/CSUへの評価は雇用，ユーロ問題，年金でSPDを上回り，SPDは社会的公正や賃金能力でCDU/CSUを上回る評価を得た。

国民政党は，十八番の政策分野の指導的能力に加え，他の政策分野における能力（副次能力）を補完することで，国民政党としての性格を維持できる。指導的能力と副次能力の総和は，有権者が受容可能な限度枠を定める。各政党は，政策を提示する際にその枠にこだわる。CDU/CSUの指導的能力は経済能力，副次能力は社会能力であり，SPDはその反対である[20]。

CDU/CSUは指導的能力の経済能力で2009年時と比べ，驚異的に評価を高め，SPDを上回る評価を得た。逆にSPDの指導的能力である社会的公正能力への評価は（CDU/CSUを上回ったが），同年時よりも低下した（表1参照）。一政党における経済能力と社会的公正能力の有意性を均一と仮定

表1 2013年連邦議会選挙における国民政党間の政策能力への評価の比較

政策	CDU/CSU	SPD
経済	58（+11）	22（+1）
ユーロ危機	46	20
税制	32（+7）	27（+5）
雇用	40（+11）	22（+1）
年金	29（+5）	25（+7）
家族	33（-3）	36（+7）
適切な賃金	25	45（+2）
社会的公正	24（+5）	43（-1）

注 選挙研究グループ（http://www.forschungsgruppe.de/Wahlen/Wahlanalysen/）とインフラテスト・ディマップ調査（http://wahl.tagesschau.de/wahlen/2013-09-22-BT-DE/）（以下 ARD〔22.9.2013〕）のデータを基に筆者作成。括弧は2009年比。

すると，CDU/CSUへの評価がSPDを上回る[21]。CDU/CSUがより影響力の高い決定的争点や，より多くの政策能力において，SPDよりも評価された。

また，元来有権者は政府の政権運営に否定的な評価を与えていたが，選挙当日には，48%の有権者が政府の政策運営に不満を抱く一方，51%が満足しており，選挙直前に評価が改善された。その際，社会や個人の経済状況が良好であるという認識は，政府の運営への評価に奏効した。

(ニ) 候補者イメージ

60%の有権者はメルケル首相，31%がシュタインブリュック SPD 候補を首相に望ましいと考えた。また有権者の84%が，メルケル首相を「我が国の代表者」とみなしており，メルケル首相は広範な有権者層から支持を獲得した。

結局，得票率，社会的属性，争点，候補者イメージの何れにおいても，SPD は CDU/CSU の後塵を拝した。

(2) 選挙の勝敗因，政党政治への含意
(イ) CDU/CSU

今回，CDU/CSU は1994年連邦議会選挙に匹敵する得票率を得た。同党の勝因は第1に，メルケル首相への評価に加え，党の様々な政策能力に対する高い評価に求められる[22]。2012年10月時点でメルケル候補への人気は，シュタインブリュック候補を上回っていたが，SPD に次期与党を求める声は CDU/CSU を上回っていた[23]。ところが2013年1月から逆転し，常に CDU/CSU は，SPD よりも高い期待を得た。2012年12月時点では，SPD の税制，年金，家族能力の評価は CDU/CSU のそれを凌駕し，CSU/CSU では，僅かにユーロ危機への対応や財政健全化の能力の評価が SPD を上回るに

とどまった[24]。しかし、2013年3月から7月の4カ月で、CDU/CSUはユーロ危機への対応、経済、税制政策能力への評価を6％から8％高め、SPDを凌駕した[25]。他方でSPDは信用を失い、両党の格差は拡がった。エネルギー政策能力でも、CDU/CSUへの評価は緑の党と伯仲した。つまり、選挙戦中にCSU/CSUが特に指導的能力である経済能力を急激に高め、総合的にもSPDの政策能力を上回った。

第2に、現代化による左旋回とそれによる新規支持層の開拓が挙げられる。メルケル首相は、社会の総合的変容に伴う有権者の関心の変化に適合し、新中間層、都市層、青年層、SPDや緑の党支持の浮動的有権者層の票を獲得すべく、特に第2次政権期に党の政策変更を推進した。

他方で、同党は伝統的弱点を克服しえていない。社会的公正能力を若干高めたが、未だ不十分である。また、家族政策では2009年時よりも評価を下げた。また統一後持続的に見られた、女性からの支持の低迷は停止したかに見えるが、支持層の高齢化を克服しえていない。さらに、未だ都市型政党でもなく、都市部に顕著な、現代市民層やアカデミックな中間教養層の支持を得ていない[26]。

さらに、伝統翼や経済翼、カトリック層は選挙後、現代化路線への反発を露わにした。今回の選挙ではAfDへの大きな流出票が見られた。AfDは現代化路線に反発するCDU/CSUの党内翼の受け皿として機能しかねない[27]。このため選挙後、党内ではAfDとの関係が一層論点となった。メルケル首相や幹部会が、連邦・州共に、AfDとの連立はあり得ないという方針を絶えず確認している。しかし、2014年8、9月のザクセン（以下SN）州やチューリンゲン（以下TH）州選挙でAfDが躍進する恐れから、同州のCDU院内総務は、AfDとの開かれた議論を求めた[28]。

また保守翼や伝統翼は、AfDとの対峙によりCDU/CSUの右旋回と伝統的価値観の再生が促されることや、同党との連立を目論んだ[29]。

(ロ) SPD

前回2009年時と比べ、得票率は改善されたが、ハルツ4改革に伴う党員の大量離党前の水準には程遠い。確かにシュタインブリュック候補は苦戦を強いられたが、敗因は寧ろ党の政策能力の低下や選挙戦の失敗に求められる。全国規模での「リビング選挙戦」は今回、あまり実を結ばなかった

30。

　SPDは今回，社会的公正に傾注したが，有権者の僅か12％が同争点を投票の動機とした。同党の指導的能力への評価は2005年以来低下している[31]。またSPDは，十分なユーロ危機への対処を示し得ず，増税案や年金受給開始年齢の早期化は，有権者の批判を招いた[32]。そもそも左傾化路線では，多数派の中道有権者層の支持を得られない。

　SPDは60歳以上の男性から十分に得票したが，女性や若年層から票を得ず，伝統的に地盤が弱いドイツ南部に加え，東部で苦戦した。東西地域間での同党の得票率差は約10％あり，他党と比べて極端に悪い。結局，失業層を除き，あらゆる職階層において，SPDはCDU/CSUの後塵を拝し，離党した中核有権者を再び取り込むことに失敗した。

　党内では反大連立勢力が意気軒昂であった。ガブリエル党首は，党員投票により大連立政権組閣の是非を委ねることで党内の意見を纏め上げた。この結果，彼の党内での地位が上昇した[33]。他方，次期党首候補のクラフト（Hannelore Kraft）NRW州首相は当初，大連立政権組閣を拒絶したが，後に組閣支持へ翻転したため，評価を著しく下げた。2013年11月のライプツィヒ党大会では，左派を中心とする指導的政治家は党員からお灸を据えられ，役員再任への支持は低かった。

　SPDは今後中道へと舵を切り直し，特に経済能力やユーロを中心とする国際金融能力を洗練することで，中道有権者の再獲得に努める必要がある[34]。

(ハ) FDP

　FDPは選挙戦でCDU/CSUとの相違や独自色を示すことに懊悩した。FDPはNSA（アメリカ国家安全保障局）の機密情報傍受が争点化した後，治安司法領域で2005年時に回帰しリベラル色を強化したが，能力を示し得なかった。選挙戦終盤，同党は，第2票でのCDU/CSUからの貸し票の獲得に党の存亡を託したが，CDU/CSU支持者はその気がなかった[35]。同党は指導的能力である税制能力と経済能力で前回比10％以上の評価を失い，大敗した。党内反ユーロ勢力の多くがAfDに流出した。

　リントナー新党首下のFDPは，税制，エネルギー，教育，EU政策をめぐり二分しており，特にユーロ問題をめぐる亀裂は深刻である[36]。今後，

リントナー党首達は強力に社会福祉政策や親欧州路線，古典的自由主義を進め，ラディカルな経済ネオリベラル路線を採用しないだろう（しかし，シェフラー議員らは既成政党との差異化を図り，反ユーロや反エネルギー転換を主張しよう）[37]。目下，政策の刷新面は少ない。教育，移民，年金争点での主張は変化に乏しい。しかし，特定層の保護を弱め，経営活動の自由化と公平化を目指す。

またFDPは，東独地域での弱さを克服する必要がある。

(ニ) 緑の党

緑の党は2009年以後，同党に「粋」を見出す流動的支持層（新生緑の党支持者）を獲得した。しかし，2013年連邦議会選挙戦における増税公約や，菜食主義の日を設けるべきという主張は，党勢に悪影響を与えた。さらに，選挙戦で環境やエネルギーといった十八番の争点ではなく，社会的公正を強調したことが致命的であった[38]。選挙綱領の多くの主張は，左翼党のそれと酷似した。このように同党は左寄りの選挙を戦い，SPDや左翼党と三つ巴に陥った。結局「新生緑の党支持者」を中心に中間層が離反し，惨敗した。またゲーリング・エッカルトは選挙戦で左翼的な社会政策を強調したため，現実派の批判を被った[39]。

緑の党では指導部の高齢化が長年の課題であったが，惨敗を機に彼らは離任し，若返りが進行した。党内では，赤緑連立か黒緑連立かをめぐる派閥間対立が潜在的に存在している。当座は，同党は全方位戦略を追求するだろう。また同党は今回，共同候補に経済リベラル現実派のゲーリング・エッカルトを選出した事実が示すように，今後，教養市民層の党として中道路線を指向しよう。さらに，今後同党は，社会政策，治安や財政といった苦手な政策能力を練磨する必要があるが，争点の拡大は，伝統的支持層の離反の危険と隣り合わせである[40]。

(ホ) 左翼党

左翼党の第3党の獲得は，緑の党とFDPの自滅による，漁夫の利の産物である。左翼党は2009年連邦議会選挙よりも3％以上の得票率を喪失したし，指導的能力である社会的公正能力でも評価を下げた。2013年9月のHE州選挙で議席を獲得したため，旧西独地域における同党への支持の低

落傾向は，目下停止した。

　恒常的な党内派閥間の内紛や原理主義への固執，財政やユーロ危機，諜報といった争点での人材不足[41]，争点の固定化による独自色の喪失により，左翼党は信頼を下げ，抵抗政党や，東独の地域政党としての地位が脅かされている。2013年連邦議会選挙で性別，世代，地域や方向性の面で均等に8名の候補を選出した事実は，党内の派閥間抗争や人材不足を如実に表す[42]。結局，党は長年の構造的課題を殆んど克服していない。

　党は理念第一主義により野党に徹するのか，或いは左派連合による政権参画を見据え，政権担当能力を養成するか否かが今後も鍵となる。他方，これらの問題は党内派閥間の内紛と党の混迷を招きかねない。

（ヘ）AfD

　AfD がユーロへの懐疑や既存政党への不満を抱く東独市民，政党支持なし層や低所得層を中心に支持を得た[43]。同党は，旧東独地域では移民排外を謳う極右ポピュリスト的選挙戦を展開し，5.8％を獲得した[44]。ルッケ（Bernd Lucke）党首を中心とする，上意下達型の指導体制が，党の躍進に奏効した[45]。同党の党勢上昇は，CDU/CSU や FDP に連立戦略上の内紛をもたらした。

　同党は保守的かつ経済リベラル指向を有する。ユーロ懐疑の主張は，EMU（欧州経済通貨統合）への反対と EU の政策決定構造に対する再ナショナル化の2つを核とする。また同党は，右翼ポピュリスティックな傾向を有しており，極右政党と競合関係にある。同党は移民政策など，政策能力の拡大に努めているが，依然としてユーロ危機への対応に特化した，単一争点政党である。

　第3次メルケル政権下，与党は衝突を繰り返したため，有権者は政府への幻滅を深め，AfD は支持を伸ばした[46]。同党は2013年連邦議会選挙後，EU 政策の主張を徐々に穏健化させている。同時に同党は，旧東独有権者や低所得層の支持や抵抗政党の座をめぐり，左翼党と競合し始めてもいる。他方で，同党の市町村レベルでの基盤は弱い[47]。

　2014年 EU 議会選挙後，ルッケ党首は自党を国民政党と嘯いたが，AfD は得票層や政策能力の点からも，国民政党と呼ぶには程遠い。欧州の極右ポピュリストの成功経験に今後の発展のヒントを求めるとすれば，国民戦線

のマリーヌ・ルペン（Marine Le Pen）が実践した言動の穏健化や，複数争点能力の充実が重要である。欧州統合から移民政策に至る包括的な争点で，CDU/CSU に代わり保守を体現する党と位置付けることに成功すれば，CDU/CSU の不満層が同党になびく可能性がある[48]。

（3）その他の連邦政治への含意
（イ）連邦参議院の構成
　2013年連邦議会選挙後，連邦参議院は分割政府を継続している。また現在 R 州以外は，全て M 州である。したがって，合意法案については，廃案への恐れによる抑制的内容の法案の上程といった，連邦与党の野党への譲歩が強化される[49]。連邦参議院で過半数の支持を獲得するには，連邦与党は緑の党と提携する必要がある。

（ロ）第3次メルケル政権の対外安保政策と移民政策
　2013年連邦議会選挙では，最小勝利連立政権は大連立か黒緑連立に委ねられた。長期に及ぶ交渉の後，大連立政権が誕生した。2005年時とは異なり，両党間でのイデオロギー的距離は縮まり，中道への収斂が生じた。また大連立への禁忌意識も消失した。同政権への期待は高く，3分の2を占める議席を背景に，ドイツ社会の重要課題，就中，社会的公正の改善が期待された[50]。

　リスボン条約では，EU 共通外交・安保政策には例外規定が多数存在し，依然として政府間協力の性格が強い。つまり，加盟国がほぼ専管的に自国の対外安保政策を決定する。

　シュタインマイヤー（Frank-Walter Steinmeier）独外相やフォン・デア・ライエン（Ursula von der Leyen）独国防相は2014年1月，緊急時に軍事的手段も用いる世界の紛争地域へのドイツの一層の関与を主張し，積極的な派兵政策を展開している。6月，連邦議会は，国連マリ安定化活動への連邦軍の派兵の延長を決定した。さらにドイツはマリ EUTM（欧州連合訓練活動）に参加し，マリ国軍の訓練に従事した[51]。

　2014年には「イスラム国」がイラク諸都市を攻撃し，政権奪還を目指した。8月15日，EU 外相臨時会合は，加盟国によるクルド人への武器供与を歓迎する声明を出した。独外相や独国防相とは異なり，メルケル独首相

は当初慎重な姿勢を示したが，態度を翻した。ドイツ政府は戦闘部隊の派兵を否定する一方，8月31日，戦争地域へは武器を供給しないとする武器輸出政策の伝統的禁忌を破り，クルド人への武器供与を決定した[52]。9月1日には，臨時国会の多数が政府決定を支持した。ドイツはシビリアンパワー論と普通の大国論の双方の特性を備えた役割観念を持つが，自制の文化をさらに弱めた結果，役割観念におけるシビリアンパワー論の特性を弱め，他方で普通の大国論の要素を強めた[53]。

国籍法の改正は，連立交渉での重要争点であった。連立協定は，国籍選択義務の撤廃や，複数の国籍取得を将来的に受容すると言及したが，具体的規定はなかった。メルケル政権は2014年4月8日，第3国民の両親を持つドイツで生まれた子供が，21歳を迎えるまでにドイツで8年居住するか，ドイツの学校に6年間通学するか修了するか，職業教育に従事する場合，両親の国籍とドイツ国籍をも有するという閣議決定を行った[54]。7月3日に連邦議会，9月19日に連邦参議院は同内容を可決し，より出生地主義に近づく二重国籍制度の導入へと政策を変更した。

3. 政党システムの現状

メルケル政権期，ドイツは「流動的5党システム」へ移行した。大政党ではCDU/CSU，小政党では，第3党としてFDPが安定的に優位にあった従来の構造とは異なり，新しい連立形態や，政党間での流動的な競合状況が発生した[55]。

本章では表2の形状とメカニズムの観点から，ドイツの政党システムの現状について考慮したい[56]。

表2 政党システムの分析表

	選挙レベル	議会レベル
形状	有効政党数や大小関係（断片化），収斂度や不均衡度	有効政党数や大小関係（断片化），収斂度や不均衡度
メカニズム	政党のイデオロギー距離 政党間競合の強度や方向性（分割化），連立形態	議会や政権内における政党間協調の開放性（分割化）

注 Klaus Detterbeck, Parteien und Parteiensystem (Konstanz: UVK, 2011), S. 145; Oskar Niedermayer, "Das fluide Fünfparteiensystem nach der Bundestagswahl 2005," ders. (Hrsg.), *Die Parteien nach der Bundestagswahl 2005* (Wiesbaden: VS Verlag für Sozialwissenschaften, 2008), S. 20ff. を基に筆者作成

（1）形状

　形状は大政党と小政党の勢力の趨勢である。政党間関係における拡散や収束度，つまり断片化の増大は，陣営越しの連立形成の可能性を高める。

　断片化の程度は，有効政党数により明らかにされる[57]。得票率と議席率による有効政党数は，2009年連邦議会選挙時は約4.7と4.0であったが，2013年連邦議会選挙では，約3.9と2.8である。ネットヴォラタリティーは2009年時に12.6，2013年時に15.4と跳ね上がった[58]。

　収斂度は，政党システムにおける二大政党の支配率を示し，両党の得票率の単純な総和により導きだされる。不均衡度は二大政党間の勢力関係を示しており，両党の得票上の格差により求められる。

　2002年連邦議会選挙では，国民政党への得票率の集中がみられた。しかし，2005年以後，収斂度は低下し，2009年と2013年では50～60％台へと極端に低下した。2009年以上に2013年時では，不均衡度が拡大した。これ程の格差は，1953，57，83，90年の総選挙を除き，見られない。2009年連邦議会選挙では得票率及び議席占有率からは多党中1党優位システム，2013年連邦議会選挙では得票率多党中1党優位システム，議席占有率からは2党中1党優位システムの特色がみられる（表3・表4参照）。

　2009年連邦議会選挙後，CDU/CSUの融解は停止した。CDU/CSUの党勢

表3　国民政党の得票率の収斂度と不均衡度

	1953	1957	1980	1990	1994	1998	2002	2005	2009	2013
収斂度	74	82	87.4	77.3	77.8	76	77 (82.8)	69.4 (73.0)	56.8 (61.9)	67.2 (79.9)
不均衡度	16.4	18.4	1.6	10.3	5	5.8	0 (0.5)	1 (0.6)	10.8(15.0)	15.8(18.7)

注　筆者作成。値は％。括弧内は議席占有率

表4　政党システム区分

	得票率		議席占有率	
	収斂度（X）	不均衡度（Y）	収斂度（X）	不均衡度（Y）
2党システム	X＞69.17	Y＜10.41	X＞74.56	Y＜13.64
2党中1党優位システム	X＞69.17	Y＞10.41	X＞74.56	Y＞13.64
多党中1党優位システム	X＜69.17	Y＞10.41	X＜74.56	Y＞13.64
多党システム	X＜69.17	Y＜10.41	X＜74.56	Y＜13.64

注　主要17カ国の戦後50年の選挙値を基にした平均値。的場敏博『現代政党システムの変容―90年代における危機の深化』（有斐閣，2003年）19－22頁に依拠。値は％

がSPDを凌駕する片務的優位は強化され，CDU/CSUの党勢は2012年秋以後，40％を超え，1980年代の水準に復調した。SPDの低調は持続化し，25～30％を徘徊する。他方，小政党は断片化傾向にある。既成政党への不信は，2011年以後，新政党の発足を促した。AfDは2013年連邦議会選挙後，2014年5月の欧州議会選挙，8月のSN州，9月のブランデンブルク（以下BB）州，TH州選挙，2015年2月のハンブルク州で議席を獲得し，最小政党から小政党へと躍進した[59]。

　FDPは，ドイツの政党システムにおける伝統的な中核アクターであった。中核とは，長期間政権の主導的立場にあったり，政党システムのメカニズムを刻印づけた政党や，固定化した連立の型を指す[60]。しかし，党勢は第2次メルケル政権下，一貫して低迷した。2013年連邦議会選挙では史上初めて議席を喪失し，2014年8月のSN州選挙での敗北により政権参画州も失った。FDPはシステムの中核の座を失い，存在意義の危機にある。

　緑の党は2010年後半の「シュトゥットガルト21」計画をめぐる直接民主主義を求める機運[61]，2011年3月の福島原発事故を発端とする反原発の高まりを背景に，党勢を飛躍させた。同月のBW州選挙では，史上初の緑赤政権を発足させ，5月のブレーメン州選挙ではCDUを凌駕し，第2党を獲得した。しかし，7月に両院で脱原発法案が通過し，争点がユーロ危機へ移行すると，党勢は退行した。

　左翼党は，2013年総選挙では第3党を獲得したが，その後の党勢は一進一退である。

（2）メカニズム

　政党システムの変容は，政党間競合の構造により捉えることができる。大政党間や小政党間の競合関係は，政党システムの特色，特に分割化に多大な影響を与える。右翼陣営内ではCDU/CSUにとって，AfDは真の脅威ではない。それに対して，左翼陣営内でSPDは緑の党や左翼党と競合しており，党勢の再浮上に際してCDU/CSUよりもハンデを抱える[62]。

　小政党間では，2005年頃を境にFDP，緑の党，左翼党間の党勢は接近し，第3党をめぐる競合が緊迫化した。2009年連邦議会選挙以後の中間選挙において，緑の党が第3党として台頭し，今回の選挙でもこの座を維持している。左翼党は政権担当能力を獲得しない限り，キングメーカーの座を持

つ緑の党に伍しえない。またAfDが新規プレイヤーとしてシステムに参画しつつあり，極右政党や左翼党と競合している。

　政党システムにおける分割化が低い程，政党は共通行動や連立形成の意思を示し，「算定上可能な連合」における「政治的に可能な連合」の割合は高くなる。「政治的に可能な連合」は，対象政党間の政策内容距離の遠近，政党指導部や党員の他政党への志向により決定される[63]。

　政党間の政策距離の遠近は，ニーダーマイヤー教授のモデルから判断され得る[64]。「社会的公正－市場の自由」の社会国家をめぐる対抗軸では，2005年の選挙戦で自由市場路線はCDU/CSUに打撃を与えたため，以後同党は社会的公正を志向した，国家介入型路線へ移行させた。「リバータリアン－権威主義」の文化的対抗軸においては保守的路線から離れ，もはや権威主義の極を代表していない。他方，SPDは社会国家をめぐる対抗軸では，ハルツ4改革により社会的公正路線を弱めた。こうして，経済ネオリベラル路線を志向するCDU/CSUの支持者は，FDPへ流れるか棄権し，社会的公正を求めるSPDの支持者は，緑の党，左翼党へ流れるか棄権した[65]。しかし，2009年以後，社会国家をめぐる対抗軸では，SPDや緑の党は社会能力を向上させ，1994年時よりも同路線を強化し，CDU/CSUも2013年には中道に移行，両党に最接近した[66]。またFDPは最低賃金制の導入拒否の立場を弱め，極端な自由市場路線の立場という独壇場を放棄した。AfDは社会国家をめぐる対抗軸では自由市場路線，文化的対抗軸では保守路線を取る[67]。

　政党指導部や党員の他政党への志向は，選挙戦に現れる。ある党が特定の党に友誼の念を伝えることは，連立考量に基づき投票する有権者を動員する上で有効である。2013年選挙戦でCDU/CSUは，NI州選挙を転機に，FDPとの「連立を排除しないが優先しない状態」へと移行した。他方，FDPにとって，CDU/CSUは「一党の他党に対する明確な選好が存在する状態」であり，SPDや緑の党は「他党との連立の完全な排除」の関係にあった。SPDと緑の党との関係は「一党の他党に対する明確な選好が存在する状態」であった[68]。

　SPDは唯一，全政党と最小勝利連立政権を形成出来る。他方で，大連立や左派連合は，党内を紛糾させる。CDU/CSUはFDPとの連立が見込めない中，大連立か他の形態を開拓する以外に，最小勝利連立政権を得る方法

がない。

このような背景下，大連立を除く「政治的に可能な連合」として以下の連立が考慮しうる。

(イ) 赤緑関係の変容

従来赤緑関係は主従関係の色彩が強く，赤緑政権下も，緑の党は準パートナーの座に留まった。しかし2005年以後，緑の党は独自戦略によりSPDとの関係の修正を試み始め，多彩な連立形態を開拓した。その結果，同党は唯一，黒緑連合という陣営を超えた2党連立や右（CDU/CSU, FDP, 緑の党間のジャマイカ），中道（信号機），左（左派連合）の3党連立のキングメーカーの地位を獲得した。

第2次メルケル政権期，SPDと緑の党の指導的政治家達は一貫して連帯を強調し，様々な州選挙において提携した。他方で，緑の党の党勢拡大は，両党の関係を変質させた。緑の党はSPDとの「同じ目線」を求め，BW州に続き，2011年9月のベルリン州選挙でも緑赤政権の成立を目指したため，両党間関係は愛憎混交の協力関係へと変質し，競合が激化した。

2013年9月のHE州選挙ではSPDと緑の党の間で，政策上の一体性は見られなかった[69]。

イデオロギー的に緊張関係にある新規の連立（ロとハ）は，以下の条件下で発生する。デ・スワン（De Swaan）の「閉じた最小距離連合モデル」は，イデオロギーの異なる政党同士は，それを仲立ちする他の政党なくしては連合できないという「隣接最小連合モデル」の前提に加え，連合を組む政党間のイデオロギーの差異が最小である際に連立が形成されると主張する。また，政策決定に枢要なアクターである政策企業家が異なる有権者層の懸け橋となり，様々な利害を包摂し統合を実践すると共に，外的事象による空気の一新や不確かさ，政策の失敗といった「重大危機」により，既存の意味構造が挑戦を受け，これが極限に達すると新規の意味構造である「変化の窓」が生まれる。「政策企業家」と「重大危機」の効果的連繋により「窓が開き」，アクターの「適切性の論理」を決定する新規のアイデアと「可能性のパラメーター」が生まれ，両党内に脱イデオロギー化の雰囲気が登場し，新規の連立形態が可能となる。

(ロ) SPDと左翼党との関係や左派連合

　SPDは，長らく左翼党との協力をタブー視してきた。また，両者は競合関係にある。しかし，緑の党が連立形態の拡大に成功しているため，SPDは左翼党との連立を開拓しない限り，不利な立場に甘んじる。

　2009年連邦議会選挙時とは異なり，今回の選挙では，SPD指導部は左翼党との協力へのタブー意識を弱め，2013年11月のライプツィヒ党大会で左派連合の拒絶を放棄した。また左翼党のギジ（Gregor Gysi）筆頭候補とキッピング（Katja Kipping）党首は，条件付きでのSPDや緑の党との協力に尽力した[70]。しかし，左派連合は期待薄である。

　確かにTH州では，2014年12月，左派連合政権が成立した。しかし，SPD・緑の党と左翼党の間では，イデオロギー上の亀裂が存在する。彼らの間では，家族や教育争点の立場は近いが，社会政策やEU・対外安保政策において際立った対立点が存在する。連邦の専管領域であるEU・対外安保政策の近接性が，左派連合の成立にとって死活問題であるが，SPDと緑の党が海外派兵に賛成する一方，左翼党は海外派兵拒否やNATO解体を主張する。

(ハ) 黒緑関係

　CDU/CSUの黒緑連立への関心は，第2次メルケル政権期に高まった。尤もメルケル党首や指導部は，黒緑連立を肯定していない。

　確かに，環境・エネルギーや外交政策における両党の見解の相違は縮まった。しかし，両党には特に移民政策，租税政策や家族政策で克服し難い見解の乖離が存在する。また両党員間で，黒緑連立への不信感が存在する。HE州での政権運営が成功すれば，黒緑連立は2017年連邦議会選挙でも有用な連立形態となろう。

　「流動的5党システム」下では，2大政党の弱体化を背景に小政党が相競合し，断片化が高まる。この結果，伝統的陣営による最小勝利連立政権の獲得は困難である。依然としてイデオロギーの磁力は強力であり，イデオロギー上調和する連立形態が志向される。しかし条件不備の状況が頻発するため，各党はプラグマティックな考量を優先する。今後はイデオロギー的に緊張関係にある2党や3党連立，就中大連立や黒緑連合が発足する可能性が高い。第2次メルケル政権下の州選挙の結果，ほぼ半数がM州を

構築し、しかも2例を除き大連立政権が成立した。

おわりに

2013年連邦議会選挙において、CDU/CSUの勝利は、メルケルという候補者への評価に加え、CDU/CSUが多彩な政策能力を高め、有権者の評価を上昇させたことが要因である。また、同党は現代化により、広範な支持を得た。AfDの台頭は、CDU/CSUやFDP内で連立戦略を含む同党への対応を巡る苛烈な議論を導いた。しかしCDU/CSUは寧ろAfdと距離をとり、現代化をさらに推進し、中道有権者層の獲得に努めるべきである。

第3次メルケル政権の安保政策と移民政策において、大規模な変容が窺われる。ドイツはシビリアンパワー論と普通の大国論の双方の特性が融合したハイブリッド型役割観念（ヤヌス・ゲルマーニア）を追求する「権力志向兼備の平和回復大国」であるが、普通の大国論の要素を強めている。

2009年連邦議会選挙後、「流動的5党システム」に変容が生じ、2013年連邦議会選挙後も多様な可能性を含んだ変容期にある。大政党ではCDU/CSUの党勢が1980年代の水準に戻る一方、SPDは低迷を脱しえないため、CDU/CSUがSPDに対する片務的優位を誇る構造は強化・硬直化しつつある。他方で、小政党間では流動状態は維持され、断片化が強化された。FDPがシステムの中核の座を失い、存在危機にある。第3党の座はFDPから緑の党へ移ったが、左翼党との競合状態にある。プレイヤーの構成が変わり、FDPが完全に剥離する代わりにAfDが定着する可能性を含んでいる。加えて、さらに新規政党が発生する可能性もある。連立形態は一層複雑化し、分割化に変容が生じた。2党システムへの方向性が散見されるが、安易な解答を避け、このような変容や方向性が2党優位システムへの回帰か、穏健多党システムの維持を意味するのかについての判断を今後の課題として、引き続き動向に注視したい。

*　本稿はJSPS科研費26780108の助成を受けた研究成果の一部である。

（1）　拙稿は2014年度日本政治学会研究大会で提出した論稿の加筆修正版である。執筆に際して、非常に丁寧で有用なご教示を頂いた査読者と査読委員会の先生方、有用なコメントを頂戴した小野一准教授（工学院大学）、安

井宏樹教授（神戸大学），インタビューとコメントの機会を頂戴したニーダーマイヤー（Oskar Niedermayer）教授（ベルリン自由大学），分析報告書を提供頂いた選挙研究グループに深謝致します。

（２） Z. B. Malte Lehming, "In der Schwarzen Republik," *Der Tagesspiegel*, 25. 9. 2013, Nr. 21820, S. 6.
（３） Horand Knaup, "Unter der Tarnkappe," *Der Spiegel*, 20/2013, S. 29.
（４） ハルツ４改革とは，2005年に赤緑政権が導入した，労働市場の規制緩和や社会保障縮小の改革案のことであり，４段階に分けて実施された。
（５） Horald Knaup/Peter Müller, "Die Kuchen-Kandidaten," *Der Spiegel*, 12/2013, S. 24.
（６） *Ebenda*.
（７） Manfred Güllner, "Es wird knapp," *Stern*, 20. 6. 2013, S. 24.
（８） Ralf Beste/Gordon Repinski, "Im Korsett," *Der Spiegel*, 49/2012, S. 34f.
（９） Richard Hilmer/Stefan Merz, "Die Bundestagswahl vom 22. September 2013: Merkels Meisterstück," *Zeitschrift für Parlamentsfragen*（以下 ZParl），Heft 1/2014, S. 183.
（10） "Konservative entern Wahlprogramm," *Der Spiegel*, 18/2013, S. 16.; 女性クォータ制とは，政策決定の場における男女比率に偏向がないようにする制度である。
（11） ドイツは２票制であり，かつ第２票で５％以上か，最低３小選挙区を獲得した政党に比例議席を与えるという５％阻止条項を有す。有権者は小政党に議席を獲得させたい場合，小選挙区で２大政党の何れかを選び，第２票で小政党を選ぶ行動をとる。これを貸し票と呼ぶ。
（12） Ralf Beste/Merlind Theile, "Aufstand gegen Rot," *Der Spiegel*, 17/2013, S. 22, 24.
（13） Michael Fröhlingsdorf/Peter Müller/Ralf Neukirch, "Milde Gabe," *Der Spiegel*, 51/2012, S. 35.
（14） Melanie Amann et al., "Der Feind im Innern," *Der Spiegel*, 20/2013, S. 18ff.
（15） Vgl. *ARD-DeutschlandTrend*, 12. 9. 2013. (http://www.tagesschau.de/multimedia/bilder/crbilderstrecke500.html)
（16） 以下では ARD のデータ〔ARD (22.9.2013)〕を主に用いる。
（17） 国民政党とは，特定の階級ではなく，国民全体の利益を代表すると主張し活動する政党をさす。
（18） Forschungsgruppe Wahlen e. V. *Bundestagswahl. Eine Analyse der Wahl vom 22. September 2013* (Mannheim: Forschungsgruppe Wahlen e. V., 2013), S. 18.

(19) *Ebenda,* S. 31.
(20) Oskar Niedermayer, "Von der Zweiparteiendominanz zum Pluralismus: Die Entwicklung des deutschen Parteiensystems im westeuropäischen Vergleich," *Politische Vierteljahresschrift*, Heft1, März 2010, S. 9. 経済能力とは経済，財政分野，社会能力とは社会的公正，教育分野での政策能力を指す。社会的公正は，市場，私的投資，業績倫理への不信と平等主義的な再配分を指向する立場とする。
(21) 経済政策能力への評価における両党の格差はCDU/CSU優位で36であるのに対し，社会的公正の政策能力への評価ではSPDが優位であるが，格差は19に留まる。
(22) 投票動機として，CDU/CSU支持者の46％が候補者，45％が候補者と党の政策内容の両方，7％が党の政策と回答した（ARD（22.9.2013））。前二者の値はほぼ等しく，有権者の投票行動に与えた党の政策能力への評価の影響を完全に無視することは誤りである。ARD（22.9.2013）参照。
(23) Infratest dimap, *ARD-DeutschlandTrend. Oktober 2012* (Berlin: Infratest dimap, 2012), S. 21.
(24) Jörg Schönenborn, "Steinbrück holt auf," *ARD-Deutschlandtrend*, 6. 12. 2012. (http://www.tagesschau.de/inland/deutschlandtrend1602.html)
(25) Z. B. ders., "Ein Minister im Sinkflug," *a. a. O.*, 6. 6. 2013.
(26) Jan Rosenkranz, "Uncool. Spießig. CDU," *Stern*, 18. 6. 2014, S. 30.
(27) Vgl. Ulrich Eith, "Volksparteien in der Orientierungsphase? Innerparteiliche Frontstellungen und die Suche nach Koalitionsoptionen," Eckhard Jesse/ Roland Sturm (Hrsg.) *Bilanz der Bundestagswahl 2013. Voraussetzungen, Ergebnisse, Folgen* (Baden-Baden: Nomos, 2014), S. 107f.
(28) "Streiten oder schweigen?," *Der Spiegel*, 21/2014, S. 14f.
(29) Melanie Amann/Philipp Wittrock, "Blick nach rechts," *Der Spiegel*, 23/ 2014, S. 30.
(30) Jonas Bausch/Götz Richter, "War die Haustür-Kampagne ein Schuss in den Ofen?," *Berliner Republik*, 14, 2013, S. 44ff.
(31) ARD (22.9.2013), *a. a. O.*
(32) Vgl. *ARD-DeutschlandTrend*, 2. 5. 2013.
(33) Manfred Güllner, "Sieg des SPD-Chefs," *Stern*, 18. 12. 2013, S. 26.
(34) Vgl. Ders., "Ab in die Mitte," *Stern*, 23. 1. 2014, S. 26.
(35) 2013年9月中盤，CDU/CSU支持者の僅か7％が，黒黄政権の維持を求めた。Jörg Schönenborn, "Spannung auf den letzten Metern," *ARD-Deutschland Trend*, 12. 9. 2013.
(36) Vgl. Ralf Neukirch, "Glühend, aber nicht blöd," *Der Spiegel*, 42/2013, S.

30.
(37) Matthias Gebauer et al., "Ende einer Dienstfahrt," *Der Spiegel*, 40/2013, S. 33, 35.
(38) Vgl. "Aus dem Tritt geraten," *Stern*, 12. 9. 2013, S. 17.
(39) Ralf Beste, "Heimliche Quote," *Der Spiegel*, 40/2013, S. 36.
(40) Manfred Güllner, "Grünes Dilemma," *Stern*, 16. 1. 2014, S. 26.
(41) Markus Deggerich, "Irrlichter dimmen," *Der Spiegel*, 40/2013, S. 31.
(42) Eckhard Jesse, "Die Linke als dritte Kraft? Personal, Organisation, Programmatik, Koalitionsstrategie, Wahlergebnis," Jesse/Sturm (Hrsg.), *a. a. O.*, S. 235.
(43) Vgl. "Plötzlich salonfähig," *Stern*, 5. 6. 2014, S. 21.
(44) Eith, *a. a. O.*, S. 96.
(45) Vgl. Melanie Amann/Ann-Katrin Müller, "Nach Lucke die Lücke," *Der Spiegel. Bundestagswahl 2013 Spezial. Analysen, Reportagen, Interviews*, 25. 9. 2013, S. 32f.
(46) "Erstarkte Ränder," *Stern*, 6. 3. 2014, S. 26.
(47) Hans-Ulrich Jörges, "Die rechte Versuchung," *Stern*, 5. 6. 2014, S. 24.
(48) Vgl. Michael Ulsoy, "Interview mit Oskar Niedermayer. Die AfD ist langfristig ohne Chance," *Kölner Stadt-Anzeiger* (http://www.ksta.de/politik/interview-mit-oskar-niedermayer--die-afd-ist-langfristig-ohne-chance-,15187246,23100732.html).
(49) 連邦野党だけで構成された州政府をO州，連邦政府与党だけで構成された州政府をR州，連邦与党と連邦野党で構成されたり，連邦議会に議席を有していない政党が連立政権に参加する州政府をM州（混在州）と呼ぶ。安井宏樹「ドイツの分割政府と立法過程」日本政治学会編『年報政治学2009－Ⅰ　民主政治と政治制度』2009年，307－308，314頁。
(50) ARD (22.9.2013), *a. a. O.*
(51) "Mali-Einsatz verlängert," *FAZ*, 26. 6. 2014, Nr. 145, S. 4.
(52) Vgl. Christine Hoffmann/Horand Knaup et al., "Think Big," *Der Spiegel*, 5/2014, S. 20.
(53) 役割観念とは，アクターの性格，目標や行動の方向性に関するアイデアである。また同観念は，「認知地図」としてアクターが状況を解釈し，目標や行動を定義するその雛型でもある。シビリアンパワーとは，国際社会を文明化する意思と能力を持つアクターであり，非軍事的な紛争収拾を追求する。普通の大国は，国益の強化を追求する権力志向のアクターである。
(54) "Bundesregierung beschließt doppelte Staatsbürgerschaft," 8. 4. 2014 (http://www.zeit.de/politik/deutschland/2014-04/doppelte-staatsbuergerschaft-

kabinett-gesetz).

(55) Niedermayer (2008), *a. a. O.*, S. 9.
(56) Detterbeck, *a. a. O.*, S. 144f.
(57) 有効政党数は $N=\frac{1}{\sum_{i=1}^{n}pi^2}$ (p_i はある政党 i の議席率ないし得票率) により求められる。Markku Laakso / Rein Taagepera, "'Effective' Number of Parties. A Measure with Application to West Europe," *Comparative Political Studies*, 12, 1979, pp. 3-27.
(58) Margret Hornsteiner/Thomas Saalfeld, "Parties and the Party System," Stephen Padgett et al.. (eds.), *Developments in German Politics 4* (Hampshire: Palgrave Macmillan, 2014), p. 87.
(59) 最小政党とは，州，連邦，欧州議会で議席を持たない党を指す。Oskar Niedermayer, "Aufsteiger, Absteiger und ewig „Sonstige": Klein- und Kleinstparteien bei der Bundestagswahl 2013," *ZParl*, Heft1/2014, S. 75.
(60) Detterbeck, *a. a. O.*, S. 157.
(61) 同計画は，シュトゥットガルト駅の拡張と新線路の敷設計画である。
(62) Vgl. Eckhard Jesse, "Der Ausgang der Bundestagswahl 2013," *Zeitschrift für Politik*, 4/2013, S. 384.
(63) Niedermayer (2008), *a. a. O.*, S. 20f.
(64) Vgl. Niedermayer (2008), *a. a. O.*, S. 21.
(65) Ders. (2010), *a. a. O.*, S. 8-12.
(66) Hornsteiner/Saalfeld, *op. cit.*, pp. 97f.
(67) Oskar Niedermayer, "Das deutsche Parteiensystem nach der Bundestagswahl 2013," ders. (Hrsg.) *Die Parteien nach der Bundestagwahl 2013*, (Wiesbaden: Springer VS, 2015), S. 17.
(68) 区分については，ders (2008), *a. a. O.*, S. 22ff.
(69) Matthias Bartsch, "Spiel auf Zeit," *Der Spiegel*, 44/2013, S. 57.
(70) Jesse (2014), *a. a. O.*, S. 242f.

＊本稿の URL は全て2015年4月29日に最終確認した。

中央地方関係における政党ルートの役割

——財政移転改革の日本カナダ比較——

城戸英樹＊

1 はじめに

　本稿の目的は，日本の財政移転改革において地方政府[1]の利益が改革の内容に反映されたのはなぜかを明らかにすることである。具体的には，いわゆる「三位一体改革」の中で地方側が求めた主要税目での税源移譲が達成されたのはなぜかを明らかにする。

　世界各国の地方政府にとって，中央政府からの財政移転は歳入の重要な部分を占める。そのため，地方政府は財政移転が削減され自らの歳入が減少することを避けようとする。しかし，一般的には財政移転の削減を決定するのは中央政府であり，地方政府は直接その決定には参加できない。このため，地方政府は何らかの方法を用いて中央政府での決定に影響を及ぼそうとする。

　それでは，地方政府はどのようにして財政移転削減という中央政府の政策決定に影響を与えるのだろうか。本稿では，財政移転改革において地方利益が反映された日本と反映されなかったカナダとの比較研究を行う。1990年代以降，日本とカナダではそれぞれ財政移転改革が行われてきた。日本では，三位一体改革の中で地方交付税と国庫補助負担金が削減される一方で，税源移譲が達成された。地方政府は財政移転の削減という痛みを受けながらも，税源移譲という成果を同時に達成することができた。連邦制をとるカナダでは，一般的に州政府の影響力が強いとされる（加藤 2002, Bakvis and Skogstad 2008 など）。しかし，カナダでは州政府の強い反対にもかかわらず，財政移転削減が実行された。また，州政府が求めた税源移

　＊　京都女子大学現代社会学部准教授　行政学・地方自治論

譲の要求も反映されることはなかった。このように，単一制をとる日本においては地方政府が一定の成果を収めることができたのに対して，連邦制のカナダでは地方政府の利益は改革に反映されることはなかった。このような改革の帰結の違いをもたらした要因はどのようなものなのだろうか。

これまでの先行研究では，日本における1990年代以降の地方制度改革の中で，地方六団体の役割や国と地方の協議の場などを通じた地方から中央への働きかけが重要だったと指摘される（北村 2005；2006；2007，砂原 2007，廣畑 2010，梶原 2012）。また，地方制度改革におけるアイディアの重要性を指摘する研究もある（木寺 2012）。さらに，地方自治監督官庁である総務省の役割を重視する研究も存在する（北村 2009）。このように，これまでは，アクター，制度，アイディアに関する多様な側面から，地方制度改革の要因について分析が進められてきた。

その一方で，中央政府における政策決定者である政治家の動きについては十分に検討が行われてこなかった。地方から中央への影響力行使については，地方政府が地元選出議員などを通じて働きかけを行うという「政治ルート」の存在が指摘されてきた（村松 1988）。しかし，財政移転改革は，個々の地方政府がそれぞれの地域の政治家を通じて中央に働きかけるといったものではなく，全ての地方政府に関わる政策決定であった。このような決定において，「政治ルート」がどのように機能するのかについては，これまで十分には検討がなされてこなかった。さらに，そもそも地方自治は，国政の政治家にとっては票や資金面で魅力に乏しい政策領域であると考えられてきた（佐藤・松崎 1986）。また，近年の研究で指摘されるように，日本における政党を通じた中央と地方の結びつきは弱まってきているとされる（村松 2010など）。そのため，1990年代以降に地方政府の利益が中央政府の政策に反映される上で「政治ルート」がどのような役割を果たしたのかについて明らかにする必要がある。本稿では，「政治ルート」を中央と地方の政党組織のつながりととらえ，「政治ルート」が存在する日本と存在しないとされるカナダとの比較を行う。これによって，日本とカナダにおける財政移転改革の帰結の違いに政治ルートの有無がどのような影響を与えたのかを明らかにすることが本研究の目的である。

先に結論を述べれば，日本の三位一体改革の中で与党自民党は地方利益を改革に反映させる行動をとったのに対して，カナダの与党自由党にはそ

のような動きは見られなかった。その結果として、三位一体改革では地方への税源移譲が行われたのに対して、カナダでは税源移譲は行われなかった。

これらのことを明らかにするために、本稿は以下のような構成をとる。まず第2節では、日本とカナダの財政移転改革を概観し、両国の改革の方向性にどのような違いが見られたのかを確認する。第3節では先行研究を検討し、本稿の立場を示す。ここでは、これまでの研究では総務省やアイディアの役割が重視されてきたが、政党の役割が十分検討されてこなかったことを述べる。次に、第4節では、日加両国の政府間関係の違いを概観する。その中では、日本の中央政府レベルの政党が地方政府と組織や人的資源などを通じてつながっているのに対し、カナダの中央政党と地方政党が分離していることが明らかになる。その上で、第5節では、日本とカナダの財政移転改革の政治過程を分析し、どのようにして政党が地方利益を改革に反映させたのかを明らかにする。最後に第6節では、本稿の分析をまとめ結論を述べる。

2　日本とカナダの財政移転改革

ここでは、日本とカナダで行われた財政移転改革について、改革の方向性がどのようなものだったのかを確認する。この作業によって、両国の改革の共通点と相違点を析出する。

(1) カナダ

カナダの財政移転改革は、クレティエン内閣の下で連邦政府の財政赤字削減を目的として実施された。この改革は1995年2月に、連邦財務相のポール・マーティンによって1995-96年度予算の一部として発表された。その内容は、1996年から1997年までの2年間で財政移転を80億ドル（移転額の約20％）削減することなどであった（表1）。

そもそも、カナダにおける財政移転制度はCAP（Canada Assistance Plan：カナダ扶助計画）とEPF（Established Programs Financing：定着プログラム財源保障）という特定補助金制度と、平衡交付金と呼ばれる一般補助金制度から構成されていた[2]。このうち、平衡交付金制度は憲法上の規定があるために連邦政府が独自に削減を決定できるものではなかった。そのた

表1　カナダの州政府の歳入（1995年度～1998年度）

	1995	1996	1997	1998
所得税	52,608（1.00）	55,283（1.05）	58,938（1.12）	61,441（1.17）
消費税	36,754（1.00）	37,331（1.02）	39,203（1.07）	42,157（1.15）
その他の税	18,467（1.00）	19,339（1.05）	19,494（1.06）	20,248（1.10）
開発収入	17,009（1.00）	18,435（1.08）	18,456（1.09）	15,814（0.93）
財政移転	31,388（1.00）	26,592（0.85）	25,455（0.81）	28,880（0.92）
その他の歳入	12,941（1.00）	12,906（1.00）	13,742（1.06）	15,981（1.23）
経済成長率（前年）	4.80%	2.80%	1.60%	4.20%
合計	169,165（1.00）	169,885（1.00）	175,288（1.04）	184,521（1.09）

出所：*Statistics Canada, Provincial Revenue* 各年度をもとに筆者作成。（　）の数値は，1995年のデータを1とした各年度の値。単位は，100万ドル。

め，クレティエン内閣ではCAPとEPFが削減の対象とされた。具体的には，CAPとEPFをCHST（Canada Health and Social Transfer：カナダ医療社会福祉交付金）として統合したうえで，移転額を大きく削減することを狙っていた。

　当初は，この削減は現金移転の削減によって達成され，州への租税移転（Tax Point Transfer）による財政移転は維持されることになっていた。租税移転とは，連邦所得税を減税しその分を州政府の課税余地として移転するものである。この租税移転による財政移転は，実質的に州政府の自主財源を増やすものと評価されてきた（池上1996）。しかし，最終的に現金移転は連邦政府の意向により削減幅が縮小された。その分を埋める形で，州政府の財政的自律性につながる租税移転による財政移転も削減された。つまり，カナダの財政移転改革は，当初の内容よりも州側に不利な方向に動いたといえる。このように，カナダでは税源移譲が行われなかっただけではなく，それまで行われていた租税移転も削減されるという反対の方向性を持つ改革が行われた。

（2）日本

　日本の三位一体改革では，地方交付税と国庫補助負担金が削減され，同時に国から地方への税源移譲が行われた[3]。まず，地方交付税については，約5.1兆円が削減された。また，国庫補助負担金については，2003年度分を含めると4.7兆円が廃止された。さらに，国の所得税から地方の住民税へ約3兆円が税源移譲された（表2）。

　ここでカナダとの対比で特に重要なのは，日本では財政移転の削減とほ

表2 日本の都道府県の歳入（2001年度〜2004年度）

	2001	2002	2003	2004
地方税	17405.5 (1.00)	15556.6 (0.89)	15425.5 (0.89)	16216.8 (0.93)
地方交付税	11075.0 (1.00)	10818.3 (0.98)	9978.5 (0.90)	9309.3 (0.84)
国庫補助負担金	9563.3 (1.00)	8301.7 (0.87)	7842.2 (0.82)	7173.6 (0.75)
地方債	6517.2 (1.00)	7531.6 (1.16)	7652.0 (1.17)	7159.6 (1.10)
雑収入	5145.1 (1.00)	4684.3 (0.91)	4534.3 (0.88)	4591.7 (0.89)
その他	4236.1 (1.00)	4571.7 (1.08)	4378.4 (1.03)	4455.5 (1.05)
経済成長率（前年）	2.90%	0.20%	0.30%	1.40%
合計	53942.3 (1.00)	51464.2 (0.95)	49810.9 (0.92)	48995.5 (0.91)

出所：総務省『地方財政白書』各年度をもとに，筆者作成。（　）内は，2001年を1とした各年度の値。単位は，10億円。

ぼ同時に税源移譲が行われたという点である。この三位一体改革における財源移譲については，地方政府の財政的自律性を高めると評価される。特に日本の場合，所得税という基幹税から住民税への移転が行われた点が重要である。後で述べるように，基幹税での税源移譲に対しては財務省が強く反対をしていた。それにもかかわらず，最終的に日本において地方側が求めた税源移譲が達成されたのはなぜだろうか。本稿では，この点を明らかにするために税源移譲を巡る政治過程を中心に取り上げる。

3　先行研究の検討

　この節では財政移転改革を中心とした地方制度改革に関する先行研究の議論をまとめ，本稿の立場を明らかにする。これまでも地方制度改革の要因については，様々な視点から研究が行われてきた。それらの研究は，大まかに中央政府に焦点を絞った研究と政府間関係に注目した研究に分けることができる。

（1）リーダーシップへの注目

　まず，そもそも地方制度改革については，中央政府で行われた上からの決定であるという側面を重視する研究が存在する。これらの研究では，首相を中心とした執政部のリーダーシップが注目される[4]。

　日本においても，カナダにおいても，中央政府の財政赤字削減の方策として財政移転の削減が行われたという主張が見られる。その中では，財政移転の削減というアイディアが世論の支持を受けて有力な選択肢になり，このアイディアを採用した首相が強力なリーダーシップをもって改革にあ

たったとされる[5]。

北村亘は，三位一体改革において小泉首相の果たした役割に注目し，小泉が財務省，総務省，事業官庁相互の利益を調整し改革を行ったと指摘する（北村 2006）。しかし，小泉自身は財政移転の削減を志向しており，なぜ税源移譲も同時に行われたのかについては十分に明らかではない。確かに三位一体改革は，地方側からみれば財政移転削減と税源移譲というアメとムチを用いた改革だったといえる。しかし，そもそもなぜ地方側にアメを与えなくてはならなかったのだろうか。カナダの事例から明らかなように，強い執政制度のもとでは，地方側にアメを与えない改革も可能である。そのため，日本では強いとされた首相のもとで地方側に一定のアメをなぜ与えたのかについて明らかにする必要がある。

(2) 地方政府の影響について検討する研究
①行政ルート

日本の三位一体改革では，全国知事会を中心とした地方六団体が積極的に活動を行った結果，地方政府が影響力を行使できたとされる。その際，地方政府は国と地方との協議の場を通じて影響を及ぼしたと考えられる（北村 2005；2007，木寺 2007，砂原 2007，梶原 2012）。また，小泉首相は，財務省，事業官庁，総務省の選好を踏まえ，最も抵抗の少ない形で改革を成功に導いた。この点から，地方利益（税源移譲）を達成するうえでは，地方自治監督官庁である総務省の存在が鍵となる（北村 2006；2009）。

これらの研究は，いずれも政府内の影響力ルートに注目しているという点から，「行政ルート」を通じた地方から中央への影響力行使を検討する研究であるといえる。これらの研究を踏まえると，日本とカナダの財政移転改革において行政ルートがどのように機能したのかを検討する必要がある。

②政党への注目

近年の研究では，地方制度改革における政治の役割について，中央政府と地方政府における党派性に注目が集まっている（Eaton 2004, Bonvecchi and Lodola 2010, 南・李 2007など）。これらの研究では，中央政府と地方政府の与党の党派が一致している場合に地方政府に有利な制度改革（分権化）が行われ，一致していない場合には集権化が進むとされる。

しかし，これらの研究の議論を直接日本とカナダの比較分析に適用することは難しい。まず，カナダにおいては，政党組織が中央政党と地方政党との間で分断されているために，政党ラベル（政党名）が中央と地方の党派性を判断するのに機能しない。また，日本においては，近年無党派知事の増加が指摘される。このため，日本とカナダにおいては，政党名のみから中央と地方の関係をとらえることは適当ではない。

　しかし，そもそも政府間関係における影響力ルートは政党組織を通じたものとしてとらえられたのであり，政党組織の在り方が政府間関係に関わる政策帰結に影響を及ぼすと考えられる。すなわち，党派性の議論を敷衍して考えると，政党組織が中央と地方でつながっているならば，中央政府は地方の利益を無視することはできない。なぜならば，地方の利益を無視することが中央の政党に跳ね返ってくる可能性があるからである。それに対して，つながりがない場合には，中央の政党は地方の利益を考慮する理由を持たない。この点から，本稿では，中央政府と地方政府における政党組織につながりがある場合には政党によって中央政府において地方政府の利益表出がなされ，つながりがない場合には利益表出が行われないと考える。

　この枠組みを日本とカナダの比較に適応すると，以下の仮説が得られる。日本においては，中央と地方の政党組織のつながりが存在し政党によって地方の利益が反映されるのに対し，カナダでは政党のつながりが存在せず政党は利益を反映しない（図1）。

　この点に関して，1990年代の日本の地方分権改革の中で，自民党が地方側に有利な改革を行ってきたという指摘がある[6]。しかし，日本の中央と地方の政党のつながりは，2000年代に入って弱まっているとされる。村松

図1　本稿の枠組み

日本	政党組織のつながり有	⇒	地方政府の利益配慮の必要性
	⇒	地方利益の反映	
カナダ	政党組織のつながり無	⇒	地方政府の利益配慮不必要
	⇒	地方利益反映されず	

岐夫は，アンケート調査の結果から，中央と地方の政治家の接触頻度が減少しつつあることを示している（村松 2010）。その中で，中央と地方をつないでいたパイプが以前と比較すると細くなっているとする。また，斉藤淳も農村部に資源を投下する形で支持を調達してきた自民党が農村の都市化によって組織が弱体化してきたという（斉藤 2010）。これらの指摘から考えると，政党ルートを通じた中央と地方のつながりは弱まっていると考えられる。このような2000年代に政党が地方利益を反映したのか否かは検討すべき課題である。本稿は，そのような状況でも政党ルートは機能していたと主張する。このことは，政党ルートが存在しないとされるカナダとの対比の中でより鮮明になる。

また，本稿では政党ルートに注目するために，政党を一体のアクターとしてとらえる。このような単純化には政党内に多様なアクターが存在するとの批判がありうる。例えば，執政部と一般議員では選好が異なるため，政策過程における行動にも違いが生まれると考えられる。しかし，本稿は日本とカナダの政党ルートの違いによって，中央政府での政党の行動がどのように異なり，帰結がどのようになったのかということに関心を持つ。この点から，政党を一体として扱うことには一定の意義があると考える。

4　日加両国の政府間関係

ここでは，日加両国における行政ルートと政治ルートについて概観し，両国の地方政府が持つ選択肢について整理を行う[7]。

（1）行政ルートからみた政府間関係
①地方団体

カナダの州政府が意見を統一させるための場として，州首相会議（Annual Premiers' Conference）が存在する[8]。この州首相会議は，全州が参加して基本的に毎年一度開かれ，州に関する重要事項が議論される。日本の地方団体としてはいわゆる地方六団体が存在する[9]。特に，全国知事会は，1990年代以降，「戦う知事会」と呼ばれるように結束力を強め，地方の利益を中央に反映させるための利益集団として機能してきた。

②国と地方の協議の場

カナダにおいて，国と地方が協議を行う場としては，連邦州首相会議 (First Ministers' Conference) がある[10]。この会議では，連邦の首相と州の首相が一堂に会し，連邦・州関係に関する議題が議論される。さらに，首相レベルだけではなく，大臣級や事務レベルでも会議が開かれている。

日本では，三位一体改革の中で「国と地方との協議の場」が設置され，地方から中央に対して直接意見を述べる場が設定された。それに加えて，地方分権改革によって，地方団体が国に対して直接意見具申を行うことが可能になったことも重要である。

③中央と地方の行政組織

両国における中央政府と地方政府の行政組織における結びつきも指摘できる。カナダにおいては，中央政府の省庁が地方政府の省庁と強い結びつきを持ち，地方の利益を中央の政策に表出しているとされる（例えば，Simeon 2006 参照）。一方，日本においても，各省庁と地方政府の部局の縦のつながりが指摘される。

以上で見てきたように，日本とカナダの政府間関係を結ぶ行政ルートには共通点が多くみられる。これらの共通点がある中で，日加両国でどのように税源移譲を巡る議論が行われたのかが，第5節で検討すべき課題である。

（2）政治ルートからみた政府間関係
①政党組織

カナダでは，基本的に政党組織が中央と地方の間で分断されている[11]。また，政党に対する有権者の認識でも，連邦レベルの政党と州レベルの政党は完全に別個のものとして認識されている（例えば，Johnston and Culter 2009）。具体的には，連邦レベル，州レベル双方において同一の名称を使う政党は存在しているが，州レベルの政党は連邦レベルの政党とは別組織を形成している。例えば，オンタリオ州では，連邦政府の自由党オンタリオ支部があり，同時にオンタリオ自由党が別組織として存在する。ここで，例外なのが大西洋岸諸州[12]とサスカチェワン州である。これらの州では，連邦自由党と州自由党の組織が党規約上は分断されていない[13]。しかし，先行研究ではこれらの諸州選出の議席数の少なさなどから連邦と州をつな

ぐルートとしては考慮されていない（例えば，Carty and Cross 2010）。実際，これらの諸州の議席数は下院の議席数の約15％に過ぎない。ただし，これらの州出身の自由党議員に州利益を反映させる動きがあったのかどうかは政策形成過程の中で確認する必要がある。

　また，カナダの政党の中で州利益を連邦レベルに反映させる存在として挙げられるのがケベック連合（Bloc Québécois）である。ケベック連合は，州レベルと連邦レベルで政党名は異なるものの（連邦：Bloc Québécois，州：Parti Québécois），ケベック州の利益を連邦政府で代表する政党であり，地方利益の代表という点では無視することができない。このため，カナダの財政移転改革においても，ケベック連合は州政府の利益を代表する動きを見せると考えられる。

　中央議員の構成はどうなのだろうか。政党レベルで中央と地方の間のつながりがなかったとしても，地方政府出身の議員が多ければその議員を通じて州の利益が連邦レベルで反映される可能性があるだろう。このことについて，連邦議会の議員の前職を見ると，弁護士などの職業出身者が多くなっている。それに対して，州首相や州議会議員など地方政治出身の議員は非常に少なく，約10％にとどまる[14]。

　このようなカナダと比較して，日本においては，自民党であれ，民主党であれ，基本的に中央の政党と地方の政党は，基本的には同一の政党としてみなされる[15]。また，政党組織としても，各都道府県には県連が置かれ，一体的な組織運営がなされる。また，国会議員は自らの選挙運動について，地方議会議員を中心とした組織に依存しているとされ[16]，この点でも中央と地方の間に結びつきがみられる。さらに，カナダとは異なり，日本において地方政治出身者は国会議員の重要な供給源である。日本の衆議院議員のうち，地方政治出身者の割合は20％から30％に達し，議員秘書と並んで多くを占めている[17]。この点でも，カナダと比較して日本の政党には地方自治に関心を持つ政治家がより多く存在し，その結果政党が地方の利益を代表すると考えられる。

②議会制度

　連邦制においては，アメリカ上院やドイツ連邦参議院のように，連邦議会において地方政府を代表する制度が設けられている場合が多い（Watts

2008)。このように,議会制度も政治ルートとして機能する可能性がある。しかし,本稿で比較する日本,カナダ両国ともに,議会が地方代表制度になっていないという共通点を持つ。

まず,連邦制にもかかわらずカナダの上院は地方代表ではない[18]。具体的には,カナダの上院議員は首相による任命であるため,政党色が強くなる。また,日本カナダ両国ともに下院の選挙制度は小選挙区が中心となっている。カナダは完全小選挙区制であり,日本も小選挙区比例代表並立制となっている。

このように,議会制度に関しては,日本とカナダでは地方代表ではないという点で共通しているとみなすことができる。そのため,以下の分析の中では政治ルートについて,政党を通じたルートに限定して検討を進める。

5　事例の検討

(1) カナダの財政移転改革の政治過程[19]
①行政ルートを通じた働きかけ

先述したように,カナダにおける財政移転改革は,連邦政府の財政再建策の一環として1995年2月に発表された。この財政移転削減の動きに対して,州政府は当然のことながら強く反発をした。例えば,ケベック州の財務相であるジャン・カンポー (Jean Campeau) は,財政移転の「削減が行われるならば,州は増税を行わざるを得ない」と,連邦の移転削減の動きを牽制した (*The Globe & Mail*, May 12, 1995)。このように,各州政府は個別に反対の声明を出したうえで,団結して財政移転削減に反発する動きを強めていく。

1995年8月にニュー・ファンドランド州[20]セントジョンズで行われた州首相会議における重要議題の一つは,財政移転の削減であった (Tzembelicos 1996: 250)。ブリティッシュ・コロンビア州首相のマイク・ハーコート (Mike Harcourt) は,1995年の州首相会議における「最重要アジェンダの一つは,社会保障をめぐる連邦の財政移転削減である」と述べた (*The Ottawa Citizen*, August 23, 1995)。この州首相会議では,全州が一致して財政移転の削減を非難する声明を出した (Cohn 1996: 178)。また,CHSTの導入という社会政策改革に直面する中で,健康保険,社会扶助,高等教育に

関して，ナショナルスタンダードを確立することの必要性について，委員会を設置して議論を行うことを確認した[21]。このように，カナダの各州は一致して財政移転の削減に反対する姿勢を見せていた。

連邦政府から十分な回答が得られない中で，州側は次第に態度を硬化させていく。11月の西部首相会議の直後，ブリティッシュ・コロンビア州は，連邦政府の意向に逆らう形で，福祉受給に関して新たな要件[22]を設定することを発表した（*The Vancouver Sun*, November 7, 1995, *The Globe & Mail*, November 8, 1995）。これは，財政移転の削減が見込まれる中で，州側の権限で対応可能な福祉支出の削減を狙ったものだった。福祉政策が州政府に委ねられているカナダにおいて，福祉の切り下げが行われると州間での福祉切り下げ競争が起こる可能性があった。

そのため，この動きに連邦政府はすぐさま反応し，人的資源・技能開発相のロイド・アクワーシー（Lloyd Axworthy）は「（現行制度である）CAPの下での最後の財政移転（4,700万ドル）を凍結する。また，ブリティッシュ・コロンビア州に対する CHST による財政移転を削減することを検討する」と表明した。これを受けて，最終的にブリティッシュ・コロンビア州は福祉受給制限を撤回せざるを得なかった（*The Ottawa Citizen*, December 6, 1995, *The Globe & Mail*, December 8, 1995）。

州政府と連邦政府との協議は断続的に行われ，12月には財務相レベルでの会合がもたれた。この連邦州財務相会議において，州側から使途を定めない財政移転の導入などを求められたのに対し，マーティン財務相は提案を拒否した（*The Toronto Star*, December 16, 1995）。年明けには，前年に立ち上げられた研究委員会からの報告書を受けて，州政府側から連邦政府に対して対案が提示された。その中では，カナダの社会保障制度を支えている財政移転制度を維持すべきであることが示されていた。さらに，仮に財政移転を削減するならば，同時に州政府の自己財源を拡大する何らかの方策を講じるべきことが盛り込まれていた。この点は，次に述べる日本の三位一体改革での，地方側からの要求と一致している。しかし，行政ルートを通じた連邦と州の会議では，州側の意向が入れられることはなかった。

②政党の行動

次に，政党の行動を見て行こう。まず，政権与党である自由党の動きは

どうだったのだろうか。CHST の導入は財務省内において検討が行われ，政権与党であった自由党にも十分に周知がなされないままに，1995年予算として発表された。このような動きに対して，自由党内部にも対立が生じていた。改革を支持していたのは，クレティエン首相に近いマーティン財務相，マッセ政府間関係相などであった。彼らは，歳出削減の必要性を認識し，改革を支持していた。これに対して，自由党内の社会民主主義派は，連邦政府により大きな役割を果たすべきだと主張し，党内での支持を拡大していった（*The Globe & Mail*, June 26, 1995）。これらの動きに合わせて，CHST を予算法案から切り離そうという動きも見られた（Phillips 1995: 88）。しかし，これらの動きに対して，予算委員会は公聴会を開催することも，討議の延長を行うことも却下した。その結果，強い政党規律もあって，下院で成立した法案はその原案から基本的には変わらないものであった（Phillips 1995: 88）。

また，CHST の導入は広い方面からの非難を受けていた。連邦政府の福祉政策に関する審議会である国家福祉審議会（The National Council of Welfare）は，CHST を指して，「連邦政府による近年で最悪の社会政策改革」であると指摘した。このように，専門家からの評判も良くない政策であったのにもかかわらず，自由党政権はその方針を変えようとはしなかった。

1995年8月の州首相会議において財政移転削減反対が採択された直後には，マーティン連邦財務相が，「削減内容については依然州と交渉中であり，特に2年目以降の削減幅はまだ決まっていない」と述べる（*The Toronto Star*, August 29, 1995）など，交渉の余地があることを示唆していた。しかし，現実には連邦政府はその姿勢を変えようとはしなかった。その一方で，連邦政府にも懸念材料がなかったわけではない。それは，CHST の内訳をめぐる問題であった。

CHST は，現金移転と租税移転での移転から構成されていた。当初の構想では，移転の総額はあらかじめ設定されており，まず租税移転での移譲額を決め，残りを現金移転によって移転するという形を取っていた。州政府は，その租税移転部分を拡大することを主張していたが，当初設定した租税移転でも連邦側にとっては問題があることが分かってきた。当初租税移転は毎年経済成長などに合わせて増加することが想定されていた。その一方で，移転総額は減少させていくことが予定されていた。その結果とし

て，現金移転の占める部分が減少し，2000年代までには現金移転が0になってしまうという算定がなされていた (*The Ottawa Citizen*, March 6, 1996)。このことは，財政移転が完全に租税移転となってしまうことを意味し，実際には連邦政府を通さずに州政府が直接歳入を得ることを示していた。これは歳出権限によって州の政策に影響を及ぼしてきた連邦政府にとって，望ましい結果ではなかった。

また，財政移転の使途も問題となっていた。CHSTの下では，州政府は社会政策全般について移転された資金を使用しても良いとされていた。しかし，特に健康保険の分野などにおいて，連邦政府が定めるナショナルスタンダードから逸脱した政策が行われることは望ましいことではなかった。

これらのことを背景にして，連邦政府は社会政策において州に対する自らのプレゼンスを維持しようと試みた。1996年1月には，マーティン財務相が，「福祉・健康保険・高等教育に連邦が関与し続ける」と表明した[23]。さらに，3月には，マーティン財務相は，「連邦政府は自らの財政権限を維持するために，今後5年間でCHSTによる財政移転の内，110億ドル分を現金移転によって行う」と表明した (*The Ottawa Citizen*, March 7, 1996)。その結果，連邦政府は，現金移転を通して自らの歳出権限を維持することが可能となった。これらの連邦の決定を経て，1996年4月1日に，CHSTは運用が開始された。

以上のように，CHSTをめぐる政治過程からは，州政府の反対が連邦政府によってほとんど顧みられていないことが示された。州政府以外に専門家集団などCHSTに反対する勢力も存在したが，連邦の自由党政権はそのような声を考慮に入れることはなかった。少なくとも連邦議会での議論や新聞報道を見る限り，政党組織につながりを持つ諸州を含めて自由党議員に州政府の利益を反映させる動きは見られなかった。

野党に目を向けると，当時野党第1党はケベック連合であった。ケベック連合 (Bloc Québécois) の党首ルシアン・ブシャール (Lucien Bouchard) は，連邦政府の改革に対して，「クレティエン内閣は (州への財政移転を削減することで) ケベック州の権限を侵そうと試みている」と述べるなど (*The Globe & Mail*, May 12, 1995)，州政府に近い立場をとっていた。このように，ケベック州の利益のために動くという意味では，カナダにおいて州政府の利益を代表する唯一の政党アクターであったが，下院で54議席を

有するに過ぎなかった[24]。そのため,議会審議の中では実質的な修正協議が行われることはなかった[25]。これに対して,自由党は,全295議席のうち177議席を占め,過半数を超える議席を握っていた。また,政党規律も強く法案の内容が変更されることはなかった[26]。

(2) 三位一体改革における税源移譲

次に,日本の三位一体改革における税源移譲の議論を見て行こう[27]。三位一体改革における税源移譲では,地方側が一貫して基幹税での税源移譲が必要であると主張していた。この主張はどのようにして実現されていったのだろうか。

①税源移譲をめぐる紆余曲折―総論賛成

三位一体改革における税源移譲は,当初からスムーズに動き出したわけではなかった。例えば,2003年5月の地方分権改革推進会議の報告書では,地方への税源移譲を先送りし,補助金を先行して削減する案が示されていた。しかし,このような中央政府の姿勢に対して地方側は強く反発をする。例えば,「税源移譲なしの事務移譲は,分権改革の趣旨に反する」(京都府,大阪府,兵庫県知事)[28]など,知事,市長会,町村長会などから反対の声が上がった。

ここで,日本の税源移譲で特徴的だったのは,自民党内から「地方に税源を移譲するのが先である」(読売新聞2003年5月15日)など,地方側の姿勢を支持する動きが見られたことである。これを受けて,中央政府側からは,「地方になじむものは渡してよい」(塩川財務相)(共同通信社2003年5月25日)と一定の譲歩が見られるようになる。これらの動きを経て,2003年6月に総論での合意に至る。経済財政諮問会議において,補助金削減分について,義務的経費は全額,それ以外は8割程度を税源移譲するとされた(経済財政諮問会議「経済財政運営と構造改革に関する基本方針2003」)。しかし,この決定はあくまで総論としての決定であり,どの税目で税源移譲を行うのかという問題が残っていた。

②政党を通じた働きかけ

改革の中で,地方側は一貫して基幹税での税源移譲を求めていた[29]。例

えば，全国知事会は自民党との意見交換会において，基幹税での税源移譲を求める方針を伝えるなど，繰り返し基幹税での移譲を求める姿勢を見せていた30。また，地方六団体としても，「基幹税として税源の偏在性が少なく，税収の安定性を備えた個人住民税及び地方消費税への移譲によること」を自民党に申し入れた（全国市長会会報第677号，2003年12月15日）。

これらの地方側の姿勢を受けて移譲税目をめぐる攻防は激しさを増していく。財務省としては基幹税での移譲には反対で，あくまでも「揮発油税，たばこ税，酒税などを移譲」するという姿勢であった（朝日新聞2003年11月14日）。中央政府の財政を預かる財務省としては，当然基幹税を移譲することは避けたい事態であった。これを受けて，2003年12月15日に政府税制調査会で「2004年度については，たばこ税で税源移譲する」との答申が出る（政府税制調査会「平成16年度の税制改正に関する答申」）。たばこ税にせよ酒税にせよ，将来的には縮小の方向に進んでいた税目であった。そのため，これらの税目で税源移譲が行われたとしても，いずれは歳入が減少していくことが予想された。地方側は，この政府税制調査会の答申に強く反発をする。

この地方側の反発にすぐさま反応したのが，自民党であった。政府税制調査会の答申の翌日，自民党税制調査会は「たばこ税移譲を断念する」との意向を示した。これは，地方からの声に配慮したもので，「地方の行政サービスを維持する安定財源として不安視する自治体が多い」（自民党幹部）という意見を反映したものだった（読売新聞2003年12月16日）。さらに，自民党税制調査会は，「所得税の一部で移譲を行う。具体的には，所得譲与税を新設する」との方針を示した（朝日新聞2003年12月16日）。この自民党税制調査会の反対を受けて，政府税制調査会は答申内容の撤回を迫られることとなった。

この自民党側の動きはある意味異例のものであった。つまり，政府の税制調査会が出した方針に対して，与党の税制調査会が異を唱えたのである。裏返せば，小泉首相の下で行政ルートを通じて決定された税源移譲方法が，与党側によって公然と反対されたことを示している。自民党は地方から強い要望を受けており，それにこたえる形で地方の代弁者として行動していた。

税目の議論は，2004年4月に麻生総務相が「3兆円程度の税源移譲を先

行して実施する。具体的には，所得税から個人住民税への税源移譲を行う」とのプランを提示することで決着を見る[31]。これは，「地方の意見を反映させるようにしないと，政権党の姿勢が問われる」(自民党総務部会)(読売新聞2004年4月25日)との自民党側の姿勢を反映したものだった。このように，当初は補助金の削減を先行して行い，さらに基幹税ではない税目で税源移譲を行うとした政府の当初の方針は完全に覆る結果に至った。その中では，地方が自民党に働きかけ，自民党が地方の声を代弁するという構図が見られたのである。

6 結論

　以上で見てきたように，日本の三位一体改革とカナダの財政移転改革を比較すると，地方政府の意向がどのように反映されたのかが大きく異なることが明らかになった。日本においては，地方政府は，地方交付税と補助金が削減された一方で財源移譲を勝ち取るという成果を同時に得た。それに対して，カナダでは，財政移転削減に抵抗することも，租税移転分を増額するという成果を得ることもできなかった。また，当初案では，現金での移転を削減することで連邦からの影響力が排除できるはずであったが，結局はこれも達成されなかった。

　これらの違いをもたらしたものは，日本カナダ両国における政党ルートの存在であった。政権与党であった自民党内には，地方政府の意向を無視できないという空気が存在していた。選挙活動を地方組織に依存する日本の国政政党にとって，地方の利益をある程度確保することは，必要な選択であった。これに対して，カナダでは基本的に政党組織が連邦と州レベルで分断され，中央で州政府を代表する「政治ルート」が存在しなかった。

　ただし，本稿の日本における税源移譲の事例には，政府間関係の最終ステージを示したものだという留保がつくかもしれない。北村が示す通り，総務省は地方の代弁者として地方財政を確保するために行動する（北村2009）。その時に，総務省は財務省に対して与党政治家に訴える可能性を脅しとして，譲歩を迫る。今回の事例は，その意味では財務省が総務省の脅しに屈せず，最終的に与党政治家が登場した事例であるかもしれない。このことの背景としては，財務省が小泉首相の後ろ盾を受けて，強気に行動したということがある。政府税制調査会の答申に見られるように，財務

省側は終始強気の姿勢を見せ続けていた。そのため，総務省と財務省の交渉は打ち切られ，政治が表舞台に登場した可能性はある。

他方で，本稿が示した通り政府間交渉の最終ステージにおいて，政党が地方側に立って行動し，それによって行政ルートでの決定が覆されることも確かである。それは，財務省側に小泉首相という強いリーダーシップを持った存在があったとしても，政党がそれを押し返したともいえる。

本稿は，日本の政府間関係における政党の役割についてその一端を示したものである。2000年代という政党ルートが弱まった時代においても，依然として政党ルートは機能している。しかし，政党ルートが弱まっていると認識されたからこそ，交渉は最終ステージに進んだのかもしれない。このように，政党と政府間関係の帰結との関係については，検討すべき課題が残されている。そのために，今後の研究では他の事例を含めてより長い期間にわたる分析を行う必要がある。このことを確認して本稿を閉じたい。

［付記］　本稿は，JSPS 科研費23730144，25285040の助成を受けた研究成果の一部である。

［謝辞］　本稿のもとになる研究について，真渕勝先生，新川敏光先生，秋月謙吾先生，待鳥聡史先生から貴重なコメントをいただいた。また，本稿の草稿については，関西行政学研究会，カナダ政治学会，日本選挙学会で報告し，討論者並びに参加者から有益なコメントをいただいた。さらに，匿名の査読者2名からも建設的なコメントをいただいた。心より感謝申し上げる。なお残された誤りは筆者の責任である。

（1）　本稿では，中央政府直下の政府（日本でいう都道府県）と基礎自治体（日本でいう市町村）を合わせて地方政府と呼ぶ。
（2）　これらのカナダの財政移転制度については，池上（1996；2003）を参照した。
（3）　三位一体改革について，詳細は北村（2005）などを参照。財政学の視点からは，神野（2006）など。
（4）　選挙制度改革など1990年代の政治・行政制度改革を受けた日本の首相のリーダーシップについての包括的な研究として，待鳥（2012）。小泉首相のリーダーシップについては，上川（2010）。
（5）　岩崎（2002），Harder and Patten（2006），上からの改革については，谷本（2008）。

（6） 政党や政治家が地方分権を推進してきたという指摘については，真渕（2001），曽我（2002a；2002b），城戸（2009），梶原（2014）など参照。
（7） 本節は城戸（2011）の一部を大幅に加筆修正したものである。他にも岩崎（2002），加藤（2002）などに解説がある。
（8） 州首相会議については，Meekison, Telford, and Lazar (2002)。
（9） 機関委任事務の廃止に関して地方団体の活動を検討したものとして，木寺（2007）。
（10） Papillon and Simeon (2002)。ただし，州連邦首相会議については，州首相会議と比較して十分に機能していないとの指摘もある（Savoie 1999; Brock 2003）。
（11） カナダの政党システムについては，的場（2003），岡田（2006），Gagnon and Tanguay (2007) など参照。
（12） 大西洋岸諸州とは，ニューファンドランド・ラブラドール，ノバスコシア，ニューブランズウィック，プリンスエドワード島の4州を指す。
（13） この点に関して，Chhibber and Kollman (2004), Stewart and Carty (2008)。
（14） 財政移転改革が行われた1995年当時の割合。州首相，州議会議員，基礎自治体首長，基礎自治体議員経験者（Parliament of Canada ホームページ，"http://www.parl.gc.ca/common/index.asp?Language=E"。最終アクセス：2014年10月19日）。チバーとコールマンによれば，カナダにおいて連邦議会下院の議員のうち，州政府の議員を経験した議員の割合は，1960年代以降減少の傾向を示している（Chhibber and Kollman 2004, p. 190）。ほかにも，岩崎（2002）の指摘など参照。
（15） 地方レベルで見れば，会派としては政党名が必ずしも明らかではない。一方で，会派としては，政党名が成立していなくても，都道府県議会議員選挙においては，政党名で公認や推薦，支持などを受けて立候補する場合が多い。このような地方での政党会派については，辻（2009）などを参照。
（16） 政党における中央地方関係については，建林（2013）参照。
（17） 2003年の衆議院議員選挙では，全新人議員の30％が地方政治出身者であった。議員秘書経験者は36％であり，中央官僚出身者は6％にとどまっている。また，全当選者でも26％が地方議会出身者であった。議員秘書出身者は28％，中央官僚出身者は14％であった（読売新聞東京本社世論調査部 2004）。
（18） カナダの上院について，Kunz (1967), Joyal (2003), Smith (2003), 岡田（2006），96-99頁，岩崎（2008-09）などを参照。
（19） 以下，CHST 導入の政治過程については，主に Phillips (1995), Cohn (1996) を参照した。また，その他の資料として，中央地方関係をめぐる主

な出来事については，Tzembelicos (1995; 1996) を，新聞記事に関しては，1994年から1996年にかけての *The Gazette (Montreal)*，*The Globe & Mail*，*The Ottawa Citizen*，*The Toronto Star*，*The Vancouver Sun* の各紙を参照した。
(20) 2001年に憲法改正により名称が変更され，現在はニューファンドランド・ラブラドール州と呼ばれる。
(21) ただし，この年の州首相会議には連邦からの独立に関する住民投票を控えたケベック州は参加していない。このため，この声明にもケベック州は参加していない。Tzembelicos (1996, p. 250) および *The Globe & Mail*, August 26, 1995 を参照。
(22) 福祉を受給するためには，当該州に3カ月以上居住すること。
(23) *The Ottawa Citizen*, January 13, 1996。これは，自由党内での連邦政府は健康保険に限定して関与すべきとの議論を却下したものである。この自由党内の動きは，主に医師会などのロビー活動を受けたものであった。
(24) また，当時のケベック連合にとって，最大の関心事は1995年に行われたケベック州の独立をめぐる住民投票であった。
(25) 第35期カナダ連邦議会議事録 "http://www.parl.gc.ca/Default.aspx?Language=E"（最終アクセス：2015年1月19日）参照。
(26) 自由党内部にも，左派と右派の対立はあったものの，クレティエン首相は強いリーダーシップを有していた Phillips (1995), p. 88。カナダの政党規律について比較の視点から分析したものとして，Kam (2009)。
(27) 税源移譲の政治過程については，主に朝日新聞と読売新聞を参照した。それ以外の参照については，適宜注で示している。
(28) 「三位一体改革に向けた緊急アピール」"http://web.pref.hyogo.lg.jp/governor/documents/000061696.pdf"（最終アクセス：2015年1月19日）。
(29) 2003年12月8日，地方六団体「基幹税での税源移譲についての緊急アピール」，"http://www.nga.gr.jp/ikkrwebBrowse/material/files/group/2/2003_12_x03.pdf"（最終アクセス：2015年1月19日）。
(30) 全国知事会「都道府県知事と自由民主党幹部との意見交換会概要」2003年10月15日。
(31) 経済財政諮問会議「経済財政運営と構造改革に関する基本方針2004」。

参考文献

池上岳彦 (1996)「カナダのブロック補助金とその改革論―連邦・州間の Established Programs Financing (EPF)―」『経済論集』第60号，89-122頁。
──── (2003)「カナダの財政調整制度―連邦・州間における「課税力調整」型の平衡交付金」『立教経済学研究』，45-73頁。
岩崎美紀子 (2002年，『行政改革と財政再建：カナダはなぜ改革に成功した

のか』，御茶ノ水書房。
――（2008-09）「二院制議会―カナダの上院」『地方自治』，733号・734号・735号，11-26・23-36・17-35頁。
岡田健太郎（2006）「カナダ政党システムの変容」『国家学会雑誌』，第119巻1・2号，48-114頁。
梶原晶（2012）「知事の選択としての三位一体改革―全国知事会における補助金削減案議決過程の計量分析」『年報政治学』2012-Ⅱ号，375-397頁。
――（2014）「国会議員の政策選好としての地方分権改革」『選挙研究』第30巻第2号，91-104頁。
加藤普章（2002）『カナダ連邦政治―多様性と統一への模索』，東京大学出版会。
上川龍之進（2010）『小泉改革の政治学―小泉純一郎は本当に「強い首相」だったのか』，東洋経済新報社。
北村亘（2005）「三位一体改革の政治過程」『甲南法学』，第45巻3・4号，341-397頁。
――（2006）「三位一体改革による中央地方関係の変容―3すくみの対立，2段階の進展，1つの帰結」東京大学社会科学研究所（編）『「失われた10年」を超えてⅡ―小泉改革の時代』，東京大学出版会，219-249頁。
――（2007）「三位一体改革と全国知事会」『法学雑誌』，第54巻2号，913-964頁。
――（2009）『地方財政の行政学的分析』，有斐閣。
木寺元（2007）「機関委任事務の『廃止』と地方六団体」『公共政策研究』，第7号，117-131頁。
――（2012）『地方分権改革の政治学―制度・アイディア・官僚制』，有斐閣。
城戸英樹（2009）「行政改革としての地方分権―世論の変化と政党の行動（一）・（二完）」『法学論叢』，第165巻1号・5号，81-98頁・106-129頁。
――（2011）「政府間関係における影響力ルート―日加両国における行政ルートと政治ルート」『奈良県立大学研究季報』，第23巻第1号，25-56頁。
斉藤淳（2010）『自民党長期政権の政治経済学―利益誘導政治の自己矛盾』，勁草書房。
佐藤誠三郎・松崎哲久（1986）『自民党政権』，中央公論社。
神野直彦（編著）（2006）『三位一体改革と地方税財政』，学陽書房。
砂原庸介（2007）「中央政府の財政再建と地方分権改革―地方分権改革推進会議の経験から何を学ぶことができるか」『公共政策研究』，第7号，132-144頁。
曽我謙悟（2002a）「地方分権改革の政治過程」『社会科学研究』，第53巻2・3合併号，79-106頁。

―――（2002b）「行政再編―自民党と地方分権改革」樋渡展洋，三浦まり編『流動期の日本政治』，東京大学出版会，177－196頁。

建林正彦（編著）（2013）『政党組織の政治学』，東洋経済新報社。

谷本有美子（2008）「国による『上から』の自治体統制の持続と変容―国庫補助負担金制度改革と自治体統制」森田朗・田口一博・金井利之編『分権改革の動態』，東京大学出版会，105－135頁。

辻陽（2009）「政界再編と地方議会会派―「系列」は生きているのか」，『選挙研究』，第24巻1号，16－31頁。

南京兌・李敏撰（2007）「韓国地方分権の政治分析」『季刊行政管理研究』，第117号，63－81頁。

廣畑淳也（2010）「小泉政権における地方分権改革の政治過程―三位一体改革への地方の関与とその帰結」『政治学論集』，第23巻，39－82頁。

的場敏博（2003）『現代政党システムの変容』，有斐閣。

待鳥聡史（2012）『首相政治の制度分析―現代日本政治の権力基盤形成』，千倉書房。

真渕勝（2001）「地方分権改革と政党」村松岐夫・水口憲人編著『分権―何が変わるのか―』，敬文堂。

村松岐夫（1988）『地方自治』，東京大学出版会。

―――（2010）『政官スクラム型リーダーシップの崩壊』，東洋経済新報社。

読売新聞東京本社世論調査部（2004）『二大政党時代のあけぼの：平成の政治と選挙』，木鐸社。

Bakvis, Herman, and Grace Skogstad. (2008) "Canadian Federalism: Performance, Effectiveness, and Legitimacy." In Herman Bakvis and Grace Skogstad. Eds. *Canadian Federalism: Performance, Effectiveness, and Legitimacy 2nd Edition*, Don Mills, ON: Oxford University Press.

Bonvecchi, Alejandro, and Germán Lodola. (2010) "The Dual Logic of Intergovernmental Transfers: Presidents, Governors, and the Politics of Coalition-Building in Argentina," *Publis, The Journal of Federalism*, Vol. 41, No. 2, pp. 179-206.

Brock, Kathy. (2003) "Executive Federalism: Beggar Thy Neighbour?" In Francois Rocher and Miriam Smith. Eds. *New Trends in Canadian Federalism 2nd Edition*, Peterborough, ON: Broadview Press.

Carty, R. Kenneth, and William Cross. (2010) "Political Parties and the Practice of Brokerage Politics." In John C. Courtney and David E. Smith. Eds. *The Oxford Handbook of Canadian Politics*. New York: Oxford University Press.

Chhibber, Pradeep K., and Ken Kollman. (2004) *The Formation of National Party Systems: Federalism and Party Competition in Canada, Great Britain, India, and the United States*. Princeton, NJ: Princeton University Press.

Cohn, Daniel. (1996) "The Canada Health and Social Transfer: Transferring Resources or Moral Authority between Levels of Government?" In Patrick C. Faford and Douglas M. Brown. Eds. *Canada: The State of the Federation 1996*. Kingston, ON: Institute of Intergovernmental Relations.

Eaton, Kent. (2004) *Politics beyond the Capital: The Design of Subnational Institutions in South America*. Stanford, CA: Stanford University Press.

Gagnon, Alain-G., and A. Brian Tanguay. Eds. (2007) *Canadian Parties in Transition, 3rd edition*. Peterborough, ON: Broadview Press.

Harder, Lois, and Steve Patten. Eds. (2006) *The Chretien Legacy: Politics and Public Policy in Canada*. Montreal, QC; Kingston, ON: McGill-Queen's University Press.

Joyal, Serge. Ed. (2003) *Protecting Canadian Democracy: The Senate You Never Knew*. Montreal, QC; Kingston, ON: McGill-Queens University Press.

Johnston, Richard, and Fred Culter. (2009) "Canada: The Puzzle of Local Three-Party Competition." In Bernard Grofman, André Blais and Shaun Bowler. Eds. *Duverger's Law of Plurality Voting: The Logic of Party Competition in Canada, India, the United Kingdom and the United States*. New York: Springer.

Kam, Christopher J. (2009) *Party Discipline and Parliamentary Politics*. New York: Cambridge University Press.

Kunz, F. A. (1967) *The Modern Senate of Canada 1925-1963: A Re-Appraisal*. Toronto: University of Toronto Press.

Meekison, J. Peter, Hamish Telford, and Harvey Lazar. Eds. (2002) *Reconsidering the Institutions of Canadian Federalism*. Montreal, QC; Kingston, ON: McGill-Queen's University Press.

Papillon, Martin, and Richard Simeon. (2002) "The Weakest Link? First Ministers' Conferences in Canadian Intergovernmental Relations." In J. Peter Meekison, Hamish Telford, and Harvey Lazar. Eds. *Reconsidering the Institutions of Canadian Federalism*. Montreal, QC; Kingston, ON: McGill-Queen's University Press.

Phillips, Susan D. (1995) "The Canada Health and Social Transfer: Fiscal Federalism in Search of a Vision." In Douglas M. Brown and Jonathan W. Rose Eds., *Canada: The State of the Federation 1995*. Kingston, ON: Institute of Intergovernmental Relations.

Savoie, Donald J. (1999) *Governing from the Centre: The Concentration of Power in Canadian Politics*. Toronto: University of Toronto Press.

Simeon, Richard. (2006) *Federal-Provincial Diplomacy: The Making of Recent Pol-*

icy in Canada, Reprinted. Toronto; Buffalo; London: University of Toronto Press.

Smith, David E. (2003) *The Canadian Senate in Bicameral Perspective*. Montreal, QC and Kingston, ON: McGill-Queens University Press.

Stewart, David K., and R. Kenneth Carty. (2008) "Many Political Worlds? Provincial Parties and Party Systems." In Christopher Dunn Ed. *Provinces: Canadian Provincial Politics 2nd Edition*. Toronto: University of Toronto Press.

Tzembelicos, Andrew C. (1995) "Chronology of Events July 1994 - June 1995." In Douglas M. Brown and Jonathan W. Rose Eds., *Canada: The State of the Federation 1995*. Kingston ON: Institute of Intergovernmental Relations: pp. 221-252.

——. (1996) "Chronology of Events July 1995 - June 1996." In Douglas M. Brown and Jonathan W. Rose Eds., *Canada: The State of the Federation 1996*. Kingston ON: Institute of Intergovernmental Relations: pp. 249-276.

Watts, Ronald L. (2008) *Comparing Federal Systems 3rd Edition*. Montreal, QC; Kingston, ON: McGill-Queen's University Press.

【参考資料】
＜新聞＞
朝日新聞。
共同通信社。
読売新聞。

<Newspaper>
The Gazette (Montreal).
The Globe & Mail.
The Ottawa Citizen.
The Toronto Star.
The Vancouver Sun.

地方議会選挙の得票分析

―― 議員行動と選挙とのつながり ――

築山宏樹 *

1. はじめに

　本稿は，日本の地方議会選挙を対象として，議員行動と議員の得票との関連を実証的に明らかにすることを目的としたものである。特に，日本の地方議員が政策的影響力を行使するための主要な手段となる二種類の議員行動――すなわち，首長選挙を通じた首長との支持関係の形成と，議会内での議案提出行動――に着目し，その選挙的帰結を検証していく。

　現代の代議制民主主義において選挙は，市民が，投票を通じて公職者を交替させることを可能とする役割を担っている（Riker 1982）。望まない公職者を落選させることができる市民の能力――説明責任（accountability）――は，市民と政策決定者とのつながりを究極的に担保するものであり，政策決定者の行動を市民が統制するための根源的な手段となる（Powell 2000, ch. 3）。こうした規範的要請の下で，立法活動から選挙区活動に至る広範な議員行動と選挙とのつながりに関して，政治学でも古くから大きな研究関心が寄せられてきた（e.g. Fenno 1978; Mayhew 2004）。

　再選を議員の最大の目標と仮定すれば，再選に結びつきにくい議員行動は議員にとって優先度の低いものとなり，結果として，そのような活動が減退する可能性が考えられる。その意味で，特定の議員行動の選挙的帰結を明らかにすることは，その種の議員行動を市民が統制する方法に示唆を与え，また，議員行動の再選に対する有効性を規定しているはずの制度の影響についての議論を可能にするなどの意義を持つものでもある。

　＊　慶應義塾大学大学院法学研究科後期博士課程・日本学術振興会特別研究員（DC）　政治過程論

この点，日本の地方政府のように，首長に強大な立法権力を認める二元代表制を採用しており（砂原 2011；曽我・待鳥 2007；辻 2002），議会の立法権力に制約のある制度環境では，議員の議会内での立法活動が得票に与える影響は希薄かもしれず，むしろ，首長の議題設定に対して影響力を行使するための執政府・議会関係の形成が，議員の集票戦略にとって実質的な意味を持つかもしれない。既存の地方政治研究では，地方議員の集票戦略の効果をマクロデータから検証するような包括的検討が十分に行われておらず，日本の地方議員の行動を選挙誘因の観点から把握しようとする本稿の試みは重要な実証的知見を提供するものと思われる。

　本稿は，以上のような問題設定に対して，1975年から2007年までの47都道府県議会議員選挙の選挙結果と，都道府県議会内の任期中の政党行動を組み合わせたパネルデータに基づき，日本の地方議員の立法活動が選挙的帰結にいかなる影響を及ぼすのかを実証的に明らかにすることを目指す。また，その実証分析にあたっては，パネルデータのデータ構造を利用したArellano-Bond推定量を用いることで，議員行動が選挙結果に与える因果効果を推定する際に障害となる内生性（endogeneity）の問題に対処することも試みている。これらの実証分析の結果からは，議会内での政策条例の提案・成立が提案主体である政党の得票に与える影響は希薄である一方，首長選挙を通じて首長との支持関係を形成することは，一定の政党の得票を統計的に有意に押し上げることがわかった。

　本稿は，以下のような構成により議論を進める。第二節では，議員行動の選挙的帰結に関する既存研究を整理した上で，日本の地方議員が政策的影響力を行使する際に主要な手段となる二種類の議員行動が選挙での得票を増加させるとする本稿の仮説を導出する。また，その他の要因として，首長と議会の選挙サイクルの影響も検討する。第三節では，それらの仮説を検証するためのデータと，その方法論上の問題について議論し，本稿で利用する推定方法を紹介する。第四節では，データの記述統計と推定結果について考察を加え，最後に，第五節では，本稿の結論と意義，並びに，残された課題について述べることとする。

2. 仮説

2－1. 議員行動と選挙的帰結

本節では，議員行動の選挙的帰結に関する既存研究を整理した後，本稿が検証する仮説を導出する。前述の通り，公職者の市民的統制を巡る規範的な問題意識の下で，議員行動とその選挙とのつながりに関して，多くの実証研究が著されてきた歴史がある[1]。たとえば，アメリカ連邦議会研究では，選挙運動支出 (e.g. Jacobson 1978)，選挙区活動 (e.g. Cain et al. 1987)，宣伝 (e.g. Cover and Brumberg 1982)，利益誘導による功績誇示 (e.g. Sellers 1997)，点呼投票を通じた立場表明 (e.g. Bovitz and Carson 2006) といった広範な議員活動について，議員個人の得票に与える影響が議論されている。

この点，日本政治の分野でも，国政レベルにおいては，議員行動や政党行動とその選挙的帰結を巡る実証研究が蓄積されており，選挙運動支出や政治資金支出（Cox and Thies 2000; 今井 2011；川人 1999；2002），選挙区に対する補助金配分（小林 1997；斉藤 2010），公共投資による利益誘導（斉藤 2010），議員個人の選挙区活動（濱本・根元 2011），候補者個人の政策位置（谷口 2005），政党の政権公約の提示（大村 2012），選挙と国会での議員行動の一貫性（小林・岡田・鷲田・金 2014）などの，議員や政党の得票との関連が明らかにされている。

それでは，このような議員行動と選挙とのつながりは，日本の地方政治においてどのような含意を持っているのだろうか。まず，国政レベルでの観察に比べて，地方政治レベルでは，行政単位や選挙区単位の得票データを用いた選挙研究が限定的であることは指摘されるべきであるが[2]，例外も存在する。たとえば，市区町村レベルのデータから，衆議院総選挙での得票の増加が，有権者の戦略投票によって，次回の統一地方選挙での得票の低下を導くことや（名取 2008），地方議員の意識調査と選挙結果を組み合わせたデータから，選挙区定数ごとに異なる政治活動が議員の選挙結果に影響を与えること（西澤 2012）などが明らかにされている。また，政党別議席率や有効政党数のように，選挙後の議会構成を分析対象とした研究も考慮した場合，執政府・議会関係や選挙制度が，議会内の政党システムの分極化や首長与党の勢力伸張の要因になっていることなどが確認されてい

る（曽我 2011；砂原 2010a）。

ただし，このような既存の地方政治研究には，大きく三つの研究課題を指摘することが可能である。第一に，意識調査から議員の政治活動や選挙運動のパターンを把握・抽出し，その選挙的帰結との関連を分析した先駆的な研究はあるものの，実際の議員行動——たとえば，地方議会内での議案提出行動などの立法活動——が，議員の得票に与える効果を分析した体系的な実証研究は行われていない。第二に，首長に対する支持関係の形成にせよ，議員の政治活動・選挙運動・選挙支援にせよ，再選誘因に動機づけられた議員行動は，観測できない議員の能力と相関する可能性があるか，または，次回選挙に対する予期によって戦略的に操作されるものであるが，その種の内生性を考慮した実証分析の方法は取られていない[3]。第三に，資料上の制約の問題から，必ずしも地域ごとの観測できない個体効果を統制するような長期に渡るデータの分析にはなっていない。

そこで，以上の研究課題に対して，本稿では，1975年から2007年までの47都道府県議会議員選挙に関するパネルデータを構築した上で，議員や政党の現実の行動が選挙結果に与える影響を，内生性にも配慮した推定方法により推定することを試みる。特に，本稿では，地方議員の立法活動に着目し，地方政府の政策的帰結に影響を及ぼす際に主要な手段になると考えられる二種類の議員行動の選挙的帰結を検証する。

2－2．地方議員の再選戦略と政策的影響力

それでは，具体的に，日本の地方議員は，自己の再選目標を満たすために，議会内でいかなる議員行動を選択することができるのか。日本の地方政府の制度的特徴を比較政治学の枠組みに定位した上で，日本の地方議員の議会内における再選戦略を仮説づけていく。

まず，日本の地方政府の執政制度の特徴の一つとして，首長に相対的に強大な立法権力が付与されている点があげられる（曽我・待鳥 2007；砂原 2011；辻 2002）。たとえば，このことを大統領制の制度デザインを大統領権力の観点から評価した Shugart and Carey (1992, ch. 8) の試みを参考に確認することができる[4]。

Shugart and Carey (1992, ch. 8) は，大統領の立法権力として，包括的拒否権，部分的拒否権，行政命令権，法案の排他的提案権，予算権限，国民投

票発議権をあげて，それぞれの項目で諸外国の大統領に認められる立法権力には相当程度のバリエーションがあることを確認している。この点，日本の地方自治法は，首長に対して，議会の議決に対する包括的拒否権である再議権（地方自治法第176条）[5]，行政命令権に類推される議会の議決事項に関する専決処分権（地方自治法第179条）[6]，排他的な予算提案権（地方自治法第112条但書）や，議会による予算の増額修正の制限（地方自治法第97条第2項）などの予算権限を認めている[7]。このような権限は，諸外国の大統領制と比較しても，強大な立法権力を構成している(Shugart and Carey 1992, pp. 148-152)。ただし，議案の議決権は議会が独占しているため，議会は首長提案に対して影響力を及ぼすことが可能であり，加えて，予算を除く議案提案権も有していることから，議会単独の条例提案も行える（曽我・待鳥 2007，pp. 47-48）。

以上のような執政制度の制度的特徴を前提として，地方議員の議会内における再選戦略を考えてみよう。第一に，従来から指摘されてきたように，首長に強力な議題設定権を認める日本の地方政府の執政制度は，概して，地方議員に首長権力への従属を促す誘因を与えており，いわゆる「相乗り」の制度的要因となっている（依田 1995）。特に，予算調製権が首長に専属し，議会による予算の増額修正に制限が存在するという首長の予算権限の影響が大きく，首長が提案を望まない政策を実現するためには，首長との支持関係を形成して，事前審査過程を通じて首長提案に自己の政策選好を反映することが，地方議員にとって合理的となる（名取 2009）。

実際，日本の地方議員は，首長選挙での支持関係において，首長与党となることで，首長の予算編成や条例提案などに対して，一定程度の政策的影響力を及ぼすことが可能であるといわれる[8]。両者の支持関係は，円滑な議会運営を期し首長選挙での選挙協力を得るなどの首長の目標にも合致しており，現実に，議会の予算要望に対する応答性は，与党議席率が高い首長で明確な傾向がある（河村 1998；2001）。与党議員は，そうした首長提案への関与を通じて，支持者に配分するための資源を確保することで，再選目標を満たすことが可能になると考えられる。また，行政部局に選挙民の陳情を伝達して，日常的に便宜を求めるなど，自己の選挙民に対して広範な利益供与を行うことも可能かもしれない。このような議員行動は，議員の功績の誇示に結びつくものである。ゆえに，以上のことから，首長

選挙での首長への推薦・支持の付与が，地方議員の得票を押し上げる第一の再選戦略になると予期されるのである。

なお，ここでの整理にも確認される通り，相乗り現象に関する既存研究では，その形成メカニズム（e.g. 名取 2009；依田 1995）や，政策的帰結に与える影響（e.g. 河村 1998；2001）9が研究対象の中心となっており，その選挙的帰結については，実証研究が些少であった10。そこで，本稿では，上記の理論的予期から，次の検証可能な仮説を導出し，首長との支持関係が，地方議員の選挙結果に与える影響を検証することを試みる。

　　仮説1　議会任期中に，首長との間に支持関係を形成していた場合には，議会選挙における政党別得票率が増加する。

他方で，第二に，議案提出権などの議会独自の立法機能を利用した再選戦略の存在が考えられる。前述のように，地方議会の議案提出権には首長の予算権限との関係で制約がある。また，地方議会の政策立案を補佐する組織体制も必ずしも充実したものになっていないなどの問題も指摘されている（野村 1993, p. 191）。ただし，議会に議決事件について議案提出権が存していることは重要であり（地方自治法第112条第1項），加えて，2000年の地方分権一括法施行後には，議員発議による政策条例の提案や成立が増加している事実も特筆される（中谷 2009）。現実に成立する政策条例の数は限られているが，戦後の都道府県議会には議員発議による政策条例がしばしば提出されてきたのである（築山 2015）。

従来の議会研究でも示されてきた通り，議会内での立法活動——議案提出権（e.g. Loewen et al. 2014）や，議案に対する点呼投票（e.g. Bovitz and Carson 2006; Canes-Wrone et al. 2002）——は，議員の功績の誇示や立場表明の機会となることで，議員の選挙結果にも影響を及ぼすものである。日本の地方議会においても，議員提案条例が成立し，それが地域の政策的帰結に一定の影響力を持つならば，議員の功績の誇示と結びつく可能性がある。また，たとえそれが成立しなかったとしても，議案提出行動を通じて選挙区の支持者に対して立場表明を行うことが可能であろう。ここから，地方議員の議案提出行動が，第二の再選戦略になると予期されるのである。

ただし，繰り返すように，日本の地方政府は排他的な予算調製権を首長

に帰属させている。仮説1の通り，首長選挙での支持関係に基づき，事前審査過程を通じて自己の要望を首長提案に反映することができるのであれば，そもそも議員提案を行う必要性は希薄であろう（野村 1993）。また，地方議員の議案提出権に係る制度的・技術的制約は，地域の政策的帰結に実質的な変化をもたらすような政策立案を困難にすることも考えられる。たとえば，カナダ下院議会で，議案提出権が抽選（lottery）によって議員に無作為に割り当てられるという自然実験を利用した研究（Loewen et al. 2014）では，議案提出権の有無が得票に与える因果効果が，議事運営権を統制する与党議員には見出される一方で，政策的影響力を行使することが相対的に困難な野党議員には見出されないという非対称性を確認している。つまり，実質的な政策的影響力の存在が，議案提出行動の得票効果を規定する可能性が示唆されるのである。

以上を概括すると，通常，選挙民への功績の誇示や立場表明のツールとして，議案提出権は議員の再選戦略にとって重要性を持つと考えられるが，日本の地方議会を取り巻く制度的制約の下では，実質的な政策的影響力に結びつくような政策条例の提案が難しく，得票効果が見出されない可能性もある。こうした留保は，地方議員の議案提出行動と選挙とのつながりを検証することを無為にするものではなく，むしろ，議員行動の得票効果を条件づける制約の存在に示唆を与えるなどの，実証上の意義を持つものである。そこで，本稿では，上記の理論的予期から，次の検証可能な仮説を導出し，地方議員の立法活動が，地方議員の選挙結果に与える影響を検証することを試みる[11]。

　　仮説2　議会任期中に，多くの政策条例を提案し，成立させているほど，議会選挙における政党別得票率が増加する。

2－3．選挙サイクルの影響

最後に，日本の地方議会選挙の選挙結果に影響を及ぼす，その他の重要な要因として，選挙サイクル（electoral cycle）の影響を議論する。本稿は，日本の地方議員の議員行動に着目し，その選挙的帰結を明らかにすることを目的としたものである。しかし，日本の地方政府の執政制度である二元代表制の制度的帰結からは，議会選挙の結果が首長選挙との同時性にも影

響を受けることが考えられる。具体的には，大統領制研究で指摘されるように，執政府の長と議会が別個の選挙から選出される大統領制下では，大統領選挙に関する状況が議会選挙での投票基準として利用されることで，両者の選挙サイクルが同期するほど，大統領の政党の得票が増加する傾向や政党システムの分極化が抑制される傾向が生じる (e.g. Golder 2006; Shugart 1995)。こうした選挙サイクルの効果は，日本の二元代表制においても敷衍されるものであろう。実際に，地方政治研究においても，知事選挙と議会選挙が同日選挙で執り行われる場合には，保守分裂選挙が生じにくいことや (砂原 2010b)，知事選挙と議会選挙の選挙サイクルが，都道府県議会の有効会派数を規定していること (曽我 2011) などが明らかにされている。

　ただし，本稿では，砂原 (2010a) と同様に，首長選挙における政党の推薦・支持の付与の得票効果を，首長の議題設定権へのアクセスを通じた選挙民への便益供与の観点から捉えることを目的としており，同時選挙におけるコートテール効果 (coattail effect) の識別は主要な関心とはなっていない。また，後述するように，本稿で使用する推定方法では，個体ごとの固定効果を除去するために，選挙サイクルのように都道府県内で変動が生じにくい要因に関する推定が難しいという側面もある。そこで，本稿では，選挙サイクルの効果は，同時選挙の有無を統制することで，限定的に対処することとした。なお，上記の研究目的を踏まえて，同時選挙の場合には，過去の選挙時における首長への推薦・支持の付与の有無を把握していることを注記しておく[12]。

3. データと方法

3-1. データ

　以上の仮説を検証するため，本稿では，1975年の統一地方選挙から2007年の統一地方選挙までの47都道府県議会議員選挙に関するパネルデータを構築した。統一地方選挙と別日程で選挙が執り行われる，茨城県，東京都，沖縄県の三都県については，各々1974年，1973年，1976年から，2006年，2005年，2004年までのデータを採用している。観測数は47都道府県議会議員選挙9回分 (沖縄県議会議員選挙は8回分) の422である[13]。この期間中

に存続した自民党，公明党，社会（社民）党，共産党の4つの国政政党が分析対象となる。

まず，推定対象となる従属変数については，各政党の都道府県議会議員選挙における政党別絶対得票率を，『日本統計年鑑』の「地方選挙結果調」をもとにデータ化している。

また，仮説に関わる独立変数については，第一に，議会任期中に各政党が知事との支持関係を形成していたのかを，『全国首長名簿』をもとに直近の知事選挙において各政党が知事に推薦・支持を与えていたか否かのダミー変数によって把握している[14]。第二に，議会任期中に各政党（会派）が提出に関わった政策条例案数と，そのうち，原案可決・修正議決により現に成立した政策条例数を『都道府県議会提要』の「議員提出議案に関する調」をもとにデータ化している。政策条例については委員会，選挙区定数，議員報酬，情報公開，政治倫理などの議会運営に関わる条例を除いた条例を対象として（築山 2015, p. 192），全議員による提出や委員会による提出

表1　記述統計

変数名	観測数	平均	標準偏差	最小値	最大値
政党別得票率（自民党）	422	0.431	0.120	0.027	0.703
政党別得票率（公明党）	422	0.055	0.036	0	0.211
政党別得票率（社会・社民党）	422	0.105	0.072	0	0.285
政党別得票率（共産党）	422	0.068	0.045	0.012	0.282
自民党推薦・支持ダミー	422	0.815	0.389	0	1
公明党推薦・支持ダミー	422	0.581	0.494	0	1
社会・社民党推薦・支持ダミー	422	0.419	0.494	0	1
共産党推薦・支持ダミー	422	0.071	0.257	0	1
政策条例提案数（自民党）	422	0.142	0.612	0	8
政策条例提案数（公明党）	422	0.204	1.549	0	30
政策条例提案数（社会・社民党）	422	0.263	1.619	0	30
政策条例提案数（共産党）	422	0.220	1.093	0	18
政策条例成立数（自民党）	422	0.126	0.517	0	5
政策条例成立数（公明党）	422	0.066	0.324	0	3
政策条例成立数（社会・社民党）	422	0.036	0.251	0	4
政策条例成立数（共産党）	422	0.026	0.199	0	3
同時選挙ダミー	422	0.254	0.436	0	1
選挙区定数（平均）	422	2.521	0.520	1.567	4
立候補者数／定数	422	1.520	0.202	1.067	2.300
投票率	422	0.665	0.114	0.402	0.906
DID人口比率	422	0.469	0.186	0.214	0.980
65歳以上人口比率	422	0.137	0.049	0.047	0.271

など提出会派が区別されないものは各政党の実績から除外した。

その他，統制変数として，まず，選挙サイクルを統制するために，当該選挙が知事選挙との同時選挙か否かのダミー変数を用意している。次に，選挙環境を統制するために，都道府県内の選挙区定数の平均を『都道府県議会提要』をもとにデータ化し，また，投票率および立候補者数を議員定数で除した比率を『日本統計年鑑』をもとにデータ化している。加えて，社会経済的環境を統制するために，人口集中地区人口（DID）比率と，65歳以上人口比率を『国勢調査』をもとにデータ化している。

以上の変数の記述統計は，表1に示す通りである。このうち，築山（2015）と同様，1989年の徳島県議会において，社会党と公明党によって30件の条例案が共同提出された事例は，1件（セット）の議案として扱うこととした。

3-2．推定方法

本稿のように，議員行動の得票効果を推定する際に本質的な問題となるのは，内生性（endogeneity）の存在である。第一に，議員行動が再選に動機づけられているとすれば，議員は将来の選挙に対する予測に基づいて戦略的に議員行動を選択するはずである。たとえば，次回選挙での接戦が予想される場合には，現職議員は選挙運動や選挙区活動などの支持拡大のための議員行動に一層の力点を置くかもしれない。このとき，次回選挙の得票を従属変数とした回帰式の誤差項と議員行動の独立変数との間に相関が生じるため，通常の最小二乗推定量にはバイアスが生じる。結果として，支持拡大のための議員行動を活発化させるほど，次回選挙での得票が減少するなどの直感に反する結果が導かれる可能性が存在する（e.g. 今井 2011；濱本・根元 2011）。また，第二に，議案提出行動などの立法活動が一定の政治的技能（political skill）を必要とするものであるならば，そのような議員個人の技能や能力がそもそも選挙結果と相関する結果として，同様に議員行動の得票効果を推定できなくなってしまう（e.g. Loewen et al. 2014）。他方で，従属変数のラグ項を独立変数として投入する動学パネルデータの構造が，内生性バイアスを引き起こす問題もある（e.g. 北村 2005）。今期の選挙結果が前期の選挙結果と関連する際，従属変数である選挙結果のラグ項を独立変数に投入する場合がこれにあたる。

本稿では，このような従属変数と独立変数との内生性に対処するために，動学パネルデータの一般的な推定方法である Arellano-Bond GMM 推定量を用いた推定を試みる (Arellano and Bond 1991)[15]。Arellano-Bond GMM 推定量は，回帰式の一階階差を取り固定効果を除去した上で，内生変数や先決変数のラグ項や外生変数を操作変数として利用することで内生変数の一致推定を行うものである。推定に際しては，操作変数の数が多くなることによる小標本バイアスを回避する目的で，操作変数として用いる内生変数のラグを二期までと設定する。また，一段階推定と二段階推定の両方の推定結果を比較して，推定結果の頑健性を確認することとした。

4．推定結果

4－1．政党別得票率の時系列推移

モデルの推定へと入る前に，各政党別得票率の時系列推移を，統一地方選挙ごとに整理されたボックスプロットによって確認してみよう[16]。図1は，それぞれ自民党，公明党，社会・社民党，共産党の政党別得票率の推移である。縦軸が得票率，横軸が選挙年を示している。

図1を確認すると，まず，自民党については，全国的に40－50％前後を中央値として，自民党所属議員が高い得票率を占めていることがわかる。このような自民党一党優位は，中央レベルでの政界再編の波を受けて，特に，1999年統一地方選において大きく動揺したが，2003年統一地方選後に復調している。また，公明党得票率や共産党得票率からは，両党の得票率が5％前後を中央値として比較的に安定傾向にあることが確認される。他方で，社会・社民党の退潮傾向は激しい。1995年統一地方選では9.6％あった得票率の中央値は，1999年統一地方選時には1.4％にまで落ち込んでいる。

このように，国政政党の都道府県議会議員選挙での得票率には，時代的なトレンドがあり，都道府県ごとにも水準差が存在する。この点を考慮し，続くパネルデータの推定では，固定効果モデルや一階階差モデルによって各都道府県の切片の異質性を除去しながら，時代ダミーによって全国的な変動を統制していくなどの対応を取っている。

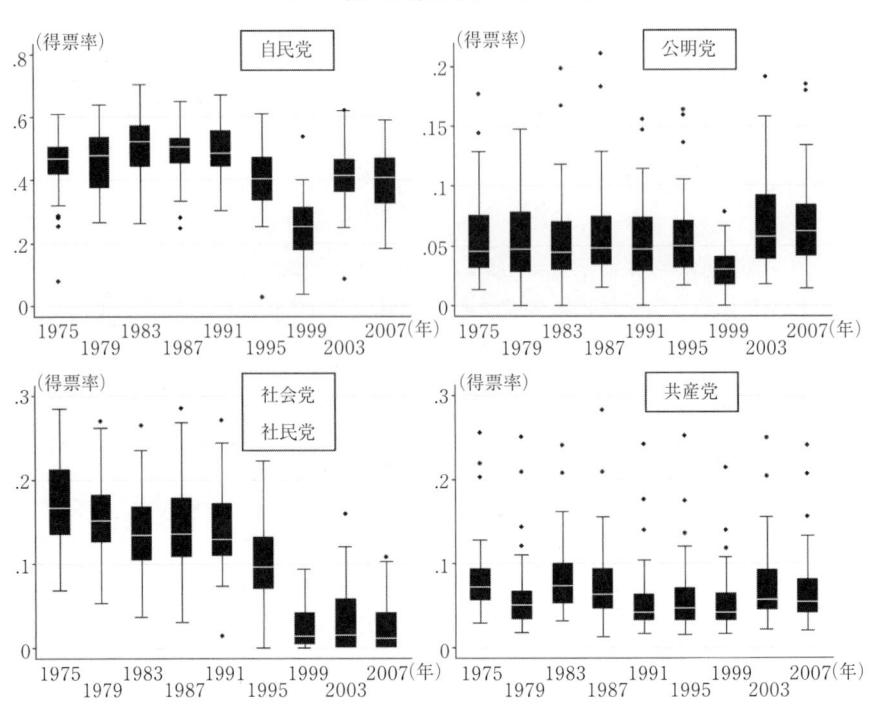

図1 政党別得票率の時系列推移

4-2. 固定効果モデルによる推定

それでは，実際の推定結果を確認しよう。表2は，通常のパネルデータ分析による推定結果であり，独立変数の内生性を考慮しない場合の推計を確認する目的で示した。F検定とHausman検定の結果からは，すべての推定式で固定効果モデルが採択されている。標準誤差は，都道府県ごとにクラスター化したロバスト標準誤差である。なお，実際の推定結果では，政策条例の提案数と成立数を投入したモデルの間で，結論にほとんど相違がなかった。そのため，本稿では，紙幅の制約から，以下では政策条例の提案数の推定結果のみを記載することとした。

表2を確認すると，自民党，公明党，社会・社民党，共産党のすべての得票率に対して，知事に対する推薦・支持関係の存在が統計的に有意な正の影響を持っている。これは仮説1に整合的な結果である。他方で，政策

表2 政党別得票率の規定要因（固定効果推定）

従属変数	1975-2007 政党別得票率 (自民党)		1975-2007 政党別得票率 (公明党)		1975-2007 政党別得票率 (社会・社民党)		1975-2007 政党別得票率 (共産党)	
	Fixed-Effects		Fixed-Effects		Fixed-Effects		Fixed-Effects	
独立変数	Coef	Robust Std.Err	Coef	Robust Std.Err	Coef	Robust Std.Err	Coef	Robust Std.Err
前回政党別得票率	0.2066	0.0440***	0.0217	0.0459	0.4239	0.0724***	0.0858	0.0660
推薦・支持ダミー	0.0173	0.0087†	0.0050	0.0024*	0.0074	0.0024**	0.0082	0.0044†
政策条例提案数	−0.0105	0.0039*	0.0014	0.0011	0.0039	0.0032	0.0002	0.0005
同時選挙ダミー	0.0018	0.0150	0.0027	0.0047	0.0032	0.0066	0.0014	0.0033
選挙区定数（平均）	−0.0809	0.0233**	0.0031	0.0075	0.0000	0.0124	0.0159	0.0070*
立候補者数／定数	−0.0357	0.0268	−0.0399	0.0132**	−0.0192	0.0105†	0.0166	0.0101
投票率	−0.3524	0.1168**	−0.0559	0.0438	−0.0145	0.0451	−0.1265	0.0432**
DID 人口比率	−0.3790	0.1856*	0.0151	0.0341	−0.0247	0.0844	0.0348	0.0558
65歳以上人口比率	0.0791	0.4589	0.2556	0.1008*	−0.4391	0.2468†	0.0526	0.1357
定数項	1.0161	0.1577***	0.1333	0.0401**	0.1845	0.0588**	0.0853	0.0502†
年度ダミー	YES		YES		YES		YES	
R-sq: overall	0.4721		0.1329		0.8117		0.5311	
Number of obs	422		422		422		422	
F test that all u_i=0:	F(46,358)=3.11***		F(46,358)=6.31***		F(46,358)=2.35***		F(46,358)=6.34***	
Hausman specification test:	chi2(17)=170.55***		chi2(17)=527.07***		chi2(17)=120.53***		chi2(17)=347.15***	

（1）***：$p<0.001$，**：$p<0.01$，*：$p<0.05$，†：$p<0.1$　（2）Robust Std.Err. adjusted for clustering on 47 prefectures

　条例の提案数や成立数は，政党別得票率と統計的に有意な関連を持たないだけでなく，自民党の政党別得票率に対しては統計的に有意な負の影響を示している。これは，自民党が政策条例の提案や成立に関わるほど，次回選挙での得票率が低下するというもので，直感に反する推定結果である。おそらくは，次回選挙での苦戦を予期するほど，政策条例の議案提出行動に積極的になるといった内生性バイアスの存在が考えられる。そこで，次には，政党の推薦・支持行動や議案提出行動を内生変数として扱った動学パネルモデルによる推定結果を確認していく。

　なお，その他の統制変数については，本稿が理論的関心を持つものではないが，選挙区定数が大きくなるほど，自民党の得票率が低下し，共産党の得票率が増加すること，DID 人口比率の上昇による都市化が，自民党の得票率を低下させることなどは，既存研究とも整合的な結果である（曽我2011）。他方で，選挙サイクルの観点では，同時選挙であるかどうかは，単独では政党別得票率に統計的に有意な影響を及ぼしていない。

4－3．動学パネルモデルによる推定

前述のように，再選誘因に動機づけられた議員行動は選挙的帰結と内生的な関係にあると考えられる。そこで，知事に対する政党の推薦・支持，政党による政策条例の提案・成立を内生変数として扱って，対処を試みたものが，表3，表4のArellano-Bond GMM推定量による推定結果である。ここでは，政党別得票率の一期ラグ項，推薦・支持ダミー，政策条例提案・成立数だけでなく，選挙区割りの変更や立候補者の擁立行動も政党により内生的に選択される可能性に鑑みて，これらも内生変数として扱っている。なお，同時選挙ダミー，投票率，DID人口比率，65歳以上人口比率は外生変数とされる。

表3が一段階推定による結果，表4が二段階推定による結果であるが，ほぼすべてのモデルで誤差項の二次の系列相関の存在が棄却されており，Arellano-Bond GMM推定量の重要な仮定が満たされていることがわかる。ただし，過剰識別制約に関するSargan検定の結果からは，表3の一段階推

表3 政党別得票率の規定要因（Arellano-Bond GMM 一段階推定）

従属変数	1975－2007 政党別得票率（自民党）		1975－2007 政党別得票率（公明党）		1975－2007 政党別得票率（社会・社民党）		1975－2007 政党別得票率（共産党）	
	Arellano-Bond GMM (One-step results)		Arellano-Bond GMM (One-step results)		Arellano-Bond GMM (One-step results)		Arellano-Bond GMM (One-step results)	
独立変数	Coef	Robust Std.Err	Coef	Robust Std.Err	Coef	Robust Std.Err	Coef	Robust Std.Err
前回政党別得票率	0.1801	0.1197	－0.2126	0.0905*	0.3679	0.1253**	－0.2417	0.0711**
推薦・支持ダミー	0.0101	0.0242	0.0175	0.0067**	0.0141	0.0069*	0.0248	0.0081**
政策条例提案数	0.0004	0.0129	－0.0019	0.0029	0.0049	0.0040	0.0034	0.0035
同時選挙ダミー	－0.0104	0.0175	0.0063	0.0076	0.0091	0.0099	0.0022	0.0056
選挙区定数（平均）	－0.0294	0.0956	0.0257	0.0178	0.0090	0.0506	0.0278	0.0220
立候補者数／定数	－0.0197	0.1096	－0.0863	0.0467†	0.0106	0.0272	0.0709	0.0264**
投票率	－0.4825	0.1618**	0.0103	0.0896	－0.0666	0.0713	－0.2302	0.0621***
DID人口比率	－0.2918	0.3402	0.0397	0.0803	－0.1182	0.1454	0.0190	0.0975
65歳以上人口比率	0.2875	0.7930	0.5240	0.2493*	－1.0051	0.5612†	0.3789	0.3951
定数項	0.9285	0.3957*	0.0836	0.0879	0.2364	0.1673	0.0348	0.0795
年度ダミー	YES		YES		YES		YES	
Number of instruments	48		50		49		50	
Number of obs	375		375		375		375	
AR (1) test:	－4.1618***		－2.3362*		－4.6662***		－3.0485**	
AR (2) test:	0.4504		－1.6940†		0.7228		－1.2922	
Sargan test:	chi2(30)＝31.95434		chi2(32)＝139.1951***		chi2(31)＝82.46548***		chi2(32)＝93.61105***	

（1）***：p<0.001，**：p<0.01，*：p<0.05，†：p<0.1　（2）Robust Std.Err. adjusted for clustering on 47 prefectures

表4 政党別得票率の規定要因（Arellano-Bond GMM 二段階推定）

従属変数	1975-2007 政党別得票率（自民党） Arellano-Bond GMM (Two-step results)		1975-2007 政党別得票率（公明党） Arellano-Bond GMM (Two-step results)		1975-2007 政党別得票率（社会・社民党） Arellano-Bond GMM (Two-step results)		1975-2007 政党別得票率（共産党） Arellano-Bond GMM (Two-step results)	
独立変数	Coef	WC-Robust Std.Err	Coef	WC-Robust Std.Err	Coef	WC-Robust Std.Err	Coef	WC-Robust Std.Err
前回政党別得票率	0.2131	1.6434	−0.2217	0.1261†	0.3220	0.9460*	−0.2379	0.1205*
推薦・支持ダミー	0.0162	0.1682	0.0127	0.0065†	0.0135	0.1070	0.0289	0.0097**
政策条例提案数	0.0114	0.0191	−0.0009	0.0034	0.0057	0.0410	0.0024	0.0035
同時選挙ダミー	−0.0065	0.1224	0.0070	0.0103	0.0104	0.1114	0.0009	0.0078
選挙区定数（平均）	0.0207	1.1683	0.0119	0.0234	0.0504	1.3719	0.0283	0.0235
立候補者数／定数	−0.0537	0.1134	−0.0735	0.0508	0.0084	0.2332	0.0513	0.0228*
投票率	−0.3849	0.2006†	−0.0164	0.0903	−0.0551	0.2587	−0.1993	0.0597**
DID 人口比率	−0.1876	2.2197	0.0247	0.1200	−0.1337	2.7264	−0.0097	0.1185
65歳以上人口比率	0.2091	11.0429	0.5451	0.8490	−0.9135	11.2617	0.1503	0.5166
定数項	0.7312	2.4612	0.1147	0.1062	0.1308	1.2232	0.0731	0.0854
年度ダミー	YES		YES		YES		YES	
Number of instruments	48		50		49		50	
Number of obs	375		375		375		375	
AR (1) test:	−0.3251		−2.1001*		−0.9066		−1.9266†	
AR (2) test:	0.0812		−0.8220		0.1148		−0.8675	
Sargan test:	chi2(30)=32.3366		chi2(32)=32.23632		chi2(31)=34.59939		chi2(32)=33.6309	

（1）***：p<0.001，**：p<0.01，*：p<0.05，†：p<0.1　（2）WC-Robust Std.Err. adjusted for clustering on 47 prefectures

定を行ったモデルでは，自民党得票率を従属変数とした推定式を除いて操作変数の外生性に疑いがある。一方，二段階推定を行ったモデルでは，すべての推定式で操作変数の外生性が支持されている。これらの点に留意しながら，両者の推定結果を比較検討してみよう。

表3の一段階推定の推定結果からは，政党行動の内生性を考慮した場合にも，公明党，社会・社民党，共産党について，知事との推薦・支持関係の形成が，次回選挙での得票率を統計的に有意に増加させることがわかる。これは，仮説1に整合的な結果である。ただし，表4の二段階推定の推定結果では，そのような推薦・支持関係の形成の得票効果は，公明党，共産党で確認されるのみである[17]。

他方で，政党行動の内生性を考慮した場合には，政策条例を提案・成立させるほど，得票率が低下するといった直感に反する結果は補正される。しかし，政策条例の提案数と成立数のいずれも，得票率とは統計的に有意な関連が確認されない[18]。これは，仮説2に非整合的な結果だが，議会に

おける政策立案の制約を反映したものであるとも考えられよう。

　すなわち，首長に強い議題設定権を認め，議会の立法資源に制約がある日本の地方政府の立法過程においては，行政部局へのアクセスこそが議員の集票戦略に有効であり，政策条例提案などの議会独自の立法活動と選挙とのつながりは現在のところ希薄なのではないか。

　ところで，内生性を考慮した場合には，知事との支持関係の形成が自民党得票率に対して有効な効果を持たなくなることはどのように解釈できるであろうか。推定結果の補正自体は内生性の統制によるものと考えられ，推薦・支持を与えた候補者を当選へと導く政党組織の能力が，議会選挙での得票増加と相関している可能性などが考えられる。その上で，自民党にとって知事との支持関係の形成が，集票戦略として機能していない理由の一つとしては，自民党が多くの都道府県議会において過半数の議席を占めている事実が重要かもしれない。首長に強い議題設定権が認められているとはいえ，議決権は議会に専属しており，議会の望まない議案は成立しえない（曽我・待鳥 2007, pp. 47-48）。自民党は，議決権を統制する多数党として，常に知事提案に対して一定の政策的影響力を行使できるために，知事との支持関係の有無が議員の得票に対して必ずしも大きな影響を持たないのかもしれない[19]。

　最後に，表3，表4でも，同時選挙と政党別得票率との統計的に有意な関連は確認されなかった。選挙時期の近接性を正確に操作化することや，同時選挙であることの条件付け効果を確認するなど，選挙サイクルの影響についてはさらなる体系的な検証が必要といえよう。

5. 結論

　本稿では，日本の地方議会選挙を対象として，議員行動と選挙とのつながりを実証的に明らかにすることを試みてきた。特に，地方議員が政策的影響力を行使する際に主要な手段となる，首長に対する支持関係の形成と，議会内での議案提出行動に着目し，その選挙での得票効果を検証してきた。47都道府県議会議員選挙に関するパネルデータを利用し，議員行動と選挙的帰結の間の内生性を考慮した推定結果からは，知事選挙を通じた知事との支持関係の形成が一定の政党の得票を押し上げる効果を持つこと，他方，議会での政策条例の提案や成立は，政党の集票戦略にとって顕著な有効性

を持たないことが明らかになった。これらの集票に対する有効性の相違は，首長と議会の間の非対称な権限配分に起因するものであると理解できる。すなわち，執行機関が政策形成を主導する日本の二元代表制においては，執行機関への良好なアクセスを確保した上で，自己の選挙民の陳情を伝達して便宜を引き出す仲介者として振舞うことが，きわめて有効な再選戦略となるのである。こうした実態を，はじめて実証的に基礎づけたところに本稿の新規性がある。

　他方で，議会独自の立法活動が得票に影響を与えないとする本稿の結論に対しては，いくつかの解釈の可能性がある。第一に，有権者は地方議会の立法活動に対して十分な情報を持ちえず，そもそも議会の活動について無関心かもしれない（c.f. Converse 1964 etc.）。あるいは，第二に，地方議会の立法活動には制度的・技術的制約があるため，地域の有権者を満足させられるほどに実効性のある政策条例の形成が難しいのかもしれない。最後に，それと深く関連することとして，地方議会に提出される政策条例の数はそもそもきわめて些少であり，本来持ちうるはずの得票効果を十全に捕捉できない可能性も考えられる。

　本稿から得られた実証的知見は，既存の地方政治研究に対して，日本の地方議員の行動メカニズムを選挙誘因の観点から理解することを促すものである。議員の第一目標を再選と仮定するならば，再選に有効な議員行動は活発化し，有効でない議員行動は停滞化することが予期される。本稿の議論によれば，日本の地方議員が首長に対して与党化しやすく，議員立法に消極的である理由の一つは，前者が現に地方議員の再選と結びつく一方，後者はそうした目標と結びつきにくいからであると考えられる。地方議員に対して，議員立法の担い手としての役割を期待するのであれば，再選に結びつく程度に実効性のある議員立法を補佐するような制度改革が必要になるといえよう。これが本稿の現実政治に対する含意である。

　最後に，本稿の課題と展望について言及したい。第一に，本稿は政党を単位として，政党行動と政党別得票率の関連を分析したもので，議員個人の行動を捉えたものではない。同一政党の中でも集票に成功する議員と，そうでない議員がいるであろう。議員個人の活動が得票に影響を持ちうる可能性は，個人票（personal vote）が重要な意味を持つ単記非移譲式選挙制度を採用する日本の地方議会において考慮されて然るべき問題である

(e.g. 西澤 2012)。また，それと関連して，第二に，本稿が分析の対象とした議会活動は，政策条例の提案・成立のみだったが，首長提案に対する議決権の行使，意見書や決議などの意見表明権の行使，あるいは，請願・陳情の処理など，地方議員の議会活動にはその他多くの選択肢が存在する。このような議会活動が得票に対して効果を持つことは十分に考えられる。いずれの場合にも，地方議員個人を対象としたミクロデータによる分析が，今後の研究の課題となる。

[謝辞] 本稿は，平成24−27年度科学研究費補助金（特別研究員奨励費：課題番号12J02974）の助成を受けたものである。

（1） アメリカ連邦議会における議員の応答性に関する研究の系譜については，Ansolabehere and Jones (2011) を参照。
（2） たとえば，西澤（2012, p. 34）も，地方選挙における地方議員の得票率を従属変数とした試みの新しさを指摘している。
（3） この種の内生性の問題に対する最も一般的な対処法は，因果効果に関心のある独立変数と強く相関するが，従属変数の誤差項とは相関しない操作変数（instrumental variable）を用いた推定を行うことである。日本政治の分野における既存研究では，今井（2011），川人（1999；2002），濱本・根元（2011）らが同種の推定方法を用いている。
（4） 別の指標化の方法では，辻（2002）が，Shugart and Mainwaring (1997) の大統領制比較の枠組みを用いながら，日本の地方政府の執政制度を評価している。
（5） なお，「条例の制定若しくは改廃又は予算に関する」議決に対する首長の再議に対しては，出席議員の3分の2以上の同意による議会のオーバーライドを認めている（地方自治法第176条第3項）。
（6） "Decree" について，辻（2002, p. 114）は「政令」，曽我・待鳥（2007, p. 36）は「行政命令」と訳出している。ここでは，後者に従った。なお，辻（2002, p. 114）も同様に，専決処分権を行政命令権に類推されるものと位置づけている。専決処分権は，議会を招集する暇がないときや，議会が議決すべき事件を議決しないときなどの要件があるものの，事後的に議会で不承認となった場合にも，当該処分の効力に影響がないなど（井上編 2003, p. 181），首長に優越的な立法権力である。
（7） 正確には，議会は予算を増額して議決する場合に，「長の予算の提出の権限を侵すことができない」（地方自治法第97条第2項）。
（8） たとえば，「長を支持する議員は自己の政策，意見，要望等を議会の内

外で長に伝えれば，可能なものから長が予算化，条例化する」（野村 1993，p. 191）。
（９） または，その両方を分析枠組みに組み入れるものとして，河村（2008）の包括的な研究が知られている。
（10） 例外的に，砂原（2010a）では，地方分権改革によって都道府県知事の行政裁量が拡大した2000年代以降における知事と議員の「新たな『票』と『利益』の交換関係」（砂原 2010a, p. 123）に着目して，自民系知事が在任する議会では，統計的に有意に自民党議席率が高いことを観察する。ただし，それらは政党議席率や有効政党数を用いた「一次的な接近」（砂原 2010a, p. 123）であり，直接的な議員の得票に対する効果を検証したものではない。なお，この点，名取（2008）では，政党勢力の伯仲を望む住民の戦略投票の観点から，自民党推薦知事が在任している都道府県議会では，自民党候補者の得票が減少するという仮説を立て，実際にはそれとは反対の推定結果が得られることを示している。この推定結果は，本稿の仮説を支持するものであるが，自民党以外の政党や，2003年・2007年統一地方選以外の選挙への一般化に興味が持たれる。
（11） なお，本稿では，議員発議による政策条例の提案と成立を取り上げているが，地方議員の立法活動はもちろんそれに尽きるものではない。たとえば，議会に提出される議員提出議案の多くは，意見書や決議などの意見表明権の行使に占められている。また，請願・陳情の処理も，議会活動の重要な構成要素であろう。加えて，馬渡（2010, 第４章）が包括的に検証するように，首長提案に対する議会の否決・修正議決は，インフラ関連の費目の増額や，公共料金の値上げ幅の引き下げなど，選挙民に対する功績の誇示と強く関連する「再選直結型」（馬渡 2010, pp. 177-178）に類するものも多い。このような議決権の行使は，地方議員の選挙的帰結に影響を及ぼすものと考えられるであろう。ただし，本稿のように長期に渡る分析期間の中で，意見書案・決議案，請願・陳情，首長提案に対する議決結果を，政党単位で捕捉することはやや困難である。結論でも述べるが，これらの議会活動の選挙的帰結は，今後の研究課題である。
（12） さらに，同時選挙の場合にも，(1)現職知事が立候補しない，(2)現職知事が立候補したものの，政党の推薦・支持関係に変化が生じた，などの複数の事例分けが考えられる。この点についても，同時選挙と非同時選挙とを包含したデータに基づき実証分析を行う上で，本稿では十分に識別ができていないことに限界がある。
（13） このような分析対象期間を設定した理由は，本稿が依拠した全国都道府県議会議長会事務局による「議員提出条例に関する調」の一覧が，1972年から利用できるという資料上の制約による。この点，一期となるデータ

の大半（1975年統一地方選挙・1974年茨城県議会議員選挙・1973年東京都議会議員選挙）では，任期中のすべての議員提出条例を把握していないというデータ上の問題がある。ただし，これらのデータを除外しても基本的な結論を変更するものではないことを確認した上で，小標本バイアスを軽減する目的から，本稿では，全標本による推定結果を用いて議論を行うこととした。

(14) 前述のように，同時選挙の場合には，過去の選挙時の推薦・支持関係のデータが用いられている。『全国首長名簿』の資料については，砂原庸介氏が公開しているデータセットをもとに加工利用している。この場を借りて御礼を申し上げたい。データセットは，砂原庸介氏の個人ホームページ http://www.geocities.jp/yosuke_sunahara/data/data.html（2012/9/21）からダウンロードした。

(15) 本稿と同様，日本の都道府県を単位とした政治経済学の実証研究では，たとえば，中央からの出向官僚の受け入れが都道府県の地方歳出に与える影響を議論したものなどでの利用がある（林・金戸 2010；別所 2010）。推定の手続きに関しては，これらの既存研究も参照している。

(16) 本稿の図の作成とモデルの推定には，すべて Stata12.1 を用いている。

(17) また，政策条例成立数を投入したモデルでは，公明党得票率に対する推薦・支持ダミーの係数は正だが，10％水準でも統計的に有意でなくなる。

(18) 本稿の推定結果では，政策条例の提案数と成立数のいずれも，政党別得票率との関連が希薄であった。成立のいかんにかかわらず，議員発議は得票に結びつきにくいということであろう。なお，表1の記述統計を確認すると，自民党が関与する政策条例案は，提案数と成立数の間にほぼ相違がない一方で，その他の政党では，提案数と成立数の間で平均や標準偏差が大きく異なる。これは，議会の過半数を統制する自民党が提案する政策条例は当然に成立が見込まれるものの，他の小政党が提案する政策条例の多くは成立しないということを示している。

(19) この点では，自民党が過半数を占めている状況と選挙的帰結との関連を検証する余地がある。

参考文献

井上源三編（2003）『最新地方自治法講座5　議会』ぎょうせい．

今井亮佑（2011）「選挙運動支出の有効性」『年報政治学』2011－Ⅱ：pp. 11－32．

大村華子（2012）『日本のマクロ政体──現代日本における政治代表の動態分析』木鐸社．

川人貞史（1999）「政治資金と選挙競争」『レヴァイアサン』25：pp. 52－77．

川人貞史（2002）「選挙協力・戦略投票・政治資金— 2000年総選挙の分析」『選挙研究』17：pp. 58−70.

河村和徳（1998）「地方財政に対する首長選挙の影響」『選挙研究』13：pp. 130−139.

河村和徳（2001）「首長選挙における政党の役割—相乗り型選挙を手がかりとして」『都市問題』92（10）：pp. 27−37.

河村和徳（2008）『現代日本の地方選挙と住民意識』慶應義塾大学出版会.

北村行伸（2005）『パネルデータ分析』岩波書店.

黒田展之編（1984）『現代日本の地方政治家—地方議員の背景と行動』法律文化社.

小林良彰（1997）『現代日本の政治過程—日本型民主主義の計量分析』東京大学出版会.

小林良彰・岡田陽介・鷲田任邦・金兌希（2014）『代議制民主主義の比較研究—日米韓3ヶ国における民主主義の実証分析』慶應義塾大学出版会.

斉藤淳（2010）『自民党長期政権の政治経済学—利益誘導政治の自己矛盾』勁草書房.

砂原庸介（2010a）「制度変化と地方政治—地方政治再編成の説明に向けて」『選挙研究』26（1）：pp. 115−127.

砂原庸介（2010b）「地方における政党政治と二元代表制—地方政治レベルの自民党「分裂」の分析から」『レヴァイアサン』47：pp. 89−107.

砂原庸介（2011）『地方政府の民主主義—財政資源の制約と地方政府の政策選択』有斐閣.

全国都道府県議会議長会事務局編（1969−2009）『第1−11回都道府県議会提要』.

総務省統計局『日本統計年鑑』.

曽我謙悟（2011）「都道府県議会における政党システム—選挙制度と執政制度による説明」『年報政治学』2011−Ⅱ：pp. 122−146.

曽我謙悟・待鳥聡史（2007）『日本の地方政治—二元代表制政府の政策選択』名古屋大学出版会.

谷口将紀（2005）「衆議院総選挙候補者の政策位置」『年報政治学』2005−Ⅱ：pp. 11−24.

地方自治総合研究所編（1974−2007）『全国首長名簿　1974年版−2006年版』.

築山宏樹（2015）「地方議員の立法活動—議員提出議案の実証分析」『年報政治学』2014−Ⅱ：pp. 185−210.

辻陽（2002）「日本の地方制度における首長と議会との関係についての一考察（一）」『法学論叢』151（6）：pp. 99−119.

中谷美穂（2009）「地方議会の機能とエリートの政治文化—議員提案条例に

関する分析」『選挙研究』25（1）：pp. 24-46.
名取良太（2008）「2007年統一地方選における戦略投票―集計データによる44道府県議選の分析」『選挙研究』23：pp. 66-81.
名取良太（2009）「「相乗り」の発生メカニズム」『情報研究』31：pp. 67-86.
西澤由隆（2012）「都道府県議会議員の選挙戦略と得票率」『レヴァイアサン』51：pp. 33-63.
野村稔（1993）「政策立案，決定機能と議会事務局，図書室の充実」西尾勝・岩崎忠夫編『地方政治と議会』ぎょうせい，pp. 187-203.
濱本真輔・根元邦朗（2011）「個人中心の再選戦略とその有効性―選挙区活動は得票に結び付くのか？」『年報政治学』2011-Ⅱ：pp. 70-97.
林正義・金戸伸幸（2010）「出向官僚と地方歳出―90年代後半の地方単独事業をめぐって」『公共選択の研究』54：pp. 29-40.
別所俊一郎（2010）「財政規律とコミットメント」『会計検査研究』42：pp. 29-47.
馬渡剛（2010）『戦後日本の地方議会―1955～2008』ミネルヴァ書房.
依田博（1995）「地方政治家と政党」『年報行政研究』30：pp. 1-13.
Ansolabehere, Stephen and Philip Edward Jones. (2011) "Dyadic Representation." in Eric Schickler and Frances E. Lee, eds. *The Oxford Handbook of the American Congress*, Oxford University Press, pp. 293-314.
Arellano, Manuel and Stephen Bond. (1991) "Some Tests of Specification for Panel Data: Monte Carlo Evidence and an Application to Employment Equations." *The Review of Economic Studies* 58(2): pp. 277-297.
Bovitz, Gregory L. and Jamie L. Carson. (2006) "Position-Taking and Electoral Accountability in the U.S. House of Representatives." *Political Research Quarterly* 59(2): pp. 297-312.
Cain, Bruce, John Ferejohn and Morris Fiorina. (1987) *The Personal Vote: Constituency Service and Electoral Independence*. Harvard University Press.
Canes-Wrone, Brandice, David W. Brady and John F. Cogan. (2002) "Out of Step, Out of Office: Electoral Accountability and House Members' Voting." *American Political Science Review* 96(1): pp. 127-140.
Converse, Phillip E. (1964) "The Nature of Belief Systems in Mass Publics." In David E. Apter ed. *Ideology and Discontent*. Free Press of Glencoe, pp. 206-261.
Cover, Albert D. and Bruce S. Brumberg. (1982) "Baby Books and Ballots: The Impact of Congressional Mail on Constituent Opinion." *American Political Science Review* 76(2): pp. 347-359.
Cox, Gary W. and Michael F. Thies. (2000) "How Much Does Money Matter?: "Buying" Votes in Japan, 1967-1990." *Comparative Political Studies* 33: pp. 37-

57.

Fenno, Richard F., Jr. (1978) *Home Style: House Members in Their Districts*. Little, Brown.

Golder, Matt. (2006) "Presidential Coattails and Legislative Frag- mentation," *American Journal of Political Science* 50(1): pp. 34-48.

Jacobson, Gary C. (1978) "The Effects of Campaign Spending in Congressional Elections," *American Political Science Review* 72: pp. 469-491.

Loewen, Peter John, Royce Koop, Jaime Settle and Jamese H. Fowler. (2014) "A Natural Experiment in Proposal Power and Electoral Success." *American Journal of Political Science* 58(1): pp. 189-196.

Mayhew, David R. (2004) *Congress: The Electoral Connection Second Edition*. Yale University Press (岡山裕訳 (2013) 『アメリカ連邦議会―選挙とのつながりで』勁草書房).

Powell, G. Bingham, Jr. (2000) *Elections as Instruments of Democracy: Majoritarian and Proportional Visions*. Yale University Press.

Riker, William H. (1982) *Liberalism Against Populism: A Confrontation between the Theory of Democracy and the Theory of Social Choice*. W. H. Freeman (森脇俊雅訳 (1991)『民主的決定の政治学―リベラリズムとポピュリズム』芦書房).

Sellers, Patrick J. (1997) "Fiscal Consistency and Federal District Spending in Congressional Elections." *American Journal of Political Science* 41(3): pp. 1024-1041.

Shugart, Matthew S. (1995) "The Electoral Cycle and Institutional Sources of Divided Presidential Government," *American Political Science Review* 89(2): pp. 327-343.

Shugart, Matthew S. and John M. Carey. (1992) *Presidents and Assemblies: Constitutional Design and Electoral Dynamics*. Cambridge University Press.

Shugart, Matthew S. and Scott Mainwaring. (1997) "Presidentialism and Democracy in Latin America: Rethinking the Terms of the Debate," Scott Mainwaring and Matthew S. Shugart eds. *Presidentialism and Democracy in Latin America*. Cambridge University Press, pp. 12-54.

2014年度　書評

日本政治学会書評委員会

政治理論　　　　　　　　　　　　　＜評者　越智敏夫＞

対象　井上彰，田村哲樹編『政治理論とは何か』風行社，2014年
　　　早川誠『代表制という思想』風行社，2014年

　かつてグラッドストンはディズレーリとの口論中，興奮のあまり両者のあいだにあったテーブルを叩いてしまい，机上の文房具が床に落ちた。ディズレーリはそれを静かに拾い上げつついわく，「貴下と余のあいだにテーブルのありしことを神に感謝す」。このエピソードを紹介しながら深瀬基寛は「二大政党の転換の原動力がこのユーモアにあることを果して政治学者は気づいているであろうか。ユーモアこそ議会政治の文学的本質なのだ」と述べている。

　政治学者にかぎらず，世間一般的にもこの主張に首肯する人は多いのではないか。しかしこれが政治学的な命題として成立するかどうかは別問題である。さらにそれが世間一般を納得させている理由を深瀬の「論理」や「文体」に求めることは可能だろうが，彼の「方法」あるいは「理論」だとすることは難しいだろう。その困難の理由を考えると，そこには政治に関する思惟とその方法をめぐる特殊性（という表記の問題点についてはひとまずおいておく）が浮上する。この問題に関して重要な視座を提供する対照的な二著について論じたい。

　『政治理論とは何か』では表題どおりのテーマが複数の論者によって多角的な視点から論じられている。ラズレットによればロールズの登場以降，「政治理論は死んだ」のだが，そうした状況にもかかわらず，多くの政治学者がそれぞれの政治理論を構築しようとしている。それは一種の「なんでもあり」的な状況である。だからこそ政治史から比較政治，地域研究，国際政治，数理分析までのあらゆる関連領域を政治理論は攪乱し，統一された政治理論の不在を前提に政治学の体系そのものを批判し続けるというゲリラ行動にこそ政治理論の価値があるともいえる。

本書ではそのような多様性を認めたうえで，それでもなお政治理論の統一的な進展の可能性を構想している。そしてそれを以下の三方向に求める。政治理論の類型化，方法論（あるいはその欠如）の考察，自己批判の深化である。本書においてその三方向は十全に論じられている。しかし次の問題はそれで本当に政治理論の進展は可能なのかということである。そうした問題に対応すべく本書には政治理論の外部からの批判も複数収録されている。政治思想史，経験的政治学といった政治学内にとどまらず，規範経済学，法哲学，社会理論などの政治学外からの批判である。

　政治学内からの批判である河野勝による「『政治理論』と政治学」においては，従来の政治理論に対する全否定とさえいえるほどの論説が展開されている。河野によれば，政治理論は政治学の他領域において発展している方法と方法論についてあまりに無知，無関心であり，さらには政治理論という呼称自体が虚偽的で本来は規範分析と呼ぶべきものである。河野が使用する方法や理論といった用語の規定について異論はあるだろうが，重要な批判であることは疑いない。

　また政治学外からの批判である盛山和夫による「政治理論の応答性とその危険」では，政治理論が理念研究に埋没しており，そのことが結果的に現実との有意な応答を忌避するような「脱政治的」なディシプリンとなっている点が批判されている。政治的共同体における秩序維持という重要な問題に関する「構想としての政治理論」が欠けているという指摘である。

　もちろん本書においては他の章がこうした批判に応答している構成にもなっているので，政治理論側からの反論にも接することはできる。たとえば田村哲樹は第2章「政治／政治的なるものの政治理論」において，政治理論の自己洞察の進展は政治現象の検討と連続であることを示し，政治理論が政治学の他領域と関連する意義を強調している。

　こうした多数の研究者間の（場合によっては激しい）議論の応答はもちろん政治理論にとって非常に有益である。しかし政治理論についての異なる様式の研究もまた有益であり，その様式の差異について考察すること自体も政治理論の発展の一助となるだろう。『代表制という思想』はそうした例である。本書は当該テーマに対して一人の研究者が沈思黙考した結果である。

　本書の主張は非常に論争的であるものの，シンプルである。代表制は政

治体の規模が巨大化したために直接民主制の代替物や次善策として導入された必要悪ではなく，代表制は本来的に民意を反映しないという特性によって民主主義を活性化させる貴重な制度である，というものだ。

　まず著者は首相公選制を例にしながら直接民主制についての理念的再検討から議論を開始する。続いて「熟議」「代表」「議会」といった概念がハーバーマス，ピトキン，シュミット，シュンペーターらのテキストの精緻な読解によって整理，再構成され，上記の結論へと至る。

　こうした代表制に関する主張は非常に重要であるものの，本書の特徴は以上のような代表制の再定義自体にあるのではない。同様な代表制の解釈は著者も引用するバークをまつまでもなく，政治思想の領域ではいまだ議論対象ではありつつも，格段に少数派の意見というわけでもない。本書の政治（学）上の例外的意義は，これが叢書として一般読者を対象として出版されているという点にある。巻末に索引はあるものの，ほとんど注もない本書の性質は，体裁のみが一般書のものだということにとどまらない。

　注目すべきは「代表制は直接民主制の代替物である」という世間一般が考えるであろう認識を一方的に誤謬と措定したうえで，それを専門研究者である著者がいとも簡単に切り捨てているということである。さらにはこの究極の啓蒙主義的な手法を民主政治に関する書籍においてまったく臆することなく披瀝しているという点こそが本書の特徴となっている。

　代表制の解釈について評者自身は著者の主張に同意する。しかし世間での認識を俗説として全否定してよいかどうか，これもまた別問題である。著者は「はじめに」において，「どんなにわかりやすく説明できても研究対象そのものの複雑さが消え去るわけではない」という専門研究者としての開き直りともとれる表現を残しているが，この表現は著者があきらかに専門研究者以外の読者を想定していることを示している。また実際の読後感は別にして，著者によれば「あちこち回り道をしながら考え考え書いている」とのことであり，それにのんびりとつきあうよう読者に要請もしている。

　自律的で主体的な市民という主体を前提概念とせざるをえない現代政治（学）において，このような表面的なエリート主義は誤解を招きやすい。特にシュンペーターについての記述においては，読者が強引に行間を読まざるをえないほどの境界的で危険とも思える解釈が展開されている。この種

の危うさは先に紹介した『政治理論とは何か』には皆無である。こちらの書籍に一般市民が接する可能性はほぼ皆無であり，各章の論者は専門研究者のみを読者対象とし，誤読などありえないような明晰な文章を書き続けているからだ。

　こうして二著は対照的な色合いを見せる。専門書と一般書，共同討議と個人的思索，同時代的著作による現代性の確認と過去の思想への遡行的確認，そして専門科学としての矜持と啓蒙主義としての教説。これらの対比から私たちは多くのことを政治学，あるいは政治理論の特質として議論しうるだろう。

　たとえば『政治理論とは何か』に見られるような専門研究者間の意見交換は当該領域の学術的進展には不可欠である。しかしそれが自分が属する学問領域の独善的な正当化に終始するのか，それとも当該領域を含めた学問全体の発展に結びつくのか。本書が市民一般から断絶されているように見えても，この点についての回答は結果論として市民社会から提示されるしかないだろう。

　『代表制という思想』に見られるエリート主義的啓蒙についても，この方法をとることによってのみ現在の市民社会において民主主義を活性化できるはずだという著者の信念は貴重であるし，尊敬すべきである。しかし啓蒙の可能性を保証する内実としての学問的水準を政治理論全体は維持できているのか。それについては『政治理論とは何か』のような類の研究なくして保証されえないだろう。

　およそ政治学者が同時代的に現実政治に役に立ったことはおそらく人類史上ないといえようし，そのことが政治学の特殊性として説明されるほうが，少なくとも政治学においては一般的でさえある。いわんや実社会においてをや。当然のことだが政治学がなくても市民は生きていくし，政治学者がいなくても政治家は活動しつづける。そうした状況で政治学はどうあるべきか。前記した深瀬基寛の直観にちかいアネクドートの解釈を政治理論が超えるための思索として二著は高く評価されるべきである。

政治過程

<評者　佐藤　満>

対象　伊藤光利・宮本太郎編『民主党政権の挑戦と挫折
　　　その経験から何を学ぶか』日本経済評論社，2014年

　民主党が2009年8月，衆議院議員選挙に勝利して，3年3カ月の間に3人の総理大臣を出した。政権を自民党に奪還されたのが2012年の12月だったので，そろそろ，この民主党政権の3年3カ月の評価を行おうという機運が醸成されたということか，近年，多くの書籍が出版されている。当事者自身の述懐や研究者による当事者への聞き取りを記したものも多く出ている。民主党の政治家の稚拙さによる失敗を語るものが多い中，この書評で取り上げようとしている伊藤・宮本編は，少し趣を異にしている。

　序の冒頭に記されているように，本書は「民主党政権は何に挑戦し，何を達成し，なぜ失敗し，いかなる教訓を残したのかを構造的かつ実証的に検証」し，「今後のわが国の政治のあり方として，リベラリズムの行方という観点から，新たな政治対抗の可能性を検討」することを目的に書かれている。特に，55年体制と呼ばれる長い自民党一党優位のもと，打ち立てられてきたいわゆる「土建国家」レジームのアンチテーゼとして何を提起しようとし，それはどの政策にどのように見て取ることができ，そうした政策はどの程度まで成功し，何が不十分だったのかを分析することにより，「リベラリズム」と彼らが語るところの新しい体制を巡る新しい対立軸のあり方を見ようとしているところが本書の特徴であろう。そういう意味では政治過程論の守備範囲を超えて，レジーム論，体制論を視野に入れた研究であると言える。

　言い方を変えれば，民主党政権は失敗であったとしても，そこから日本政治の将来のために救いだせるものはないのかを見極める作業を，意図的に行おうとしている点が本書の特色であると言える。もちろん，数々の失敗の指摘も行い，その意味では点数が甘いということではないが，落第の政権と切って捨てているわけではなく，新たな政策選択，政治的体制選択のとば口に立つところまではきていると見て，その可能性に言及しつつ，再度の挑戦があるとすれば，この失敗から何を学ぶのがよいのかという問題意識で書かれていると言える。したがって，この書評でも，民主党政権は，従来の自民党一党優位体制下の日本政治のありように対して，何を問い，何をぶつけたと説かれているのかを見ていくことになる。

民主党政権が何に挑戦したのかについては，明瞭に書かれているように，「土建国家」と呼ばれるレジームに対してであり，これに，「リベラル」なあり方をぶつけたと記されている。ただ，このどちらもが，ややポレミカルな語で不分明なところがあり，一方をやや否定的に，他方をやや肯定的にとらえているようだということだけは分かるかもしれないが，分析的に読みたい読者は，ここで投げ出しかねないと感じなくもない。もちろん，著者たちはそのあたりは百も承知のようで，しばらく読み進めば丁寧な言い換えにつきあたる。
　「土建国家」とは，日本型生活保障の型であり，政治・行政が経済政策と公共事業を通じて業界を保護し，男性稼ぎ主の雇用を安定させ，その男性稼ぎ主が妻と子を養うシステムを指しており，自民党一党優位体制の下でこの体制は政・官・民をつらぬく安定的ネットワークを有することになったとされる。したがって，これに挑戦するためには，日本型生活保障の型を変容させるための政策を提起するだけでなく，政策形成・実施のネットワークを作りかえることも提起しなければならないことになっており，民主党はこれにも手を付けたとされている。まさに「構造・理念・戦略」をそれぞれ見なければならないというわけである。
　「土建国家」の対抗理念として出される「リベラリズム」はさらに厄介な語で，多義的である。「民主党の理念は，単一ではなく，方向の異なるリベラリズムの混合的集積物」とされ，古典的自由主義はもちろん，戦後和解により誕生した福祉国家のイデオロギー，これを批判した新自由主義を含み，「自立と共生」というスローガンが含む「リベラリズム」はこの曲節からも少しはみ出しているだろう。伊藤がこのように多義性の説明を行った後，著者たちが「現代リベラリズム」という呼称で何を示そうとしているのかについての丁寧な説明は，宮本による最終章まで待たされることになるので，本書の問いを，民主党が自民党のこれまでの何に何を対置したのかというところに置かれていると読んだとしても，民主党の対置したもの，著者たちが評価して日本政治のために救い出したいものの正体について，いぶかしさを抱きながら読まねばならないことになっている。「構造・理念・戦略」を各章の分析を貫く骨格であるとしているのだが，読者は，民主党の理念のおさまりの悪さを引きずりながら読むことになる。民主党政権を単に失敗として片づけている他の著作は，ここに悩むことはないのでわ

かりやすいところがあるが，民主党自身が明瞭に語れていたかどうか怪しいところを，できるだけ好意的に汲み取ってやろうとする本書の苦しさがここに現れている。

しかし，単に政治家個人の力量の問題として片づけられないものが，この政権交代にはあると見て，行き詰まった体制の転換への挑戦と見ようとした著者たちの試みは成功している。民主党の政治家たちが実際にできていたかどうか，語れていたかどうかではなく，彼らが何に直面していたかという意味で，すなわち行き詰まりを示していた「土建国家」レジームをどのように変容させていくかという課題に向き合っていたのだととらえたとき，この視点から彼らの行動を，政策を読み解いていくことは重要であると悟らされることになる。また，そう考えると，政権を取り戻した自民党が，この課題にどのように向き合っているのかも見ていかねばならないことを示している。そういう意味で，現代日本政治に関心のある者が向き合わねばならない課題を提示したと評価できると思われるのである。

最終章で宮本が示している「再分配原理」対「市場原理」の軸と「個人・自律」対「権威・秩序」の軸を独立と見立てた「政党政治の対立軸と現代リベラリズム」という図が問われていくべき一つの課題であろう。自民党は「再分配」・「権威」フィールドから「市場」・「権威」フィールドに移行したと思われる。民主党が提起しようとしていたのは「再分配」・「個人」フィールドのレジーム建設だと見ようというのが宮本の見立てであり，これは経済のグローバル化にさらされ，困難に際会しているということであるが，この両軸の独立性自体にも疑義がないわけではない。再分配は権威的な価値剥奪なしには考えにくいからだが，彼らが「現代リベラリズム」と呼ぶものは，この両立しにくそうに見えるものを両立するかのように見せることだと気づかされる。「自立と共生」が語っていたのはこの困難さであり，これを両立するかに見せるヴィジョンを示す力量，リーダーシップが民主党の政治家たちにはなかったということかと頓悟するのである。

自民党が，権威主義的に再分配を行ってきた体制を捨て，権威主義的に強者を守り，彼らの間で自由を謳歌する体制へと移行したのだとすれば，このある意味ではとてもわかりやすい政策指向に対し，これに対抗する側は権威的な再分配を権威の臭みを感じさせず行うという，困難な課題が突きつけられていることになる。この課題を示すためのシンボル的な言葉が

見つからないことが「リベラリズム」という意味の定めにくい言葉を使い続けることになっている理由だろう。

一強多弱の体制といわれる。政治的対抗軸のありようについての著者たちの見立てが正しいとすれば，確かに，「自立と共生」を掲げる政治勢力が健全な日本政治の対抗軸の一方に必要であろう。それを現在の民主党の残存勢力に期待できるかどうかは別問題だが。

行政学・地方自治　　　　　　　　　　＜評者　外山公美＞

対象　千草孝雄著『アメリカの地方自治研究』志學社，2013年

本書は2部15章で構成されており，全451頁に及ぶ大著である。また，本書は著者がこれまでに執筆した論文を再構成したものであり，その意味でも著者の研究成果の集大成ということができよう。このような本書の性格上，まずは部章別に論点を整理することにしたい。

第1部「グッドナウの地方自治論」においては，まず序説でこれまであまり言及されることがなかったF・J・グッドナウの経歴，業績及び研究史について述べている。彼の主著といわれている『政治と行政』に表れている基礎理論と彼の地方自治論との間には「いろいろなずれ，差異，矛盾」があり，これらを子細に点検し考察することによってはじめてグッドナウの思索の跡とその学説の個性を解明することが可能となるとしている。これに基づき，第1章で『政治と行政』を通してグッドナウの基礎理論を詳細に考察したうえで，第2章では彼の地方自治論の構造を解明し，基礎理論との関連にも言及している。また，第3章では，市政改革運動とグッドナウの関係について，特に彼が作成に関与した第一次都市綱領とその後に作成される第二次都市綱領を比較することを通じて考察している。以上のような考察を通じて，著者は第1部の結語において「グッドナウの存在なしにはありえなかったかもしれない改革要素」として「世紀末転換期の時点において市会の強化を提言し，市会の復権と再生への途を拓いたこと」を指摘している。

第2部「アメリカの地方自治論」では，まず，第1章において，第1部の考察をふまえて，市政改革運動に関する行政学上の研究経緯を再整理し，論点の整理を試みている。第2章及び第3章においては，アメリカの都市政府形態に関する考察がなされている。第2章ではこれまでアメリカやわ

が国において研究の対象として取り上げられることが少なかった委員会制を手がかりとして，アメリカの都市政府形態論について再検討を加え，第3章では市支配人（＝シティ・マネージャー）制に関するJ・H・スバラの研究を紹介しつつ，現代アメリカの都市政府の政治構造，行政動向を考察している。第4章では，アメリカの全国都市連盟のモデル都市憲章について，H・G・フレデリクソンの研究を参考にして分析している。第5章では，前章でも言及したフレデリクソンの都市政府形態論を中心に彼の提唱するモデルを考察している。第6章～第8章は第2章でも言及したカウンティ政府について論じている。著者の指摘によれば，20年ほど前から同政府を重要な研究対象としている研究者が現れてきているという。カウンティ政府の変遷や特質，その研究の状況を第6章で考察し，同政府が直面する現代的な問題や課題については第7章及び第8章で分析が加えられている。第9章では，フレデリクソンとJ・ナルバンディアンを編者とする文献を紹介し，アメリカにおいて地方自治研究が大きな進展をみせていることを解明している。第10章及び第11章は，第4章でも取り扱ったモデル都市憲章の最新版である第八次憲章についてその成立の背景やプロセスについて考察することを通じて，現代アメリカの地方自治論について言及している。最終章となる第12章「行政学説史に関する若干の考察」では，本書での議論をふまえながら，T・W・ウィルソンの学説史上の位置づけについて第1部で論じたグッドナウとの比較をも考慮しつつ考察している。

　以上のように，まず第1部では，グッドナウに焦点をあてて市政改革運動について検討を行っているが，その検討の過程でグッドナウの行政学説史上の役割について，わが国の行政学者による見解も紹介しつつ，考察している。著者により1989年に執筆された論文の再掲であるが，原点に立ち戻った大胆かつ緻密な分析は，アメリカ行政学の誕生や政治行政二分論を再考するうえでも重要である。

　第2部で注目すべきはアメリカ都市政府形態の新動向への考察である。この都市政府形態については強力市長制，弱力市長制，委員会制，市支配制の4つを中心とした類型化が長い間支持されてきたが，現在では，多様化・複雑化が進展し，再構成への必要性が生じている。本書における第3章，第5章及び第9章もこの新動向を裏付ける内容となっている。すなわち，第3章では，スバラが使命，政策，行政，管理という4つの概念に着

目し，市議会と支配人との関係を強力支配人型，市会優勢型，市会侵入型，市会・支配人孤立型の4つに類型化して同制度を細分類化したことに注目している。また，第5章では，フレデリクソンとG・A・ジョンソンそしてC・H・ウッドの共著として刊行された『適合都市（*The Adapted City*）』において提唱されたモデルについて論じている。このモデルは，アメリカの都市政府形態が強力市長制と支配人制に二極化していることに注目し，前者を政治的都市，後者を行政的都市と両極に位置づけ，政治的都市が行政的都市の要素や特徴を取り入れたものが適合政治的都市であり，その逆を適合行政的都市とし，さらに政治的都市と行政的都市の基本的原則と論理が完全に混ざり合ったものを融合都市としている。著者はこのフレデリクソンらの研究を「アメリカの都市政府の形態に関する卓越した研究」として高く評価している。さらに第9章では，『地方政府の未来（*The Future of Local Government Administration*）』に掲載された論文のうちスバラの執筆した首長，議会と市支配人や首席行政官の関係をめぐる2本の論文について検討している。このような動向は，著者も指摘するようにアメリカ都市政府形態の分析についてより細かな研究や新しい視点の必要性を示しているといえよう。

　本書全体を通じて，斬新な切り口からの多角的な考察がなされ，緻密な文献・論文研究を中心とした分析がなされている。著者も言及しているように，インターネットなどの発達によりアメリカ地方自治の研究方法も大きく変化している。著者の文献・論文研究とインターネットなどによる情報収集を中心として本書が執筆されていることは，フィールドワークや現地ヒヤリング調査を主たる方法として同分野を研究している評者にとっては敬服に値するものである。また，委員会制やカウンティ政府などこれまで研究対象として取り上げられることが少なかった，いわば盲点とでもいうべき諸制度が本書において検討されている点も特筆すべきであろう。わが国でも地方公共団体における長と議会の関係や二元代表制の意義を再検討する動きがでているなかで，本書の役割は重要であるといえよう。

　しかしながら，構成面では前述のように，本書が著者のこれまでの論稿によって構成されていることもあり，極めて広範な内容となっており，章構成にもやや不自然な部分があることは否めない。特にアメリカ地方自治制度の新動向を取り扱う第2部において，著者の見解を纏めた本書のため

の書き下ろし論文を期待するのは評者だけであろうか。

　昨年，本書でも触れられている ICMA (International City/County Management Association) は設立100周年を迎えた。ノースカロライナ州シャーロットにおいて開催された記念大会に，評者も出席し，市支配人や首席行政官との交流を通じ，アメリカの地方政府形態の多様化・複雑化を実感したところである。変革の波が押し寄せているアメリカの地方政府を著者と共に見守りたいと思う。

政治思想史（欧米）　　　　　　　　　　　　　＜評者　佐藤正志＞
対象　宇羽野明子『政治的寛容』有斐閣，2014年

　今日，公共的領域と宗教の関係が極めて深刻な問題をグローバルに引き起こしている。それについての共和主義的な解決とリベラルな解決，また前者のフランス的特有性も重要な論点となってきた。本書は，そうした議論を政治思想史的淵源からの考察に立ち返らせてくれるであろう。

　本書は，モンテーニュを中心に16世紀の政治思想を研究してきた著者が，当時の寛容思想を近代的寛容思想の源泉として解釈することに疑問をもち，それを「政治的寛容」として理解しようとした試みである。ここで近代的寛容思想とは，良心の自由にもとづき異なる宗教を受容する宗教的寛容であり，それに対して著者が「政治的寛容」(la tolérance civile) として対置するのは，公共の秩序と平和の維持という政治的理由により暫定的に国内で2つの宗派を受容しようとする寛容思想である。当時の寛容思想とは，まさしくそのようにして是認しがたい存在を暫定的であれ共生の対象として受容しようとするものであったことが強調される。

　こうした視点の転換は，伝統的には，積極的な道徳的価値として宗教的自由への確信をもつ人々ではなく，ただ内戦に対する唯一の代案として，譲歩する必要性を不運にも認めざるを得なかった人びとによる暫定的受容として過小評価されてきたもの（この例として，Q.スキナーの解釈）を再評価することを意味する。

　従来，政治的寛容は，アナーキーな状態から秩序を創出するために絶対的権力を擁護する立場と考えられてきた。その背景には，一方では，策略，欺瞞，脅迫といった実際の政治の世界を提示して国家の「必要性」の問題を焦点化し，非常時には，統治者が道徳を無視することを要請するタキト

ゥス主義の台頭，他方で，個人に対しては教条主義，狂信主義からの個人の内面的自由を確保するために，公的服従と宗教的，道徳的コミットメントの留保を促す新ストア主義と懐疑主義があった。そこに，絶対主義の秘薬を隠し持つために「公」の思慮が，そして，市民を個人の内面という要塞に匿うために「私」の思慮が現れることになったとして，その文脈での寛容の孕む危険が指摘されてきた。そこでは，宗教や道徳的信念が相対化されるとともに，それらから自由になるアタラクシアの境地が模索され，その反面で，外面上の，国家への服従が絶対化され，抑圧的な絶対主義国家がもたらされたのであると（例えばR．タックの解釈）。

　しかしこうした解釈は一面的であると著者は主張する。公的服従，外面的服従の要請はたんに宗教や道徳的信念から自由になるために要請されたのではない。良心への強制によって生じる無秩序，また良心を根拠にした抵抗によって生じる無秩序に対して，信仰の一体性を欠いた状況のなかでいかに秩序を回復させるかが課題となったその時に，「政治的なるもの」が問われたのである。そこでの服従要請の際の正当性の議論が，良心との関係において展開され，良心との関係から「政治的なるもの」が考察されたことの意義を著者は重視する。本書を通じて，著者は，政治と良心の関係が問い直されるなかで「政治的なるもの」の諸相が浮き彫りとなってくる過程，そのようにして「政治的なるもの」が自覚化されてくる過程を，最近の研究を参照しつつ，当時のテクストに語らせることによって描き出している。

　この読解を通じて，著者は，この政治的寛容における政治的なるものを「シヴィリテ」の伝統に見出す。伝統的にアリストテレスまで遡る「シヴィリテ」の概念は，もともと人間の固有性である「共同の生」を，政治社会の「法」と社交の「作法」を通じて成り立たせ，秩序づけるための原理であり，技術・知識を意味した。16世紀フランスでは，フランス王国の統治原理が「法のシヴィリテ」として表現され，それは，ローマ法上の法秩序保全原理を，また法解釈（市民法に従い理念と現実，理論と実践を結びつける）の技術と知識を意味したことが明らかにされる。そこで，統治原理としての「シヴィリテ」は，共生のための政治技術に体現された「衡平」原理となる。

　政治的寛容を支持し，推進した者の多くは法に携わる者たちであり，彼

らの法・国制観には，マキアヴェッリ的なものや絶対主義的なものではなく，つねに「シヴィリテ」による王国統治の優秀性が表現されていた，と著者は指摘する。16世紀の政治的寛容とは，伝統的国制に依拠しつつ，王国の共通の紐帯としての「法」の下での（「真の宗教」の下でではなく），「政治的なるもの」による暫定的な共存に向けた実践そのものであった。

　宗教上の多元性を承認したうえで，対等間の水平的な関係として成立するものを「積極的寛容」と呼ぶとするなら，それは，最終的な目標を宗教上の「共和・一致」，すなわち「宗教上の再統一」としながら，暫定協定としての政治的寛容であったという意味で，「消極的寛容」にとどまり，本来的には共生不可能で排除すべき「悪」を，共生可能なものとしてその存在を法的に許容してゆこうとするものであり，支配者から被治者に向けた便宜性にもとづく一時的政策にすぎないものであった。しかし，当時の宗派間共存の試みは，不寛容の抑制として，まさに法＝政治領域の自律による実践（「政治的実践の世俗化」）であったことにこそ着目すべきであることを著者は強調するのである。

　上記の主張が，最初に，16世紀フランス政治思想における国制論に表現されたシヴィリテ概念の抽出，続いて，良心論と寛容論との関わりの議論中に見出される法のシヴィリテ，最後に，そのシヴィリテ観からのモンテーニュ政治思想の再解釈と続く本論を通じて裏付けられていく。とくに，モンテーニュをめぐっては，従来，懐疑主義から帰結する国家理性の擁護として解釈されてきた公的服従の要請について，著者はそのシヴィリテ観からの解釈を提示している。それによれば，モンテーニュは既存の法＝政治秩序がシヴィリテの伝統とかけ離れた現実においても，なお，その伝統に依拠してその秩序再建を目指し，しかも各人の衡平（自らの内なる法と法廷，つまり良心）の確立を通じて共同体全体の衡平の回復を目指したのであるとされる。そのようにして，共同の同意による既存秩序の保持というシヴィリテの伝統を踏襲しつつ，衡平の実現をまず各人の良心の法の下に置くことで，各人がその良心に従い，多様な生の受容を可能とする法＝政治秩序の構築を目指した点にこそ彼の政治的寛容の独自性があることが強調されるのである。

　是認しがたい存在を暫定的であれ共生の対象として受容しようとする政治的寛容は，政治思想として研究を掘り下げるのに十分値するテーマであ

るとする著者が，そこに思想史研究のテーマ以上の今日的課題を見出していることは想像に難くない。

> 寛容とは，従来，価値の多様性の支持など，その理念にもとづく哲学的原理から理解される傾向にあった。しかし，その歴史的考察が示唆するところによれば，寛容は本質的には，共同の生を前提とする法＝政治的原理に，とりわけ政治的技術・実践知に依拠するものといえるのではないか。本書での以上の考察から明らかにできたことは，当時の政治的寛容が，共生のための秩序をなすために，むしろ「暫定的」であるからこそ，現実の具体的諸状況にいっそう適切な共存のありようを追求することができたということである。したがって，それは「政治的なるもの」による平和的共存，シヴィリテによる共生として評価されるべきであると考える（同書，200－201頁）。

本書では，著者は政治的寛容を理解することに徹するとされており，それが寛容の思想史においてどのように位置づけられるのか，フランスにおける啓蒙の寛容思想からライシテまでの歴史における位置づけ，またリベラルな寛容論の成立とのかかわりなど，興味深い問題が後に残されている。

そうした課題に関連して，初めて邦訳されたホッブズの『ビヒモス』（山田園子訳，岩波書店，2014年）が大変興味深い。ホッブズも，もっぱら公共の秩序と平和の維持という観点から，公共的領域としての国家の宗教からの自律をはかったが，それは，シヴィリテの伝統（法の支配にもとづく混合君主制）を否定する国家主権の確立を通じてであった。衡平は主権者の命令である法への服従とされ，公的領域は良心との緊張を失い，主権は絶対化されたが，それによって個人はそれぞれの魂に介入されることなく保護されることになるのである。逆に宗教的教義が個人の魂に介入して公的領域を解体していったイングランド内乱の経過をたどったのが本書である。

ホッブズの主権概念を転倒し，法の支配する共和国として公共的領域を再構築しようとしたのがルソーである。そこでの一般意志の概念のテキスト形成過程に即した分析，ルソーの属する共和主義的伝統の分節化，公共的領域を支える情動としての公論の考察など，極めて示唆に富んだ研究が

初めて邦訳で紹介された。ブリュノ・ベルナルディ『ジャン＝ジャック・ルソーの政治哲学――一般意志・人民主権・共和国』（三浦信孝編，永見文雄／川出良枝／古城毅／王寺賢太訳，勁草書房，2014年）を通じて，市民宗教を提示したルソーにおける，良心と公論に根ざした，公共的領域における普遍性と個別性の間のジレンマの乗り越えの試みを捉え直しながら，政治的寛容の構想の可能性を考えてゆくこともわれわれに残された重要な課題である。

政治思想史（日本・アジア）　　　　　　　＜評者　安西敏三＞

　対象　濱野靖一郎著『頼山陽の思想―日本における政治学の誕生―』
　　　　東京大学出版会，2014年
　　　　小寺正敏著『幻視の国家―透谷・啄木・介山，それぞれの，＜居場所探し＞―』萌書房，2014年

　頼山陽といえば，『日本外史』であり，それは「王政維新の元素」（福澤諭吉）と，思い浮かべる人も多いであろう。あるいは「尊皇攘夷の声四海に遍かりしもの，奚ぞ知らん彼が教訓の結果に非ざるを。嗚呼是れ頼襄の事業也」（山路愛山）に肯く歴史好きも居るはずである。然しながらその末尾に著されている「徳川氏論賛」を読めば，そうでなくとも忠臣楠氏を差し置いて徳川が祖とした新田氏を正記としていることなど，あるいは何よりも老中首座を勤めた松平定信に謹呈していることなどを勘案するならば，「現実の支配体制にとって危険な書物でなかった」（尾藤正英）ことは確かに明らかであろう。幕末から明治にかけて広く読まれた『日本外史』ではあるが，それは同じく『日本政記』と共に，当時の私塾の教科書ともなっており，それらの影響力は推して知るべしである。頼山陽が当時の思想を観る上で無視できない所以である。さらに『外史』と共に自らの代表作と位置付けた『通義』を加えて，文人山陽も含めて既存の山陽像を根本的に転回させ政治学者山陽を前面に押し出した野心的な試みとなっているのが濱野靖一郎『頼山陽の思想』である。その叙述は然し大胆に終始している訳ではない。堂々たる学術書に相応しく理論構成は精緻であり高尚である。江戸思想史は言うまでも無く，中国思想史をも踏まえての微視的であると同時に巨視的な視点で以て頼山陽の思想を分析しているのである。まず既存の山陽像を誤解の重層として紹介する。それには時代が反映しているこ

ともあり，時代が下るにつれて「尊王攘夷」論者山陽から「文人」山陽にベクトルが移動していることを指摘しつつ，これまでの政治理論を踏まえない山陽論を批判し，三部作『日本外史』『日本政記』『通義』を主としてその政治理論の解明を試みる。それが為に山陽以前の思想史的問題として中国における「権」「理」「法」の正統論の系譜が，蘇軾，朱熹，方孝孺を取り上げて，山陽研究の文脈から検討される。次いで日本における政治学の源流として熊沢蕃山，荻生徂徠，太宰春台，尾藤二洲を挙げ，頼山陽における「君主論」の成立で以て日本における政治学の誕生を打ち出す。ここで重要なのは国家の治乱を左右する「勢」である。それが山陽の統治・歴史理論の中核概念であり，その思想的営為は東アジア思想史上画期的であるという。「勢」において如何に「権」を把持するかが政権維持の鍵であり，そこから「機」を窺い「利」を保つことの必要性が説かれる。結果本位的功利主義が東アジア思想の特徴と言われるが，そうした側面を持つ儒学に反して「利」を根本に据えた政治観を打ち出したのが山陽であるという。利己心からモラリティーの成立を説くのである。利己心を活かしての国家破綻に陥ることのない「機」，即ち制度的仕掛けが必要となる。そこに「権」の保持者君主の役割もある。物事の軽重を計り決定する機能としての「権」である。仰ぎ見る存在ではなく統治機構内部における機能の面から定義される君主である。東アジア政治思想史上画期的な論である。そうして山陽君主論にとって「人命至重」が重要視される。しかも史的事実を論拠として統治論を抽出する政治学者山陽によれば，それは法律の精神であり，政治の根底である。「至重」である「人命」が「民」のそれであることも重要である。統治の中心に「民」を置くが故にその「人心」の承認が「天道」を超える統治の正統の正統たる所以となる。君主の決断と責任も「民」の「人心」如何にある。それに背かなかった徳川政権こそ称えられるものであり，その正統性を論理的に構築したのが『日本外史』である。その結びを読むものにとって正当な解釈を著者は提示しているのである。それでは山陽評価の思想史上のパラドックスはどのように起きたのであろうか。著者は幕末維新に英傑を輩出させた吉田松陰の『外史』の読みに着眼する。日本史の何たるかを異論はあったにしろ名文で知るのに山陽外史に勝る文献はなかった。松陰の取り上げ方の問題は，全文ではなく「尊皇」と読める箇所を塾生と共に読んでいたということである。山陽の文脈から

切り離された読解である。松陰的読書に反して，山陽の執筆意図に則して山陽を読み実践せんとしたのが松陰と同じく安政の大獄で死罪となった橋本左内である。左内は松平春嶽に仕え，家康的名君の可能性を秘めていた決断できる君主とみた慶喜を将軍にしようと理論面から画策したのである。「実用の学」として構想し歴史を踏まえた山陽政治学の現実政治への応用である。しかし時の「勢」は左内的山陽ではなく松陰的山陽に向かったのである。山陽外史は，福澤のいう「独立自由の思想なく」であったかもしれない。しかし「瓢箪を磨くの考」には終わっていなかった。山陽政治学が松陰的解釈に向かった所以の展開のさらなる力作を期待したい。

　さて山陽がナショナリズムの感情を覚醒させたとした山路愛山も射程にいれ，北村透谷，石川啄木，中里介山という文学で名を成した感性豊かな人物を政治思想史的視点から丹念に分析したのが小寺正敏『幻視の国家』である。近代日本における政治（共同体）と文学（個人）の相克を「居場所探し」として捉えたのである。政治（天下国家）に挫折し非政治（文学）に向う透谷は非政治に韜晦できたであろうか。政治（正義・人道・国）に構うことなく非政治（営利追求）に思いを描いた啄木は煩悶青年から逃れ得たであろうか。政治（国家・楽土）は非政治（カルマ）から投げ出された介山を救うことができたであろうか。人間存在をめぐる壮大なドラマの展開であり，著者の問題意識である。透谷にとって無用視された文学に自らの道を見出したことの意味は何であったか。「志士仁人」による自由民権運動から離脱した後，経世の観念を如何に回復するかが透谷の問題であった。透谷の文学的営為は政治的見解の表明手段であり，「文字の英雄」は「兵馬の英雄」と変わる所がない。政治的課題を担う文学の可能性に賭けるのである。論争を引き起こした愛山の山陽論も後継世代に「英雄」を語る文学の事業性をめぐる問題ではあったが，透谷は文学の結晶たる精神が思想として結実するとき，政治的変革を可能たらしめ，政治と文学は連動することになるという。明治国家の閉塞状況を突破する「創造的勢力」に期待し内面から自己同定できる理想の国家の再生を期したと透谷を結論付ける。啄木については，その思想的変遷をロマン主義（芸術至上主義），自然主義（私生活への逃避），社会主義（ユートピア的理想と暴力革命の否定）の三つの区分に分け，政治意識・国家意識の変遷が論じられる。啄木は文学を自己表現の課題として投じつつ社会に眼を開き，生活と文学のジ

レンマに陥って窮死するに至るという。透谷や啄木と同様に「居場所探し」においてニヒリズムに陥ったが，介山は聖徳太子に出会い，世俗世界から「逃避せざる生涯」に関心をもち，大乗的菩薩思想に政治と往還をめぐる環相のための安心立命を獲得する。『大菩薩峠』もその文脈で検討される。大乗的世界観の展開である。介山の政治的理想は仏教信仰を持って農業に精励する世界である。「天皇の国にして百姓の国」である日本こそが農本主義政治思想の到達点であったという。透谷，啄木，介山という文学者を通して，人間存在の窮極の根拠を喪失した時代に実存の規定としての世界に自ら拠って立つ場「居場所探し」を巡る書ではあるが，しかし「経世の志」たる公的空間に生きる目的に裏付けられた志の場の探求の書でもある。「居場所」喪失からの自己探求が国家意識の形成に向かったことを本書は根本課題としているのである。志士仁人的な生き方の「居場所」を定めて安住の場となるべき国家の探求が真摯であればあるほど，楽土たる国家は虚空の虹の如く，遙か遠くに浮かんだ幻想，即ち「幻視の国家」であり，彼らの思想的転回過程は近代日本における政治から疎外された文学青年たちが自己探求を深めて政治に期待を抱きつつ至りついた地点を示すものであったと結ぶ。情報過多時代にあって国家の幻視化が巧妙にして一層進み，足場を持ち得ない様相を呈している中にあって「居場所探し」をさせる力作である。

政治史（日本・アジア） ＜評者　奥健太郎＞

対象　村井良太『政党内閣制の展開と崩壊　1927〜1936年』
　　　有斐閣，2014年
　　　井上敬介『立憲民政党と政党改良―戦前二大政党制の崩壊』
　　　北海道大学出版会，2013年

　近年，昭和戦前期の政党政治に関する良書が相次いで公刊されている。
　まず取り上げたいのは，村井良太『政党内閣制の展開と崩壊』である。同書は表題の通り，「昭和初期にひとたび成立した政党内閣制は，なぜ崩壊したのか」という問いに真摯に向き合った一冊である。
　研究史を振り返れば，この問いはこれまで様々な角度から説明が試みられてきた。例えば，外的環境に注目して，世界大恐慌と対外危機が政党内閣制の維持を困難にしたとする説明，政党内閣に敵対的な軍部の台頭から

説明する方法，またあるいは政党の腐敗，自滅に注目するものもある。これらはおそらく説明として正しい。しかし，問題はそれらがいずれも政党内閣制崩壊の「背景」しか説明していない点にある。本丸はキャビネットメーカーであった元老西園寺公望，内大臣牧野伸顕であり，彼らが政党内閣制をどのように考え，なぜその中断を決意したのか，なぜその復活を選択しえなかった（しなかった）のか，そこに迫らなくてはならない。本書の真骨頂はそこに真正面から切り込んだところにある。

本書の最大の特色は，前著『政党内閣制の成立 1918～1927』（有斐閣，2005年）から引き継いだ首相選定の「論理」と「方式」という視点であろう。この視点から一貫して昭和初期の政党内閣期から中間内閣期までの政権交代を照射することを通じ，上記の問いへの理論的・包括的な回答を導きだそうとする分析手法は評価されるべきである。そして，この視点に注目して同書の内容を紹介するならば，次のようになるのであろう。

大正末期，唯一の元老となった西園寺は元老の再生産を拒んだが，元老亡き後の首相選定の仕組みは未確定であった。大正末期には元老・内大臣協議方式で首相は選ばれたが，いずれ元老は消滅する。となれば内大臣が首相選定の任を帯びるわけだが，選定は高度な政治判断を要するから，内大臣単独による選定は「宮中府中の別を紊す」との批判を招くことが予想される。そこで西園寺は二大政党による政権交代を半ば機械化しようとした。この機械的な政権移動のルールが慣習として確立されれば，内大臣の政治判断は不要になるのである。そして，それは二大政党による政党内閣制を理想とする西園寺の思想と適合的なものであった。

西園寺の目指した二大政党による機械的な政権移動は，田中内閣・浜口内閣期には安定して実行された。浜口が首相に選定されるまでに要した日数はわずか1日，浜口遭難後の若槻選定の時ですら2日である。歴史にifを持ち込むならば，もし世界大恐慌が1929年よりももっと後のことであったならば，あるいは当時の中国ナショナリズムがより抑制されたものであったならば，西園寺の目指した首相選定のルールは定着し，制度として確立されたのかもしれない。しかし，1930年代に入ると政党内閣をとりまく内外の環境は急速に悪化し，機会的な政権移動は次第に困難になっていた。若槻内閣が崩壊すると犬養毅が首相に選ばれたが，その際には単独内閣論の西園寺と協力内閣論の牧野の路線の違いが顕著となり，機械的な選定は

行いえなかった。さらに五・一五事件が発生すると，首相選定までに7日を要し，協議には重臣も加えられた。

　こうして機械的な首相選定という仕組みが根付かないままご破算になると，新たな仕組みを考えなくてはならない。西園寺と宮中官僚の協議では，重臣の範囲，首相選定における重臣の関与の仕方が論点となった。ところで，政権移動のルールが不明確になると，政党人の頼るべき行動の準則も失われ，政党の統制が急速に失われた。こうして政党政治が緩慢な崩壊過程をたどる中，二・二六事件が発生すると，政党内閣復活の可能性はほぼなくなったのであった。

　さて，雑感を記すならば，村井氏の視野の広さにまず圧倒される。評者にも多少経験があるが，「政党内閣制の崩壊」を論じようとすれば，政党史や宮中の政治史はもちろんのこと，外交史，経済史，政軍関係史，政官関係史，政治思想史などの様々なフィールドの研究と資料を吸収することが必要になる。専門分化が進んだ今日，それは決して容易なことではないが，村井氏は今日までの研究成果を見事に吸収し，相互に融合させながら冒頭の問いへの回答を導き出している。本書は昭和戦前期政治史研究の一つの到達点として位置づけられよう。

　ただし，長所は短所にも通じる。著者は政党勢力，政党外勢力，首相選定者，世論・評論の「4層」に光をあてるが，その表現から分かるように本書では，様々な政治アクターの多様な動きが，編年史的に詳述される。そのため中心的な論点がやや見えにくくなっているように感じられた。

　次に紹介したいのは，井上敬介『立憲民政党と政党改良』である。従来，近代政党史研究は立憲政友会を中心に進められてきたが，このところ憲政会系の研究の進展が著しい。同書は民政党の誕生から解党までを論じた初の本格的学術書であり，この刊行により憲政会系の政党研究も出揃ったわけである。

　さて民政党の歴史を分析する視点として，著者は「外交政策」と「政党改良」という二つの軸を設定する。前者は明快で親英米か反英米かという軸である。後者の軸はやや複雑であるが，著者によれば「官僚主導・国民を無視した政権本意の軍隊的政党（権力の主体としての資格を欠く政党）から，多数の衆議院議員主導・国民に立脚した政策本位の「立憲政党」（権力の主体としての政党）に改良すること」と規定される。本書は，この対

立軸をベースに3人の主人公に光を当てている。

　一人目の主人公は政党内閣期の中野正剛である。この時期の民政党の政策決定は英米協調主義の井上準之助，幣原喜重郎，伊沢多喜男ら「党外人」によって支配され，非英米協調主義の中野ら党人派は除外されていた。それでも政党改良の視点で党人派に近かった浜口が健在であるうちは，党外人と党人派の対立は顕在化しなかった。しかし浜口が倒れたことで両者の対立は深刻化，協力内閣運動による民政党内閣の自壊へとつながったのであった。二人目の主人公は富田幸次郎である。中間内閣期の富田は，政民両党を糾合して宇垣一成を党首とする単一保守政党の結成を企図した。富田は党人派であるが国際協調路線の側である。富田は宇垣新党の結成により国際協調路線，政党内閣復帰という道筋を描いたのであった。三人目の主人公は1935年に総裁に就任した町田忠治である。町田は時代の制約の中で親英米的な路線で党運営に努めたが，永井柳太郎らの反英米派の挑戦を受け次第に守勢に立たされた。一方「政党改良」の視点から，町田は政務調査会の充実などに傾注した。しかし「反軍演説」問題をめぐり総裁としての求心力は失われ，民政党は解党へと至ったのである。

　このように本書は，二つの軸と3人の政党政治家の分析を通じて，民政党の組織構造を浮き彫りにした注目すべき一冊である。ただし「政党改良」という軸には疑問が残った。軸はあくまで分析の道具であるから，もう少し単純さが必要ではなかったか。

　ともあれ，両書の公刊により昭和戦前期政党史研究の水準は一段階引き上げられた。これまで蓄積された戦前の政党研究が戦後の政党研究と接合される時，そこにどのような地平が開けるであろうか。日本政治史研究には大きな可能性が秘められている。

比較政治・政治史（欧米）　　　　　＜評者　岡山　裕＞

対象　三牧聖子『戦争違法化の時代―「危機の20年」のアメリカ国際関係思想』名古屋大学出版会，2014年

　ジョージ・ケナンが第二次世界大戦前のアメリカの外交姿勢を「法律家的・道徳家的アプローチ」と呼んで批判したのは，よく知られている。本稿で取り上げる三牧聖子氏の著作（以下本書）は，法的・規範的な観点から国際政治や対外政策を捉える，この特徴的な認識枠組みの形成と退潮を，

戦間期に登場し同時代人からもラディカルと捉えられた，いかなる戦争も違法とすべきだと主張する知的・政治的運動を軸に描きだす試みである。欧米諸国については最近，いわゆる政治の司法化現象への注目もあって，司法や法曹が政治に与える影響を扱った研究が増加している。またアメリカでは，近年勢いをつけている法制史学が政治（史）学に刺激を与えており，本書はそうした研究上の文脈にも位置づけられよう。

　アメリカの平和運動と，それに大きく影響された国際法学は，20世紀転換期から司法制度の導入による国際紛争の解決や予防に力を入れ始めた。そこでは，国家連合に起源を持つアメリカの政治的，経済的成功が，合衆国最高裁判所を頂点とする司法府の存在に負っているとみて，それを国際政治レベルに応用しようとするアナロジーが作用したとされる。その中から戦争を違法とする考え方が登場し，違法化の条件や範囲が議論になった。多くの論者が自衛戦争等は合法と捉えたのに対して，条件つきの違法化ではある種の戦争がむしろ推進されかねないという見方から，全戦争の違法化を提唱したのが，本書の主人公のサマン・レヴィンソンである。

　本書の中心は，レヴィンソンを軸に，戦争の違法化を通じて国際紛争の解決手段としての武力を克服しようとした国際法学者，平和運動家，そして政策当事者らが戦間期にたたかわせた議論の再構成である。そこからは，戦争の違法化という考え方が多様かつ有力な政治主体に受け入れられており，1928年の不戦条約もこの文脈に位置づけられるのがわかる。他方で，レヴィンソンらも自衛権まで全否定するのにはためらいがあり，また全戦争の違法化は結局のところ国際政治の現状追認につながる，という難題と格闘することになった。しかし，有効な処方箋を提示できないままに第二次世界大戦が始まり，法的・規範的アプローチに取って代わる形で，今日に連なる現実主義的な国際政治認識が広まっていったのだという。

　本書は，同じ戦間期におけるアメリカ国際法学の外交思想との関わりを扱い，最近英語版が出版された篠原初枝『戦争の法と平和の法』（2003）と問題関心を多分に共有している。そのうえで，国際法学者にとどまらない幅広い主体が，法的・規範的認識枠組みを共有しつつも多様な観点から戦争という「問題」に取りくんだ様子を，等閑視されてきた戦争違法化運動を焦点に再構築することに成功している。司法裁判所が国内で果たしてきた役割を国際政治に投影するというアナロジーに加え，司法によって平和

を生みだすのに成功したアメリカには世界全体から戦争をなくす歴史的な責任がある，という使命感が，この運動を推進した人々に共有されていたという指摘はとくに興味深い。

　他方で，著者は戦争違法化運動が抱えた様々な知的限界にも目を向ける。あるべき国際秩序の像を指し示したアメリカ史について，多くの平和運動家たちが持っていたイメージは，先住民の排除といった暴力的な側面を捨象した，歪んだものであった。それと呼応するように，彼らの後押しした司法裁判所を活用した紛争解決も，法規範を共有できる「文明国」間に射程が限定されていた。またアメリカが平和愛好的な国家とされた一方で，モンロー・ドクトリンや植民地支配に代表される，他地域との非対称的な関係には違和感が抱かれなかったことも指摘されている。

　もっとも，本書で戦争違法化運動はご都合主義として描かれているわけではない。1930年代に国際秩序への挑戦が活発化するなかで，現状追認につながりうる自分達の議論の限界を克服しようとしていたことも強調されている。それとの関連で，同運動を現実主義と対置する，外交思想史研究に支配的な二元論は過度の単純化だという立場が，戦争違法化運動への共感と共に表明される。本書は戦争違法化論のみならず戦間期の外交思想の全体像に修正を迫る，独創的な成果であり，一定条件下での軍事的制裁が容認されがちな今日の状況に再検討を促す，問題提起の書としても成立している。今後，この分野で篠原の著書と共に参照されていくであろう。

　とはいえ，本書に気になる点がないわけではない。本書では，多くの主体の言説がよく整理されている反面で，各論者がなぜある立場をとったのかについてほとんど説明がなされていない。篠原のように基本的に国際法学の展開を再構成していたのであれば，それは必要ないかもしれない。しかし，ここでの対象は行政官や政党政治家を含む多様な主体による政治運動である。彼らの発言はそれぞれに異なる動機付けに基づいてなされているはずで，彼らがどんな知的背景や利害に突き動かされていたのかの検討がなされてもよかったのではないだろうか。この点，本書が外交思想を国際政治の動向以外からは影響を受けない，自己完結した世界であるかのように扱っているのにはやや違和感をおぼえた。

　この論点は，単なる目配りの広さの問題ではなく，本書の議論の本質部分とも関わっている。著者は，平和運動家を中心に当時のアメリカの論者

の多く——彼らの多くは法曹であった——が国内法秩序のアナロジーで国際政治を論じようとしていたのを強調する。にもかかわらず，当のアメリカ国内法の状況が彼らの考え方をどのように規定しており，それがいかなる提案につながったのかについては，ほとんど具体的な説明がなく，これはいかにも不自然に思われる。

　ひとくちに国際的な司法府を設置するという彼らの主張にしても，裁判所の形態や役割は地域によって大きく異なる。そのため，アメリカの司法を念頭に置いていたというだけでは，やや具体性に欠けるように思われる。例えば，本書の鍵概念の一つである「法による支配」は"rule of law"の訳だとみられるが，当時のコモン・ローに関する支配的見解では，その実現が行政機関や行政裁判所などではなく，司法裁判所による審判を要件としていたという点を説明しないと，なぜ戦争違法化運動を含む平和運動が司法裁判所にこだわったのかが十分理解できないのではないだろうか。

　さらにいえば，司法裁判所による法執行を掲げる「法による支配」の考え方は，20世紀転換期以降アメリカ国内で行政機関の活用が本格化するなかで変容を迫られていった。しかも，イリュー・ルート，ウィリアム・H・タフト，そしてジョン・F・ダレスといった本書の主要登場人物も，その過程に深く関わっていたのである。著者がいうように，戦争違法化運動家を含む当時の論者達が多分に国内法のアナロジーに依拠していたのであれば，そこに同時期の国内法の「法による支配」理解とその変化が影響していた可能性はないだろうか。例えば，篠原も扱っている「法」と「政治」の峻別は，国内で行政機関が政治化することなく「法による支配」に則った法執行をできるかどうかをめぐる議論に頻出していた。また当時導入された諸規制機関は，1913年に設置された連邦準備制度委員会（FRB）が「金融界の最高裁」と呼ばれたように，戦争違法化論者が国際政治について行ったのと同じく，裁判所のアナロジーで捉えられていたのである。

　一時代の外交思想の再構成という本書の課題の大きさを考えれば，さらに国内法までカバーせよというのはないものねだりかもしれない。戦争違法化運動に光を当てることで，今日の状況の批判的検討に誘おうとする著者のねらいともずれていよう。それでも，本書の提起する「国内法のアナロジーによる国際秩序理解」の内実をより具体的に検証してみる価値はあるように思われる。そうした新しい論点を様々に喚起してくれる本書は，

実に知的に刺激的な一書である。一読を勧めたい。

比較政治・政治史（ロシア・東欧） ＜評者 大中 真＞
対象　アンドレス・カセカンプ著，小森宏美，重松尚訳『バルト三国の歴史―エストニア・ラトヴィア・リトアニア　石器時代から現代まで』明石書店，2014年

　学会誌書評欄の使命が，巷間には知られていない重要書の紹介にあるとすれば，本欄で取り上げる著作はまさにそれに該当する。著者は，アメリカ最古のハーヴァード大学よりさらに4年前の1632年に創立されたエストニアの最高学府，タルトゥ大学バルト政治学教授のアンドレス・カセカンプである。原書は2010年に刊行されたが（Kasekamp, Andres, *A History of the Baltic States* (New York: Palgrave Macmillan, 2010)），2010－2011年のバルト学会（Association for the Advancement of Baltic Studies）書籍賞を，また2011年にバルト諸国議員会議の科学部門賞を獲得している。著者と訳者の協力により，日本語版では2014年までの出来事が反映された最新版となっている。カセカンプ教授はまだ40歳代であるが，すでにバルト諸国圏においても，また英語圏においても，現代バルト政治史研究の第一人者といってよいであろう。

　バルト諸国がソ連邦から完全な独立回復を達成したのは1991年8月クーデタ事件直後のことであるが，この前の世代のバルト地域の政治学者および歴史学者は，ソヴィエト・イデオロギーの制約から逃れることはできなかった。1990年代の体制転換を経て，2000年代に入ってから，欧米諸国での留学経験を有するバルト各国の若手研究者たちの活躍が顕著になるが，彼らによりかつての共産主義思想や資料制限からも解放された，真に学術的なバルト諸国研究が英語圏でも続々と公刊されるようになった。

　カセカンプ教授は，1966年に亡命エストニア人の両親からカナダのトロントで誕生し，ロンドン大学で歴史学の博士号を取得した後，90年代終わりにタルトゥ大学に迎えられているので，まさにポスト・ソヴィエト世代の先頭に立っている。この地において，時代背景と世代によっていかに歴史家の役割や歴史観が異なるかを分析したものとして，訳者の1人である小森宏美による『エストニアの政治と歴史認識』（三元社，2009年）があるので，詳細についてはそちらに譲りたい。

巻頭でカセカンプ教授自身が述べているように，これまで英語で書かれたバルト諸国の通史は，わずか2つしかない。この事実は，読者には意外に思われるかもしれない。各国史別，また時代別には，特に20世紀以降の現代史については，多くの優れた文献が出されている。しかし，本来は民族的にも言語的にも文化的にも，それぞれ異なる3つの国家を1つにまとめた通史を書くことは至難の技である。エストニア人歴史学者としてカセカンプ教授は，「できるだけ同じ分量を三国それぞれについての記述に割くよう心がけたつもりである」と最初に断っているが，この試みは成功しているといえよう。

　邦題では，「石器時代から現代まで」とされているものの，実際には分量の3分の2は，19世紀以降に割かれている。しかし，バルトの諸民族が，近代的な意味での民族として自律的に思考し，行動するようになったのは19世紀半ば以降なので，これは致し方ない。むしろ評価したい点は，長い間農奴として専制の支配下におかれ，また周辺の大国に蹂躙され続けた弱小民族として，いわば被害者の立場からの告発的な筆致，もしくは自民族中心主義的な叙述に陥ることなく，筆者が公平な観点からの歴史を語ろうとしている姿勢である（訳者もあとがきで同様に記している）。

　評者もかつて，限られた文献の中で，ソヴィエト支配を自己正当化し，ブルジョワ民族主義を敵視し，共産主義の優位を声高く唱えるソヴィエト史観に基づくバルト人民の歴史書を，また他方で海外に亡命した集団居住地組織などが発行した，反共思想のプロパガンダと自民族の英雄史観に満ちた小冊子や資料を，それぞれ見てきたので，カセカンプ教授が本書で成し遂げようとしたことには共感できる。

　その意味でも，本書の真骨頂は，やはり第二次世界大戦を扱った第6章であろう。現在のバルト諸国ではすっかり定着した感のある歴史観である「3つの占領期」，すなわち独ソ不可侵条約の密約によるソ連邦への併合（1939-41），独ソ戦の開始によるナチス＝ドイツによる軍事占領（1941-1944／45），ソ連邦による再併合（1944／45-1991）の時期である。冷戦の終結に伴う独立回復後にバルト各国政府が行った精力的な歴史編纂事業により，多くの悲劇が歴史的事実として裏付けられた。スターリンの命令により，併合がどのように犯罪的に施行され，どれだけの数の現地人が犠牲となったか。ヒトラーの命によって，主にリトアニアで，どれほどのユダ

ヤ人やロマが残虐に殺戮されたか。そしてナチス敗退後に，再占領者として戻って来たソ連邦国家権力が，報復としていかなる無慈悲かつ凄惨な虐殺や粛清を繰り返したか。カセカンプ教授は，極力筆致を抑えて淡々と記述しているがゆえに却って，バルト現代史の真実には戦慄を覚えるほかはない。

例えば，この第6章冒頭にある「本来敵であるソ連またはドイツの軍服を着て死んでいった」という一節には，第二次大戦の参戦国ではないにも拘わらず，国家を喪失した民族が，2つの軍事超大国の思惑に翻弄された様が象徴的に表現されている。スターリン体制下のソヴィエト共産主義とナチズムという，2つの悪のうち，より少ない悪をバルトの人々は選択しなければならなかった。それは，国家を喪失した民族全体としても，また個々人としても，極めて厳しい体験であった。カセカンプ教授はこの2つの悪について，「少なくともナチスによる抑圧や暴力は予測可能であった。これに対しソヴィエト体制下でのテロルは無原則であった。いつ『人民の敵』に分類されるか予測がつかなかったのである」と描写している。この見解は，評者がかつてエストニア人歴史家や外交官たちに訊ねた際の回答とも概ね一致している。

大戦が終結した後も，全ヨーロッパ諸国の中でエストニア，ラトヴィア，リトアニアの三国のみが，独立を回復できず，地図上から姿を消した。三国の人口損失は致命的であり，特にラトヴィアとエストニアでは，人口のほぼ3分の1が失われた。1953年のスターリンの死によって，バルト地域でのテロルはようやく収束したものの，ゴルバチョフ政権によるグラースノスチとペレストロイカ時代まで続いた抑圧と抵抗についても，続く第7章で的確に論じられている。

本書の特徴の一つに，単なる通史で終わるのではなく，つまり歴代ロシア皇帝や為政者の政策や戦争の説明だけでなく，バルト地域の社会構造への分析が加えられている点が挙げられる。農奴という「身分」の枠内で生きてきたバルトの人々が，いかにして自覚と主体性を身につけた「民族」へと発展していったかを論じた第4章は，社会史の視点からも興味深く読むことができる。

独立回復から現在に至る繁栄を描く最終章によって，ようやく読者は安堵の念を覚えるかもしれない。それほど，バルト諸国の20世紀史は過酷で

あった。最終節では，所々でロシアに対する厳しい筆致が目につき，読者にとっては少し思慮が必要かもしれない。しかし個人の研究者によるバルト諸国の通史としての，本書の価値を減じるものではない。訳者2名による翻訳は緻密で読みやすく，巻末の文献案内も註も充実している。なによりこのような本格的なバルト諸国に関する通史が日本語で読める時代になったことは幸いである。今後しばらく本書は，日本におけるバルト研究入門の標準書であり続けるだろう。

比較政治・政治史（第三世界）　　　　＜評者　矢澤達宏＞

対象　宮地隆廣『解釈する民族運動　構成主義によるボリビアとエクアドルの比較分析』東京大学出版会，2014年

本書は，ボリビアとエクアドルというラテンアメリカの類似性の高い2カ国をとりあげ，それぞれの高地，低地で展開された計4つの先住民運動を対象に，その政権獲得行動を構成主義のアプローチにより比較分析をおこない，相違や時系列変化の要因を導き出すものである。これら4つの運動が，いかなる政権獲得行動を，どのタイミングで採用するかを説明しようとするとき，同種の命題で常套的に用いられてきた合理的選択論や構造主義，文化本質主義といったアプローチにはいずれも限界があるとし，環境や状況，社会や他者との関係などの解釈を通じてつくりだされる規範こそよりよい説明を提供することが事例分析を通じて示される。ここで，解釈とはかりに同一のものを対象にした場合であっても人によりその仕方に相違が生じうるものとして想定され，また解釈が絶えず繰り返されることで，その産物としての規範が同一人物のなかでも時の経過とともに変化する可能性を織り込んでいることが要諦である。これにより，決定論的・静的な視点からは逸脱のようにみえる事象も分析の射程に収める余地を生み出している。

では議論の概要を順に追ってみよう。序章において著者はまず，ラテンアメリカの先住民運動に対し判で押したような画一的な見方がなされがちである傾向に疑問を呈し，先住民運動の多様な姿の探求を問題意識として掲げる。つづいて4運動の政権獲得行動を，選挙を通じた政治参加とクーデターや代替的統治機構の確立といった制度外的権力獲得という2つのタイプに類型化した上で，それぞれの運動がどちら（あるいは両方）のタイ

プに着手したのか，また着手や放棄のタイミングがどうだったのかを，政権獲得行動の異同の判断基準とすることを明示する。これらに照らすと4運動間には明白な差異が認められるが，一方でボリビアとエクアドルは政治経済状況や地理的条件，国際環境など共通点が多い。これを前提に，筆者は着眼点を先住民を取り巻く諸状況や環境から先住民の内面へと移す必要性を認識し，先住民運動の規範によってその政権獲得行動における相違を説明するという問題設定をおこなう。そして，行動の要因として規範に着目する構成主義を本書の分析枠組みとして設定することを宣言するのである。

つづく第1章では構成主義アプローチの特徴や意義を示した後，本書の研究に実際に適用する際の方法や手順が示される。具体的には，規範の特定は先住民組織の文書，関係者の著作やメディアに発表されたインタビューなどにおける先住民自身の発言を主たるソースとしておこなうこと，導出された規範が（周囲の状況・環境よりもそれに対する）先住民自身の解釈に一義的には拠って立つものであることを立証するため，各種の対抗仮説（合理的選択論や構造主義，文化本質主義の立場からの説明）をも検証し，説明の妥当性において本書のアプローチには及ばないことを示すという手順がとられることなどが提示される。そして，実際に同じ両国の先住民運動を対象とする先行研究のレビューと，それらの抱える問題点の指摘がなされる。

第2章以下，第5章までは第1章で示された方法・手順に基づき，実際の事例分析を各章1つずつおこなっている。紙幅の関係上，4つの事例分析すべてについて十分な要約をおこなうことは困難であるため，代表して第2章をとりあげ，その要旨をもって具体的な議論がどのようなものであるかの例示としたい。その第2章はボリビア高地先住民運動を扱うが，この事例では1982年の民政移管前から選挙参加に対する肯定的な規範が存在してきたことが，1950年代以降の先住民指導者の著作や先住民組織の文書などをもとに，まずは確認される。実際，1978年の民政移管選挙以降，すべての国政選挙への参加がなされてきたが，一方でこれと並行して80年代後半から90年代初頭にかけては，ゲリラ組織の活動や既存の統治体制を代替することを目指す民族議会設立の動きも一部でみられた。こうした制度外的権力獲得はもともと否定されていたわけではなかったものの，それを

より積極的に正当化する規範が生じたのは，民政移管後の状況について選挙を通しても先住民の利益拡大は見込めないと解釈した結果であったと，やはり当事者の発言などから著者は指摘する．しかし，上記の制度外的権力獲得行動が治安当局による制圧や内部対立などから失敗に終わったことで，民政移管後の同様の状況に対してもあくまで選挙参加という方向性で努力を継続すべきと解釈した勢力の規範が，徐々に高地運動全体に受容されていったことを運動の展開や著作，新聞等における関係者の発言などから著者は跡付けていく．この結果，選挙を通した政権獲得の試みが継続され，最終的には2005年における先住民候補の大統領当選で宿願成就へと至る．

　第3章以降も同様の事例分析が展開される．とくに，政治経済的文脈の共通性が高いにもかかわらず，なぜ高地と低地で，あるいはボリビアとエクアドルで，政権獲得行動に差異が出てくるのか，また両国の高地同士，低地同士は人口構成比の点で似通っていながら，なぜ行動パターンに相違がみられるのかを，類似の経験や状況に対する先住民運動による解釈の違いによって説明していく部分は，本書の真価の見せどころとなっているといえよう．最後の終章では，本書の分析結果のまとめとともに，他の研究に対し与えうる含意を提示して本書を締めくくっている．

　さて，本書の特色にして意義となると，この種の主題に対してはけっして適用例の多くない構成主義という分析枠組みを採用している新しさ，しかも分析全体を通してそれを貫徹している点をまっさきに挙げぬわけにはいくまい．依拠する方法論をあえてサブタイトルで明示していることも，この点に対する著者自身のこだわりの強さをうかがわせる．人間の内面を俎上に載せる分析枠組みは，たしかにある種の曖昧さを孕むことになろうが，著者の言葉を借りれば「解釈」し「自省」する人間像という前提は，より現実味のあるものと感じる．そして実際，本書の議論は全体として説得力のある妥当な分析であるように評者には感じられた．文字で記録される範囲を超えた行動の意味を参与観察を通じて見いだしていく人類学の性格を念頭に，著者は終章において本書を社会科学でありつつも「人類学的な方向に歩み寄ったアプローチ」と形容しているが，これには目を見開かされる思いがした．

　新しさがあるとはいえ，本書で展開されている議論のすべてがこれまで

まったく未知だったものというわけではなかろう。それは本書でいう規範や解釈に関わる部分とて, おそらく例外ではあるまい。構成主義を謳っているか否か,「規範」,「解釈」といった用語を使っているか否かはともかく, 断片的には先行研究においてすでに指摘されていることも少なくないものと想像する。それでもなお, 本書のように単一の枠組みに基づき体系的に分析してみせることの意義は大きいと考える。なぜなら, 規範や解釈という要素を織り込んだ枠組みで分析にあたった方が, 直感や偶然に任せるよりも気づきの確率は間違いなく高いと思うからである。本書はそうしたアプローチの有効性を示す根拠の一つとして, また実際に適用する際の手本の一つとして位置づけられるであろう。

理論的側面にばかり言及すると誤解を招いてしまいそうだが, 本書は事例研究の側面においても遜色のない質の高さを感じさせる。あたかも理論の妥当性を立証することのみが目的であるかのように, 事例のうわべをなぞっただけという感のある論考をときに目にすることもあるが, 本書は少なくともそうした類とはあきらかに次元が違う。評者は本研究の対象についての知識や情報を持たないため, ひとつひとつの事実関係や解釈, 評価の妥当性については判断する術がないが, 膨大な数の先住民組織の文書, 声明, 機関誌といった一次資料や参照した新聞・雑誌のタイトルを含む, 長大な文献リストを眺めただけでも, やっつけでは到底なしえない仕事であることは容易に想像できる。

本書のアプローチが盤石, 万能というわけでないこともまた, 著者自身も認めるとおり事実であろう。とりわけ, 抽出された規範がどの状況や経験をいかに解釈した結果であるのかという部分の分析については, 本書で提示されたのとは別のとらえ方の可能性もあるように感じられる箇所もあった。ただ, そうした点をもって本書の価値を減ずるべきではない。規範や解釈という一筋縄ではいかない人間の内面にあえて向き合い, 白黒はっきりしないような結果をも恐れずに, 慎重さ, 細心さをもって分析に挑む姿勢こそ評価されてしかるべきであろう。

国際関係論

＜評者　岩間陽子＞

対象　ジョン・J・ミアシャイマー，奥山真司訳『大国政治の悲劇』
　　　改訂版　五月書房，2014年
Amitav Acharya, *The End of American World Order*, Cambridge: Polity Press, 2014

　ジョン・J・ミアシャイマーは，ケネス・ウォルツなき後，ネオリアリズムを代表するアメリカ政治学界の重鎮である。本書は，2001年に出された同名の書の改訂版であるが，初版よりはるかに注目を集めている感がある。この13年間に，中国問題の重みが増したことの証であろう。ミアシャイマーは自らの理論を，「オフェンシブ・リアリズム」（攻撃的現実主義）と名付けている。彼は，自らをE・H・カーやハンス・J・モーゲンソー，ケネス・ウォルツらの系列につらなるリアリストと位置付ける。その中で，国家をパワーの増大へと向かわせる根源的な理由を，国際社会の構造に求める点において，ウォルツと同じ「構造的現実主義者」であり，いわゆる「ネオリアリスト」である。しかし，彼が「ディフェンシブ・リアリズム」（防御的現実主義）と名付ける従来のネオリアリストと自らを区別するのは，本質的にアナーキーである国際社会の構造が，国家をどのような行動に向かわせるかという部分の分析にある。

　「ディフェンシブ・リアリスト」たちは，国家の目的は「自国の生き残り」（サヴァイヴァル）にあり，「安全」（セキュリティー）を求めるため，国家はすでに存在しているパワーを維持しようと努力すると考える。それゆえ，現状維持が大国の最大の戦略目標となる。これに対してミアシャイマーは，大国の安全を確保する最善の方法はパワーを最大化することであり，国家は常に「国際システムの中で"唯一の覇権国"（the hegemon）の立場を達成」しようとする。「国家が自国の生き残りを確実にしようとするならば侵略的な行動にでなければならない」と考える（p. 55）。しかし，実際に国際システム全体を完全に支配するような「グローバル覇権国」は今まで存在したことはなく，ある特定の地理的領域を支配する「地域覇権国」のみが存在したという。水（海）を超えて他地域を軍事的に支配することが，非常に困難であるからだ。

　地域覇権を達成した国は，他の大国が同様の地位に就くのを阻止しようとする。周辺の大国が阻止してくれればいいが，それがうまく行かなければ，遠方の大国が「オフショア・バランサー」となって，必要な処置を施

す。歴史的には、英米がこの役割を果たしてきた。現状では「世界で唯一の地域覇権国」はアメリカであり、今日のアメリカは、この理想的ポジションを維持するために行動するはずである（p. 84）。完全な「核武装優越状態」に支えられた「グローバル覇権国」（単極システム）が不可能である以上（p. 83）、国際システムとしては、二極システムが最も安定する。その次に安定するのは、潜在覇権国の存在しない多極システムである。強力な潜在覇権国を含む「不安定な多極システム（unbalanced multipolarity）」では、戦争の可能性が高まる（p. 88）。

　この理論の正しさを証明するために、彼は1792年から1990年までの大国の行動を検証していく。そして、現在のアジアは、強力な潜在覇権国である中国が台頭しつつある、不安定な多極システムであり、戦争になる危険がきわめて高いと分析する。2009年以降の中国の行動は、「中国は平和的に台頭できない」という彼のテーゼを裏書きしているように見える。アメリカは、中国が地域覇権国となることを阻止するために、あらゆる手段を取って周辺国を「バランシング同盟」に巻き込み、「封じ込め」戦略に出るだろうと予測している。しかも、冷戦期のヨーロッパと異なり、潜在的紛争のシナリオの数が多く、それぞれの軍事力使用のコストは一見低そうに見えるため、戦争が勃発する可能性がずっと高いという。中国では共産主義イデオロギーが薄れたものの、「ハイパーナショナリズム」が沸き立っている。貿易は戦争中でも続くことが多いので、経済的相互依存は戦争への防波堤にはならない、と彼は言う。まことに気が滅入る予言だが、オフェンシブ・リアリズムの観点から近代国際関係を見るとどうなるか、ということを詳細に提示してくれた点において、本書の貢献は大きい。邦訳では脚注がすべて省かれ、出版社のホームページからダウンロードしなければならない点のみ、非常に残念である。

　しかし、ナポレオン戦争以来の歴史によって証明されていると称する彼の理論が、実際現在の世界の分析にどの程度役立つのだろうか。ウクライナ紛争も、「イスラム国」との争いも、20世紀までとはかなり異なる様相を見せている。「歴史はくり返す」と言うが、「同じ戦争は二つとない」とも言う。近代国家が成立してから、国家と人間を取り巻く状況がいかに激変して来たかを考えれば、類似性のみに注目するのは危険だろう。また、ミアシャイマーの分析対象が、欧米大国に偏っていることも、それ以外のア

クターが急増している現代を分析するのに果たして十分であるか疑問を抱かせる。

アミタフ・アチャリアは，新著で欧米中心主義から脱する理論構築を試みている。彼は，「アメリカの世界秩序」，アメリカが率いてきた「リベラル・ヘゲモニック・オーダー」が終焉しつつあると考える。ジョゼフ・ナイは，現在の世界を「複雑な3次元のチェスゲーム」になぞらえ，第一次元は軍事力，第二次元は経済力，第三次元が複雑な非国家主体の相互作用のボードだという。しかしアチャリアは，現在の世界は，一つのシネコンの中で複数の劇場が同時上映しているような，「マルチプレックス・ワールド」と理解する方がよいという。そのような世界では，アメリカのスクリーンも数あるスクリーンの中の比較的大きなスクリーンであるというに過ぎず，他にも多数の大小の映画が上映されており，観客は自由に見たいものを選ぶことができる。それでいて，すべてのスクリーンは同一のシネコンの中にあるという意味では，ある種の共同体の中にある。大国間コンサートによる「多極世界」と違い，観客はより自主性を持って動き，自分の見たいものを選ぶため，観客とスクリーンの間で相互作用が働く。

このマルチプレックスな世界を理解するには，高さ，長さ，深さに加えて，時間軸を入れた四次元の目が必要である，とアチャリアはいう。全く同じ形で過去が再現されることは，タイムマシンを発明しない限りあり得ない。過去に拘束され過ぎては，今起こりつつあることの特殊性を見逃す。アメリカ主導の「リベラルな秩序」は，実際のところ冷戦期と1990年代に世界のごく一部を覆っていただけであり，それが「世界秩序」であったとするのは「神話」であると彼は主張する。そして，「リベラルな世界秩序」が，実はアメリカのヘゲモニーを支える役目を果たしてきたということを，論証していく。

アメリカがいくばくかの指導力を維持したければ，新興諸国や地域機構に対して譲歩して，秩序の性格を大幅に変えなければならない。新興諸国は，一国で世界を支配できるほどの力も，地域覇権国になる力もない。連携して支配するほどのヴィジョンの一致もない。だからと言って，新興諸国が唯々諾々とアメリカの秩序に参画するだろうというのは，楽観的すぎる。彼らは，既存の制度や規範を根底から覆そうとはしないかもしれないが，相当根本的な変更を求めるだろう。結局のところ，グローバル・ガバ

ナンスのためには，旧「西側」諸国と新興勢力の協力が不可欠になってくる，というのが彼の予言である。一昔前なら，単なる反米主義にしか聞こえなかったかもしれない主張も含まれているが，第二次大戦後に作られた多くの国際制度が，ある種の制度疲労を抱えているのは事実であり，広く世界を見渡せば，分析としても処方箋としても，アチャリアの指摘は説得力がある。

2015年度書評委員会から

　2015年書評委員会のメンバーは，以下の会員にお願いしました（敬称略）。（1）政治理論：越智敏夫（新潟国際情報大学），（2）政治過程論：佐藤満（立命館大学），（3）行政学・地方自治：外山公美（立教大学），（4）政治思想史（欧米）：佐藤正志（早稲田大学），（5）政治思想史（日本・アジア）：安西敏三（甲南大学），（6）政治史（日本・アジア）：奥健太郎（東海大学），（7）比較政治・政治史（欧米）：岡山裕（慶應義塾大学），（8）比較政治・政治史（ロシア・東欧）：大中真（桜美林大学），（9）比較政治・政治史（第三世界）：矢澤達宏（上智大学），（10）国際関係論：岩間陽子（政策研究大学院大学）。各委員には，大変多忙な中，書評委員をお引き受けいただき心より感謝を申し上げます。

　書評全体を通読すると，「学界に刺激を与えるような業績」「独創的な成果」「重要な視座を提供するもの」「水準を一段と引き上げるもの」「少し趣の異なるもの」などの表現もあり，いずれも注目を集めうる図書が選択され，各評者とも力を込めて執筆して頂いたことが分かります。

　それにしても，例年のごとく，該当年度中の多くの優れた業績の中から，限られた冊数の書評対象本を選択することは，各委員にとって難しい判断だったと想像されます。書評委員会としては，図書の選択を各委員の判断に委ねておりますが，各分野で紹介できなかった優れた業績があることももちろん承知しています。紙幅の関係で，やむなく取り上げることができなかったことはご寛恕いただきたいと思います。この書評欄が政治学会会員の研究にとって，貴重な羅針盤であればと祈って，ご挨拶といたします。

（書評委員長　酒井正文）

日本政治学会規約

一, 総則
第一条　本会は日本政治学会 (Japanese Political Science Association) と称する。
第二条　（削除）

二, 目的及び事業
第三条　本会はひろく政治学（政治学, 政治学史, 政治史, 外交史, 国際政治学, 行政学及びこれに関連ある諸部門を含む）に関する研究及びその研究者相互の協力を促進し, かねて外国の学会との連絡を図ることを目的とする。

第四条　本会は前条の目的を達成するため左の事業を行う。
　　　　一, 研究会及び講演会の開催
　　　　二, 機関誌その他図書の刊行
　　　　三, 外国の学会との研究成果の交換, その他相互の連絡
　　　　四, 前各号のほか理事会において適当と認めた事業

三, 会員
第五条　本会の会員となることのできる者はひろく政治学を研究し, 且つ会員二名以上から推薦された者で, 理事会の承認を得た者に限る。

第六条　入会希望者は所定の入会申込書を理事会に提出しなければならない。

第七条　会員は, 理事会の定めた会費を納めなければならない。

第八条　会費を二年以上滞納した者は, 退会したものとみなす。但し, 前項により退会したとみなされた者は, 理事会の議をへて滞納分会費を納入することにより, 会員の資格を回復することを得る。

四, 機関
第九条　本会に左の役員を置く。
　　　　一, 理事　若干名, 内一名を理事長とする。
　　　　二, 監事　二名
　　　　三, 幹事　若干名
　　　　四, 顧問　若干名

第十条　理事及び監事の選任方法は，別に定める理事・監事選出規程によるものとする。
　　　　理事長は，別に定める理事長選出規程に基づき，理事会において選出する。
　　　　幹事及び顧問は理事会が委嘱する。

第十一条　理事長，理事及び幹事の任期は二年とする。
　　　　　監事の任期は三年とする。
　　　　　補充として就任した理事長，理事，監事及び幹事の任期は前二項の規定にかかわらず，前任者の残存期間とする。
　　　　　理事長，理事，監事及び幹事は重任することが出来る。

第十二条　理事長は本会を代表し，会務を総括する。
　　　　　理事長が故障ある場合には理事長の指名した他の理事がその職務を代表する。

第十三条　理事は理事会を組織し，会務を執行する。

第十四条　監事は，会計及び会務執行を監査する。

第十五条　幹事は，会務の執行につき，理事に協力する。

第十五条の二　顧問は会務の執行につき理事長の諮問に応える。

第十六条　理事長は毎年少なくとも一回，会員の総会を招集しなければならない。
　　　　　理事長は，必要があると認めるときは，臨時総会を招集することが出来る。
　　　　　総会（臨時総会を含む）を招集する場合は，少なくとも一ヶ月以前に全会員に通知しなければならない。
　　　　　会員の五分の一以上の者が，会議の目的たる事項を示して請求したときは，理事長は臨時総会を招集しなければならない。

第十七条　総会（臨時総会を含む）は，出席会員によって行うものとする。
　　　　　理事会は，役員の選任・会計・各委員会および事務局の活動その他，学会の運営に関する基本的事項について総会に報告し，了承

第十八条　本会の会計年度は，毎年四月一日に始り，翌年三月末日に終る。

五，規約の変更及び解散
第十九条　本規約を変更する場合は，理事会の発議に基づき会員の投票を実施し，有効投票の三分の二以上の賛成を得なければならない。

第二十条　本会は，会員の三分の二以上の同意がなければ，解散することができない。

(二〇〇〇年一〇月八日改正)

日本政治学会理事・監事選出規程

理事の選任
第一条　理事の選任は，会員による選挙および同選挙の当選人によって構成される理事選考委員会の選考によって行う(以下，選挙によって選出される理事を「公選理事」，理事選考委員会の選考によって選出される理事を「選考理事」と称する)。

第二条　公選理事は，会員の投票における上位二〇位以内の得票者とする。

第三条　投票が行われる年の四月一日現在において会員である者は選挙権及び被選挙権を有する。
ただし，顧問および理事長は被選挙権を有しない。

第四条　会員の選挙権及び被選挙権の公表は会員名簿及びその一部修正によって行なう。

第五条　一，選挙事務をとり行なうため，理事長は選挙管理委員長を任命する。
二，選挙管理委員長は五名以上一〇名以下の会員により，選挙管理委員会を組織する。

第六条　一，選挙は選挙管理委員会発行の，所定の投票用紙により郵送で行なう。
二，投票用紙は名簿と共に五月中に会員に郵送するものとする。
三，投票は六月末日までに選挙管理委員会に到着するように郵送されなければならない。

　　　　　四，投票は無記名とし，被選挙権者のうち三名を記する。

第七条　一，選挙管理委員会は七月末までに開票を完了し，得票順に当選人を決定し，九月初旬までに理事長及び当選人に正式に通知しなければならない。
　　　　　二，最下位に同点者がある場合は全員を当選とする。
　　　　　三，投票の受理，投票の効力その他投票及び開票に関する疑義は選挙管理委員会が決定するものとする。
　　　　　四，当選人の繰上補充は行なわない。

第八条　一，前条第一項の当選人は理事選考委員会を構成する。
　　　　　二，理事選考委員会は，十五名以内の理事を，地域，年齢，専攻，学会運営上の必要等に留意して選考する。
　　　　　三，理事選考委員会は当選人の欠員補充をすることができる。その場合には，前項の留意条件にとらわれないものとする。
　　　　　四，常務理事については，本条第二項にいう十五名の枠外とすることができる。

第九条　理事長は，選出された公選理事および選考理事を，理事として総会に報告する。

監事の選任
第十条　監事の選任は理事会において行い，理事会はその結果を総会に報告し，了承を受けるものとする。

規程の変更
第十一条　本規程の変更は，日本政治学会規約第十九条の手続きによって行う。

（了解事項）　理事選挙における当選者の得票数は，当選者に通知するとともに，理事会に報告する。

　　　　　　　　　　　　　　　　　（二〇〇〇年一〇月八日改正）

　　　　　　　　　日本政治学会理事長選出規程

第一条　理事長は，公選理事の中から選出する。
第二条　一，現理事長は，理事選挙後，理事選考委員会（日本政治学会理事

・監事選出規程第八条）に先だって，公選理事による次期理事長候補者選考委員会を招集する。
　二，公選理事は，同選考委員会に欠席する場合，他の公選理事に議決権を委任することができる。
　三，次期理事長選考委員会では，理事長に立候補した者，または推薦された者について投票を行い，過半数の得票を得て，第一位となった者を次期理事長候補者とする。
　四，投票の結果，過半数の得票者がいない場合，上位二名につき再投票を行い，上位の得票者を次期理事長候補者とする。
　五，再投票による得票が同数の場合は，抽選によって決定する。
第三条　一，選考理事を含めた次期理事会は，次期理事長候補者の理事長への選任について審議し，議決する。
　二，理事は，欠席する場合，他の理事に議決権を委任することができる。

（二〇〇二年一〇月五日制定）

日本政治学会次期理事会運営規程

一　〔総則〕　次期理事が選出されてから，その任期が始まるまでの次期理事会は，本規程に従って運営する。
二　〔構成〕　次期理事会は，次期理事および次期監事によって構成する。
三　〔招集〕　次期理事会は，次期理事長が召集する。但し，第一回の次期理事会は現理事長が招集する。
四　〔任務〕　イ　次期理事会に関する事務は，次期常務理事が取り扱う。また，その経費は次期理事会経費に準じて学会事務局が支払う。
　　　　　　ロ　次期理事会は，任期の間の次期常務理事，次期幹事，各種委員会の長および委員を必要に応じて委嘱できる。
　　　　　　ハ　次期理事会は，任期の間の日本政治学会行事について，現理事会の委嘱にもとづき，企画，立案できる。
五　〔記録〕　次期理事会の記録は，次期常務理事の下でまとめ，次期理事会および現理事会の構成員に配布する。

（二〇〇二年一〇月五日制定）

日本政治学会倫理綱領

　日本政治学会は，政治学の研究・教育および学会運営に際して規範とすべき原則を「日本政治学会倫理綱領」としてここに定める。会員は，政治学研究の発展と社会の信頼に応えるべく，本綱領を尊重し遵守するものとする。

第1条〔倫理性を逸脱した研究の禁止〕会員は，社会的影響を考慮して，研究目的と研究手法の倫理性確保に慎重を期さなければならない。
第2条〔プライバシー侵害の禁止〕各種調査の実施等に際し，会員は調査対象者のプライバシーの保護と人権の尊重に留意しなければならない。
第3条〔差別の禁止〕会員は，思想信条・性別・性的指向・年齢・出自・宗教・民族的背景・障害の有無・家族状況などによって，差別的な扱いをしてはならない。
第4条〔ハラスメントの禁止〕会員は，セクシャル・ハラスメントやアカデミック・ハラスメントなど，ハラスメントにあたる行為をしてはならない。
第5条〔研究資金濫用の禁止〕会員は，研究資金を適正に取り扱わなくてはならない。
第6条〔著作権侵害の禁止〕会員は，研究のオリジナリティを尊重し，剽窃・盗用や二重投稿等，著作権を侵害する行為をしてはならない。

＊この綱領は2009年10月12日より施行する。改廃については，総会の議を経ることとする。
倫理綱領の施行にともない，理事会に以下の内規をおく。この内規については，理事会の承認後大会に報告し，また会報で各会員に公示する。

倫理綱領施行に伴う理事会内規

　倫理綱領の禁止事項に関して重大な違反があったと認定された会員（所属先でのハラスメント認定を含む）に対し，理事会は，学会の役職・研究大会での登壇・年報への論文掲載を3年間自粛するよう要請する。

（二〇〇九年一〇月一一日制定）

『年報政治学』論文投稿規程

※第9条の「投稿申込書」は，日本政治学会のホームページからダウンロードできます（URL: http://www.jpsa-web.org/publish/nenpo.html）。

1．応募資格
　・日本政治学会の会員であり，応募の時点で当該年度の会費を納入済みの方。

2．既発表論文投稿の禁止
　・応募できる論文は未発表のものに限ります。

3．使用できる言語
　・日本語または英語。

4．二重投稿の禁止
　・同一の論文を本『年報政治学』以外に同時に投稿することはできません。
　・同一の論文を『年報政治学』の複数の号に同時に投稿することはできません。

5．論文の分量
　・日本語論文の場合，原則として20,000字以内（注，参考文献，図表を含む）とします。文字数の計算はワープロソフトの文字カウント機能を使って結構ですが，脚注を数える設定にして下さい（スペースは数えなくても結構です）。半角英数字は2分の1字と換算します。図表は，刷り上がり1ページを占める場合には900字，半ページの場合には450字と換算して下さい。
　　論文の内容から20,000字にどうしても収まらない場合には，超過を認めることもあります。ただし査読委員会が論文の縮減を指示した場合には，その指示に従って下さい。
　・英語論文の場合，8,000語（words）以内（注，参考文献，図表を含む）とします。図表は，刷り上がり1ページを占める場合には360語（words），半ページの場合には180語（words）と換算して下さい。
　　論文の内容から8,000語にどうしても収まらない場合には，超過を認めることもあります。ただし査読委員会が論文の縮減を指示した場合には，その指示に従って下さい。

6．論文の主題

・政治学に関わる主題であれば，特に限定しません。年報各号の特集の主題に密接に関連すると年報委員会が判断した場合には，特集の一部として掲載する場合があります。ただし，査読を経たものであることは明記します。

7．応募の締切
・論文の応募は年間を通じて受け付けますので，特に締切はありません。ただし，6月刊行の号に掲載を希望する場合は刊行前年の10月20日，12月刊行の号に掲載を希望する場合は刊行年の3月20日が応募の期限となります。しかし，査読者の修正意見による修正論文の再提出が遅れた場合などは，希望の号に掲載できないこともあります。また，査読委員会が掲載可と決定した場合でも，掲載すべき論文が他に多くある場合には，直近の号に掲載せず，次号以降に回すことがありますので，あらかじめご了承ください。掲載が延期された論文は，次号では最優先で掲載されます。

8．論文の形式
・図表は本文中に埋め込まず，別の電子ファイルに入れ，本文中には図表が入る位置を示して下さい。図表の大きさ（1ページを占めるのか半ページを占めるのか等）も明記して下さい。また，他から図表を転用する際には，必ず出典を各図表の箇所に明記して下さい。
・図表はスキャン可能なファイルで提出してください。出版社に作成を依頼する場合には，執筆者に実費を負担していただきます。
・投稿論文には，審査の公平を期すために執筆者の名前は一切記入せず，「拙著」など著者が識別されうるような表現は控えて下さい。

9．投稿の方法
・論文の投稿は，ワードまたは一太郎形式で電子ファイルに保存し，『年報政治学』査読委員会が指定する電子メールアドレス宛てに，メールの添付ファイルとして送信して下さい。投稿メールの件名（Subject）には，「年報政治学投稿論文の送付」と記入して下さい。
・なお，別紙の投稿申込書に記入の上，投稿論文と共にメールに添付して送付して下さい。
・また，投稿論文を別に3部プリントアウト（A4用紙に片面印刷）して，査読委員会が指定する宛先に送ってください（学会事務局や年報委員会に送らないようにご注意ください）。
・送付された投稿論文等は執筆者に返却致しません。

10．投稿論文の受理

・投稿論文としての要件を満たした執筆者に対しては，『年報政治学』査読委員会より，投稿論文を受理した旨の連絡を電子メールで行います。メールでの送受信に伴う事故を避けるため，論文送付後10日以内に連絡が来ない場合には，投稿された方は『年報政治学』査読委員会に問い合わせて下さい。

11. 査読
    ・投稿論文の掲載の可否は，査読委員会が委嘱する査読委員以外の匿名のレフリーによる査読結果を踏まえて，査読委員会が決定し，執筆者に電子メール等で結果を連絡します。
    ・「掲載不可」および「条件付で掲載可」と査読委員会が判断した場合には，執筆者にその理由を付して連絡します。
    ・「条件付で掲載可」となった投稿論文は，査読委員会が定める期間内に，初稿を提出した時と同一の手続で修正稿を提出して下さい。なお，その際，修正した箇所を明示した修正原稿も電子メールの添付ファイルとして送って下さい。

12. 英文タイトルと英文要約
    ・査読の結果，『年報政治学』に掲載されることが決まった論文については，著者名の英文表記，英文タイトル，英文要約を提出いただくことになります。英文要約150語程度（150 words）になるようにして下さい（200語以内厳守）。査読委員会は原則として手直しをしないので，執筆者が各自で当該分野に詳しいネイティヴ・スピーカーなどによる校閲を済ませて下さい。

13. 著作権
    ・本『年報政治学』が掲載する論文の著作権は日本政治学会に帰属します。掲載論文の執筆者が当該論文の転載を行う場合には，必ず事前に文書で本学会事務局と出版社にご連絡下さい。また，当該『年報政治学』刊行後1年以内に刊行される出版物への転載はご遠慮下さい。
    ・また，投稿論文の執筆に際しては他人の著作権の侵害，名誉毀損の問題を生じないように充分に配慮して下さい。他者の著作物を引用するときは，必ず出典を明記して下さい。
    ・なお，万一，本『年報政治学』に掲載された執筆内容が他者の著作権を侵害したと認められる場合，執筆者がその一切の責任を負うものとします。

14. その他の留意点
    ・執筆者の校正は初校のみです。初校段階で大幅な修正・加筆をすることは

認められません。また，万が一査読委員会の了承の下に初校段階で大幅な修正・加筆を行った場合，そのことによる製作費用の増加は執筆者に負担していただきます。
・本『年報政治学』への同一の著者による論文の投稿数については何ら制限を設けるものではありませんが，採用された原稿の掲載数が特定の期間に集中する場合には，次号以下に掲載を順次繰り延べることがあります。

査読委員会規程

1. 日本政治学会は，機関誌『年報政治学』の公募論文を審査するために，理事会の下に査読委員会を置く。査読委員会は，委員長及び副委員長を含む7名の委員によって構成する。

    査読委員会委員の任期は2年間とする。任期の始期及び終期は理事会の任期と同時とする。ただし再任を妨げない。

    委員長及び副委員長は，理事長の推薦に基づき，理事会が理事の中から任命する。その他の委員は，査読委員長が副委員長と協議の上で推薦し，それに基づき，会員の中から理事会が任命する。委員の選任に当たっては，所属機関，出身大学，専攻分野等の適切なバランスを考慮する。

2. 査読委員会は，『年報政治学』に掲載する独立論文および特集論文を公募し，応募論文に関する査読者を決定し，査読結果に基づいて論文掲載の可否と掲載する号，及配列を決定する。特集の公募論文は，年報委員長と査読委員長の連名で論文を公募し，論文送付先を査読委員長に指定する。

3. 査読者は，原則として日本政治学会会員の中から，専門的判断能力に優れた者を選任する。ただし査読委員会委員が査読者を兼ねることはできない。年報委員会委員が査読者になることは妨げない。査読者の選任に当たっては，論文執筆者との個人的関係が深い者を避けるようにしなければならない。

4. 論文応募者の氏名は査読委員会委員のみが知るものとし，委員任期終了後も含め，委員会の外部に氏名を明かしてはならない。査読者，年報委員会にも論文応募者の氏名は明かさないものとする。

5. 査読委員長は，学会事務委託業者に論文応募者の会員資格と会費納入状況を確認する。常務理事は学会事務委託業者に対して，査読委員長の問い合わせに答えるようにあらかじめ指示する。

6. 査読委員会は応募論文の分量，投稿申込書の記載など，形式が規程に則しているかどうか確認する。

7. 査読委員会は，一編の応募論文につき，2名の査読者を選任する。査読委員会は，査読者に論文を送付する際に，論文の分量を査読者に告げるとともに，論文が制限枚数を超過している場合には，超過の必要性についても審査を依頼する。

    査読者は，A，B，C，Dの4段階で論文を評価するとともに，審査概評を報告書に記載する。A～Dには適宜＋または－の記号を付してもよい。記号の意味は以下の通りとする。

    A：従来の『年報政治学』の水準から考えて非常に水準が高く，ぜひ掲載すべき論文

　　　　　Ｂ：掲載すべき水準に達しているが，一部修正を要する論文
　　　　　Ｃ：相当の修正を施せば掲載水準に達する可能性がある論文
　　　　　Ｄ：掲載水準に達しておらず，掲載すべきではない論文。
　　査読者は，ＢもしくはＣの場合は，別紙に修正の概略を記載して査読報告書とともに査読委員会に返送する。またＤの場合においては，論文応募者の参考のため，論文の問題点に関する建設的批評を別紙に記載し，査読報告書とともに査読委員会に返送する。査読委員会は査読者による指示ならびに批評を論文応募者に送付する。ただし査読委員会は，査読者による指示ならびに批評を論文応募者に送付するにあたり，不適切な表現を削除もしくは変更するなど，必要な変更を加えることができる。
　　ＡないしＣの論文において，その分量が20,000字（英語論文の場合には8,000語）を超えている場合には，査読者は論文の内容が制限の超過を正当化できるかどうか判断し，必要な場合には論文の縮減を指示することとする。
 8．修正を施した論文が査読委員会に提出されたときは，査読委員会は遅滞なく初稿と同一の査読者に修正論文を送付し，再査読を依頼する。ただし，同一の査読者が再査読を行えない事情がある場合には，査読委員会の議を経て査読者を変更することを妨げない。また，所定の期間内に再査読結果が提出されない場合，査読委員会は別の査読者を依頼するか，もしくは自ら査読することができるものとする。
 9．最初の査読で査読者のうち一人がＤ（Ｄ＋およびＤ－を含む。以下，同様）と評価した論文は，他の査読者に査読を依頼することがある。ただし，評価がＤＤの場合は掲載不可とする。修正論文の再査読の結果は，Ｘ（掲載可），Ｙ（掲載不可）の２段階で評価する。ＸＹの場合は，委員会が査読者の評価を尊重して掲載の可否を検討する。
10．査読委員会は，年報委員長と協議して各号に掲載する公募論文の数を決定し，その数に応じて各号に掲載する公募論文を決定する。各号の掲載決定は，以下の原則によるものとする。
　　　1）　掲載可と判断されながら紙幅の制約によって前号に掲載されなかった論文をまず優先する。
　　　2）　残りの論文の中では，初稿の査読評価が高い論文を優先する。この場合，ＢＢの評価はＡＣの評価と同等とする。
　　　3）　評価が同等の論文の中では，最終稿が提出された日が早い論文を優先する。
　　上記３つの原則に拘らず，公募論文の内容が特集テーマに密接に関連している場合には，その特集が組まれている号に掲載することを目的として掲載号を変えることは差し支えない。
11．応募論文が特集のテーマに密接に関連する場合，または応募者が特集の一

部とすることを意図して論文を応募している場合には，査読委員長が特集号の年報委員長に対して論文応募の事実を伝え，その後の査読の状況について適宜情報を与えるものとする。査読の結果当該論文が掲載許可となった場合には，その論文を特集の一部とするか独立論文として扱うかにつき，年報委員長の判断を求め，その判断に従うものとする。
12. 査読委員長，査読委員及び査読者の氏名・所属の公表に関しては，査読委員長の氏名・所属のみを公表し，他は公表しない。

付則1
 1．本規程は，2005年10月より施行する。
 2．本規程の変更は，理事会の議を経なければならない。
 3．本規程に基づく査読委員会は2005年10月の理事会で発足し，2006年度第2号の公募論文から担当する。最初の査読委員会の任期は，2006年10月の理事交代時までとする。

付則2
 1．本規程は，2007年3月10日より施行する。

The Annuals of Japanese Political Science Association 2015-I

Summary of Articles

Toward a closer link between a theoretical model and positive analysis: The role of conceptual analysis in empirical political studies

Takeshi HIEDA (13)

This essay analyzes the way to improve the linkage between a theoretical model and empirical analysis in political science. Based on Goertz (2005), first, I exemplify that classifying concepts into three levels and rigorously conceptualizing the relationship among basic and secondary-level concepts contribute to assessing the validity of her theoretical model. Second, I show that conceptual analysis also facilitates a case selection. According to the Possibility Principle, only cases where the outcome of interest is possible should be treated as negative ones; cases there the outcome is impossible should be considered uninformative and irrelevant. Probing set relations among explanatory and explained factors allow a researcher to distinguish negative cases from irrelevant cases. Third, through critically appraising my own research, I demonstrate that fuzzy-set analysis can heighten concept-measurement consistency. When inventing a theoretical model through natural language, a researcher tends to develop a complex model with categorical set relations. However, empirical data usually have continuous values in reality. Fuzzy-set analysis adapts continuous data to set relations and enables a researcher to analyze necessary/sufficient conditions among them.

The Observable and the Unobservable: Rethinking the Normative-Empirical Distinction in Political Science

Tetsuki TAMURA (37)

Scholars of politics have been familiar with normative-empirical distinction. Yet this article reconsiders this divide through exploring another classification in terms of the "observable" and the "unobservable". According to this new classification, we can assume two types of politics research. Firstly, there are researches which are based on the positivist epistemology and, therefore, deal with the observable. In these cases, the cooperation between positivist, empirical analyses and the normative political philosophy focusing on moral values such as justice, equality and freedom would be feasible. Secondly, there are researches which are based on the non-positivist epistemologies including both interpretivism and realism, and, therefore, deal with the unobservable in some senses. In these cases, the cooperation between non-positivist empirical analyses and the "politics-political" political theory focusing on topics about the nature and the role of politics and the political would be feasible. Consequently, this article contends that we can rethink the existing distinction between the normative and the empirical in political science; the distance either between normative political philosophy and "politics-political" political theory or between positivist empirical analysis and non-positivist one might be farther than what is ordinarily drawn between normative political theory and empirical analysis.

Compassion and Pity as Motivation for Assisting Others:
Exploring Moral Intuition through Survey Experiments
                    Masaru KOHNO and Norihiro MIMURA (61)

This paper explores the nature of human moral intuition which motivates us to assist others in hardship. Building upon the idea originally developed by Hannah Arendt, we distinguish "compassion" and "pity" as different mental sources, arguing that each entails a distinct pattern through which the institution is translated into or attitudes and behavior. More concretely, we hypothesize that two variables are particularly relevant in determining these patterns: the degree of familiarity with the environment in which the hardship is taking place, and the number of identifiable people who face the hardship. Survey experiments we conducted in August and December 2012 support this hypothesis, showing that the level of willingness to assist others is affected most significantly by the location of the hardship. The findings also suggest that the sentiment of pity motivates our willingness in the context of foreign countries, while the feeling of compassion dominates our intuition and ironically constrains our willingness in the case of the hardship taking place in our own country. The paper discusses the normative implications drawn from these empirical findings and concludes that the two areas of political science, normative theory and positive analysis, must be more integrated in future research.

Political Theory and Empirical Studies on Malapportionment:
Some Lessons for the Japanese Case

Yuko KASUYA (90)

In Japan, malapportionment—the high level of disparity in the size of the population, and thus the weight of votes, across electoral districts—has been a national concern for several decades. Through a review of both normative theories of representation and comparative empirical studies related to the legislative malapportionment, this article identifies two problems in the ways this issue has been addressed in Japan. First, the measurement method used in most Japan-focused studies (the "max-min ratio") is inappropriate, impeding the effectiveness of reform attempts to date. Alternative measurement methods such as the Loosemore-Hanby index should be used. Second, while most studies adopt a narrow focus in arguing for rectifying malapportionment for the sake of political equality, comparative empirical studies indicate that doing so may lead to other undesirable results such as partisan gerrymandering and lower voter turnout. This article provides a novel and comprehensive framework for possible institutional reforms based on theories of representation.

The possibility of competitive cooperation between political theory and empirical research in the practice of policy advocacy:
a case study on urban transport planning in the United States

Hirotaka INOUE (118)

My argument is that both political theory and empirical research can make a positive contribution to the practice of policy advocacy although these two disciplines have different ways to approach it. In this paper, I argue this by taking a case study about controversies over the urban transport planning in the United States. I take an example of political theory as the normative analysis given by Paul M. Weyrich (1942-2008) who is a staunch supporter of the public transportation system including street car in America. One of the points I try to make is that when Weyrich takes action as an advocate for public transportation, he sometimes shows us his argumentation as if it is a narrative discourse which may trigger emotions causing the support for street cars. In addition to this, I argue that his argumentation needs to respond to the evidence that empirical researches can provide if it claims the validity of policy advocacy.

From study of international relations to the study of global relations:
a speculation on the possible roles of the study of international relations
in the distant future

Atsushi SHIBASAKI (138)

This paper is designed to present a speculation of the future of the study of international relations from the birds-eye-view analysis of IR by pointing out the "theoretical aporia", which emerges from ignoring the crucial relationship between "theory" and "domain". Recent literatures on analysis of the present status of IR converge on two pluralisms: one is on theory and the other is on domain. Both of them basically welcome for IR to get more plural in each aspect but both of them are in a sense nothing but a 'whishing for the moon', in that they are not aware of the importance of the interaction between theory and domain in the process of making a discipline. This paper shows that interaction in general and how that process was overlooked in the disciplinary history of IR, and insists that all disciplinary aporias in IR comes from it. Based on those explorations, this essay concludes that in order to get out of those aporias, IR, and study of international relations in general has to become the study of global relations, which deals with all the transboundary phenomenon on this globe, based on the purpose of how the human-being to survive.

Do Social Experiments and Libertarian Paternalism Save World Poverty?:
An Examination of New Aid Approach from Political Theory

Kosuke KIYAMA (170)

This paper analyses the influential aid approach that bases itself on social experiments in which two components are distinguished. The first component is the accumulation of empirical knowledge through social experiments. Taking up randomized controlled trials, this paper measures the limits of social experiments and insists that they should be supplemented by qualitative and social structure inquiries. The second component is the design of aid programs using the idea of libertarian paternalism. Analysing the cases that utilize the idea, this paper argues that the application of libertarian paternalism can make the unendorsed conception of good life as its premise and that it causes problems stemming from depoliticizations of political judgments. Based on these arguments, this paper elucidates the meaning of the composition of the two components, arguing that it would bring serious transformations of maintained rationality in societies and deprive aid-receiving people of their political autonomies. This paper concludes by offering suggestions for desirable aid approach.

'So they gave their bodies to the commonwealth':
Alfred Zimmern's *The Greek Commonwealth* and imperial republicanism

Tomohito BAJI (191)

This article examines the entanglement between classical studies and the ideology of liberal imperialism in Alfred Zimmern's political thought. An eminent British liberal internationalist and leading early scholar of International Relations, Zimmern began his academic career as a classicist and published a markedly influential monograph in 1911, *The Greek Commonwealth*. The present article first analyses Zimmern's account of fifth-century BC Athenian citizenship, provided in this classical treatise. It then dissects the ways in which this view of Athenian citizenship shaped his scheme for a British Commonwealth. I also illuminate how Zimmern's depiction of the Athenian city-state influenced the British Empire vision of Lionel Curtis, the key ideologue of the pro-imperial Round Table movement. The article advances two main arguments. First, Zimmern's idealized notion of fifth-century Athens and, in particular, of its republican citizenship provided a prototype for him and Curtis to theorize a British Commonwealth. Second, Edmund Burke's justification of the political serviceability of private ethics had a critical impact on Zimmern's conception of Greek and imperial citizenship.

The Development of Medical Supply System Reform since 1980's:
From the View Point of Policy Learning

Masato RYU (213)

Social hospitalization of the elderly people has said to be the biggest pathology in the Japanese medical supply system and it was the main policy problem to be solved for a long time. Although it was not completely solved, it is just in sight in the Ministry of Welfare (Ministry of Health, Labour, and Welfare) having promoted differentiation of medical function and promotion of coordination policy since 1980's. The policy consists of three points; first one is to differentiate medical function between acute care and chronic care, second one is to promote discharge by Bundled payment in revision of medical fee, third one is to provide both facility and in-home care service. This report explores about the factors that the Ministry of Welfare could promote through the view point of "Policy Learning". This report revealed that the Ministry of Welfare has learned the elements of European and American eldercare service formulated the policy by constraining it to existing institutions under the administrative reform since 1980's.

An Analysis of the Bundestagswahl 2013 in Germany,
and its implications for federal politics

Yôichi NAKAGAWA (235)

The triumph of the CDU/CSU at the Bundestagswahl 2013, depends not only on the estimates of voters in regard to Chancellor Merkel, but also on those of the party's abilities to carry out various policies. After the Bundestagswahl 2013, there are some transformations in both the security and migration policies. There were also transformations in the "fluid five party system". While there was a hardening of the structure where the CDU/CSU has a one-sided superiority over the SPD in large parties, there continued to be a fluidity in the relation among the smaller parties and this strengthened the fragmentation. The coalition types became more complicated. The FDP lost its role as the "core" of the party system, and it is in crisis as for its "raison d'être." The 3rd place is given from the FDP to the Greens, albeit it competes with the Leftist parties. The AfD changed from being "the smallest" to a "small" party.

Party Routes in Intergovernmental Relations:
A Comparative Study of Fiscal Transfer Reforms in Japan and Canada

Hideki KIDO (259)

This paper explores the interests of Japanese local governments, as reflected in the fiscal transfer reform. In particular, we examine the Japanese central government's implementation of a tax resource transfer in favor of local governments in the fiscal transfer reform known as the "Trinity Reform." To achieve this, we compare Canada—which has no party route between the federal and provincial levels—with Japan.

Our findings reveal that the Liberal Democratic Party (LDP) in Japan represented the local governments' interest in the central policy making process; in contrast, the Canadian federal Liberal Party did not entertain requests from provincial governments in their fiscal transfer reform.

Legislator Behavior and Electoral Outcome in Japanese Local Assemblies
Hiroki TSUKIYAMA

This study investigates the effect of legislator behaviors on electoral outcome using the panel data of 47 prefectural assembly elections in Japan from 1975 to 2007. In particular, we focus on two legislator strategies to influence public policy under the institution of the Japanese local government: party control of the local governor through electoral support and bill introduction on their own. Theoretically, legislator behaviors would affect electoral fortune, whereas electoral forecast would affect legislator strategies. To address such an endogeneity problem, we adopt the Arellano–Bond estimator for dynamic panel data. The results controlling the endogeneity indicate that parties increase their electoral margins when affiliating with the governor and that the number of bills introduced by parties has no effect on their electoral margins. Furthermore, we discuss that the difference of the effectiveness between the two legislator strategies is caused by the institutional feature of the Japanese local government, where the governor dominates the policy-making process.

年報政治学2015-Ⅰ
政治理論と実証研究の対話

2015年6月10日　第1刷発行　Ⓒ

編　者　日 本 政 治 学 会（年報編集委員長　小川有美）
発行者　坂　口　節　子
発行所　㈲木　鐸　社

〒112-0002　東京都文京区小石川5-11-15-302
電話（03）3814-4195　　郵便振替　00100-5-126746番
ファクス（03）3814-4196　　http://www.bokutakusha.com/

印刷　㈱アテネ社／製本　吉澤製本

乱丁・落丁本はお取替致します

ISBN978-4-8332-2485-7　C3331

現代日本政治分析のフォーラム

レヴァイアサン 年2回（4月・10月）刊行
菊判平均200頁・2000円

編集委員　飯田敬輔・大西裕・鹿毛利枝子・増山幹高
書評委員　石田淳・磯崎典世・曽我謙悟・日野愛郎・
　　　　　待鳥聡史・村井良太
顧　　問　加藤淳子・川人貞史・辻中豊・真渕勝

　この数年，日本の政治学界には新しい流れが生まれている。本誌はこの新しい流れの学問的コミュニティに一つのフォーラムを提供し，一層旺盛な批判と反批判の場を作ることで，政治学研究を活性化することを狙いとしている。

創刊号　新保守主義の台頭 (1987年秋) 品切
第 2 号　国家と企業・団体・個人 (88年春)
第 3 号　比較政治体制論 (88年秋)
第 4 号　テクノクラート論と日本の政治 (89年春) 品切
第 5 号　岐路に立つ日米関係 (89年秋)
第 6 号　大都市時代の地方自治 (90年春)
臨時増刊号　戦後における西独と日本 (90年夏) 品切
第 7 号　マス・メディアと政治 (90年秋) 品切
第 8 号　フェミニズムと社会運動 (91年春)
第 9 号　自民党 (91年秋)
第10号　89参院選 (92年春)
臨時増刊号　土地問題と日本政治 (92年夏)
第11号　貿易と日本政治 (92年秋)
第12号　自由化の政治学 (93年春)
第13号　冷戦後の日本外交 (93年秋)
臨時増刊号　一党優位制の崩壊？ (94年冬)
第14号　利益集団と日本の政治 (94年春)
第15号　93総選挙——55年体制の崩壊 (94年秋)
第16号　日独の戦後政策と政治 (95年春)

第17号　政界再編の序曲 (95年秋)
臨時増刊号　国連50年と日本 (96年冬)
第18号　日本政治の主役 (96年春)
第19号　合理的選択理論とその批判 (96年秋) 品切
第20号　選挙制度改革と日本政治 (97年春)
第21号　世紀転換期の政治学 (97年秋)
臨時増刊号　政権移行期の圧力団体 (98年冬)
第22号　変容する日欧の政党政治 (98年春)
臨時増刊号　連立政権下の政党再編 (98年夏)
第23号　日韓政治体制の比較研究 (98年秋)
第24号　制度改革の政治学 (99年春)
第25号　ポスト政治改革の政党と選挙 (99年秋)
第26号　グローバリゼーション－日欧比較 (2000年春)
第27号　地球環境政治と市民社会 (2000年秋)
第28号　公共政策の政治過程 (2001年春)
第29号　日本の政党政治の変容と継続 (2001年秋)
第30号　議会研究 (2002年春)
第31号　市民社会とNGO──アジアからの視座 (2002年秋)
第32号　90年代の政党政治と政策の変化 (2003年春)
第33号　地方分権改革のインパクト (2003年秋)
第34号　政官関係 (2004年春)
第35号　比較政治学と事例研究 (2004年秋)
第36号　日本から見た現代アメリカ政治 (2005年春)
第37号　90年代の経済危機と政治 (2005年秋)
第38号　行政改革後の行政と政治 (2006年春)
第39号　05年総選挙をめぐる政治変化 (2006年秋)
第40号　政治分析・研究におけるアプローチの
　　　　フロンティア (2007年春)
　　　　(創刊20周年記念大特集)
第41号　現代日本社会と政治参加 (2007年秋)

第42号　ポピュリズムの比較研究に向けて（2008年春）
第43号　2001年省庁再編の効果（2008年秋）
第44号　ニューロポリティックス（2009年春）
第45号　世界の市民社会・利益団体（2009年秋）
第46号　変化する政治，進化する政治学（2010年春）
第47号　選挙サイクルと政権交代（2010年秋）
第48号　政治学と政治史のインターフェイス（2011年春）

第49号　福祉国家研究の最前線（2011年秋）
　現代ヨーロッパにおける年金改革＝伊藤　武
　戦争と医療保険改革＝山岸敬和
　ラテンアメリカにおける福祉再編の新動向＝高橋百合子

第50号　国際ガバナンスの本質と変容（2012年春）
　国際ガバナンスの本質と変容 経済危機を越えて＝鈴木基史
　国際貿易ガバナンスにおける連携構築＝毛利勝彦
　50号記念 近年の政治状況・政治学動向と『レヴァイアサン』の役割

第51号　地方議員と政党組織（2012年秋）
　都道府県議会議員の支持基盤＝品田　裕
　都道府県議会議員の選挙戦略と得票率＝西澤由隆
　マルチレベルの政治制度ミックスと政党組織＝建林正彦

第52号　変革期の選挙区政治（2013年春）
　小選挙区比例代表並立制と二大政党制＝増山幹高
　「我田引鉄」再考＝河村和徳
　参院選における「政策バランス投票」＝今井亮佑

第53号　「一党優位体制後」の比較政治学（2013年秋）
　民主党政権の失敗と一党優位政党制の弊害＝上川龍之進
　政権交代とカルテル政党化現象＝三浦まり
　メキシコにおける政権交代とその政治的・政策的帰結＝高橋百合子

第54号　外交と世論（2014年春）
　外交と世論＝飯田敬輔・境家史郎
　日本人はどの程度武力行使に前向きなのか？＝荒井紀一郎・泉川泰博
　国際危機と政治リスク＝栗崎周平・黃太熙

第55号　政治経済学のルネサンス（2014年秋）
　人々はなぜ農業保護を支持するのか＝直井　恵・久米郁男
　現在の脅威と将来の脅威＝岡部恭宜
　派遣労働再規制の政治過程＝辻　由希

第56号　国会という情報学 (2015年春)
　座談会　国会審議をめぐる学際的研究の可能性
　いかに見たい国会審議映像に到達するか？＝増山幹高・竹田香織
　国会議員による国会審議映像の利用＝石橋章市朗・岡本哲和
　東日本大震災の発生と日本の国会政治＝松浦淳介
　国会審議の映像情報と文字情報の認知的差異＝木下　健

日本選挙学会編
選挙研究 日本選挙学会年報（08年度より年2回刊）

第13号（1998年）3000円　　第18号（2003年）3500円
第14号（1999年）3000円　　第19号（2004年）3500円
第15号（2000年）3000円　　第20号（2005年）3500円
第16号（2001年）3000円　　第21号（2006年）3500円
第17号（2002年）3000円　　第22号（2007年）3500円
第23号（2008年）B5判・214頁・3500円 ISBN978-4-8332-2400-0
第24-1号（2008年）B5判・134頁・3500円 ISBN978-4-8332-2409-3
第24-2号（2009年）B5判・148頁・3500円 ISBN978-4-8332-2414-7
第25-1号（2009年）B5判・160頁・3500円 ISBN978-4-8332-2419-2（品切）
第25-2号（2009年）B5判・180頁・3500円 ISBN978-4-8332-2426-0

第26-1号（2010年）政党組織と選挙
B5判・156頁・3500円 ISBN978-4-8332-2435-2（品切）
保守党における派閥の一考察　1920−60年代＝小宮　京
アメリカ連邦公職選挙における選挙運動手段の変化＝吉野　孝
選挙制度改革と自民党総裁選出過程の変容＝上神貴佳

第26-2号（2010年）2009年総選挙の分析
B5判・200頁・3500円 ISBN978-4-8332-2439-0 C3031
2009年総選挙の政権交代とスウィング・ヴォーティング＝山田真裕
2009年政権交代の長期的・短期的背景＝谷口尚子
2009年総選挙における選挙公約＝品田　裕

第27-1号（2011年）選挙研究の現状と課題
B5判・160頁・3500円 ISBN978-4-8332-2446-8 C3031
有権者の政治的判断をめぐる研究動向＝中村悦大
実験室実験による投票研究の課題と展望＝肥前洋一
政治代表の多国間比較と日本政治分析の可能性＝大村華子

第27-2号（2011年）2010年参院選
B5判・160頁・3500円 ISBN978-4-8332-2450-5 C3031
「二次的選挙」としての参院選＝今井亮佑・日野愛郎
2010年参院選における政策的対立軸＝境家史郎
候補者選定過程における政党執行部の影響力＝鶴谷将彦

第28-1号（2012年）政治家のキャリア・リクルートと選挙戦略
B5判・174頁・3500円 ISBN978-4-8332-2456-7 C3031
候補者選定過程の開放と政党組織＝堤　英敬
小選挙区比例代表並立制下での役職配分＝藤村直史
市長選挙における二大政党の関与＝平野淳一

第28-2号（2012年）議員定数不均衡問題を考える
B5判・170頁・3500円 ISBN978-4-8332-2460-4 C3031
2011（平成23）年最高裁大法廷判決の憲法学的研究＝岡田信弘
議員定数不均衡による民主主義の機能不全＝小林良彰
定数配分と区割り＝和田淳一郎

第29-1号（2013年）[特集１]選挙制度の発生・伝播・受容（Ⅰ）
B5判・144頁・3500円 ISBN978-4-8332-2465-9 C3031
1848年サルディーニャ王国選挙法と有権者の創造＝池谷知明
ドイツ連邦議会選挙法成立過程の一考察＝河崎健
英国における2011年国民投票と選挙制度改革＝富崎　隆
[特集２]震災と選挙

第29-2号（2013年）[特集１]選挙制度の発生・伝播・受容（Ⅱ）
B5判・190頁・3500円 ISBN978-4-8332-2470-3 C3031
日本の選挙制度—その創始と経路——＝清水唯一朗
アフリカにおける選挙制度の伝播と普及＝六辻彰二
インドネシアの選挙と議会—その変遷と不変性——＝井上治
[特集２]政権交代以降の投票行動・政治意識

第30-1号（2014年）実験政治学
B5判・184頁・3500円 ISBN978-4-8332-2477-2 C3031
政治学における実験研究：概要と展望＝谷口尚子
実験室実験によるM+1ルールの検証＝黒阪健吾・肥前洋一・芦野琴美
視線追跡で明らかにする調査回答過程＝日野愛郎・山崎新・遠藤晶久
ミニ・パブリックスに映し出される集合的意思の代表制と合理性＝坂野達郎

第30-2号（2014年）近年の国政選挙と政党・政治家・有権者の変容
B5判・180頁・3500円 ISBN978-4-8332-2481-9 C3031
保革イデオロギーの影響力低下と年齢＝竹中佳彦
政権交代と国会議員の政策選択＝建林正彦
自民党の組織構造と首相の権力＝高安健将
批判的思考態度・リスクに対する態度と投票行動＝三浦麻子・楠見孝

第31-1号（2015年）[特集１]諸外国の選挙制度改革（ヨーロッパ編）
B5判・142頁・3500円 ISBN978-4-8332-2486-4 C3031
イギリスにおける選挙制度改革の政治＝阪野智一
フランスの選挙制度改革をめぐる議論＝増田正
ドイツ連邦議会議員選挙の議席配分＝西平重喜
[特集２]2013年参議院通常選挙の分析